U0614874

說文解字注

（清）段玉裁　撰

國家圖書館出版社

說文解字第十二篇上

金壇段玉裁注

乙　燕燕乙鳥也燕燕見前篇元鳥二字淺人所增齊魯謂之乙取其鳴自謼象形也舊作呼今依韵會正也字今依韵會補謼者評也號也山海經說鳥獸多云其名自號燕之鳴如云乙燕乙雙聲莊子謂之鷾鴯鷾鴯亦雙聲也既得其聲而像其形則爲乙燕篆像其籋口布翄枝尾全體之形乙篆像其于飛之形故二篆皆曰像形也乙象翅開首竦橫看之乃得本與甲乙字異俗人恐與甲乙亂加鳥旁爲鳦則贅矣本音烏拔反十五部入於筆切者非是凡乙之屬皆从乙

鳦　乙或从鳥按此蓋非古字今爾雅毛傳皆如此作

孔　通也通者達也於易卦爲泰孔訓通故俗作空穴字多作孔其實空者竅也作孔爲叚借嘉美之也各本無此四字由淺人謂與下複而刪之今依韵會補也

當作㬪㬪者意內而言外也通爲吉寏爲凶故凡言孔者皆所以嘉美之毛傳曰孔甚也是其義甚者尤安樂也或曰詩言亦孔之醜豈嘉美之乎曰此卽今甚字通於美惡之意也从乚子會意康董切按此字未見三代用韵之文但以肉好卽邊孔求之疑孔古音在三部故吼犼芤以爲聲乚請子之候鳥也月令仲春元鳥至至之日以大牢祠于高禖天子親往注云高辛氏之世元鳥遺卵娀簡吞之而生契後王以爲媒官嘉祥而立其祠焉乚至而得子嘉美之也說从乚子會意之恉故古人名嘉字子孔此又以古人名字相應說孔訓嘉美之證見於左傳者楚成嘉字子孔鄭公子嘉字子孔春秋經宋孔父左傳云孔父嘉何休云經稱字按孔父字孔故後以爲氏

人及鳥生子曰乳獸曰產生部曰生進也產生也渾言之此復析言之孺下曰乳子也按古書之文多通偁从孚乚會意而主切古音在四部乚者乚鳥明堂月令乚鳥至之日祠于高禖㠯請

子故乳从乙此說从孚乙會意之恉孚者卵卽孚也乙者請子之候鳥也請子必以乙至之日者乙春分來秋分去開生之候鳥帝少昊司分之官也左傳曰玄鳥氏司分者也此說月令請子必以玄鳥至之日之恉

文三　重一

不 鳥飛上翔不下來也凡云不然者皆於此義引申叚借其音古在一部讀如德韵之北音轉入尤有韵讀甫鳩甫九切與弗字音義皆殊音之殊則弗在十五部也義之殊則不輕弗重如嘉肴弗食不知其言至道弗學不知其善之類可見公羊傳曰弗者不之深也俗韵書謂不同弗非是又詩鄂不韡韡箋云不當作柎柎鄂足也古聲不柎同从一一猶天也他處云一地也此以在上知爲天象形謂不也象鳥飛去而見其翅尾形音見上凡不之屬皆从不

否 不也不者事之不然也否

者說事之不然也故音義皆同孟子萬章曰然則舜僞喜者與孟子曰否注孟子言舜不詐喜也又咸丘蒙問舜南面而立瞽瞍亦北面而朝之孟子曰否注言不然也又萬章曰堯以天下與舜有諸孟子曰否注堯不與之又萬章問曰人有言伊尹以割烹要湯孟子曰否然也萬章又問孔子於衛主癰疽孟子曰否然也萬章又問百里奚自鬻於秦養牲者孟子曰否然注皆曰否不也不如是也注以不如是釋否然今本正文皆譌作否不然語贅而注不可通矣否字引申之義訓爲不通如易之泰否堯典之否德小雅之否難知也論語之予所否者皆殊其音讀符鄙切要之古音則同在弟一部 **从口不** 會意 **不亦聲** 方久切古音在一部

文二

至 鳥飛從高下至地也 凡云來至者皆於此義引申叚借引申之爲懇至爲極至許云到至也臻至也徦至也此本義之引申也又云親至也寴至也此餘義之引申也 **从一一猶地也**

一在下故云象形謂𠃑也不象上升之鳥首鄉上至象下集之鳥首鄉下脂利切古音讀如質在十二部不上去而至下句來也瑞麥之來爲行來之來凡至之屬皆从至

𡉀古文至

到至也大雅曰靡國不到論語兩言民到于今釋詁曰到至也从至刀聲都悼切二部

臻至也見釋詁古亦叚溱爲之从至秦聲側詵切十二部

𡐊忿戾也从至至而復孫會意也孫遁也二孫字大徐作遜非古無遜字凡春秋詩書遜遁字皆作孫傳曰孫之爲言孫也不作爲言遜爾雅作遜遁也爲後人所改之俗字許辵部有遜篆亦是後人臆增孫遁也此子孫字引申之義孫之於王父自覺其微小故逡巡遁避之意取諸此至而復逡巡者忿戾之意也周書曰有夏氏之民叨𡐊尚書多方文今本無氏字𡐊作懫按𡐊作懫者天寶閒衞包改也釋文𡐊作懫宋開寶閒改也釋文曰懫勑二反說文之二反不云說文作𡐊知其大字本不作懫矣禮

十二篇上　三

記大學心有所忿懥注云懥怒皃或作懫按懥懫不見許書衞包以意改經非必懫卽𦤶也**𦤶讀若摯**釋文云說文之二反此音隱舊音也大徐丑利切十五部或曰古音當在十二部

臺觀四方而高者也釋名曰觀觀也於上觀望也觀不必四方其四方獨出而高者則謂之臺大雅經始靈臺釋宮毛傳曰四方而高曰臺傳意高而不四方者則謂之觀謂之闕也釋名臺持也築土堅高能自勝持也古臺讀同持心曰靈臺謂能持物淮南子其所居神者臺簡以游大清注臺持也又臺無所鑒謂之狂生注臺持也此皆作臺自可通或作古文握古文握與臺形相似**从至从高省與室屋同意**按臺不必有屋李巡注爾雅曰臺上有屋謂之謝然則無屋者謂之臺築高而已云與室屋同意者室屋篆下皆云从至至者所止也是其意也**㞢聲**徒哀切一部

臸到也不言至言到者到者至之得地者也辵部曰䢅近也从臸聲然則二至當重不當竝**从二至**會意至亦聲人質切十二部

文六　重一

卥　鳥在巢上也象形　下象巢上象鳥會意上下皆非字也故不曰會意而曰象形鳥在巢上者此篆之本義今音先稽切古音讀如詵讀如僊如西施亦作先施漢書曰西遷也古音在十二十三部

日在卥方而鳥卥　上西卽下文東西之西也下西西之本義也　故因㠯爲東卥之卥　此說六書叚借之例叚借者本無其字依聲託事古本無東西之西寄託於鳥在巢上之西字爲之凡許言以爲者類此韋本訓相背而以爲皮韋烏本訓孝鳥而以爲烏呼來本訓瑞麥而以爲行來朋本古文鳳而以爲朋攩子本訓十一月昜气動萬物滋而以爲人偁後入習焉不察用其借義而廢其本義乃不知西之本訓鳥在巢韋之本訓相背朋之本訓爲鳳逐末忘本大都類是微許君言之烏能知之　凡卥之屬皆从卥

棲　卥或从木妻　蓋从木妻聲也从妻爲聲蓋製此篆之時已分別卥爲東卥棲爲鳥在巢而其

音則皆近妻矣詩可以棲遲漢嚴發碑作衡門西遲然則雞棲于塒雞棲于桀古本必作雞西論語爲是棲棲古本亦必作西西

卥古文西　卤籒文西按卥下曰从西省若籒文西如此則卥正从籒文卤矣

⿱覀圭姓也从⿱覀圭聲戸圭切按許書自女部姬姜等十二字而外未有云姓者古之神聖母感天而生故字从女是以姬姜等十二字皆从女其他繼別爲氏或以字或以官或以邑雖亦可謂之姓而其字不容列於說文黃帝姬姓而黃帝之子十二姓者除姬姞字外酉祁己滕箴任苟僖儇依十字許皆不云姓是也惟夨部吳下云姓也郡也爲妄人所增而此⿱覀圭篆解云姓也雖篆文亦屬僞羼葢必有妄人以許書無其姓爲恥而竄入之傳寫遂莫之察許果有此篆必釋其本義不徒云姓也小徐云張說梁四公子記有⿱覀圭闖依廣韵梁四公子字作⿱覀圭與⿱覀圭各字

文二當云文一　重三

鹵西方鹹地也从𠧪省省字衍此承上文𠧪部从𠧪之籒文也謂𠧪也囗象鹽形大徐本無囗小徐譌作鹵凡既从某而又象其形謂之合體之象形多不成字其成字者則會意也轉寫者以其不成字而刪之致文理不可讀皆當依此補之合體象形有半成字半不成字者如鹵从𠧪而又以囗象之是也有兩不成字者如𠧪以弓象鳥以囟象巢是也鹵郎古切五部安定有鹵縣地理志安定郡鹵縣東方謂之㡿西方謂之鹵禹貢青州海濱廣斥謂東方也安定有鹵縣謂西方也大史公曰山東食海鹽山西食鹽鹵然對文則分析散文則不拘鹹地僅產鹽引申之春秋經大原亦曰大鹵釋名地不生物曰鹵凡鹵之屬皆从鹵

鹹鹹鹺也鹺字各本缺淺人謂複字而刪之也今補曲禮凡祭宗廟之禮鹽曰鹹鹺鄭注大鹹曰鹺今河東云按鹹鹺古語不容刪字从鹵差省聲昨河切十七部河內謂之鹺鄭言河東皆魏地沛人言若虘五字當作讀若郝人言虘六字郝郡

鄭縣字本作鄺其土音讀在何切鄺之讀如此也鄺見邑部

鹹銜也以疊韵爲訓北方味也酸苦辛甘下不著某方之味此著之者錯見也从鹵咸聲胡毚切古音在七部

文三

鹽鹵也天生曰鹵人生曰鹽十字各本作鹹也二字今正鹽之味鹹鹽不訓爲鹹元應書三引說文天生曰鹵人生曰鹽當在此處上冠以鹵也二字則渾言析言者備矣周禮鹽人掌鹽之政令有出鹽直用不湅治者有湅治者从鹵監聲余廉切古音在八部古者夙沙初作鬻海鹽夙大徐作宿古宿夙通用左傳有夙沙衛呂覽注曰夙沙大庭氏之末世困學紀聞引魯連子曰古善漁者宿沙瞿子又曰宿沙瞿子善煑鹽許所說蓋出世本作篇所謂人生曰鹽也凡鹽之屬皆从鹽

盬河東鹽池也地理志河東郡安邑鹽池在西南郡國志亦云安邑有鹽池左氏傳曰郇瑕氏

之地沃饒而近鹽服虔注云鹽鹽池也土俗裂水沃麻分灌川野畦水秏竭土自成鹽卽所謂鹹鹾也而味苦號曰鹽田村注左氏郭注穆天子傳皆曰鹽者鹽池然則鹽池古者謂之鹽亦曰鹽田周禮因以爲鹽不湅治之偁又引申之詩以爲不堅固之偁周禮苦良苦讀爲鹽謂物之不佳者也 袤五十一里廣七里周百十六里 左傳正義後漢書注所引同惟水經注涑水篇引作長五十一里廣六里周一百一十四里爲異魏都賦注猗氏南鹽池東西六十四里南北七十里郡國志注引楊佺期洛陽記河東鹽池長七十里廣七里水經注曰今池水東西七十里南北七十里參差乖異葢隨代有變 从鹽省古聲 公戶切五部

鹼 鹵也 廣韵干廉切水和鹽也 从鹽省 此篆明明从鹵不知何以云从鹽省 僉聲 魚欠切七部

文三

十二篇

户 護也以曡韵爲訓 半門曰户象形矦古切五部 凡户之屬皆从户

㦿 古文户从木从木而象其形按此當是籒文加木惟古文作户故此部文九皆从户也

扉 户扇也釋宮曰闔謂之扉門闔門扇也然則門户一也 从户非聲甫微切十五部

扇 扉也月令乃脩闔扇注云用木曰闔用竹葦曰扇案析言如此渾言之則不拘 从户羽依韵會本从羽者如翼也式戰切十四部

房 室在旁也凡堂之內中爲正室左右爲房所謂東房西房也引申之俎亦有房 从户焦氏循曰房必有户以達於堂又必有户以達於東夾西夾又必有户以達於北堂 方聲符方切十部

𢨋 輜車旁推户也輜車者衣車也前後有蔽旁有可開之户 从户大聲讀與釱同徒蓋切十五部

戹 隘也隘者陋也陋者阸陜也陜者隘也 从户乙聲按聲字衍或於雙聲取音此从甲乙之乙取乙乙難出之意也於革切十六部

肁 始開

二羌誤从俗

也引申爲凡始之偁凡經傳言肇始者皆肁之叚借肇行而肁廢矣釋詁毛詩傳皆曰肇始也戈部曰肈擊也**从戶聿**聿於語詞有始義故从聿治小切二部

扆戶牖之閒謂之扆釋宮曰牖戶之閒謂之扆凡室戶東牖西戶牖之中閒是曰扆詩禮多叚依爲之**从戶衣聲**於豈切十五部

扂閉也士喪禮注曰徹帷扂之事畢則下之襍記注曰既出則施其扂鬼神尚幽闇也據此二注扂爲襃舉之義與東都賦袪黼帷同疑閉當作開一說扂在開閉之閒故兼此二義**从戶劫省聲**口盍切按劫省聲疑當作去聲儀禮音義劉昌宗羌據反可據也玉篇亦有羌據一反

扃外閉之關也關者以木橫持門戶也曲禮入戶奉扃注曰奉扃敬也孔疏曰奉扃之說多家今謂禮有鼎扃所以關鼎今關戶之木與關鼎相似凡常奉扃之時必兩手向心而奉之令入戶雖不奉扃木其手若奉扃然以其手對戶若奉扃言恭敬也玉裁謂下文言戶開亦開戶闔亦闔知戶闔而入用兩手推戶爲奉扃若戶開而入則兩手不偏可矣戶扃蓋

以木横著於戶爲之機令外可閉者鼎關字正作鼏禮古文叚扃爲之車上所以止旗者亦曰扃 从戶同聲 古熒切十一部

文十　重一

門 聞也 以疊韵爲訓聞者謂外可聞於內內可聞於外也 从二戶象形 此如門从二丮不必有反丮字也莫奔切十三部 凡門之屬皆从門

閶 閶闔 二字今補離騷大人賦淮南子西京賦靈光殿賦大象賦皆云閶闔王逸高誘薛綜韋昭李善皆曰閶闔天門也八風西方曰閶闔風 天門也从門昌聲 尺量切十部 楚人名門皆曰閶闔 皆字依韵會補

闈 宮中之門也 釋宮曰宮中之門謂之闈周禮保氏使其屬守王闈注闈宮中之巷門 从門韋聲 羽非切十五部

⿵門啇 ⿵門啇謂之樀 今釋宮檐謂之樀許所據爾雅有異本作⿵門啇 樀

廟門也木部樀戶樀也此樀義不同謂廟門也故闟从門吳語王背檐而立大夫向檐韋云檐謂之樀樀門戶韋注戶當作也國語爾雅字皆當作闟郭以屋梠釋樀非是从門詹聲余廉切八部

閎巷門也巷者里中道也然則閎猶闟也釋宮衖門謂之閎郭引左傳盟諸僖閎云閎衖頭門从門厷聲戶萌切古音在六部

閨特立之戶釋宮曰宮中之門謂之闈其小者謂之閨上圜下方有侶圭从門圭會意圭亦聲古攜切十六部

閤門旁戶也釋宮曰小閨謂之閤按漢人所謂閤者皆門旁戶也皆於正門之外爲之前書注曰閨閤內中小門也公孫宏傳起客館開東閤以延賢人師古云閤者小門也東向開之避當庭門而引賓客以別於掾史官屬也亦有云南閤者如許沖云臣父故大尉南閤祭酒是也有云西閤者如晉書衛玠爲太傅西閤祭酒是也唐時不臨前殿御便殿謂之入閤謂立仗於前殿喚仗則自東西閤入也凡上書於達官曰閤下猶言執事也今人乃譌爲閣下从門合聲古沓切八

部

樓上戶也 齊風傳曰闥門內也許書無闥闒卽今闥字西京賦說神明臺曰上飛闥而仰眺西都賦說井幹樓曰排飛闥而上出此二闥皆樓上戶在高處故名之曰飛 从門翕聲 徒盍切八部

閭也 左傳爾雅釋文左傳正義蕪城賦注玉篇廣韵引皆作閭至爾雅疏乃譌爲門今正下文曰閭里門也漢書綰自同閈應注楚名里門曰閈招魂去君之恒幹王注或作恒閈閈里也楚人名里曰閈按惟左傳高其閈閎用爲凡門之偁 从門干聲 矦旰切十四部 汝南平輿里門曰閈 當許時古語猶存於汝南平輿也

里門也 周制二十五家爲里其後則人所聚居爲里不限二十五家也里部曰里尻也里門曰閭 从門呂聲 力居切五部 周禮五家爲比五比爲閭 見大司徒職 閭侶也二十五家相羣侶也 侶當作旅旅衆也此引周禮言閭之古義

里中門也 別於閭閈爲里外門也 从門臽聲 余廉切八部

閻或

闉　曲城即俗所謂月城者也闉即公羊乘堙而出之堙宣十五　所以登城者

从土

闠　市外門也薛綜西京賦注曰闤市營也闠中隔門也劉逵蜀都賦注曰闤市巷也闠市外內門也崔豹古今注曰市牆曰闤市門曰闠李善引倉頡篇曰闠市門也按諸家皆有闤字而許不錄葢以還環包之市之營域曰環其外門曰闠从門貴聲胡對切十五部

闉　闉闍二字今依詩正義補城曲重門也城曲各本作城內今依詩正義正鄭風曰出其闉闍傳曰闉曲城也闍城臺也正義曰釋宮云闍謂之臺闍是城上之臺謂當門臺也闍既是城之門臺則知闉是門外之城卽今之門外曲城是也故云闉曲城闍城臺按毛分言之許併言之者許意說字从門之恉也有重門故必有曲城其上爲門臺卽所謂城隅也故闉闍字皆从門而詩曰出其闉闍謂出此重門也城曲曲城意同从門垔聲於眞切十三部詩曰出其闉闍

闍　闉闍也从門者聲當孤切五部

闕　門觀也釋宮曰觀謂之闕此觀上必加門者觀有不在門上者也凡觀與臺在於平地則四方而高者曰臺不必四方者曰觀其

十二篇上　九

在門上者則中央闕然左右爲觀曰兩觀周禮之象魏春秋經之兩觀左傳僖五年之觀臺也若中央不闕則跨門爲臺禮器謂之臺門左傳謂之門臺是也此云闕門觀也者謂門有兩觀者偁闕 从門欮聲 去月切十五部

閞 門欂櫨也 欂櫨柱上枅也枅屋欂櫨也開則門柱上枅之名 从門弁聲 皮變切十四部

𨳲 門扉也 从門介聲 胡介切十五部

闔 門扉也 月令乃脩闔扇公羊傳齒著乎門闔釋宮闔謂之扉 从門盍聲 胡臘切八部 一曰閉也 下文曰閉闔門也易曰闔戶謂之坤

闑 門梱也 木部曰梱門橜也相合爲一義釋宮橜謂之闑古者門有二闑二闑之閒謂之中門惟君行中門臣由闑外賈公彥聘禮疏所言是也禮古文闑作槷 从門臬聲 魚列切十五部

閾 門榍也 木部曰榍者門限也相合爲一義釋宮曰柣謂之閾柣郭千結反卽榍字也禮古文閾作戚此皆叚借字也 从門或聲 于逼切一部 論語曰行不履閾 鄉黨篇文

閬

古文闔从洫。从洫聲。此猶大雅毛詩築城伊淢，淢卽洫之古文，韓詩正作洫。

閬　門高也。文選甘泉賦注引作門高大之皃也。𨸏部曰：阬，閬也。此曰閬，門高皃。相合爲一義。凡許書異部合讀之例如此。大雅迺立皋門，皋門有伉。傳曰：王之郭門曰皋門。伉，高皃。按詩伉當是阬之譌。甘泉賦：閌閬閬其寥郭兮。閌亦郎阬字，許書無閌。从門良聲。來宕切。十部。巴郡有閬中縣。見漢地理志。

闢　開也。引申爲凡開祏之偁，古多段借辟字。从門辟聲。房益切。十六部。

閞　虞書曰：闢四門。按此六字當在从門辟聲之下，虞書當作唐書，說詳禾部。从門从𠬞。按此上當依匡謬正俗、玉篇補古文闢三字。𠬞者，今之攀字，引也。今俗語以手開門曰攀開，讀如班。古文於此會意。書序東郊不閞，馬本作闢。張揖古今字詁云：閞、闢古今字。舊讀閞爲開，非也。詳匡謬正俗。自衞包逕改閞爲開，而古文之見於尚書者滅矣。

⿵門爲　闢門也。魯語：⿵門爲門與之言，皆不踰閾。韋注：⿵門爲，闢也。从門爲聲。韋委切。古音在十七部。國語

曰闔門而與之言謂公父文伯之母與季康子

闡　開也从門單聲昌善切十四部易曰闡幽毄辭傳文

開　張也張者施弓弦也門之開如弓之張門之閉如弓之弛从門幵聲按大徐本改爲从門从幵以幵聲之字古不入之咍部也玉裁謂此篆幵聲古音當在十二部讀如攘帷之攘由後人讀同闓而定爲苦哀切

𨳡　古文一者象門閉从廾者象手開門

闓　開也本義爲開門引申爲凡启導之偁心部曰忻者闓也从門豈聲苦亥切古音在十五部

閜　大開也引申爲凡大之偁上林賦曰谽呀豁閜司馬彪云谽呀大皃豁閜空虛也方言閜栝也其大者謂之閜从門可聲火下切十七部大杯亦爲閜五字蓋後人所增

閘　開閉門也謂樞轉軋軋有聲从門甲聲烏甲切八部

閟　閉門也引申爲凡閉之偁載馳閟宮傳曰閟閉也又叚爲祕字閟宮箋曰閟神也此謂閟卽祕之叚借也示部曰祕神也从門必聲兵媚

闓　心部以闓訓忻，齊風齊子豈懌，蓋借豈爲闓

閣

切古音在十二部春秋傳曰閼門而與之言六字當是閼而以夫人言之誤見左傳莊公卅二年閼爲句謂孟任不從也而以夫人言謂莊公以立爲夫人爲辭也

閣所㠯止扉者釋宮曰所以止扉謂之閣郭注門辟旁長橜也引左傳高其閈閎而又云閣長杙卽門橜也按郭云門辟旁長橜者謂門開則邊旁有兩長橜使其止而不過也云卽門橜者謂左傳之閎卽他經之闑兩扉中之橜也是二者皆所以止扉皆謂之閣但左傳主謂中門者耳許闑訓門橜閣訓所以止扉則畫然二義許本諸釋宮今本釋宮譌爲閎陸氏音義不辯是非云本亦作閣音各郭注本無此字不知郭氏於衖門謂之閎下引左盟諸僖閎於所以止扉謂之閣下引左高其閈閎郭作注時閎絕未誤爲閣注亦絕無誤也顏師古匡謬正俗分別閎閣二字不同所引左傳作閈閣所引爾雅及注皆作閣今雅雨堂刻本譌亂不可讀左傳高其閈閎閈猶門也高其門則所以止扉亦必高葢晉館門不容車失於狹小致子產壞垣故士文伯飾說門雖小而甚高此處無取閈閎連文陸氏音義亦誤從閎轉

十二篇上　上

閣

段解閣爲門開止扉之長橜是也左傳高其閈閎杜注閎爲門不誤郭注爾雅亦據誤本作閣顏陸之徒爲之遊說去止扉之閣或高或低何損益於客館此亦易悟段郎通人亦爲所惑何也

云讀者因爾雅或作閣因改左傳作各音與爾雅音義皆爲顚倒見其誤不可不正也閣本訓直橜所以扞格者引申之橫者可以庋物亦曰閣如內則所云天子諸侯大夫士之閣漢時天祿石渠閣皆所以閣書籍皆是也閣宇之義如此故凡止而不行皆得謂之閣倘爾雅作謂之閎於所以止扉何涉乎○子產何以毀垣因門不容車也亦因門閎高也觀孫叔敖患民卑車因教閭里高其梱居半歲民悉自高其車此非閎高而車不得入之證乎故郭云左傳之閣即門橜也○左傳閈閎杜注閎門也此必有誤杜本乃誤本郭景純顏師古所據本不誤陸之音義孔之正義皆據誤本爲之○又左傳閈宇沈重云閈也此必古說葢閈閣猶禮記之扞格也閈本不从門後人因閣亦加門耳○蔡邕月令章句於脩鍵閉云鍵門牡所以止扉亦謂之剡移鄭注亦云鍵牡閉牝按蔡謂鍵爲門牡許則云關爲門牡葢關居關之下門之中漢書所謂門牡者而閣居兩旁每扉以一長杙上貫於遏門板下拄於地故云所以止扉古謂之剡移有關有閣又有閣者慎於待暴也故曰高其閈閣厚其牆垣以無憂客使閣亦得稱牡而與關異

閒 錯說门夜閉而見月光是有閒隙 段所本也

物○闟與閤皆閈門乃用之不比闌為死物謂梱即閫誤矣 **从門各聲** 古洛切五部 **閒** **隙也** 隙者壁際也引申之凡有兩邊有中者皆謂之隙隙謂之閒閒者門開則中為際凡罅縫皆曰閒其為有兩有中一也攷工記說鐘銑與銑之閒曰銑閒篆與篆鼓與鼓鉦與鉦之閒曰篆閒鼓閒鉦閒病與瘳之閒曰病閒語之小止曰言之閒閒者稍暇也故曰閒暇今人分別其音為戶閑切或以閑代之閒者隙之可尋者也故曰閒廁曰閒迭曰閒隔曰閒諜今人分別其音為古莧切釋詁毛傳曰閒代也釋言曰閒俔也人部曰俔閒見也厂部曰𠩺石閒見也今音皆去聲凡自其單出言之曰閒 **从門月** 會意也門開而月入門有縫而月光可入皆其意也古閑切十四部 **閒** **古文閒** 此篆各本體誤汗簡等書皆誤今攷正與古文恆同中从古文月也 **閜** **門傾也** 此與上閜篆各字各義或合為一非也上林賦說大木之狀阬衡閜砢索隱引郭樸云阬衡閜砢者揭蘗傾敧皃也按此閜字當作閜與谺呀豁閜義不同閜砢讀惡可來可二反玉篇引賦正作閜 **从門阿**

十二篇上　三

聲烏可切十七部

閼　遮擁也遮者遏也擁者褱也古書壅遏字多作擁閼如許所說則同義異字从門於聲此於雙聲取音烏割切十五部爾雅歲在卯曰單閼讀如蟬蔫

[門繇]　開閉門利也今俗語云自由自便當作此字从門繇聲各本作䌛聲許有繇無䌛今正按此篆當音由唐韻乃旨沇切未詳一曰縷十紘也按紘字有譌紘者冠卷非其義疑當作總漢律曰綺絲數謂之絩布謂之總總者謂布縷之數八十縷爲一總卽禾部之稯禮經之升也緵者麻縷也

[門曷]　門聲也从門曷聲乙鎋切十五部按駱駝鳴聲[囗曷]字當作[門曷]

闀　門響也響疑當作鄉鄉者今之向字門鄉者謂門所向釋宮兩階閒謂之鄉集韻四十一漾引作謂之闀从門鄉聲許亮切十部

闌　門遮也謂門之遮蔽也俗謂櫱櫳爲闌引申爲酒闌字於遮止之義演之也从門柬聲洛干切十四部

閑　闌也引申爲防閑古多借爲清閒字又借爲嫺習字从門中有木會意

戶閒切十四部閉闔門也闔下曰閉也與此爲轉注又闔下曰閉門也按左傳高其閈閎疑閈乃閉字之誤从門句才所㠯歫門也从門而又象撐歫門之形非才字也博計切十五部玉裁按才不成字云所以歫門依許全書之例當云才象所以歫門之形乃合而無象形之云則當是合二字會意攷王逸少書黃庭經三用閇字卽今閉也而中从午葢許書本作从門午午所以歫門舂字下曰午杵省也然則此午亦是杵省歫門用直木如杵然轉寫失眞乃昧其本始矣閡外閉也有外閉則爲礙从門亥聲五漑切一部闇閉門也借以爲幽暗字从門音聲烏紺切七部關以木橫持門戶也通俗文作櫌引申之周禮注曰關畍上之門又引申之凡曰關閉曰機關曰關白曰關藏皆是凡立乎此而交彼曰關毛詩傳曰關關和聲也又曰閒關設舝皃皆於音得義者也从門𢇍聲古還切十四部⿵門龠關下牡也關者橫物卽今之門櫌關下牡者謂以直木上貫關下插地是與關

有牝牡之別漢書所謂牡飛牡亡者謂此也月令曰脩鍵閉慎管籥注曰鍵牡閉牝也管籥搏鍵器也然則關下牡謂之鍵亦謂之籥籥卽闔之叚借字析言之則鍵與闔有二渾言之則一物也金縢啓籥見書亦謂闔閉兆書者古無鎖鑰字葢古祇用木爲不用金鐵故說文鍵下祇云鉉不云門牡从門龠聲以灼切二部

闐盛皃也謂盛滿於門中之皃也詩曰振旅闐闐孟子作塡玉藻盛氣顚實叚顚爲闐也从門眞聲待年切十二部

闛闛闛盛皃也謂盛滿於門中之皃也楊雄賦西馳闛闛此叚闛爲闛也大司馬注鼓聲不過閶此叚閶爲闛闛卽鼓部之鼞也鼙聲不過闒闒卽鼓部之鼛也从門堂聲徒郎切十部

閹門豎也門字今依御覽補豎猶孺也周禮注曰豎未冠者之官名凡文王世子之內豎左傳之使牛爲豎皆是司門則曰門豎故从門宮中奄昏閉門者昏各本作閽今正周禮注曰奄精氣閉藏者今謂之宦人他豎不必奄人此豎則奄人也故从奄一說當依小徐作閹閽閉門者一說當作宮中掩門者

从門奄聲此當言从門奄奄亦聲英廉切八部閽常㠯昏閉門隸也周禮注曰隸給勞辱之役者周禮閽人王宮每門四人囿游亦如之注云閽人司昏晨以啓閉者刑人墨者使守門按古閽與勳音同易厲閽心馬作熏荀以熏爲勳而易爲動漢光祿勳卿一人胡廣曰勳猶閽也主殿宮門戶之職从門昏會意昏亦聲呼昆切十三部闚閃也此與窺義別窺小視也从門規聲去隓切十六部閃闚頭門中也禮運魚鮪不淰注云淰之言閃也从人在門中會意王在門中則重王故入王部人在門中則重門入門部失冉切古音蓋在七部○舊此篆在㒳篆後今移正𨷲妄入宮亦也亦舊作掖師古注漢曰掖門在兩旁如人臂掖依許字例當作亦也漢書以闌爲𨷲字之叚借成帝紀闌入尚方掖門應劭曰無符籍妄入宮曰闌又或作蘭列子宋有蘭子張湛注曰凡物不知生之主曰蘭殷敬順曰史記無符傳出入謂之闌此蘭子謂以技妄遊从門䜌聲讀若闌洛干

切十四部

𨳇登也登上車也凡有所上皆曰登**从門二**會意臣鉉等曰下言自下而登上也按从門二當作从門二篆當作𨳇篇韵𨳇字可證直刃切十二部从此爲聲者有閵藺**二古文下字**見二部**讀若軍敶之敶**觀此可以知陣字之俗矣

閱具數於門中也具者供置也數者計也計者會也筭也云於門中者以其字从門也周禮大閱注曰簡軍實也左氏春秋大閱傳曰簡車馬也引申爲閱歷又引申爲明其等曰閥積其功曰閱手部揲下曰閱持也易揲之以四謂以四四更迭數之也古叚閱爲穴詩蜉蝣堀閱傳曰堀閱容閱也閱卽穴宋玉賦空穴來風莊子作空閱來風司馬彪云門戶孔空風善從之道德經塞其兌閉其門兌卽閱之省詩我躳不閱傳云閱容也言我躳不能見容如無空穴以自處也**从門兌聲**弋雪切十五部

闋事已閉門也引申爲凡事已之偁詩俾民心闋傳曰闋息也禮記有司告以樂闋**从門癸聲**傾雪切十五部

闞望也望者出亡在外望其還也望有倚門倚閭

者故从門大雅闞如虓虎謂其怒視从門敢聲苦濫切八部

闊疏也去部曰疏通也闊之本義如是不若今義訓爲廣也从門猶絕之从㓙活聲苦括切十五部

閔弔者在門也引申爲凡痛惜之辭俗作憫邶風覯閔既多豳風鬻子之閔斯傳曰閔病也从門文聲眉殞切十三部

𢝊古文閔按此篆篇韵不載恐不足據小徐篆作𢝜然則大徐上體从古文民今寫譌甚汗簡正从古文民

闖馬出門皃引申爲突兀驚人之辭公羊傳曰開之則闖然公子陽生也何云闖出頭皃韓退之詩曰喁喁魚闖萍从馬在門中讀若郴許讀平聲今去聲丑禁切七部俗語轉若𢱢

文五十七　重六

耳主聽者也者字今補凡語云而已者急言之曰耳在古音一部凡云如此者急言之曰爾在古

音十五部如世說云聊復爾耳謂且如此而已是也二字音義絕不容相混而唐人至今譌亂至不可言於古經傳亦任意塡寫致多難讀卽如論語一經言云爾者謂如此也言謹爾率爾鏗爾者爾猶然也言無隱乎爾一日長乎爾爾猶汝也言汝得人焉爾乎言得人於此否也公羊傳三年問焉爾皆訓於此也全經惟有前言戲之耳乃而已之訓今俗刻作汝得人焉耳乎乃極爲可笑曹操曰俗語云生女耳耳是不足之詞此古說之存者也音轉讀爲仍如耳孫亦曰仍孫是也

象形而止切一部

凡耳之屬皆从耳

耴　耳𠂹也𠂹各本作垂今正

从耳𠃌下𠂹象形𠃌今補陟葉切八部

春秋傳曰按曰字衍**秦公子耴者其耳𠂹也故㠯爲名**今按左氏傳秦無公子耴惟鄭七穆子良之子公孫耴字子耳以許訂之古本左傳當作公孫耴白虎通所謂旁其名爲之字聞名卽知其字聞字卽知其名也左傳云以類命爲象生而耳垂因名之耴猶生而夢神以黑規其臀因名之黑臀吳都賦魚鳥聱耴耴音牛乙切非此字

䎴　小𠂹耳也从耳占聲丁兼切七部

耽　耳大𠂹也淮南墬形訓夸父耽耳在其北高注耽耳耳垂在肩上耽讀衣褶之褶或作攝以兩手攝其肩之耳也按許書本無聸字耽即聸也今本於耽篆之外沾一聸篆誤矣从耳冘聲丁含切八部詩曰士之耽兮衞風氓文此引詩說叚借也毛傳曰耽樂也耽本不訓樂而可叚爲媅字女部曰媅者樂也

聃　耳曼也曼者引也耳曼者耳如引之而大也如曼膚曼⿰耳彔之曼史記老子列傳曰姓李氏名耳字聃史記索隱老子音義後漢書桓帝紀注文選遊天台山賦注所引皆如此今本史記作名耳字伯陽謚曰聃淺人妄改者也字伯陽見唐固國語注从耳冄聲他甘切七部

⿰耳甘　聃或从甘甘聲

聸　𠂹耳也从耳詹聲都甘切八部南方有聸耳國古祇作耽一變爲聸耳再變則爲儋耳矣

耿　耳箸頰也頰者面旁也耳箸於頰曰耿耿耿之言黏也黏於頰也邶風耿耿不寐傳曰耿耿猶儆儆也憂之聯綴

小垂耳也玉篇引作小耳垂廣韻引作耳小垂案下耽字解云耳大垂也則廣韻爲得

於心取義於此凡云耿者謂專壹也杜林說皮傅耿光而非字義**从耳烓省聲**烓小徐作烔大徐本舊皆作烓烓讀若冂見火部耿古杏切十一部**杜林說耿光也**古文尙書曰文王之耿光離騷注曰耿光也又曰耿明也**从火**依韻會訂**聖省聲凡字皆𠂇形又聲杜說非也**徐鍇曰此說或後人所加

聯　**連也**連者負車也負車者以人輓車人與車相屬因以爲凡相連屬之偁周人用聯字漢人用連字古今字也周禮官聯以會官治鄭注聯讀爲連古書連作聯此以今字釋古字之例**从耳从絲**四字今補會意力延切十四部**从耳耳連於頰**故从耳**从絲絲連不絕也**故又从絲

聊　**耳鳴也**楚辭曰耳聊啾而儻慌王注云聊啾耳鳴也此聊之本義故字从耳若詩泉水傳云聊願也箋云聊且略之辭也方言曰俚聊也戰國策民無所聊此等義相近皆叚聊爲憀也憀者憀賴也又詩傳椒聊椒也不言聊爲語詞蓋單評曰椒絫評曰椒聊楚詞亦云懷椒聊之蔎蔎爾雅曰朻者聊朻卽莍

椒機實成菉藁。从耳丣聲。丣各本譌作卯，篆體亦譌，今竝正。洛蕭切。古音在三部，讀如劉。

聖　通也。邶風母氏聖善，傳云：聖，叡也。小雅或聖或不，傳云：人有通聖者，有不能者。周禮六德教萬民：智仁聖義忠和。注云：聖通而先識。洪範曰：睿作聖。凡一事精通亦得謂之聖。从耳，聖从耳者，謂其耳順。風俗通曰：聖者，聲也，言聞聲知情。按聲聖字古相叚借。呈聲。式正切。十一部。

聰　察也。察者，覈也。聰察以雙聲爲訓。从耳悤聲。倉紅切。九部。

聽　聆也。是也。凡目所及者云視，如視朝、視事是也。凡目不能徧而耳所及者云聽，如聽天下、聽事是也。从耳惪，會意。耳惪者，耳有所得也。𡈼聲。他定切。十一部。

聆　聽也。二篆轉注。匡謬正俗載俗語云聆瓦，聆者，聽之知微者也。文王世子曰：夢帝與我九聆。此叚聆爲鈴，夢天以九个鈴與己也。从耳令聲。郎丁切。古音在十二部。

職　記散也。記猶識也。纖微必識是曰職。散舊作微，今正。周禮太宰之職、大司徒之職，皆謂其所司。凡言司者，謂其善伺也；凡言職者，謂其善聽也。釋詁曰：職，主

聯　聽

案：以耳相接　周礼官聯以會官治　義當如此

目在此而光照於彼謂之視　故凡出於我者皆謂之視

耳聽聲於彼而入我耳者謂之聽　故凡出於彼者皆謂之聽

也毛傳同見詩悉蟀十月之交周禮職方亦作識方从耳戠聲之弋切一部

聒 讙語也讙者講也从耳昏聲古活切十五部

聥 張耳有所聞也廣雅驚也从耳禹聲王矩切五部

聲 音也音下曰聲也二篆爲轉注此渾言之也析言之則曰生於心有節於外謂之音宮商角徵羽聲也絲竹金石匏土革木音也樂記曰知聲而不知音者禽獸是也从耳殸聲書盈切十一部殸籒文磬見石部

聞 知聲也往曰聽來曰聞大學曰心不在焉聽而不聞引申之爲令聞廣譽从耳門聲無分切十三部

䎽 古文从昏昏聲

聘 訪也汎謀曰訪按女部曰娉問也二字義略同从耳甹聲匹正切十一部

聾 無聞也从耳龍聲盧紅切九部

聳 生而聾曰聳方言聳聾也生而聾陳楚江淮之間謂之聳荊揚之間及山之東西雙聾者謂之聳又古多叚聳爲愯方言曰聳悚也又曰聳欲也荊吳之閒曰聳自關而西秦晉之閒

聹　案方言聹聾也玉篇引方言云聹聾也与今本異以聽而不聰聞而不達推之宜有聹字　今俗語以鼻臭曰聞臭而不知亦曰聹其來久矣

相勸曰聳中心不欲而由旁人之勸語亦謂之聳　从耳從省聲　息拱切九部

聹　益梁之州謂聾爲聹秦晉聽而不聰聞而不達謂之聹　方言曰聹聾也梁益之閒謂之聹秦晉之閒聽而不聰聞而不達謂之聹　从耳宰聲　作亥切一部

聵　聾也　國語曰聾聵不可使聽韋云耳不別五聲之和曰聾生而聾曰聵　从耳貴聲　五怪切十五部

⿰耳欳　聵或从欳　許書欳聲之字三而逸欳篆

⿰耳豙　或从豙作　豙應改辛省說見豕部

聉　無知意也　此意內言外之意無知者其意聉者其聲也方言曰聾之甚秦晉之閒謂之聉注曰言聉無所聞知也疑方言之正文本作謂之聉今本譌　从耳出聲讀若孼　五滑切十五部

聙　聙耳也　見方言　从耳月聲　魚厥切十五部

⿰耳闕　吳楚之外凡無耳者謂之⿰耳闕　方言曰吳楚之外郊凡無有耳者謂之⿰耳闕言其言⿰耳闕者若秦晉中土謂墮耳者䏿也

十二篇上　大

聅　恥列切　篇韻俱有徒安切一

若斷耳爲盟斷耳卽璽耳盟當作明字之誤也从耳闋聲五刮切十五部聅軍法㠯矢毌耳也从耳矢會意恥列切十五部司馬灋曰小辠聅之中辠刖之大辠剄之聝軍戰斷耳也大雅攸馘安安傳曰馘獲也不服者殺而獻其左耳曰馘魯頌在泮獻馘箋云馘所格者之左耳春秋傳曰㠯爲俘聝左傳成三年文从耳或聲古獲切古音在一部馘聝或从首今經傳中多从首𦕼乘輿金耳也金耳俗本作金飾馬耳舊本作金馬耳玉篇同今依廣韵五支四紙作乘輿金耳訂正乘輿者天子之車也金耳者金飾車耳也西京賦戴翠帽倚金較薛注金較黃金以飾較也崔豹古今注曰車耳重較也史記禮書彌龍徐廣曰乘輿車金薄繆龍爲輿倚較繆者交錯之形車耳刻交錯之龍飾以金惟乘輿爲然與文虎伏軾龍首衡軛畫爲三事史記之彌卽許之𦕼𦕼者本字彌者同音叚借字淺人不得其解乃妄改而不可通矣𦕼非人耳

也故其字殿焉从耳麻聲讀若湏水一曰若月令靡艸之靡亡彼切廣韵亦忙皮切古音在十七部音轉入十六部彌字古多在十六部用故叚彌爲䏍

聆國語曰回祿信於聆遂闕國語今見周語闕者謂其義其音其形皆闕也韋注聆遂地名宋庠音禽後漢書楊賜傳引作黚遂黚亦今聲也而說苑引國語作亭遂竹書帝癸三十年作聆隧災是其字从令从今不可定而許書此篆或後人所偶記註於此者

聑安也長笛賦曰瓠巴聑柱从二耳會意二耳之在人首帖妥之至者也凡帖妥當作此字帖其叚借字也丁帖切八部文選注引說文丁篋切

聶駙耳私小語也口部咠下曰聶語也按二篆皆會意以口就耳則爲咠咠咠者己二耳在旁彼一耳居閒則爲聶史記魏其武安傳曰乃效女兒呫聶耳語韋曰呫聶附耳小語聲从三耳尼輒切八部

文三十二　重五

聑　案聑蓋帖耳之義故云安也玉篇引埤蒼云耳垂廣韵耳垂皃皆与帖耳義近段云二耳在人首帖妥之至幾於戲論

𦣝 顄也 頁部曰顄頤也二篆爲轉注𦣝者古文頤也鄭易注曰頤中句口車輔之名也震動於下艮止於上口車動而上因輔嚼物以養人故謂之頤頤養也按鄭意謂口下爲車口上爲輔合口車輔三者爲頤左氏云輔車相依車部云輔人頰車也序卦傳曰頤者養也古名頤字眞晉枚頤字仲眞李頤字景眞枚頤或作梅賾誤也 象形 此文當橫視之橫視之則口上口下口中之形俱見矣與之切一部 凡𦣝之屬皆从𦣝

頤 篆文𦣝 此爲篆文則知𦣝爲古文也先古文後篆文者此亦先二後上之例不如是則𦣝篆無所附也

𩠐 籀文从𦣻 𦣝本象形如籀文篆文則从𦣻从頁而後象其形也

巸 廣頤也 頤各本作𦣝今正許書主篆文也廣頤曰巸引申爲凡廣之偁周頌昊天有成命傳曰緝明也熙廣也熙乃巸之叚借字也熙从火其義訓燥不訓廣也毛傳於文王曰緝熙光明也與昊天有成命傳不同而敬之傳曰光廣也然則光卽廣二傳義本同不得如鄭箋云廣爲光字之誤周內史說周易曰光遠遠而自他有耀者也然則光卽廣可知

大戴禮積厚者流光卽流廣也釋詁緝熙光也卽周語叔向所云緝明熙廣也毛公兼取之爲傳學者宜觀其會通凡詁訓有析之至細者有通之甚寬者非好學深思心知其意不能盡其理也熙訓廣而熙乃巸之叚借然則古經熙字可作巸者多矣○文王毛傳曰緝熙光明也此係釋詁而必兼言明者欲與叔向之語不相違也昊天有成命傳直用叔向語者以叔向闡釋此詩也敬之緝熙于光明傳曰光廣也者以緝熙旣訓光明則光明於光明文理難通故此光必訓廣也然則文王敬之熙訓光昊天有成命熙訓廣未嘗不析之甚細矣 **从𦣞巳聲** 與之切一部

𡰥 古文巸从戶 按此古文从戶疑當作从尸凡人體字多从尸不當从戶也顧命夾兩階戺某氏云堂廉曰戺廣雅云戺切也此因堂邊圻堮象人下頷之廣闊故借以爲名而讀牀史切○又按九經字樣云說文作𡰥經典作戺然則今本說文異於唐時也然唐時已从戶則亦誤矣

文二　重三

𡰥　案此疑古文假借堂廉字為巸據九經字樣引說文作𡰥玉篇𡰥入戶部則非尸之誤凡人身从尸之字皆在下體巸不當从尸

手拳也今人舒之爲手卷之爲拳其實一也故以手與拳二篆互訓象形象指掌及擘也書九切三部凡手之屬皆从手手古文手

掌手中也手有面有背背在外則面在中故曰手中左傳云有文在手者在掌也釋名云水洪出所爲澤曰掌水渟處如手掌中也詩或王事鞅掌傳曰鞅掌失容也箋云鞅猶何也掌謂捧之也玉裁按凡周禮官名掌某者皆捧持之義从手尚聲諸兩切十部

拇將指也將指謂手中指也大射禮右巨指鉤弦注云右巨指右手大擘也又設決朱極三注云三者食指將指無名指小指短不用左傳定十四年闔廬傷將指取其一屨注云其足大指見斬遂失屨易咸初六咸其拇馬鄭薛虞皆云拇足大指也合三經而言之手以中指爲將指足以大指爲將指爲拇此手足不同偁也許謂手中指易拇荀作母从手母聲莫厚切古音在一部

指手指也手非指不爲用大指曰巨指曰巨擘次曰食指曰啑鹽指中曰將指次曰無名指次曰小指叚借爲恉心部曰恉意也

从手旨聲職雉切十五部

拳　手也合掌指而爲手故掌指二篆廁手拳二篆之閒卷之爲拳故檀弓曰執女手之拳然从手𢍏聲巨員切十四部

掔　手掔也各本作手掔今正掔者手上臂下也肉部曰臂者手上也肘者臂節也又部曰厷者臂上也是則肘以下手以上渾言之曰臂析言之則近手處曰掔士喪禮設決麗于掔注云掔手後節中也云後節中者肘以上爲前節則肘以下爲後節後節之中以上爲臂則以下爲掔也俗作捥左傳涉佗捘衞侯之手及捥非古字也从手臤聲字依韵會此四字在此臤見目部烏貫切十四部楊雄曰掔握也此葢楊雄倉頡訓纂一篇中語握者搤持也楊說別一義凡史漢云搤掔扼腕者皆[illegible]字言持手游民也

攕　好手皃魏風葛屨曰摻摻女手可以縫裳傳曰摻摻猶纖纖也漢人言手之好曰纖纖如古詩云纖纖擢素手傳以今喻古故曰猶其字本作攕俗改爲摻非是遵大路傳曰摻擥也是摻字自有本義孔氏正義引說文摻參此音反聲訓爲斂操喿七遙反聲訓爲奉也是唐初說文確有

十二篇上

攐　詩褰裳借褰爲攐，猶借繑爲撟。褰本訓絝，攐裳則見絝，引申爲摳衣之義。段以褰爲訓？攐謂虧其下體之衣，云較作褰爲長，未然。

摻字之證自淺人摻操不分而奪摻篆亦猶鼏鼏不分而奪鼏篆衵衫不分而奪衵篆也知摻之有本義則知用爲攕字之非矣 **从手韱聲** 所咸切七部 **詩曰攕攕女手** 𢱭 **人臂皃** 考工記輪人曰望其輻欲其掔爾而纖也注云掔纖殺小皃也鄭司農讀爲紛容掔參之掔糸謂如桑螵蛸之蛸按紛容掔參出上林賦 **从手削聲** 所角切二部 **周禮曰輻欲其掔尒** 大徐無尒字非也今記作爾許所見作尒尒者本字爾之必然也爾者叚借字也爾行而尒廢矣 **摳** **繑也** 按糸部曰繑絝紐也與摳義絕遠疑是矯字之譌矢部曰矯柔箭箝也摳之義爲矯枉 **一曰摳衣** 各本下有廾堂二字今依韵會刪正攐篆下曰摳衣也然則此當云一曰攐衣曲禮曰摳衣趨隅摳提也衣裳也論語注云攝齎者摳衣按 **也** **从手區聲** 口侯切四部 **攐** **摳衣也** 高注淮南曰攐縮也按詩言褰裳當作此篆褰訓絝非其義也亦有作騫者謂虧其下體之衣較作褰爲長 **从手褰聲** 按此篆與攓篆別者以从衣也

當云从手衣寒省聲會意兼形聲去虔切十四部

撎 擧首下手也六字各本作擧手下手也五字今正西征賦注玉篇引說文有拜字左傳成十六年釋文引字林擧首下手皆是也凡不跪不爲拜跪而擧其首惟下其手是曰肅拜漢人曰撎周禮九拜九曰肅拜先鄭注云肅拜但俯下手今時撎是也鄭注少儀曰肅拜拜不低頭也云但俯下手云不低頭正與擧首下手合今本說文既譌而少儀注又刪不字作拜低頭乃終古昧其禮矣程氏瑤田曰言擧首者以別於䭫首頓首空首三拜皆必下其首也按此婦人之拜也婦人以肅拜當男子之空首少儀云婦人吉事雖有君賜肅拜是也以手拜當男子之稽首少儀之手拜士昏禮之拜扱地是也以稽顙當男子之頓首喪服小記之爲夫與長子稽顙是也肅拜與成十六年之肅不同肅不連拜介者不拜長揖而已不拜者不跪也肅拜則跪而擧首下手也○南宋張淏雲谷雜記引程氏攷古編云國史王貽孫傳大祖嘗問趙普拜禮何以男子跪而婦人不跪普訪禮官無有知者貽孫曰唐天后朝婦人始拜而不跪普問所出曰大和中有幽州

從事張建章著渤海國記備言其事予按予程氏自偁後周天元大象二年詔內外命婦皆執笏其拜宗廟及天臺皆俯伏如男子據此詔特令於廟朝跪其他拜不跪矣豈武后時幷廟朝不跪建章記之未詳耶周昌諫帝廢太子呂后見昌爲跪謝戰國策蘇秦嫂蛇行匍匐四拜自跪而謝隋志皇帝冊后后先拜後起皇帝後拜先起則唐以前婦拜皆跪伏也玉裁按婦人拜亦無不跪者肅拜跪而舉首不俯伏雖拜君賜亦然天元時令拜宗廟天臺俯伏如男子可以證常拜之跪而不必俯伏也至於天后而始不跪孫甫唐書曰武后欲尊婦人始易今拜 从手壹聲於計切古音在十二部讀如壹

揖 攘也攘汲古閣改作讓誤此與下文攘推也相聯爲文鄭禮注云推手曰揖凡拱其手使前曰揖凡推手小下之爲土揖推手小舉之爲天揖推手平之爲時揖也成十六年敢肅使者則若今人之長揖 从手咠聲伊入切八部 一曰手箸匈曰揖此別一義上言揖以爲讓謂手遠於胸此言手箸於胸曰揖者箸直略切禮經有揖有厭厭一涉切推手曰揖引手曰厭推者推之

遠胸引者引之箸胸如鄉飲酒主人揖先入此用推手也賓厭衆賓此用引手也謙若不敢前也今文厭皆作揖則今文禮有揖無厭許君於禮或從古文或從今文此手箸胸曰揖蓋於此從今文不從古文是以統謂之揖尒推手引手隨宜而用今人謙讓亦兼有此二者周禮疏儀禮疏厭或作撎謁字不可從

攘推也推手使前也古推讓字如此作上曲禮注曰攘古讓字許云讓者相責讓也攘者推也从古也漢書禮樂志盛揖攘之容藝文志堯之克攘司馬遷傳小子何敢攘皆用古字凡退讓用此字引申之使人退讓亦用此字如攘寇攘夷狄是也从手襄聲汝羊切按當人樣切十部

拱斂手也斂當作撿與下篆相聯爲文尚書大傳曰拱則抱鼓皇侃論語疏曰拱沓手也九拜皆必拱手而至地立時敬則拱手如檀弓孔子與門人立拱論語子路拱而立玉藻臣侍於君垂拱是也行而張拱曰翔凡拱不必皆如抱鼓也推手曰揖則如抱鼓拜手則斂於抱鼓稽首頓首則以其斂於抱鼓者下之引手曰厭則又較斂於拜手凡沓手右手在內左手在外是謂尚左手男拜如是男

之吉拜如是喪拜反是左手在內右手在外是謂尚右手女拜如是女之吉拜如是喪拜反是喪服記袪尺二寸注曰袪袖口也尺二寸足以容中人之併兩手也吉時拱尚左手喪時拱尚右手合內則奔喪檀弓尚左尚右之文繹之可以知拱時沓手之宜矣拱古文叚借作共鄉飲酒禮注曰共拱手也○尚書大傳注曰兩手搤之曰拱拱然則桑穀一暮大拱孟子拱把之桐梓皆非沓手之拱拱之小者也趙岐云合兩手徐鍇云兩手大指頭相拄从手共聲居竦切九部

撿　拱也凡斂手宜作此字从手僉聲良冉切七部

𢷎　首至手也各本作首至地也今正首至地謂䭫首拜中之一不可該九拜拜之名生於空首故許言首至手周禮之空首也經謂之拜手鄭注曰空首拜頭至手所謂拜手也何注公羊傳曰頭至手曰拜手某氏注尚書大甲召誥曰拜手首至手也何以謂之頭至手足部曰跪者所以拜也既跪而拱手而頭俯至於手與心平是之謂頭至手荀卿子曰平衡曰拜是也頭不至於地是以周禮謂之空首空首者對䭫首頓首之頭著地言也詳言曰拜手

省言曰拜拜本專爲空首之偁引申之則䭫首頓首肅拜皆曰拜䭫首者何也拜頭至地也既跪而拱手下至於地而頭亦下至於地荀卿所謂下衡曰䭫首白虎通鄭注周禮何注公羊某氏注尚書召誥趙注孟子皆曰拜頭至地曰䭫首是也頓首者拜頭叩地也既跪而拱手下至於地而頭不徒下至地且叩觸其顙是之謂頓首荀卿所謂至地曰䭫顙也周禮之頓首卽他經之䭫顙故周禮注云頓首頭叩地士喪禮檀弓䭫顙注云頭觸地叩觸一也凡言拜手䭫首言拜䭫首者先空首而後䭫首也言拜而後䭫顙者先空首而後頓首也言䭫顙而後拜者先頓首而後空首也言䭫顙而不拜者徒頓首而不空首也空首䭫首頓首三拜爲經振動吉拜凶拜奇拜褒拜肅拜爲緯振動者戰栗變動之拜有不必爲此三拜而爲此三拜者也吉拜者拜之常也當拜而拜當䭫首而䭫首是也凡䭫首未有用於凶者也凶拜者何也拜而後䭫顙䭫顙而後拜皆是也凡頓首未有不用於凶者也奇拜者一拜也一䭫首一頓首亦是也簡少之詈也褒拜者拜不止於再也䭫首頓首不止於再者亦是也多大之詈也肅拜者婦人之拜

不低頭者也總計之曰九拜凡云拜手者頭至手故其字从手作𢷎**从手𠦪**𠦪見本部疾也徐鍇曰从𠦪者言進趨之疾按釋名曰拜於丈夫爲跌跌然屈折下就地也博怪切十五部**𢱍古文𢷎从二手**蓋从二手而比聲凡拜必兼用首手足三者而造字者重手故从手䭫首頓首則重頭故从首頁〇又汗簡曰𢱍出說文是則从二古文手也但楊雄說𢯱从兩手作拜豈不相混乎**𢯱楊雄說𢷎从兩手下**蓋爰禮等所說楊所作訓纂篇中字如此凡空首首至手而平衡手未嘗下於心也䭫首頓首則下矣楊雄蓋兼三拜而製此字也見於周禮者作𢷎他經皆同子雲作

捾搯捾也捾乃複舉字誤移搯下耳義理與抰略同今人剜字當作此大徐附剜於刀部非也**从手官聲**烏括切十四部**一曰援也**援者引也

搯捾也魯語公父文伯母戒文伯之妾曰無洵涕無搯膺韋注搯叩也膺匈也按韋注卽俗所謂椎心喪禮有擗拊心也則叩匈亦未爲失此正謂哀之甚如欲挑出心肝者然韋祇言其大致而已今人俗語

亦云搯出文選長笛賦搯膺擗摽李善引國語及韋注而云苦洽反殊誤苦洽切當是掐字从臽聲爪刺也下引魏書程昱傳昱於魏武前忿爭聲氣忿高邊人掐之乃止是則从臽之掐於搯膺豪不相涉也韓子文搯擢胃腎亦是用搯膺字通俗文指出曰掏爪按曰搯掏卽搯也許不録掏**从手舀聲**土刀切古音在三部**周書曰師乃搯**尚書大誓文漢大誓有今文古文之別合於伏生二十八篇者後得之大誓今文也馬鄭所注者孔壁之大誓古文也尚書大傳師乃慆鄭云慆喜也此今文大誓也許所偁作師乃搯此古文大誓也如古文流爲雕今文作流爲烏之比詳古文尚書撰異**搯者搯兵刃㠯習擊刺也**搯各本作拔詩清人釋文引作抽今據正此釋大誓搯字之義以明與訓指之搯不同也凡說文旣說字義而引經又釋其義者皆以明說經與說字不同如圂訓回行商書之曰圂則訓圛者升雲半有半無堲訓以土增大道唐書之朕堲讒說殄行則訓堲疾惡也𦱊訓火不明周書之布重𦱊席則訓織蒻席也此亦同此例搯本訓指而大誓之搯訓抽兵刃以

習擊刺搯與抽同於六書爲叚借故必箸之**詩曰左旋右搯**左右當作𠂇又搯各本作掐自陸氏作詩音義時已誤今正此引詩鄭風清人文爲抽兵刃之證也毛曰右抽者抽矢以射箋云御者習旋車車右抽刃引之證軍中有此儀武王丙午逮師逮作還者誤尚未渡孟津故抽兵刃習擊刺凡引經說字不必見本字如引突如其來如證不順忽出引龍戰于野證陰極陽生引先庚三日證庚更事也皆是此例此又引抽證抽耳若作右搯則詩曰左旋右搯六字當在周書曰師乃搯之下而今本爲不辭

⿰扌巩　擁也从手巩聲居竦切九部按此篆已見丮部爲巩之或字此不當重出當是淺人所增删之可也⿱巩手訓擁則當與擁篆相聯爲文增之者廁非其所矣

推　排也今六脂十五灰殊其音義古無二音二義也**从手隹聲**他回切十五部按廣韵又隹湯回二音

捘　推也謂排擠也**从手夋聲**子寸切十三部左傳音義子對反**春秋傳曰捘衛侯之手**定八年左傳曰將歃涉佗捘衛侯之手及捥此謂衛侯欲先歃

涉佗執其手卻之由指掌逆推及於擘也杜云皿及捥非排擠也今義列也从手非聲步皆切十五部擠排也左傳知擠于溝壑矣杜云隊也隊今之墜字謂排而墜之也商書微子作隮引左傳亦作隮隮者躋之俗从手齊聲子計切十五部抵擠也排而相歫也从手氐聲丁禮切十五部摧擠也釋詁毛傳皆曰摧至也卽抵之義也自推至摧六篆同義从手崔聲昨回切十五部一曰挏也挏者擁引也一曰斷也斷者斷也今此義行而上二義廢矣詩室人交徧摧我傳曰摧沮也此折之義也拉摧也公羊傳搚榦而殺之何曰搚折聲也按搚亦作拉此上文摧一曰折也之義从手立聲盧合切七部挫摧也此亦上文摧一曰折也之義考工記揉牙內不挫注云挫折也詩乘馬在廏摧之秣之傳曰摧挫也箋云挫今莝字也傳箋今本譌舛今正之如是从手坐聲則臥切十七部扶左也左俗本改作佐非左下曰手相助也从手夫聲

防無切五部 𢻳 古文扶从攴 𢪃 扶也 古詩好事相扶將當作扶𢪃字之叚借也凡云將順其美當作𢪃順詩百兩將之傳曰將送也天不我將箋云將猶養也皆於𢪃義爲近玉篇曰𢪃今作將擀同 从手爿聲 七良切十部廣韵卽良切

持 握也从手寺聲 直之切一部

挈 縣持也 縣者系也胡涓切下文云提挈也則提與挈皆謂縣而持之也今俗語云挈帶古叚借爲契絜字如爰挈我龜傳云挈開也又如⿰糸式字下云樂浪挈令 从手㓞聲 苦結切十五部

拑 脅持也 謂脅制而持之也凡脅之爲制猶鷹之爲當也鬼谷子有飛鉗鉗卽拑字 从手甘聲 巨淹切八部

揲 閱持也 閱者具數也更迭數之也匹下曰四丈也从八匸八揲一匹按八揲一匹則五五數之也五五者由一五二五數之至於八五則四丈矣繫辭傳曰揲之以四以象四時謂四四數之也四四者由一四二四數之至若干四則得其餘矣凡傳云三三兩兩十十五五者皆放此閱持者旣得其數而持之故其字从手

从手枼聲食折切十五部按枼聲或在八部或在十五部由古此二部相合同一世聲而彼此皆用之

摯握持也握持者搤持也周禮六贄字許書作摯又鳥部鷙鳥字皆或叚摯爲之从手執會意也脂利切十五部

操把持也把者握也操重讀之曰節操曰琴操皆去聲从手喿聲七刀切二部

攫爪持也覆手曰爪謂覆手持之也徐鉉等曰今俗別作掬今按本部自有掬篆掬其俗體耳其義訓兩指撮非訓爪持从手瞿聲居玉切古音在四部

捦急持衣裣也此篆古叚借作禽俗作擒作捦走獸總名曰禽者以其爲人所捦也又按此解五字當作急持也一曰持衣裣也九字乃合必轉寫有譌奪矣从手金聲巨今切七部

㩒捦或从禁禁聲

搏索持也索各本作索今正入室搜曰索索持謂摸索而持之周禮環人搏諜賊釋文云搏音博又房布反劉音付射人注貍善搏者也行則止而擬度焉其發必獲釋文云搏音博劉音付士師注胥讀爲宿偦之偦偦謂司搏

篇作急持衣裣也韻但云急持也當如段説作急持也一曰持衣裣衿也持衣裣衿則爲衣義猶云攘袌袁金从裣者亦聲元文似有脫字參以篇韻

盜賊也釋文云搏音博劉音付小雅車攻箋獸田獵搏獸也釋文云搏音博舊音付按小司徒注之伺捕盜賊卽士師注之司搏盜賊也一用今字一用古字古捕盜字作搏而房布反又音付猶後人所謂捫搎摸搽也本部搏捕二篆皆收捕訓取也又部取下云捕也是與索持義迴別今則捕行而搏廢但訓爲搏擊又按搏擊與索取無二義凡搏擊者未有不乘其虛怯扼其要害者猶執盜賊必得其巢穴也本無二義二音至若考工記之搏埴虞書之拊搏此則拍字之叚借**从手尃聲**補各切此今音也陸氏說又房布切劉音付皆古音也五部**一曰至也**此別一義蓋搏亦爲今之附近字許則云駙者近也左傳則作傅

據 **杖持也**謂倚杖而持之也杖者人所據則凡所據皆曰杖據或作据楊雄傳三摹九据晉灼曰据今據字也按何氏公羊傳注據亦皆作据是叚借拮据字**从手豦聲**居御切五部

攝 **引持也**謂引進而持之也凡云攝者皆整飭之意論語攝齊史記矦生攝弊衣冠襄十四年左傳曰不書者惰也書者攝也注云能自攝整詩攝以威儀傳

曰言相攝佐者以威儀也論語官事不攝注云攝猶兼也皆引持之意　从手聶聲　書涉切八部

并持也　謂兼二物而持之也秝部曰秉持一禾兼持二禾兼者會意字拼者形聲字拼與兼音略同　从手幵聲　他含切七部

捫持也　謂捫按而持之也金部鋪下云著門拚首也拚首者人所捫摸處也　从手布聲　普胡切五部

俾持也　俾持謂俾夾而持之也亦部夾下曰盜竊褱物也俗謂蔽人俾夾然則俾持正謂藏匿之持如今人言懷挾也孟子挾貴挾賢挾長挾有勳勞挾故此皆本義之引申音胡頰切若詩禮之挾矢周禮之挾日音皆子協反挾日干本作帀日左傳作浹謂十日徧也禮注方持弦矢曰挾謂矢與弦成十字形也皆自其交會處言之古文禮挾皆作接然則接矢爲本字挾矢爲叚借字與　从手夾聲　各本作夾聲篆體亦从二人今皆正从二入以形聲中有會意也胡夾切八部

撫持也　撫安也一曰循也謂安循而持之也大雅莫捫朕舌傳曰捫持也渾言不分析也若王猛捫蝨之類

又專謂摩挲　从手門聲　莫奔切十三部　詩曰莫捫朕舌　大雅抑文　擥　撮持也　謂總撮而持之也　从手監聲　盧敢切八部　擸　理持也　謂分理而持之也　从手巤聲　良涉切八部　握　搤持也　按下文云搤一曰握也　从手屋聲　於角切三部　𡖅　古文握　淮南詮言訓臺無所鑒謂之狂生高注臺持也所鑒者玄德也持無所鑒所持者非玄德故謂之狂生合文選任彥昇哭范僕射詩注及今本淮南子可得其眞矣俶眞訓曰其所居神者臺簡以游大清此臺亦疑臺之誤　撣　提持也　提持猶縣持也太玄撣繫其名撣訓觸别一義　从手單聲　讀若行遲驒驒　驒驒未見所出葢郞詩之嘽嘽駱馬傳曰嘽嘽喘息之皃馬勞則喘息徒旱切十四部　把　握也　握者搤持也孟子注曰拱合兩手也把以一手把之也　从手巴聲　博下切古音蓋在五部　搹　把也　喪服苴絰大搹注曰搹扼也中人之扼圍九寸此言中人滿手把之其圍九寸

則其徑約計三寸也喪服傳朝一溢米夕一溢米王肅劉逵皆云滿手曰溢與鄭異按此謂溢爲搹之叚借字也然搹溢字見一章數行內不應異用則知鄭說爲長**从手鬲聲**於革切十六部

扼　搹或从戹扼今隸變作扼猶軛隸變作軛也許云扼者搹之或字而鄭注禮云搹扼也者漢時少用搹多用扼故以今字釋古字非於許有異也

𢹎　牽引也从手如聲按各本篆作拏解作奴聲別有拏篆解云持也从手如聲女加切二篆形體互譌今正拏字見於經者僖元年獲莒拏三傳之經所同也其義則宋玉九辯曰枝煩拏而交橫王注柯條糾錯而崱嶷招䰟稻粢穱麥拏黃粱些王注拏糅也王逸九思殽亂兮紛拏注君任佞巧競疾忠信交亂紛拏也左思吳都賦攢柯拏莖李注曰許愼注淮南子云拏亂也凡若此等皆於牽引義爲近而漢霍去病傳昏漢匈奴相紛拏此與九思紛拏同謂漢與虜相亂也而師古注乃云紛拏亂相持搏也以亂釋紛以相持搏釋拏大非語意竊意其時說文已同今本故顏從而傅會耳蓋其字本如聲讀女居切其義爲牽引廣韵九魚

挈注牽引未嘗作挐說文挐訓持卽今所用攫挐字也其字奴聲讀女加切廣韵麻韵挐挐兩收淆亂其義玉篇有挐無挐訓爲持也乃同今本說文孫强輩所改耳一曰巳也小徐本有此四字

攜　提也古多叚爲儶字从手儶聲戶圭切十六部

提　挈也挈者縣持也攜則相竝提則有高下而互相訓者渾言之也从手是聲杜兮切十六部

𢫧　拈也从手耴聲丁愜切八部

拈　𢫧也篇韵皆云指取也从手占聲奴兼切七部

摛　舒也蜀都賦摛藻掞天庭魏都賦摛翰則華縱春葩太元經幽攡萬類字作攡从手离聲丑知切古音在十七部

捨　釋也釋者解也按經傳多叚舍爲之从手舍聲書冶切古音在五部

擪　一指按也洞簫賦挹抐擫攦李注言中制也莊子外物擪其噦一作壓南都賦彈琴擫籥李注引說文按擫擫皆同擪从手厭聲於協切七部

按　下也以手抑之使下也印部曰抑者按也从手安聲烏旰

切十四部

控　引也。引者開弓也。引申之爲凡引遠使近之偁。詩控於大邦。傳曰：控，引也。此卽左傳所謂控告也。又抑磬控忌。傳曰：騁馬曰磬，止馬曰控。按騁馬曰磬者，如大明傳之俔磬也，極辭也。止馬曰控者，是亦引之使近之意也。从手空聲。苦貢切。九部。詩曰：控于大邦。庸載馳文。匈奴引弓曰控弦。依羽獵賦注訂。此引匈奴方語以證控引一也。漢書於匈奴或言引弓，或言控弦，一也。

揗　摩也。廣雅曰：揗，順也。廣韵曰：手相安慰也。今人撫循字古蓋作揗。循者，行順也。淮南曰：引揗萬物。高注：引揗，拔擢也。讀允恭之允。从手盾聲。食尹切。十三部。廣韵詳遵切。

掾　緣也。緣者，衣純也。旣夕禮注：飾衣領袂口曰純。引申爲凡夤緣邊際之偁。掾者，緣其邊際而陳掾也。陳掾猶經營也。易卦辭曰彖。謂文王繇卦以得其義。然則彖者，掾之叚借字。與漢官有掾屬，正曰掾，副曰屬。漢舊注：東西曹掾比四百石，餘掾比三百石，屬比二百石。此等皆翼輔其旁者也，故曰掾。从手彖聲。以絹切。十四部。

拍　拊也。釋名曰：拍，搏也。

手搏其上也按許釋搏曰索持則古經搏訓拍者字之叚借考工記搏埴之工注曰搏之言拍也云之言者見其義本不同也**从手百聲**普百切古音在五部讀如粕

拊揗也揗者摩也古作拊揗今作撫循古今字也堯典曰擊石拊石拊輕擊重故分言之又皐陶謨搏拊樂器名明堂位作拊搏**从手付聲**芳武切古音在四部

掊杷也杷各本作把今正木部曰杷者收麥器也引申爲凡用手之偁掊者五指杷之如杷之杷物也史漢皆言掊視得鼎師古曰掊手杷土也杷音蒲巴反其字从木按今俗用之刨字也大雅曰曾是掊克傳曰掊克自伐而好勝人也以自伐釋掊以好勝人釋克未得其解定本掊作倍正義謂己兼倍於人而自矜伐似定本爲是矣然孟子書亦作掊克趙注但云不良也知詩本不作掊毛意謂掊爲倍之叚借字掊有聚意與捊音義近有深取意則不同捊也毛詩釋文云掊克聚斂也此謂同捊也方言曰掊深也郭注云掊尅深能以深釋掊以能釋尅此亦必古說但皆非毛義方言掊訓深與許說合○六書故引唐本作捊也不若顏氏本作杷**从手**

音聲父溝切廣韻薄侯切古音在一部今鹽官入水取鹽爲掊百官志注引胡廣曰鹽官掊坑而得鹽

捋取易也按捋與寽二篆義別寽見𠬪部云五指寽也五指寽者如用指取禾采之穀是也捋則訓取易而義不同詩薄言捋之捋采其劉傳曰捋取也此捋之本義也若董逌詩詁曰以指歷取也朱子詩集傳曰捋取其子也此於今之俗語求其義而不知今之俗語許書自有本字凡訓詁之宜審愼如此。寽下云五指捋也宋本云五指持也皆未是廣韻六術云寽持取今寽禾是是則許當本作五指持取也五指持而取之於義乃合从手寽聲郎括切十五部

撩理之也之字依元應書卷十五補下云謂撩捋整理也今多作料量之料通俗文曰理亂謂之撩理从手尞聲洛蕭切二部

措置也置者赦也立之爲置捨之亦爲置措之義亦如是經傳多叚錯爲之賈誼傳叚厝爲之从手昔聲倉故切五部

插刺內也內各本作肉今正內者入也刺內者刺入也漢人注經多叚捷字扱字爲之

从手臿聲楚洽切八部掄擇也晉語君掄賢人之後有常位於國者而立之韋注掄擇也周禮凡邦工入山林而掄材不禁鄭注掄猶擇也按鄭意掄之本訓不爲擇故曰猶从手侖聲盧昆切十三部擇柬選也柬者分別簡之也簡者存也今小徐本作簡選乃是譌字韵會作揀乃是俗字辵部選下曰一曰選擇也从手睪聲丈伯切古音在五部捉搤也从手足聲側角切三部一曰握也上文云握者搤持也與此爲轉注搤捉也婁敬傳曰搤其亢拊其背楊雄傳曰搤熊羆拕豪豬搤其咽炕其氣皆謂捉持之師古云搤與扼同依許則搤扼音雖同而義迥別也从手益聲於革切十六部挻長也商頌松桷有挻傳曰挻長皃此許所本也字林云挻長也丑連反此又本許也自寫詩者譌从木作梴又以梴竄入說文木部而終古長誤矣此義丑連反若老子挻埴以爲器其訓和也柔也其音始然反音羶其俗字作埏見於詩老子音義甚明而今本譌舛又方言挻取也凡取物而逆謂之篡楚

部或謂之挻此**从手延延亦聲**小徐本作从手延聲四字義音羊羶反　式連切按當作丑延切十四部篆體右蓋从延延丑連切

𢬂搣也搣之訓見下揃解當依小徐作从手延聲四字謂搣也急就篇沐浴揃搣寡合同莊子眥搣可以休老本亦作揃搣揃搣者道家修養之法故莊云可以休老史游與沐浴寡合同類言寡合同卽𪗋精寡慾之說也若士喪禮士虞禮之蚤揃蚤讀爲爪謂斷爪揃讀爲翦許作𠜾謂𠜾須也士虞禮揃或爲鬋曲禮亦作蚤鬋注云鬋鬄也釋鬋爲𠜾理鬢髮是禮經揃字爲𠜾若鬋之叚借而不用揃之本義顏師古注急就曰揃搣謂鬄拔眉髮也蓋去其不齊整者顏氏誤以禮經之揃釋莊史之揃搣是誤以叚借爲本義也訓詁不通其源斯誤有如此者○莊子釋文引三倉云揃猶翦也云猶翦則翦非本義三倉不妨言叚借惟說文解字不言叚借**从手歬聲**卽淺切十四部

搣𢪛也𢪛各本作批小徐本及集韵類篇廣韵作批今正批者批之譌批者𢪛之譌也手部𢪛批二篆義別𢪛下云一曰𢪛搣頰旁也與此曰搣𢪛也相爲轉注廣韵玉篇

皆曰搣者摩也然則搣頰旁者謂摩其頰旁養生家之一法故莊子曰靜默可以補病眥搣可以休老眥搣卽𢪛搣之叚借字一本作揃搣釋文引字林搣批也千米反批亦𢪛之誤若作批則撓之俗字訓反手擊也尤誤○按廣韵玉篇云摩也此字本義廣韵又曰批也批卽批之誤又曰捽也捽卽批之解也又云手拔也玉篇云莊子云揃搣拔除也是皆用師古急就篇注而誤蓋訓詁之難如此

从手㓕聲亡列切十五部

捽也捽之訓在下按玄應書兩引說文批撠也撠居逆反謂撠撮取也又引通俗文掣挽曰批按玄應本較今本爲長但許本無撠祇用戟是亦以俗字改許書也

从手此聲側氏切十五十六部此與下手上此字義別

捽也从手卽聲子力切古音在十二部

魏郡有揤裴矦國漢地理志作卽王子矦表作揤據此則今本地理志誤也

持頭髮也金日磾傳日磾捽胡投何羅殿下孟康曰胡音互捽胡若今相僻臥輪之類也晉灼曰胡頸也捽其頸而投殿下也

从手卒聲昨沒切十五部

四圭也漢律厤志曰量多少者不失圭撮孟康曰六十四黍爲圭按廣韵圭下云孟子曰六十四黍爲一圭十圭爲一合孟子卽孟康經典釋文序錄有孟子注老子二卷或曰孟康也康字公休孫子筭經六粟爲一圭十圭爲一撮十撮爲一抄十抄爲一勺十勺爲一合說與孟異本艸序例曰凡散藥有云刀圭者十分方寸匕之一准如梧桐子大也一撮者四刀圭也十撮爲一勺十勺爲一合此葢醫家用四圭爲撮之說可相發明从手最聲倉括切十五部亦二指撮也大徐作一曰兩指撮也按許此別爲一義而應仲遠注漢云圭自然之形陰陽之始四圭曰撮三指撮之也不說是二義三指所撮爲四圭則四圭甚少殆卽孫子所謂六粟爲圭乎二十四粟三指可撮也小徐本作二指二疑三之誤大徐本又改爲兩耳圭者瑞玉上圜下方故應云自然之形陰陽之始易之數陰變於六故六粟曰圭

𢴳撮也此蒙三指撮而言不蒙四圭也从手𥷚省聲居六切三部按字之同音者有三此謂三指撮也曰謂叉手也匊謂在手也

摕撮取也謂撮而取

之亦蒙三指撮言也有司徹乃摭于魚腊俎俎釋三个其餘皆取之古文摭爲摕儀禮宋本嘉靖本單行疏本釋文宋本皆如是俗本作今文摭爲摕者非也凡言撮者皆謂少取禮經依古文爲是西京賦摕飛鼺亦謂撮取薛解云捎取之也文賦意徘徊而不能揥揥當是摕之誤今俗語云捎帶者當作摕**从手帶聲讀若詩曰蝃蝀在東**謂讀若蝃也都計切十五部經典釋文之舌切李善大結切

摕或从斲从示蓋从斲而示聲

掔手急持人也其義有別廣韵不云二形一字

引堅也堅各本作取今正詩釋文作堅今本譌爲取土二字非也堅義同聚引堅者引使聚也玉篇正作引聚也大雅捄之陑陑傳曰捄虆也陑陑衆也箋云捄捊也度投也築牆者捊聚壤土盛之以虆而投諸版中此引聚之正義箋與傳互相足賓筵之仇鄭讀爲軻此捄鄭釋爲捊皆於其音之相近得其義也常棣原隰裒矣傳云裒聚也此重聚不重引故不言引但言聚也裒者捊之俗易君子以裒多益寡鄭荀董蜀才作捊云取也此重引故但言取也**从**

手孚聲步侯切三部詩曰原隰捊矣六字小徐本有玉篇引亦有抱捊或从包古音孚聲包聲同在三部後人用抱爲褎裒字蓋古今字之不同如此揜自關以東取曰揜取上俗本有謂字今依宋本方言曰掩索取也自關而東曰掩自關而西曰索或曰狙按許所據方言蓋作揜李善注子虛上林賦引方言亦作揜也今廣雅掩取也字作掩从手弇聲衣檢切七部一曰覆也弇蓋也故从弇之揜爲覆凡大學揜其不善中庸誠之不可揜皆是授予也予者推予也象相予之形从手受手付之令其受也故从手受受亦聲殖酉切三部承奉也𠬪部曰奉者承也是二篆爲轉注也𠬪部曰受者相付也凡言承受承順承繼又魯頌傳曰承止也皆奉之訓也凡言或承之羞承之以劒皆相付之訓也左傳曰蔡大夫恐昭侯之又遷也承此叚承爲懲也从手卪𠬞合三字會意署陵切六部挋給也給者相足也士喪禮曰乃沐櫛挋用巾又曰浴用巾挋用

浴衣注曰挋晞也淸也按晞者乾之也浴用巾既以巾拭之矣而復以浴衣挋之謂抑按之使乾此乾彼溼可互相足故曰給也爾雅曰挋拭刷淸也渾言之也析言之則挋與拭不同故許書㕞飾也㨜飾也爲一義挋給也又爲一義 **从手臣聲** 章刃切十二部 **一曰約也** 約者纏束也此挋之别一義也

飾也 飾各本作拭今正又部曰㕞者飾也巾部曰飾者㕞也飾拭正俗字自淺人盡改許書之飾爲拭而字例晦矣㨜與挋爲伍則非妝飾也周禮遺人以恤民之囏阨注云故書囏阨作㨜阨按此古文叚借字也 **从手堇聲** 居焮切十三部

㨜也 今人用拂拭字當作此抪許作抪飾也拂者過擊也非其義 **从手巿聲** 普活切十五部○此篆舊次接篆之下非古也今移此

朋羣也 此鄉黨黨與本字俗用黨者叚借字也鳥部朋下曰古文鳳也鳳飛羣鳥從以萬數故以爲朋攩字儒林傳唯京氏爲異黨師古曰黨讀曰儻按儻當作攩 **从手黨聲** 多朗切十部

交也 交者交脛也引申爲凡相接之偁周禮廩

人接盛讀爲一扱再祭之扱　从手妾聲子葉切八部

挏　推引也推各本作攡今依廣韵韵會本推讀如或推或輓之推謂推之使前也　从手同聲徒總切九部　漢有挏馬官作馬酒見百官公卿表禮樂志應劭曰主乳馬取其乳汁挏治之味酢可飲因以名官如淳曰主乳馬以韋革爲夾兜受數斗盛馬乳挏其上肥因名曰挏馬官今梁州亦名馬酪爲馬酒顏氏家訓曰此謂撞擣挺挏之今爲酪酒亦然按挺挏字見淮南子

招　手評也評各本作呼今正呼者外息也評者召也不以口而以手是手評也鮑有苦葉傳曰招招號召之皃按許書召者評也號者嗁也是用手用口通得云招也　从手召聲止搖切二部

撫　安也从手無聲芳武切五部　一曰揗也揗各本作循今正揗者摩也拊亦訓揗故撫拊或通用

古文撫从亡辵

捪　撫也此冡上訓揗之撫而言今人所用技字許土部墀下所用撋字皆即捪字也　从手昏聲武巾切十三部　一曰

摹也摹者規也揣量也量者稱輕重也稱者銓也銓者衡也从手耑聲此以合音爲聲初委切十四十五部按方言常絹反是此字古音也木部有椯字箠也一曰度也一曰剟也聲義皆與此篆同而讀兜果切又今人語言用故叕字上丁兼切下丁括切知輕重也亦揣之或體其音爲耑之雙聲度高曰揣方言同左傳揣高卑杜注云度高曰揣度深曰仭按國語竱本肇末竱即孟子揣其本之揣其義同也一曰捶之捶者以杖擊也椯訓箠揣訓捶其意一也扺開也从手只聲讀若扺掌之扺扺各本作抵今正扺側手擊也扺掌者側此手擊彼手掌也諸氏切十六部摜習也此與辵部遦音義皆同古多叚貫爲之从手貫聲古患切十四部春秋傳曰摜瀆鬼神昭二十六年左傳文今本作貫杜曰貫習也投擿也下文云擿投也二篆爲轉注巷伯傳曰投棄也从手殳聲大徐作从殳非度侯切四部擿搔也此義音剔詩象之揥也傳曰揥所以摘髮

也釋文云揥勑帝反摘他狄反本又作擿非也擿音直戟反按以許說繩之則作擿爲是擿正音他狄反也以象骨搔首因以爲飾名之曰揥故云所以擿髮卽後人玉導玉搔頭之類也廣韵十二霽曰揥者揥枝整髮釵許書無揥从手適聲讀如剔十六部一曰投也與上文投者擿也爲轉注此義音直隻切今字作擲凡古書用投擲字皆作擿許書無擲

搳劀也劀各本作搳今正搳者絜也非其義劀者掊杷也掊杷正搔之訓也內則疾痛苛養敬抑搔之注曰抑按搔摩也摩馬曰騷其聲同也又疒部疥搔瘍也瘍之需手搔者謂之搔瘍俗作瘙瘍釋文正義已如此从手蚤聲穌遭切古音在三部

扴刮也此與搔義同刮小徐作搳譌大徐不誤廣韵曰扴者揩扴物也易介于石馬本作扴云觸小石聲按扴于石謂摩礦于石也从手介聲古黠切十五部

摽擊也左傳長木之斃無不摽也杜云摽擊也柏舟傳曰摽拊心皃从手㶾聲符少切二部左釋文敷蕭普交二切一曰挈闗壯也闗壯一物也皃門部挈者提而

启之也葉鈔本闞作門

挑　撓也下文云撓者擾也擾者煩也挑者謂撥動之左傳云挑戰是也从手兆聲土凋切二部一曰摷也摷者拘擊也小徐摷下有爭國語曰郤至挑天周語單襄公語韋本作佻天注云佻偷也今按兆天之功以爲己力與左傳天實置之而二三子以爲己力語意正同然則許意爲一曰摷爭作證

抉　挑也抉者有所入以出之也从手夬聲於說切十五部

撓　擾也此與女部嬈字音義皆同从手堯聲奴巧切二部一曰捄也捄篆下曰一曰擾也是撓擾捄三字義同

擾　煩也煩者熱頭痛也引申爲煩亂之偁訓馴之字依許作犪而古書多作擾葢擾得訓馴猶亂得訓治徂得訓存苦得訓快皆窮則變變則通之理也周禮注曰擾猶馴也言猶者字本不訓馴从手夒聲而沼切古音在三部今作擾从憂俗字也

挶　戟持也戟持者手如戟而持之也左傳褚師出公戟其手杜云抵徒手屈肘如戟形鄭注斯干如矢斯棘云如人挾弓矢戟其肘按古

者戟之制其鋒謂之援援體斜橫出故人下其肘臂卩翹其捥與手似之亦謂之戟鴟鴞傳曰拮据戟挶也字本作戟俗加手旁非是謂有所操作曲其肘如戟而持之也从手局聲居玉切三部

据戟挶也鴟鴞予手拮据傳曰拮据戟挶也公羊注叚据爲據从手居聲九魚切五部

擖刮也此與扴音義略同从手葛聲口八切十五部一曰撻也撻見下文

摘拓果樹實也拓者拾也拾者掇也掇者拾取也果樹實者有果之樹之實也拓之謂之摘引申之凡他取亦曰摘此篆與擿音義殊从手啇聲他歷切又竹歷切按竹歷切是也他歷則爲擿之音矣十六部宋本竹歷今本改竹厄以同廣韵一曰指近之也別一義

搳擖也與擖篆互聯綴从手害聲胡秸切十五部

摲斬取也各本斬取二字作暫今正斬者截也謂斷物也暫非其義禮器有摲而播也長楊賦麾城摲邑蒼頡篇曰摲拍取也鄭曰摲之言芟也按芟刈艸也摲本訓芟夷禮器注謂於此少與得

分以與彼是爲芟殺有所與、摲殺上貴之分以布偏於賤者謂之摲而播故廣雅本之爲說曰擊者次也是鄭注禮之義而非摲之本義也**从手斬聲**昨甘切八部廣韵作擊斬取也山檻切

摺也公羊傳曰使公子彭生送桓公於其乘焉拹幹而殺之幹者脅骨也何曰拹者折聲也拹或作擸者或體也或作拉者叚借字也**从手劦聲**虛業切七部**一曰拉也**上文曰拉者摧也

敗也敗者毀也今義爲摺疊**从手習聲**之涉切八部

束也束者縛也鄉飲酒義曰西方者秋秋之爲言愁也愁讀爲揫按韋部韏收束也或从要作韏或从秋手作揫揫卽揫然則此篆實爲重出也**从手秌聲**卽由切三部**詩曰百祿是揫**商頌長發文今詩作遒傳曰遒聚也

曳聚也此當作曳也聚也各本奪上也字山有樞曰弗曳弗摟傳曰摟亦曳也此曳訓所本也曳者臾曳也釋詁曰摟聚也此聚訓所本也趙注孟子曰摟牽也此曳義之引申也**从手婁聲**洛侯切四部

有

所失也 成公二年左傳石稷謂孫良夫曰子國卿也隕子辱矣許所據作抎正謂失也戰國策被礚磻引微繳折清風而抎矣此段抎爲隕也史記東粵列傳不戰而耘利莫大焉謂閩粵不戰而失其王頭此段耘爲抎也

从手云聲 于敏切 十三部 **春秋傳曰抎子辱矣**

披 **從旁持曰披** 士喪禮設披注曰披絡柳棺上貫結於戴人君旁牽之以備傾虧又執披者旁四人注曰前後左右各二人此從旁持之義也五帝本紀黃帝披山通道徐廣曰披他本亦作陂字蓋當音詖陂者旁其邊之謂也按披陂皆有旁其邊之意中散能知之而索隱云披音如字謂披山林艸木而行以通道也此則司馬貞不知古義之言蓋俗解訓披爲開廣韵云披開也分也散也木部柀訓析也柀靡字如此作而淺人以披訓析改柀靡爲披靡莫有能諟正者 **从手皮聲** 敷羈切 舊彼義切 古音在十六部

⿸疒摯 **引縱曰⿸疒摯** 爾雅釋文作引而縱之曰⿸疒摯引開弓也縱緩也一曰舍也按引縱者謂宜遠而引之使近宜近而縱之使遠皆爲牽掣也不必如釋文所據爾雅曰

粤夆掣曳也。俗字作撦，作扯，聲形皆異矣。从手瘛省聲。尺制切。十五部。俗作掣。

𢭫　積也。小雅車攻曰：助我舉柴。傳曰：柴，積也。箋云：雖不中必助中者舉積禽也。柴，許所據作𢭫。此聲責聲古同在十六部，以疊韵爲訓。从手此聲。前智切。詩釋文引說文士賣反，出音隱。詩曰：助我舉𢭫。西京賦作舉𢭫，薜注：𢭫，死禽獸將腐之名。一曰搣頰旁也。一曰二字，廣韵及小徐本及集韵類篇皆有之，是也。無此則與上文積也矛盾。而積也郎釋車攻，又非引曰闔引塈讒說而釋之之比。上文搣下云𢭫也，此𢭫下云搣頰旁也，是二篆爲轉注，亦考老之例。搣頰旁可以休老，見莊子。莊子亦作背嫐，叚借字。

掉　搖也。掉者搖之過也，搖者掉之不及也。許渾言之。从手卓聲。徒弔切。二部。春秋傳曰：尾大不掉。左傳昭十一年文。

搖　動也。从手䍃聲。余招切。二部。

搈　動搈也。動搈，漢時語。廣雅曰：搈，動也。从手容聲。余隴切。九部。

𢰸　當也。廣雅曰：𢰸，當也。从手貳聲

直利切曹憲引說文直二反按作直異切者誤

揂聚也商頌百祿是遒傳曰遒聚也按傳謂此遒爲揂之叚借字从手酋聲即由切三部

掔固也掔之言堅也緊也謂手持之固也或叚借爲牽字如史記鄭襄公肉袒掔羊即左傳之牽羊也俗用慳吝字亦爲掔之俗从手臤聲苦閑切十四部讀若詩赤舄掔掔掔掔當依豳風作几几傳曰几几絇皃掔在十二部几在十五部云讀若者古合音也

捀奉也奉者承也从手夆聲敷容切九部

擧擧也从手舉此篆各本作擧云對舉也从手與聲以諸切下文出揚敭二篆即出擧篆云對舉也居許切不特義同形聲亦皆不甚異讀許者往往疑焉今按玉篇列字次第捀下揚上作擧言切擧也說文捀下揚上則作擧顯是擧篆之譌葢希馮作玉篇時所據說文未誤也說文本有擧無擧後人自譌舛耳廣韵廿二元亦曰擧舉也上林賦毛詩箋漢書音義通俗文皆有揵揵即此擧篆也字从手舉會意邱言切十四部

揚飛舉也从手昜聲與章

切十部

敭　古文揚从攴　漢碑用颺歷他文用敭歷皆用今文尚書般庚之優賢揚歷也

舉　對舉也　對舉謂以兩手舉之故其字从手與ナ手與又手也　从手與聲　居許切五部　一曰輿也　小徐有此四字按輿卽舁轉寫改之左傳使五人輿豭從己舁之叚借也舁者共舉也共者非一人之辭也舉之義亦或訓爲舁俗別作擧𢷏入說文音以諸切非古也

掀　舉出也　掀之言軒也　从手欣聲　虛言切古音在十三部虛斤切　春秋傳曰掀公出於淖　成十六年左傳文釋文曰捧轂舉之則公軒起也徐許言反一曰掀引也胡根反。又按陸引字林云火氣也葢呂氏所見昭十八年左傳作行火所掀與今本作焮不同亦謂火氣高舉也

揭　高舉也　見於詩者匏有苦葉傳曰揭褰裳也碩人傳曰揭揭長也蕩傳曰揭見根皃　从手曷聲　去例切又基竭切十五部

拯　上舉也出休爲拯从手丞聲易曰拯馬壯吉　各本篆作抍解無出休爲拯四字丞

聲作舛聲拯馬作拼馬今皆正易明夷釋文曰丞音拯救之拯說文云舉也子夏作拼字林云拼上舉音承然則說文作拯字林作抍在呂時爲古今字陸引無上字而李注羽獵賦引有之李注謝靈運擬鄴中集詩曹植七啓潘勗九錫文傅亮修張良廟敎王巾頭陁寺碑皆引說文出溺爲拯是古本確有此四字方言曰[illegible]抍拔也出休爲抍出火爲[illegible]方言之譌字多經轉寫改作抍卽以今字改古字之一抑或子雲固如此作許不之錄耳用拯馬壯吉周易明夷六二爻辭其字今作拯陸氏德明作丞云拯救之拯猶艮不承其隨云承音拯救之拯左傳目於眢井而承之云承拯救之拯也葉林宗抄文淵閣宋本不誤通志堂抱經堂皆改大字爲拯殊非集韵抍承撜拯丞五形同字丞承卽取諸艮隨二卦釋文類篇丞作承今本釋文改丞爲拯遂使集韵類篇之本原泯沒矣羽獵賦丞民乎農桑李引聲類丞亦拯字此丞之證也列子使弟子竝流而承之張注承音拯引方言出溺爲承此承之證也玉篇曰承聲類云拼字然則聲類之作丞作承固難考集韵曰承者承之或體玉篇曰拼音蒸又止聲蓋古多讀平聲今則讀上

聲古音在六部陸云音拯救之拯玉篇廣韵皆云蒸上聲不作反語者廣韵云無韵切也無韵切者此韵字少慶殑殑又皆難識也

撜　拯或从登拯各本作抍今正丞聲登聲皆六部也升聲亦六部而此篆古从丞从登不从升者丞登皆有上進之意形聲中有會意經典登作升皆叚借字升之本義實於上舉無涉

振　舉救之也之字依韵會補諸史籍所云振給振貣是其義也凡振濟當作此字俗作賑非也匡謬正俗言之詳矣从手辰聲章刃切十三部一曰奮也此義則與震略同采芑傳曰入曰振旅振鷺傳曰振振羣飛皃七月傳曰沙雞羽成而振訊之皆此義麟止殷其雷傳曰振振信厚也則此義之引申葢未有不信厚而能奮者

扛　橫關對舉也以木橫持門戶曰關凡大物而兩手對舉之曰扛項羽力能扛鼎謂鼎有鼏以木橫貫鼎耳而舉其兩耑也鼎無橫木而兩手舉之亦曰扛即兩人以橫木對舉一物亦曰扛字林捎掆舁也匡謬正俗曰音譌故謂扛爲剛有造掆字者故爲穿鑿也西京賦作舡鼎舡即舩魏大饗碑作舩鼎舩者

扛之叚借字也从手工聲古雙切九部

扮握也大元曰地則虛三以扮天之十八也扮猶并也从手分聲讀若粉房吻切十三部

撟舉手也引申之凡舉皆曰撟古多叚矯爲之陶淵明曰時矯首而遐觀王逸注楚辭曰矯舉也从手喬聲居少切二部一曰撟擅也擅專也凡矯詔當用此字

捎自關已西凡取物之上者爲撟捎取物之上謂取物之顚也捎之言梢也方言曰撟捎選也自關而西秦晉之閒凡取物之上謂之撟捎按今俗語云捎帶是也西京賦注曰捎者捎取之考工記捎其藪捎溝注曰捎除也其引申之義从手肖聲所交切二部

擁褢也各本作抱也今正抱者說文之或捊字也褢見衣部褢也改褢爲抱大失許例公食大夫禮擁簠粱注云擁抱也吳語官帥擁鐸注云擁抱也漢書注曰南方謂抱小兒爲雍樹雍者擁之叚借字从手雝聲於隴切九部按玉篇作𢹎蕹古體也抱之則物必在前故上雝下手

㨨染也如染繒爲色也从

㨎……**手耎聲**而泉反十四部**周禮曰六曰㨎祭**各本篆作擩解作需聲引周禮作擩祭今正古音耎聲在十四部需聲在四部其音畫然分別後人乃或淆亂其偏旁本从耎者譌而从需而音由是亂矣周禮大祝九祭六曰㨎祭士虞禮特牲饋食禮少牢饋食禮有司徹四篇經文凡用㨎字二十唐石經周禮士虞皆作擩特牲少牢有司皆作㨎參差乖異此非經字不一乃周禮士虞經淺人妄改也郭璞而沿反李善而緣反劉昌宗而元反陸德明而泉反皆耎聲之正音也杜子春讀如虞芮之芮郭璞而悅反劉昌宗而誰反顏師古如閱反陸德明而劣反皆耎聲之音轉也古音十四十五部冣相近之理也今則周禮禮經漢書子虛賦注皆誤从需玉篇擩而主切廣韵麌韵作擩而主切薛韵作㨎切如劣不知其本爲一字而五經文字云㨎如悅反字書無此字見禮經擩汝主反見周禮是則唐開成石經正用張參之說故周禮與儀禮異字不知何以就禮經中士虞與他篇又異字也張氏云周禮作擩汝主反今按周禮釋文曰而泉反一音而劣反劉又而誰反絕無汝主一反不可以證陸氏周禮之本

作撫乎士虞禮釋文曰如悅反劉而阮反又而誰反與特牲少牢有司音義皆同亦不言而𡉄反又不可以見士虞之本作擩乎其云字書無撫字則其所據說文已爲俗改之本有擩無撫而不知說文古本之有撫無擩也禮經注曰撫染也李奇子虛賦注曰染撫也

揄 引也 漢郊祀歌曰神之揄臨壇宇師古云揄引也史記揄長袂廣韵揄揚詎言也皆其引申之義大雅或舂或揄段揄爲舀也 从手俞聲 羊朱切古音在四部

搫 搫擭 逗 不正也 廣韵搫[illegible]宛轉也今義也 从手般聲 薄官切十四部

擭 搫擭也 从手蒦聲 一號切古音在五部 一曰布擭也 此即今之布濩字也劉逵注吳都賦曰布濩遍滿皃 一曰握也 握者搤持也西京賦擭獑猢薛云擭謂握取之也今本握譌掘元應不誤

拊 拊手也 拊揗也拍拊也此不但言拊言拊手者謂兩手相拍也今人謂歡拚是也漢書吳都賦皆云拚射孟康曰手搏爲拚此則謂兩人手相搏也 从手弁聲 皮變切十四部俗作抃

擅 專也 專當

作嫥嫥者壹也 从手亶聲 時戰切十四部

揆 度也 各本作葵也今依六書故所據唐本正度者法制也因以爲揆度之度今音分去入古無二也小雅天子葵之傳曰葵揆也謂叚葵爲揆也 从手癸聲 求癸切十五部

擬 度也 今所謂揣度也 从手疑聲 魚已切一部

損 減也 水部曰減者損也二篆爲轉注 从手員聲 穌本切十三部

失 縱也 縱者緩也一曰捨也在手而逸去爲失兔部曰逸失也古多叚爲逸去之逸亦叚爲淫泆之泆 从手乙聲 以甲乙之乙爲聲式質切十二部

挩 解挩也 今人多用脫古則用挩是則古今字之異也今脫行而挩廢矣 从手兌聲 他括切十五部

撥 治也 公羊傳撥亂世反諸正何注曰撥猶治也何言猶者何意撥之本義非治撥之所以爲治也許則直云治 从手發聲 北末切十五部

挹 抒也 大雅曰泂酌彼行潦挹彼注茲 从手邑聲 於汲切七部

抒 挹也 凡挹彼注茲曰抒斗部曰斜抒也[䜌斗]抒扁也斢挹也

水部曰浚抒也渫浚也韈抒井韈也左傳難必抒矣此叚抒爲紓紓者緩也服虔本正作紓**从手予聲**神與切五部

抯　**挹也**方言曰抯摣取也南楚之閒凡取物溝泥中謂之抯亦謂之摣**从手且聲讀若樝棃之樝**樝棃見木部側加切古音在五部按方言抯摣實一字也故許有抯無摣

攫　**扟也**蒼頡篇曰攫搏也通俗文曰手把曰攫淮南子曰鳥窮則搏獸窮則攫按衆經音義卷五卷十二引說文同而注之曰扟居逆切是其所據說文作丮轉寫譌作扟耳丮者持也**从手瞿聲**居縛切五部

扟　**从上挹取也**取字各本無依元應補通俗文云從上取曰扟**从手丮聲讀若莘**所臻切十二部

拓　**拾也**有司徹篇乃摭于魚腊俎俎釋三个其餘皆取之摘下云拓果樹實也儀禮摭古文作撫此實非一字因雙聲而異**陳宋語**方言摭取也陳宋之閒曰摭**从手石聲**之石切古音在五部

摭　**拓或从庶**石聲庶聲皆古音五部

㩧　**拾也**魯語收攟而烝

韋云攟拾也漢刑法志蕭何攈摭秦法取其宜於時者作律九章　从手麇聲　居運切十三部亦作捃

拾　掇也　史記貨殖傳曰俯有拾仰有取射有決拾毛傳曰決所以鉤弦也拾遂也拾韝左臂卽俗所謂收拾也曲禮拾級聚足鄭曰拾讀爲涉聲之誤也　从手合聲　是執切七部

掇　拾取也　周南傳曰掇拾也　从手叕聲　都括切十五部

擐　毌也　毌各本作貫今正毌穿物持之也今人廢毌而專用貫矣杜注左傳韋注國語皆曰擐貫也　从手睘聲　胡慣切十四部　春秋傳曰擐甲執兵　成二年左傳文

揯　引急也　淮南書曰大弦揯則小弦絕　从手恆聲　古恆切六部

摍　蹴引也　蹴猶迫也古多叚戚爲之蹴引者迫而引取之摍古叚縮爲之毛詩傳曰鄰之釐婦夜暴風雨室壞趨而至顏叔子納之而使執燭放乎旦而蒸盡縮屋而繼之釋文云縮又作摍同挍武梁祠堂碑云摍笮是也戰國策淖齒管齊之權縮閔王之筋縣之廟梁宿昔而死亦卽摍字摍屋卽左傳所謂抽屋

也从手宿聲所六切三部𢶍相援也从手虔聲巨言切十四部援引也大雅以爾鉤援毛傳鉤援鉤梯也所以鉤引上城者又無然畔援傳曰無是畔道無是援取从手爰聲雨元切十四部㨨引也鄭風左旋右抽傳曰左旋講兵右抽抽矢以射竹部曰籀讀書也牆有茨傳曰讀抽也方言曰抽讀也尚書克由繹之大史公自序紬史記石室金匱之書紬即籀也籒之言抽也从手畱聲敕鳩切三部抽㨨或从由由聲也㨨或一本作籒文非也𢭆㨨或从秀秀字古本當不出篆體偏旁作秀則可證古於偏旁不諱也擢引也毛傳曰楫所以擢舟也擢舟謂引舟也从手翟聲直角切古音在二部拔擢也从手犮聲蒲八切十五部揠拔也孟子宋人有閔其苗之不長而揠之者趙云揠挺拔之欲亟長也方言揠擢拂戎拔也自關而西或曰拔東齊海岱之間曰揠从手匽聲烏黠切十四十五部擣手椎也以手爲椎

而椎之　一曰築也　木部曰築擣也二篆爲轉注築者必用築非徒手也故爲別　从手𠷎聲　都晧切古音在三部小徐本篆作擣解云壽聲

攣　係也　係者絜束也易小畜有孚攣如馬曰連也虞曰引也攣者係而引之其義近擢　从手䜌聲　呂員切十四部

挺　拔也　左傳周道挺挺直也月令挺重囚寬也皆引申之義　从手廷聲　徒鼎切十一部

攓　拔取也南楚語　莊子至樂篇攓蓬而取之司馬注曰攓拔也方言曰攓取也南楚曰攓又曰楚謂之攓　从手寋聲　九輦切十四部攑攓二通又音騫　楚辭曰朝攑阰之木蘭　阰各本作批今依韵會與楚辭合但說文無阰字耳句見離騷王逸曰搴取也阰山名

探　遠取之也　探之言深也易曰探嘖索隱　从手罙聲　他含切古音在七部

撢　探也　周禮撢人掌撢序王意以語天下釋文曰與探同按許書則義同而各自爲字　从手覃聲　他紺切古音在七部

捼　摧也　摧各本作推今依玉篇韵會文選注

元應梵書音義正摧者擠也周禮守祧禮經士虞特牲少牢隋祭或作隋作墮或作挼或作綏隋當是正字挼綏當是叚借鄭云下祭曰墮墮之言猶墮下也挼隋聲妥聲同在古十七部許云挼摧也摧亦有墮下之義挼篆疊韵雙聲皆當妥聲下挼抄一解則更當从妥从妥不待言矣 **从手妥聲** 各本作委聲今正徐鉉曰俗作挼非乃因說文無妥而爲此謬說也奴禾切十六十七部 **一曰兩手相切摩也** 元應引無摩字阮孝緒字略云煩撋猶挼抄今人多用此義而字作挪

撆　飾也 各本作別也不可通今正文選洞簫賦注引擊飾也飾者㕞也見巾部飾者今之拭字蓋一本作㕞其義一也而字形一譌爲刷再譌遂爲別矣此攷覈者所宜知也拭與拂義略同蔡邕篆勢曰揚波振撆文選撇波而濟撇同撆又史記荊軻傳䠊而蔽席孟荀傳襒席皆謂拭席皆撆之異體也 **从手敝聲** 芳滅切十五部 **一曰擊也** 此別一義韵會作擊也一曰拂也拂即飾易其先後耳

撼　搖也 搖宋本作擂誤 **从手咸聲** 胡感切古音在七部鉉曰今別作撼非是

十二篇上

搦　按也　按者抑也周禮矢人橈之以眡其鴻殺之稱注曰橈搦其榦謂按下之令曲則強弱見矣元應書曰搦猶捉也此今義非古義也古義搦同橈　从手弱聲　尼革切釋文女角切古音在五部

掎　偏引也　一本作偏引一足也見李賢司馬貞所引此依左傳注增二字耳左傳曰譬如捕鹿晉人角之諸戎掎之杜注云掎之掎其足也國語掎止晏萊韋云從後曰掎子虛賦腳麟司馬彪云腳掎也詩伐木掎矣傳曰伐木者掎其顛　从手奇聲　居綺切古音在十七部

揮　奮也　按奞部奮下曰翬也翬下曰大飛也此云奮也揮與翬義略同元應引此下有謂奮訊振去之也七字蓋庾儼默注語　从手軍聲　許歸切十三十五部

摩　揅也　揅各本作研今正此以揅與摩互訓石部研之訓礦也手部揅之訓摩也義各有屬無容淆之摩揅之功精於礦研挼下曰兩手相切摩也學記曰相觀而善之謂摩几毛詩爾雅如琢如摩周禮刮摩字多从手俗从石作磨不可通　从手麻聲　莫鄱切十七部

揅　摩也　从手研聲　宋本

奪此字今依小徐集韵類篇補易極深研幾蜀才作擘禦堅切十四部

[扌毘]反手擊也左傳曰宋萬遇仇牧于門[扌毘]而殺之玉篇所引如是今左傳作批俗字也从手毘聲匹齊切十五部俗作批

攪亂也毛傳同从手覺聲古巧切古音在三部詩曰祇攪我心小雅何人斯文祇各本譌作祇誤我行其野傳曰祇適也唐人凡此訓必从衣氏

搑推擣也漢書而僕又茸以蠶室師古曰茸音人勇反推也謂推致蠶室之中也如顏說則茸者搑之叚借字从手茸聲而隴切九部

撞卂擣也卂者疾也从手童聲宅江切九部

㧢就也㧢與因音義同今則因行而㧢廢矣从手因聲於眞切十二部

扔㧢也㧢各本作因今正扔與仍音義同老子曰爲之而莫之應則攘臂而扔之从手乃聲如乘切六部

括絜也絜者麻一耑也引申爲絜束之絜凡物圍度之曰絜賈子度長絜大是也束之亦曰絜凡經言括髮者皆謂束髮也髟部曰髻者絜髮也

然則束髮曰髺括爲凡物總會之偁毛詩傳曰**从手昏聲**括至也其引申之義也易括囊借爲昏字也古活切十五部**抲**　**抲**此複舉字之未刪者**撝也从手可聲**虎何切十七部**周書曰盡執抲**小徐本抲下有獻字蓋誤衍酒誥文今尙書抲作拘字之誤也此如許所言苛之字止句也後漢書郡國志菏水譌爲苛水正同周書當盡執爲逗下云抲以歸於周謂指撝以歸於周也**擘**　**撝也**禮記燔黍捭豚釋文云捭卜麥反注作擗又作擘皆同按卑聲辟聲皆在十六部故記作捭注作擘今注亦作捭矣擘豚謂手裂豚肉也又周禮旊人注曰薜讀如藥黃檗之檗破裂也按薜乃擘之叚借西京賦云剖析豪釐擘肌分理李善引周禮注作擘豈其所據與今不同歟內則曰塗皆乾擘之喪大記絞一幅不辟內則釁爲辟雞皆假辟爲擘也若孟子以仲子爲巨擘巨擘謂手大指也凡大指主開餘四指主合故謂之巨擘**从手辟聲**博戹切十六部今俗語謂裂之曰擘開其字如此**撝**　**裂也**易撝謙馬曰撝猶離也按撝謙者溥散其謙無所往

而不用謙裂義之引申也曲禮爲國君削瓜者華之注曰華中裂之也華音如花撝古音如呵故知華卽撝之叚借也

从手爲聲 許歸切按歸必是規字之誤此字必在五支不得入八微也古音在十七部

一曰手指撝也 敘曰比類合誼以見指撝易撝謙注曰指撝皆謙几指撝當作此字

捇 裂也 周禮有赤犮氏注云赤犮猶捇拔也捇拔蓋漢時有此語

从手赤聲 呼麥切釋文采昔反古音在五部

扐 易筮再扐而後卦 易繫辭傳文也卦今易作掛釋文云京作卦云再扐而後布卦蓋許同京也大衍之數五十其用四十有九分而爲二以象兩掛一以象三揲之以四以象四時歸奇於扐以象閏五歲再閏故再扐而後掛虞翻曰奇所掛一策扐所揲之餘不一則二不三則四取奇以歸扐扐幷合掛左手之小指爲一扐則似閏月定四時成歲故歸奇於扐以象閏者也已一扐復分掛如初揲之歸奇於初扐幷掛左手次小指閒爲一再扐則再閏也又分扐揲之如初而掛左手第三指閒成一變則布卦之一爻謂已二扐又加一爲三幷重合前

二扐爲五歲故五歲再閏再扐而後掛據虞則字作掛者謂再爲分二掛一或作卦者謂於此起卦爻皆可通也凡數之餘曰扐王制祭用數之仂喪用三年之仂鄭皆以爲數之什一仂扐蓋同字考工記云以其圍之阞捎其藪假阞爲之鄭以爲三分之一然則權度多少中其節謂之扐無定數也**从手力聲**盧則切一部

技　巧也工部曰巧者技也二篆爲轉注古多叚伎爲技能字人部曰伎與也**从手支聲**渠綺切十六部

摹　規也規者有法度也以法度度之亦曰規廣韵曰摹者以手摹也楊雄傳參摹而四分之三摹九据或手在旁作摸今人謂之摸㨨讀入聲實一字摹與模義略同韵會此下有謂所規倣也五字葢庾儼默注語之存者倣當作放**从手莫聲**莫胡切五部

拙　不巧也不能爲技巧也**从手出聲**職說切十五部

揩　縫指揩也縫指揩者謂以鍼紩衣之人恐鍼之棃其指用韋爲韝韜於指以藉之也揩之言重沓也射韝亦謂之臂揩**从手沓聲讀若眔**徒合切八部**一曰韋韜**

謂如射韝韜於臂者

摶　㠯手圜之也　各本作圜也語不完今依韵會所據補以手圜之者此篆之本義如禮經云摶黍曲禮云摶飯是也因而凡物之圜者曰摶如考工記摶以行石摶身而鴻相笴欲生而摶是也俗字作團古亦借爲專壹字左傳云若琴瑟之摶壹秦瑯邪臺刻石曰摶心揖志是也專壹許女部作嫥壹　从手專聲　度官切十四部

㨡　手推之也　从手圂聲　戶骨切十三十五部

捄　盛土於梩中也　木部曰梩者徙土輂也或作梩大雅捄之陑陑傳曰捄虆也陑陑眾也箋云築牆者捊聚壤土盛之以虆而投諸版中孟子虆梩竝言趙曰虆梩籠臿之屬可以取土者也許說專爲釋大雅而言　从手求聲　舉朱切古音在三部　一曰捊也　各本作擾今依韵會本正捊者引堅也於前義相近捊之乃後盛之　詩曰捄之陑陑　大雅緜文陑音而亦作隭各本作陾誤今依玉篇

拮　口手共有所作也　豳風予手拮据傳曰拮据撠挶也手病口病故能免於大鳥之難韓詩曰口足爲事曰拮

据韓之足卽毛之手也許蓋合毛韓爲此訓从手吉聲古屑切十二部詩曰予手拮据鴟鴞文

掘也吳語夫諺曰狐埋之而狐搰之是以無成功韋注搰發也玉篇云左傳搰褚師定子之墓本亦作掘从手骨聲戶骨切十五部

搰也二篆疊韻轉注按凡字書韻書謂掘亦作闕者似是而非也左傳闕地及泉闕地下冰而牀焉國語闕爲深溝通於商魯之閒韋云闕穿也凡云闕者皆謂空之與掘義別从手屈聲衢勿切十五部

斂也小上曰掩釋器圜弇上謂之鼒弇上當作掩上从手奄聲衣檢切八部

滌也滌者洒也洒先禮切詩摡之釜鬵傳曰摡滌也今本作溉者非凡周禮禮經摡字本皆从手釋文不誤而俗本多譌从手既聲古代切古音在十五部詩曰摡之釜鬵匪風文

取水沮也沮玉篇廣韵作具非也取水之具或以木或以瓦缶則製字不當从手矣沮今之渣字集韵九麻曰𥹓滓也亦作渣取水渣者必浚之漉之如釃酒然然

則揟與水部之湑音義皆同今所謂濾水也周禮謂伺捕盜賊爲胥亦此意淺人不得其解遂改沮爲具非製字之意从手胥聲相居切五部武威有揟次縣見漢地理志郡國志孟康曰揟子如反次音咨

播　種也種者埶也埶者種也堯典曰播時百穀从手番聲補過切十四十七部一曰布也周禮瞽矇注曰播謂發揚其音

𢿻　古文播九歌𤕪芳椒兮成堂補注𤕪古播字

挃　穫禾聲也周頌良耜曰穫之挃挃傳曰挃挃穫聲也从手至聲陟栗切十二部詩曰穫之挃挃

㨖　刺也刺者直傷也方言曰㨖到也廣雅曰㨖至也从手致聲陟利切十五部一曰刺之財至也財今纔字甘泉賦曰洪臺崛其獨出兮㨖北極之嶟嶟

扤　動也詩正月天之扤我傳曰扤動也考工記是以大扤从手兀聲五忽切十五部

抈　斷也晉語其爲本也固矣故不可抈也韋云抈動也按依韋注是謂此抈爲扤之叚借字也其本義

則訓折舊音云扨音月又五括反　从手月聲　魚厥切十五部

摎　縛殺也　縛殺者以束縛殺之也凡縣死者曰縊亦曰雉經凡以繩帛等物殺人者曰縛殺亦曰摎亦曰絞廣韵曰摎者絞縛殺也多絞字爲長今之絞罪卽古所謂摎也引申之凡繩帛等物二股互交皆得曰摎曰絞亦曰糾喪服曰絞帶又曰殤之經不摎垂注云不絞其帶之垂者周禮襍記注皆云環經者一股纏而不糾丩部曰糾三合繩也檀弓作繆經繆卽摎之段借故注云繆讀爲不摎垂之摎也喪服及檀弓注摎垂字今本譌爲樛木之樛遂不可通矣惟玉篇不誤　从手　翏聲　居求切亦力周切三部

撻　鄉飲酒罰不敬撻其背　周禮閭胥凡事掌其比觵撻罰之事故書或言觵撻之罰事鄭云觵撻者失禮之罰觵用酒其爵以兕角爲之撻扑也按鄭但云失禮許必系之鄉飲酒者禮莫大於此惟此可登時行觵撻也　从手達聲　他達切十五部

撻　古文　撻　从虍者言有威也　周書曰撻㠯記之　周當作虞此臯陶謨文壁中古文作達也

止馬也捘馬猶勒馬也疑易拯馬壯拯乃捘之叚借从手夌聲里甑切六部

抨彈也彈大徐誤作撣今依小徐及元應正彈者開弓也開弓者弦必反於直故凡有所糾正謂之彈廣雅曰彈拼也拼郎抨布莖切元應曰抨彈繩墨也補耕切又普耕切江南音也按孟康漢書注曰引繩以抨彈从手平聲普耕切十一部

捲气勢也謂作气有勢也此與拳音同而義異小雅巧言無拳無勇毛傳曰拳力也齊語桓公問曰於子之鄉有拳勇股肱之力秀出於衆者韋云大勇爲拳此皆叚拳爲捲蓋與古本字異齊風箋云權勇壯也權者捲之異體从手卷聲巨員切十四部按五經文字本部權字下曰从手作權者古拳握字从手之權字書韵書皆不錄惟盧令鄭箋云鬈讀當爲權權勇壯也又吳都賦覽將帥之權勇李注云毛詩無拳無勇權與拳同此兩處字今雖譌作權从木然可知其必五經文字所謂从手之字也是可以知字書韵書遺屚之古字甚多莫之能補古書之譌繆亦甚多莫之諟正也國語曰有捲勇齊語文廣韵引說文有上

有子字一曰捲收也此別一義卽今人所用舒卷字也論語卷而懷之段卷字爲之廣韵書捲字亦當作捲此義音居轉切

扱收也收者捕也曲禮以箕自鄉而扱之此扱之本義也儀禮注云扱栖此插之段借字也从手及聲楚洽切七部

摷拘擊也拘止而擊之也集韵類篇作擊也拘也非是又謂此卽鈔之別體亦非許意也以下十七篆皆言擊而取後釋擊曰扑也許書文法往往如是从手巢聲子小切廣韵作摷楚交切二部漢書命摷絕而不長段摷爲剿也

挨擊背也列子攩拯挨抌張注曰烏駭反推也从手矣聲於駭切一部今俗音平聲

撲挨也撲與扑樸義皆別今人溷之廣韵一屋云拂箸今義也从手菐聲蒲角切廣韵普木切一部

撽旁擊也公羊傳曰公怒以斗撽而殺之注撽猶擊也撽謂旁擊頭項莊子撽以馬捶从手敫聲苦弔切二部小徐本手在左旁

扚疾擊也疾速擊之也史記天官書扚雲索隱曰劉氏音時酌反說文音丁了反許慎注

淮南云抅引也按抅雲从手今本譌从木从手勹聲都了切二部

抶　笞擊也笞所以擊也抶之見左傳者多矣从手失聲敕栗切十二部

抵　側擊也戰國策抵掌而談東京賦抵璧於谷解嘲介涇陽抵穰侯按抵字今多譌作抵其音義皆殊國策夏無且以藥囊提荊軻史記薄太后以冒絮提文帝提皆抵之叚借字也从手氏聲諸氏切十六部與抵在十五部不同

抰　㠯車鞅擊也鞅者馬頸靼也鞅抰疊韻从手央聲於兩切十部

𢱧　衣上擊也擊集韻類篇皆作攴攴者小擊也从手保聲方口切三部方字類隔當作彼

捭　兩手擊也謂左右兩手橫開旁擊也引申之爲鬼谷子之捭闔捭之者開也闔之者閉也禮記燔黍捭豚叚捭爲擘字从手卑聲北買切十六部

捶　㠯杖擊也內則注曰捶擣之也引申之杖得名捶猶小擊之曰扑因而擊之之物得曰扑也擊馬者曰箠从手垂聲之壘切壘當作坙十六部

搉　敲擊也敲橫

撾也撾卽築之絫變搉與敲疊韵又雙聲也廣雅曰揚搉都凡也別一義从手隺聲苦角切二部

摬中擊也擊之而中也中玉篇作傷从手竟聲一敬切古音在十部倚兩切

拂過擊也徐鍇曰擊而過之也刀部曰刜擊也與拂義同从手弗聲敷勿切十五部

摼擣頭也廣韵曰撞也从手堅聲讀若論語鏗尒舍琴而作讀若二字衍文也尒大徐作爾琴大徐作瑟今皆正舊抄繫傳本作琴論語先進篇釋文曰鏗苦耕反投琴聲是則陸氏論語本作舍琴而作下文云本今作瑟者後人所增語廣韵曰⿰扌身琴聲口莖切玉篇曰⿰扌身口耕切琴聲引論語⿰扌身爾舍琴而作⿰扌身蓋摼之異體大徐摼口莖切按堅聲古音在十二部

抌罙擊也深淺字許作罙抌深疊韵字刺客列傳左手把其袖右手揕其匈揕卽抌字徐廣曰一作抗按抗乃抌之譌耳从手冘聲竹甚切七部讀若告言不正曰抌宋本無告字曰抌之抌未知何字之誤

⿱毀手傷擊也傷擊

者擊之而傷也故其字从手毀**从手毀毀亦聲**小徐無毀亦字許委切十五部**擊攴也**攴下曰小擊也二篆爲轉注攴訓小擊擊則兼大小言之而但云攴也者於攴下見析言之理於擊下見渾言之理互相足也攴之隸變爲扑手卽又也又下曰手也因之鞭箠等物皆謂之扑此經典扑字之義也咎繇謨古文戛擊今文尚書擊爲隔同音叚借**从手毄聲**古歷切十六部**扞忮也**忮當作枝枝持字古書用枝亦用支許之字例則當作楮許之楮柱他書之楮拄也攴部𢼂下云止也扞義當略同忮訓很非其義周南干城傳曰干扞也左傳亦以扞城其民釋干城孫炎以自蔽扞釋爾雅扞字許盾下云所以扞身蔽目然則扞字之訓可定矣廣韵扞下曰以手扞又衛也玉篇亦曰扞衛也字亦作捍祭法能禦大災能捍大患則祀之魯語作扞**从手干聲**侯旰切十四部**抗扞也**既夕禮注曰抗禦也左傳曰以亢其讎注云亢猶當也亢爲抗之叚借字周禮綱惡馬注云綱讀爲以亢其讎之亢書亦或爲亢亢禦也禁也綱亦亢之叚借字也引申之義爲高

抗既夕注曰抗舉也从手亢聲苦浪切十部杭抗或从木若既夕禮抗木橫三縮二其字固可从木矣今人用此字讀胡郎切乃杭之譌變地名餘杭者乃秦政舟渡處也捕取也此與搏義別从手甫聲薄故切五部擉刺也刺者直傷也周禮鼈人以時籍魚鼈龜蜃鄭司農云籍謂以杈刺泥中搏取之魯語里革曰鳥獸孕水蟲成獸虞於是乎禁罝羅猎魚鼈以爲夏稿韋云猎擨也擨刺魚鼈按猎本矛屬此叚借猎爲籍也許所據國語作籍與周禮同从手籍省聲士革反按周禮音義劉倉伯反徐倉格反沈槍昔反李賢馬融傳注七亦反古音在五部春秋國語曰籍魚鼈撚執也執者捕罪人也引申爲凡持取之偁廣韵曰撚者以手撚物也从手然聲乃殄切十四部一曰厹也蹂者獸足蹂地也挂畫也畫葉本作宣李文仲字鑑亦作宣六書故云唐本作縣玉篇亦作懸也特牲禮曰實于左袂挂于季指卒角鄭云挂袂以小指者便卒角也易毄辭傳分而爲二以

挂

段以掛一以象三釋之案彼文自當爲縣義下

云扐再扐而後掛此指點挂乃卜卦之義皆不

安乃當作此挂字義爲畫

象兩掛一以象三孔疏曰掛其一於最小指閒皆於縣義合古本多作畫者此等皆有分別畫出之意陸德明云掛別也後人乃云懸挂俗製掛字耳許訓畫者古義疊韵爲訓唐本訓縣非古也禮注云古文掛作卦从手圭聲古賣切十六部

拕曳也申部曰束縛捽抴爲臾又曰曳者臾曳也然則曳之義略同抴一說曳本作抴後人避諱改之南越傳拕舟而入水論語加朝服拕紳易終朝三褫之鄭本作拕叚拕爲褫也高誘注淮南遇盜拕其衣云拕奪也从手它聲託何切十七部廣韵又徒可切

捈臥引也臥引謂橫而引之也廣雅曰捈舒也从手余聲同都切五部

抴捈也厂下曰抴也臾下曰束縛捽抴也抴與曳音義皆同檀弓負手曳杖釋文曳作抴俗刻誤从木非也九歌桂櫂兮蘭抴王逸曰櫂楫也抴船旁板也按毛詩傳云楫所以櫂舟也故因謂楫爲櫂櫂者引也船旁板曳於水中故因謂之抴俗字作櫂作枻皆非是也从手世聲余制切十五部俗作拽

揙搏也从手扁聲婢沔切古音在十二部

擨㠯手有所杷也以各本誤从杷各本誤把今正杷本訓收麥器引申之用手捊聚亦曰杷通俗文曰手把曰掊手把曰攫此杷與把之別也內則不湔不擨擨揭衣也擨之義與掘不同韵書淆之非也从手厥聲居月切十五部攎拏持也拏各本作挐誤廣韵攎下云攎斂从手盧聲洛乎切五部拏持也从手奴聲各本篆作挐解作如聲此與前文訓牽引之挐互譌也今正煩挐紛挐字當从如女居切拏攫字當从奴女加切古音同在五部而形異猶糸部有絮絮二篆也一曰誣也方言曰謰謱拏也郭注言譇拏也女加反又曰拏揚州會稽之語也或謂之惹或謂之䛳許言部曰譇拏羞窮也方言及言部字皆从奴亦可證篆體作挐之繆搵沒也沒者湛也謂湛浸於中也集韵引字林搵抐沒也抐奴困切从手𥁕聲烏困切十三部又烏沒切搒掩也廣韵曰搒打今義也从手旁聲北孟切古音在十部挌擊也凡今用格鬥字當作此後漢陳寵傳斷獄者急

於篣挌酷烈之痛注引此說文周禮注曰若今時無故入人室宅廬舍上人車船牽引人欲犯法者其時格殺之無罪公羊定四年注曰挾弓者懷格意也莊卅一年注古者方伯征伐不道諸侯交格而戰者誅絕其國此等格字皆當从手**从手各聲**古覈切古音在五部

拲　兩手共同械也周禮掌囚上罪梏拲而梏鄭司農云拲者兩手共一木也**从手共聲**此舉形聲包會意居竦切九部**周禮曰上辠梏拲而桎**

𣚁　拲或从木猶桎梏字

掫　夜戒守有所擊也一本無守字有所擊謂鼓類也襄廿五年左傳陪臣干掫有淫者杜云干掫行夜也昭廿年傳賓將掫杜云掫行夜也周禮鎛師掌固皆云夜三鼜杜子春云謂擊鼓行夜戒守也春秋傳所謂賓將趣趣與鼜音相近許不云擊鼓而云有所擊者凡有聲可警覺者皆是若欜亦行夜所擊者也**从手取聲**子侯切四部**春秋傳曰賓將掫**

捐　棄也華部曰棄捐也二篆爲轉注**从手肙聲**與專切十四部按俗音居

專切

掤　所㠯覆矢也鄭大叔于田傳曰掤所以覆矢也左傳公徒釋甲執冰而踞冰者掤之叚借字賈逵服虔皆曰冰櫝丸蓋也杜預云或說櫝丸是箭箙其蓋可以取飲从手朋聲筆陵切六部詩曰抑釋掤忌

扜　指麾也麾各本作麾俗今正扜麾爲雙聲山海經曰有人方扜弓射黃蛇从手亏聲億俱切五部亦匈于切

麾　旌旗巾車曰木路建大麾鄭云大麾不在九旗中以正色言之則黑夏后氏所建按凡旌旗皆得曰麾故許以旌旗釋麾叚借之字作戲淮陰侯傳項羽本紀皆曰戲下是也所㠯指麾也說从手之意凡旗之所指曰指麾師之耳目在乎旗鼓也坶誓曰右秉白旄以麾小雅曰麾之以肱从手靡聲許爲切古音在十七部俗作麾

捷　獵也以疊韵爲訓謂如逐禽而得之也軍獲得也小雅一月三捷傳曰捷勝也箋云往則庶乎一月之中三有勝功春秋經齊侯來獻戎捷昜畫日三接內則接以大牢鄭注皆讀爲捷勝也是古文叚借字也又按大雅征夫捷捷言樂事也

又有瞽傳曰業大板也捷業如鋸齒皆其引申之義从手疌聲疾葉切八部春秋傳曰齊人來獻戎捷莊三十一年左氏公穀皆作齊侯按作人近是不必親來

扣牽馬也周禮田僕凡田王提馬而走諸侯晉大夫馳注曰提猶舉也晉猶抑也使人扣而舉之抑之皆止奔也馳放不扣史記伯夷叔齊扣馬而諫从手口聲苦后切四部

掍同也方言掍同也宋衛之間或曰掍漢人賦多用掍字从手昆聲古本切十三部

搜衆意也其意爲衆其言爲搜也魯頌泮水曰束矢其搜傳曰五十矢爲束搜衆意也此古義也與考工記注之藪略同鄭司農云藪讀爲蜂藪之藪後鄭云蜂藪者衆輻之所趨也一曰求也索下曰入家搜也从手叜聲所鳩切三部詩曰束矢其搜

換易也从手奐聲胡玩切十四部

掖以手持人臂也各本臂下有投地二字今依左傳音義刪正左傳衛人伐邢二禮從國子巡城掖以赴外殺之赴當是仆之誤正義

曰說文云掖持臂也謂執持其臂投之城外也釋文曰說文云以手持人臂曰掖陸孔所據皆無投地二字淺人傳合左文增之不知掖人者不必皆投地也詩衡門序曰僖公愿而無立志故作是詩以誘掖其君鄭云掖扶持也是可證矣 **从手夜聲** 羊益切古音在五部 **一曰臂下也** 此義字本作亦或借掖爲之非古也儒行逢掖之衣高后本紀見物如蒼犬據其掖俗亦作腋

摻 斂也从手參聲 各本無摻篆及解今依鄭風遵大路正義所引補詩摻執子之袪傳曰摻擥也正義引說文摻參聲斂也操喿聲奉也葢因俗二字相亂故分引之今本無摻篆亦由南朝以來摻操不別之故凡許書鼎部鼏鼏相似而失其一衣部衫袀相似而失其一水部沱池相似而有沱無池皆此類所斬切古音在七部

文二百六十六 宋作六十五今增摻文 **重十九**

𠦬 背呂也 呂下曰脊骨也脊兼骨肉言之呂則其骨析言之如是渾言之則統曰背呂猶俗云背脊

也

象脅肋形脅者网膀也肋者脅骨也此四字當作象形攵象脅肋也七字象形謂丫象背脊居中而直一象人要攵則象背左右脅肋之形也古懷切玉篇云俗作乖按俗作乖當在丫部𠂹字注中凡𠂹之屬皆从𠂹讀若乖此三字大徐無

脊背呂也釋名曰脊積也積續骨節脈絡上下也从𠂹从肉秉骨肉而成字也資昔切十六部

文二

說文解字第十二篇上

奚

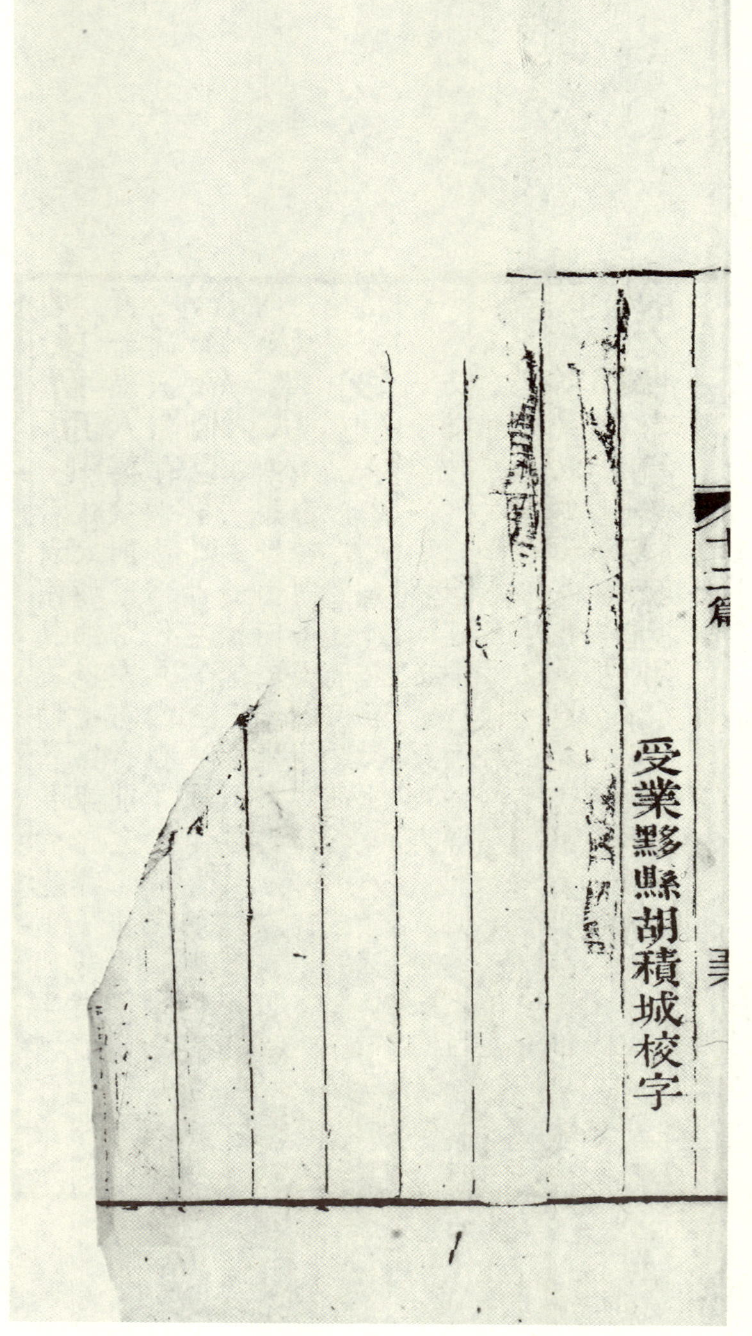
受業黟縣胡積城校字

說文解字第十二篇下

金壇段玉裁注

女　婦人也　男丈夫也女婦人也立文相對喪服經每以丈夫婦人連文渾言之女亦婦人析言之適人乃言婦人也左傳曰君子謂宋共姬女而不婦女待人婦義事也此可以知女道婦道之有不同者矣言女子者對男子而言子皆美偁也曰女子子者系父母而言也集韵曰吳人謂女爲娪牛居切青州呼女曰娪五故切楚人謂女曰女奴解切皆方語也　象形王育說　不得其居六書何等而惟王育說是象形也葢象其揜斂自守之狀尼呂切五部小徐王育說三字在从女下　凡女之屬皆从女

姓　人所生也　白虎通曰姓者生也人所稟天氣所以生者也吹律定姓故姓有百按詩振振公姓傳曰公姓公生也不如我同姓傳曰同姓同祖也昭四年左傳問其姓釋文云女生曰姓姓謂子也定四年蔡大夫公孫生公穀皆作公孫姓

十二篇下　一

古之神聖人母感天而生子故偁天子五經異義詩齊魯韓春秋公羊說聖人皆無父感天而生左氏說聖人皆有父謹案堯典以親九族卽堯母慶都感赤龍而生堯安得九族而親之禮讖云唐五廟知不感天而生元之聞也詩言感生得無父有父則不感生此皆偏見之說也商頌曰天命元鳥降而生商謂娀簡吞鳦子生契是聖人感生見於經之明文劉媼是漢大上皇之妻感赤龍而生高祖是非有父感神而生者也 同 耶 且夫蒲盧之氣嫗煦桑蟲成爲己子況乎天氣因人之精就而神之反不使子賢聖乎是則然矣又何多怪按此鄭君調停之說許作異義時從左氏說聖人皆有父造說文則云神聖之母感天而生不言聖人無父則與鄭說同矣因生㠯爲姓从女生因生以爲姓若下文神農母居姜水因以爲姓黃帝母居姬水因以爲姓舜母居姚虛因以爲姓是也感天而生者母也故姓从女生會意其子孫復析爲衆姓如黃帝子二十五宗十二姓則皆因生以爲姓也生亦聲息正切十一部按古平聲春秋傳曰天子因生

姓

聖感天而生漢儒讖緯家緣飾之說也蓋虙犧以前未制嫁娶之禮男女野合者若胡人知母而不知父因母所居以爲姓故姓字从女而古姓亦多从女者如文說姜姬姞嬴姚嬀妘姺娀[illegible]皆女字子因母字爲姓

㠯賜姓大小徐本互異由淺人不學以爲重複故大徐本刪因生以爲姓五字小徐刪春秋傳以下十一字皆非也傳者隱八年左傳文無駭卒羽父請謚與族公問族於衆仲對曰天子建德因生以賜姓胙之土而命之氏杜曰因其所由生以賜姓也按人各有所由生之姓其後氏別旣久而姓幾湮有德者出則天子立之令姓其正姓若大宗然如周語帝胙四岳國賜姓曰姜氏曰有呂陳胡公不淫故周賜之姓謂嬀姓命氏曰陳飂叔安裔子董父事帝舜帝賜之姓曰董氏曰豢龍葢此三者本皆姜嬀董之子孫故予之以其姓又或特賜之姓前無所承者如史記白虎通禹祖昌意以薏苡生賜姓姒氏殷契以玄鳥子生賜姓子氏斯皆因生以賜姓也必兼春秋傳之說而姓之義乃完姒字不見於許書葢古祇作以古書亦有作似者

姜 神農凥姜水因㠯爲姓晉語司空季子曰昔少典娶于有蟜氏生黃帝炎帝黃帝以姬水成炎帝以姜水成成而異德故黃帝爲姬炎帝爲姜韋注成謂所生長以成功也渭水篇注曰岐水又東逕姜氏城南爲姜水引帝王世紀炎帝神農氏姜姓母

十二篇下　二

女登遊華陽感神而生炎帝長於姜水是其地按姜姬字葢後所製**从女羊聲**居良切十部

黃帝凥姬水因水爲姓从女𦣝聲居之切一部

黃帝之後伯鯈姓也國語晉胥臣臼季曰黃帝之子得姓者十四人爲十二姓姞其一也詩都人士作吉南燕密須姞姓國也**后稷妃家**左傳鄭文公賤妾曰燕姞夢天使與己蘭曰余爲伯鯈余而祖也以是爲而子既而生穆公名之曰蘭文公卒石癸曰姞吉人也后稷之元妃也今公子蘭姞甥也天或啓之必將爲君遂立之古今人表云姞人棄妃直以姞人爲姓名**从女吉聲**巨乙切十二部

帝少皞之姓也按秦徐江黃鄓莒皆嬴姓也嬴地理志作盈又按伯翳嬴姓其子皋陶偃姓偃嬴語之轉耳如娥皇女英世本作女瑩大戴禮作女匽亦一語之轉**从女嬴省聲**依韵會作嬴今各本作嬴省聲非也以成切十一部

虞舜凥姚虛因㠯爲姓帝王世紀云舜母名握登生舜於姚墟因姓姚氏也世本

舜姓姚氏**从女兆聲**余招切二部**或爲姚嬈也**下文曰嬈者苛也**史篇㠯爲姚易也**王莽傳徵天下史篇文字孟康曰史籀所作十五篇也許三偁史篇皆說史篇者之辭易蓋治也廣雅姚娧皆好也荀卿子美麗姚冶楊注引說文姚美好皃今說文無此語

嬀虞舜凥嬀汭因㠯爲氏氏各舊本及集韵類篇皆同毛斧季剜改爲姓非也舜既姚姓則嬀爲舜後之氏可知按依史記當云因以爲氏姓尋姓氏之禮姓統於上氏別於下鄭駁五經異義曰天子賜姓命氏諸侯命族族者氏之別名姓者所以統繫百世不別也氏者所以別子孫之所出故世本之篇言姓則在上言氏則在下也此由姓而氏之說也既別爲氏則謂之氏姓故風俗通潛夫論皆以氏姓名篇諸書多言氏姓氏姓之見於經者春秋隱九年天王使南季來聘穀梁傳曰南氏姓也季字也南爲逗氏姓也三字爲句此氏姓之明文也史記陳杞世家舜爲庶人時堯妻之二女居於嬀汭其後因爲氏姓姓嬀氏五帝本紀曰自黃帝至舜禹皆同姓帝禹爲夏后而別氏姓姒氏今史記

奪一姓字此氏姓之例與陳世家同契爲商姓子氏棄爲周姓姬氏此皆氏姓之明文也左傳曰陳胡公不淫故周賜之姓使祀虞帝賜之姓者賜姓曰嬀也叚令嬀不爲姓何以不賜姓姚而賜姓嬀乎凡言賜姓者先儒以爲有德者則復賜之祖姓使紹其後故后稷賜姓曰姬四岳堯賜姓曰姜董父舜賜姓曰董秦大費賜姓曰嬴皆予以祖姓也其有賜姓而本非其祖姓者如鄭氏駁異義云炎帝姓姜大皥之所賜也黃帝姓姬炎帝之所賜也是炎帝黃帝之先固自有姓而炎帝黃帝之姜姬實爲氏姓之㪿始夏之姓姒商之姓子亦同然則單云姓者未嘗不爲氏姓單云氏者其後以爲姓古則然矣至於周則以三代以上之姓及氏姓爲昏姻不通之姓而近本諸氏於官氏於事氏於王父字者爲氏不爲姓古今之不同也舉舜凥嬀汭因爲氏姓以發其凡凡訓詁家曰姓某氏者皆於此起例

从女 姚之从女以握登也嬀之从女以釐降二女也 爲聲 居爲切古音在十七部

妘 祝融之後姓也 祝融者顓頊之子黎也國語曰其後八姓己董彭禿妘曹斟芈也妘姓鄔鄶路偪陽是也又世

本曰鄖妘姓也大戴禮云鄶人云鄖妘字从女云聲王分切十三部

籀文妘从員員籀文作鼏古音同云小徐本篆作㜏

殷諸侯爲亂昭元年左傳曰王伯之令也猶不可壹於是乎虞有三苗夏有觀扈商有姺邳周有徐奄皆謂當時作亂之諸侯也疑姓也嫌姺是國名故曰疑疑者不定之詞也姺从女蓋以姓爲國名从女先聲所臻切古音在十三部廣韵入二十七銑春秋傳曰商有姺邳

人姓也廣韵曰㜣姓也从女然聲奴見切十四部

人姓也廣韵玉篇皆曰妞姓也从女丑聲呼到切按古音在三部讀如狃好之古音讀如杽是以尙書叚敄爲好也商書曰無有作敄鴻範文今尙書敄作好此引經說叚借也敄本訓人姓好惡自有眞字而壁中古文叚敄爲好此以見古之叚借不必本無其字是爲同聲通用之肇耑矣此如朕堲讒說叚堲爲疾尙狟狟叚狟作桓布重莧席叚莧爲織蒻之義曰圛叚圛爲升雲半有半無之義皆偁經以明六

書之叚借也而淺人不得其解或多異說葢許書之湛晦久矣

娸 **人姓也。从女其聲。**去其切一部 **杜林說娸醜也。**醜者可惡也按頁部曰䫏醜也杜說葢以娸爲䫏頭字也○以上十一篆皆家姓而言

奼 **少女也。**廣韵曰美女 **从女乇聲。**坼下切古音在五部丁故切是也

媒 **謀也。**以疊韵爲訓 **謀合二姓者也。**慮難曰謀周禮媒氏注曰媒之言謀也謀合異類使和成者 **从女某聲。**莫桮切古音在一部

妁 **酌也。斟酌二姓者也。**斟者酌也酌者盛酒行觴也斟酌二姓者如挹彼注茲欲其調適也孟子曰不待父母之命媒妁之言 **从女勺聲。**市勺切二部

嫁 **女適人也。**白虎通曰嫁者家也婦人外成以出適人爲家按自家而出謂之嫁至夫之家曰歸喪服經謂嫁於大夫曰嫁適士庶人曰適此析言之也渾言之皆可曰適皆可曰嫁 **从女家聲。**古訝切古音在五部

娶 **取婦也。**取彼之女爲我之婦也經典多叚取爲娶 **从女取**

妻　从屮二字當衍　鉉等反刪下屮聲二字傎矣　段注存之亦非
从屮無他義也

聲說形聲包會意也此從小徐本七句切古音在四部婚婦家也釋親曰婦之父爲婚婦之黨爲婚兄弟禮娶婦㠯昏時婦人侌也故曰婚禮謂禮經也士昏禮曰凡行事必用昏昕注曰用昕使者用昏壻也郊特牲曰昏禮不用樂幽陰之義也从女昏昏亦聲呼昆切十三部

䜌籒文婚如此其會意形聲不可彊說車部之轡巾部之幰皆以爲聲

姻壻家也釋親曰壻之父爲姻婦之父母壻之父母相謂爲婚姻壻之黨爲姻兄弟周禮六行孝友睦婣任恤注云婣者親於外親引申之義也女之所因故曰姻因者就也从女因因亦聲於眞切十二部

𡟼籒文姻从𣶒𣶒聲也周禮如此作

妻婦與己齊者也妻齊以疊韵爲訓此渾言之也曲禮曰庶人曰妻析言之也从女从屮从又七稽切十五部又逗持事妻職也釋从又之意屮聲說从屮之故鉉等以不應旣云从屮又云屮聲刪此二字

𡜊

十二篇下　五

古文妻从肖女肖古文貴字古文貴不見於貝部恐有遺奪

婦服也亦以疊韵爲訓婦主服事人者也大戴禮本命曰女子者言如男子之教而長其義理者也故謂之婦人婦人伏於人也是故無專制之義有三從之道曲禮曰士之妃曰婦人析言之也从女持帚灑埽也說會意房九切古音在一部服古音同

妃匹也匹者四丈也禮記納幣一束束五兩兩五尋注云十箇爲束兩兩合其卷是謂五兩八尺曰尋按四丈而兩之各得二丈夫婦之片合如帛之判合矣故帛四丈曰兩曰匹人之配耦亦曰匹妃本上下通偁後人以爲貴偁耳釋詁曰妃媲也引申爲凡相耦之偁左傳曰嘉耦曰妃其字亦叚配爲之太玄作嬰其云嬰執者卽左傳之嘉耦曰妃怨耦曰仇也从女己各本下有聲字今刪此會意字以女儷己也芳非切十五部

媲妃也釋詁曰妃媲也此云媲妃也見相爲轉注从女𣬉聲匹計切十五部

妊孕也孕者裹子也从女壬壬亦聲如甚切七部按廣韵惟見去聲

娠　女妊身動也　凡从辰之字皆有動意震振是也妊而身動曰娠別詞也渾言之則妊娠不別詩大任有身生此文王傳曰身重也葢妊而後重重而後動動而後生　从女辰聲　失人切十三部　春秋傳曰后緡方娠　哀元年左傳曰后緡方娠逃出自竇歸于有仍生少康焉方娠者方身動去產不遠也其字亦叚震爲之昭元年左傳邑姜方震大叔是也若生民載震載肅傳曰震動也箋云遂有身則以妊解之　一曰官婢女隸謂之娠　方言曰燕齊之閒養馬者謂之娠官婢女廝謂之娠郭注娠音振女廝婦人給使者

媰　婦人妊娠也　娠各本作身今依廣韵十虞正廣雅曰媰㑗也　从女芻聲　側鳩切古音在四部　周書曰至于媰婦　梓材文今作屬婦許所據則壁中文也崔子玉清河王誄惠於媰孀亦取諸古文

嬔　生子齊均也　謂生子多而如一也元應書曰今中國謂蕃息爲嬔息音芳萬切周成難字云嬔息也按依列篆次弟求之則此篆爲免身當云从女免生　从女免

十二篇下　六

生小徐作从女𡡉聲大徐作从女从生兔聲恐皆誤以兔爲聲尤非葢[元]應在唐初已誤矣今正讀若幡依小徐本今音芳萬切以平讀去耳十四部

嫛　嫛婗也各本婗上刪嫛字今補此三字句嫛婗合二字爲名不容分裂釋名人始生曰嬰兒或曰嫛婗嫛是也言是人也婗其啼聲也襍記曰中路嬰兒失其母焉注嬰猶鷖彌也按鷖彌卽嫛婗語同而字異耳从女殹聲烏雞切十五部

婗　嫛婗也从女兒聲五雞切十六部一曰婦人惡皃此則專謂婗字

母　牧也以疊韻爲訓牧者養牛人也以譬人之乳子引伸之凡能生之以啓後者皆曰母从女象褱子形褱袌也象兩手褱子也一曰象乳子也廣韵引倉頡篇云其中有兩點者象人乳形豎通者卽音無按此就隸書釋之也莫后切古音在一部

嫗　母也樂記煦嫗覆育萬物鄭曰以氣曰煦以體曰嫗詩毛傳柳下惠嫗不逮門之女亦以體曰嫗之意不逮門者不及入門荀卿所謂與後門者同衣卽此也凡人及鳥生子曰乳皆必

以體嫗之方言伏雞曰抱郭云江東呼蓲央富反按蓲卽嫗也母之呼嫗由此高帝本紀曰有一老嫗夜哭**从女區聲**衣遇切古音在四部

媼母老偁也母大徐作女非也高帝母曰劉媼文穎曰幽州及漢中皆謂老嫗爲媼孟康曰長老尊稱也左師謂太后曰媼愛燕后賢於長安君禮樂志媼神蕃釐后土富媼張晏曰媼老母偁也坤爲母故偁媼**从女昷聲讀若奧**按从昷蓋與媼同意形聲中有會意也昷聲而讀如奧者方俗語音之轉耳烏晧切古音當在十三部

姁嫗也然則姁亦母偁也師古曰呂后名雉字娥姁**从女句聲**況羽切四部

姐蜀人謂母曰姐方言也其字當蜀人所製**淮南謂之社**因類記之也社與姐音近**从女且聲讀若左**左卽今ナ字也今茲也切古音當在五部

姑夫母也釋親曰婦偁夫之父曰舅稱夫之母曰姑姑舅在則曰君舅君姑沒則曰先舅先姑按聖人正名之義名有可叚借通用者有不可叚借通用者可叚借者舅姑是也故母之晜弟爲舅

夫之父亦曰舅妻之父曰外舅夫之母曰姑男子偁父之姊妹亦曰姑偁妻之母曰外姑葢白虎通云舅者舊也姑者故也舊故之者老人之偁也故其偁可氾用之不可叚借者父母是也故同姓有父母異姓無父母夫之父母未聞偁父母也姑之夫未聞偁父也姑未聞偁母也母之兄弟未聞偁父也母之妻未聞偁母也從母之夫未聞偁父也惟外祖父外祖母則以父之父母例之而得偁從母則以父之昆弟偁從父例之而得偁從母之子亦以從父昆弟例之而得偁凡同姓五服之外及異姓之親祇偁兄弟無偁昆弟者古人偁謂之嚴也今天下之名不正者多矣盍反諸經乎許於舅舉母之昆弟於姑舉夫母各舉男女所取尊以發舅姑之例也姑之字叚爲語詞卷耳傳曰姑且也

从女古聲　古胡切　五部

威　姑也　引伸爲有威可畏　**从女戌聲**　按小徐本作戌聲而復以會意釋之於非切十五部　**漢律曰婦告威姑**　惠氏定宇曰爾雅君姑即威姑也古君威合音差近

𡟃　歾母也　歾正作殁終也曲禮曰生曰父曰母曰妻死曰考曰妣曰嬪析

威

案威尊也長也尊長必有威必嚴故引申為威儀字姑者婦之所視其威儀而為法式也故姑曰威

言之也釋親曰父曰考母曰妣渾言之也从女比聲卑履切十五部𡚱籒文妣省

姊女兄也釋親曰男子謂先生爲姊後生爲妹邶詩問我諸姑遂及伯姊傳曰父之姊妹稱姑先生曰姊从女𠂔聲將几切十五部

妹女弟也衛風東宮之妹傳曰女子後生曰妹从女未聲莫佩切十五部按釋名曰姊積也妹昧也字當从未白虎通曰姊者咨也妹者末也又似从末

娣同夫之女弟也小徐本有夫之二字而尚少同字今補同夫者女子同事一夫也釋親曰女子同出謂先生爲姒後生爲娣孫郭皆云同出謂俱嫁事一夫王度記曰諸侯娶一國則二國往媵之公羊傳白虎通皆曰諸侯娶一國則二國往媵之以姪娣從姪者何兄之子也娣者何女弟也大雅韓奕傳曰諸侯一娶九女二國媵之諸娣衆妾也按女子謂女兄弟曰姊妹與男子同而惟媵己之妹則謂之娣蓋別於在母家之偁以明同心事一君之義也禮喪服經皆言妹無言娣者今大徐本作女弟也非是小徐本又妹娣二篆互譌而娣下曰女弟也妹下曰

夫之女弟也楚金以班昭女誡嫂妹之偁注之夫夫之姊呼女妐夫之妹呼女叔見鄭氏昏義注夫之妹呼女叔猶夫之弟呼叔也呼妹則名不正矣今本爾雅轉寫女叔誤爲女妹不可不正○或問俱嫁一夫謂先生爲姒古未聞以姊媵者何以有先生者也曰二國往媵容有小國容有年稍長者又問娣異名以別於妹矣何姪不爲異名乎曰姪之名以別於男子之謂猶子早爲異名矣不煩更異也曰釋親又言長婦謂穉婦爲娣婦娣婦謂長婦爲姒婦見於傳者姒爲妯娌之偁何也曰此所謂名之可以叚借通偁者也如兄弟之偁同姓異姓皆得偁之也妯娌偁長者曰姒少者曰娣與坐以夫齒之禮竝行不悖

从女弟聲形聲中會意徒禮切十五部

楚人謂女弟曰媦方言之不同也**从女胃聲**云貴切十五部**春秋公羊傳曰楚王之妻媦**桓二年公羊傳文

兄妻也鄭注喪服曰嫂者尊嚴之嫂猶叟也叟老人之偁也按古者重男女之別故於兄之妻尊嚴之於弟之妻卑遠之而皆不爲服男子不爲兄弟之妻服猶女子

不爲夫之兄弟服也女子於夫之姊妹則相服小功者相與居室之親也**从女灾聲**形聲中有會意穌老切古音在三部

姪　女子謂兄弟之子也各本作兄之女也不完今依爾雅正釋親曰女子謂晜弟之子爲姪喪服大功章曰女子子適人者爲衆昆弟姪丈夫婦人報傳曰姪者何也謂吾姑者吾謂之姪經言丈夫婦人同謂之姪則非專謂女也公羊傳曰二國往媵以姪娣從謂婦人也左傳曰姪其從姑謂丈夫也不謂之猶子者女外成別於男也今世俗男子謂兄弟之子爲姪是名之不正也**从女**此从女者謂系乎姑之偁也許誤會用公羊兄之女也爲訓非是**至聲**从至者謂雖適人而於母家情摯也形聲中有會意也徒結切十二部

姨　妻之女弟同出爲姨釋親曰妻之姊妹同出爲姨孫曰同出俱已嫁也此獨言女弟者以弟姨疊韵也釋名曰妻之姊妹曰姨姨弟也言與己妻相長弟也按長弟謂次弟也後世謂母之姊妹曰姨母**从女夷聲**以脂切十五部

娒　女師也詩言告師氏毛傳師女師也古者女師教

以婦德婦言婦容婦功李善引漢書音義曰婦人年五十無子者爲傅**从女加聲**此說形聲**杜林說加教於女也**杜說會意**讀若阿**烏何切十七部按列女傳華孟姬楚昭伯嬴傳皆言保阿內則篇喪服經注皆言可者鄭云可者賤於諸母謂傅姆之屬葢可者卽阿阿卽娿也

女師也士昏禮注曰姆婦人年五十無子出而不復嫁能以婦道教人者左傳宋大災宋伯姬卒待姆也何注公羊曰禮后夫人必有傅母所以輔正其行衛其身也選老大夫爲傅選老大夫妻爲母按母卽姆也**从女每聲讀若母同**今音每與母殊古音同在一部耳故許作娒字林及禮記音義作姆也莫后切古音在一部

重婚也重婚者重疊交互爲婚姻也杜注左傳曰重婚曰媾按字从冓者謂若交積材也曹風不遂其媾毛傳曰媾厚也引伸之義也**从女冓聲**形聲中有會意古厚切四部**易曰匪寇婚媾**屯六二爻辭

美女也廣韵曰姑姼輕薄皃此今義也方言曰謂父妣曰母姼稱父考曰父

姼音多此方俗里語也 从女多聲 尺氏切古音在十七部

㚶 姼或从氏 氏聲在十六部合音取近

妭 美婦也 廣韵引婦人美皃大徐作婦人美也按廣韵曰妭鬼婦引文字指歸云女妭禿無髮所居之處天不雨此謂旱魃也魃在鬼部與此各字而俗亂之 从女犮聲 蒲撥切十五部

㜎 女隸也 周禮作奚叚借字也酒人女酒三十人奚三百人鄭注古者從坐男女沒入縣官爲奴其少才智者（者字今增）以爲奚今之侍史官婢或曰奚宦女守祧女祧每廟二人奚四人鄭曰奚女奴也 从女奚聲 胡雞切十六部

婢 女之卑者也 內則父母有婢子鄭曰所通賤人之子是婢爲賤人也而曲禮自世婦以下自偁曰婢子左傳秦穆姬言晉君朝以入則婢子夕以死是貴者以婢子自謙婢亦稱婢子與內則婢子不同也鄭注曲禮曰婢之言卑也 从女卑 會意 卑亦聲 據韵會小徐無此三字便俾切十六部

奴 奴婢皆古辠人周禮曰其奴男子入于辠隸女

今誤令

子入于舂槀秋官司厲文鄭司農云謂坐爲盜賊而爲奴者輸於罪隸舂人槀人之官也由是觀之令之爲奴婢古之罪人也故書曰予則奴戮汝論語曰箕子爲之奴春秋傳曰斐豹隸也著於丹書元謂奴從坐而沒入縣官者男女同名按許用仲師說入罪隸者奴入舂槀者可呼婢引伸之凡水不流曰奴木之類近根者奴毛傳曰帑子也左傳鳥帑鳥尾也駑馬下乘也其字皆當作奴皆引伸之義也**从女又**男女皆在焉故从女又所以持事也會意乃都切五部

古文奴

婦官也廣韵曰漢有鉤弋妣夫人居鉤弋宮漢書亦作弋玉裁按如淳曰姬音怡衆妾之總稱也引漢官姬妾數百瓚曰漢秩祿令及茂陵書姬內官也位次婕妤下瓚說淳音皆是也婦官字當作妣漢時借姬爲之音怡如姒姓本作以春秋亦用弋爲之皆一聲之轉然也音怡而用爲衆妾之偁則又方俗語言如是**从女弋聲**與職切一部

甘氏星經曰天官書曰昔之傳天數者在齊甘公徐廣曰或曰甘公名德也本是魯人按藝文志無甘氏星經有甘德長柳

占夢十一卷云楚人大白號上公句妻曰女媊凥南斗食厲天下祭之曰明星天官書曰大白大臣也其號上公妻曰女媊居南斗食厲未聞論衡所引山海經度朔山二神人主閱領萬鬼鬼之惡害人者執以葦索而用飤虎殆與相類大白佴明星詩毛傳曰日且出謂明星爲启明日旣入謂明星爲長庚封禪書地理志陳倉有上公明星祠蓋祀大白也此云天下祭之曰明星蓋祀女媊也或曰雖有南北斗大白諸布之廟矣則上公明星之祠蓋祀女媊从女前聲昨先切十二部廣韵即移切

媧古之神聖女化萬物者也媧化曡韵司馬貞三皇本紀曰三皇說者不同譙周以燧人爲皇宋均以祝融爲皇鄭康成依春秋緯注禮記云女媧三皇承伏羲者皇甫謐亦同从女咼聲古蛙切古音在十七部

𡡃籀文媧从𠷎𠷎聲亦同十七部

娀帝高辛之妃偰母號也偰見人部高辛氏之子堯司徒殷之先也商頌天命元鳥降而生商傳曰春分元鳥降湯

之先祖有娀氏女簡狄配高辛氏帝帝率與之祈於郊禖而生契故本其爲天所命以元鳥至而生焉按有娀諸家說爲國名長發鄭箋云有娀氏之國亦始廣大許氏偰母號者以其國名爲之號故長發傳曰有娀契母也是亦以爲號也 从女戎聲息弓切九部 詩曰有娀方將

娥 帝堯之女舜妻娥皇字也曲禮曰男子二十冠而字女子許嫁笄而字 从女我聲五何切十七部 秦晉謂好曰娙娥方言娥好也秦曰娥秦晉之閒凡好而輕者謂之娥漢武帝制倢伃娙娥俗華充依皆有爵位

嫄 邰國之女周棄母字也邰舊作台誤今正邑部曰邰者炎帝之後姜姓所封周棄外家國也裴駰引韓詩章句曰姜姓原字按史記作原 从女原聲愚袁切十四部

嬿 女字也毛詩燕婉之求傳曰燕安婉順也韓詩作嬿婉嬿婉好皃見西京賦注 从女燕聲于甸切十四部

妸 女字也 从女可聲 讀若阿烏何切十七部

嬃 女字也

樊噲以呂后女弟呂須爲婦須卽嬃字也周易歸妹以須鄭云須有才智之稱天文有須女按鄭意須與諝胥同音通用諝者有才智也从女須聲相俞切古音在四部楚詈曰詈當作辭女嬃之嬋媛屈原賦離騷篇文賈侍中說楚人謂姊爲嬃賈語蓋釋楚辭之女嬃王逸袁山松酈道元皆言女嬃屈原之姊惟鄭注周易屈原之妹名女須詩正義所引如此妹字恐姊字之譌

婕女字也師古漢書注曰倢伃字或从女其音同耳从女疌聲子葉切八部

嬩女字也倢伃之伃蓋亦可用此人部曰伃婦官也从女與聲讀若余以諸切五部

孁女字也漢婦官十四等中有娛靈靈蓋可作孁从女霝聲郎丁切十一部

嫽女字也廣韵相嫽戲也此今義也按毛詩傳及許人部曰僚好皃蓋亦可用此字方言釥嫽好也从女尞聲洛簫切二部

㛄女字也十四等中充依依蓋可用此字从女衣聲讀若依於稀切十五部

婤女字也从女周聲職流切三部姶女字也从女合聲烏合切七部春秋傳曰嬖人婤姶昭公七年左氏傳曰衞襄公夫人姜氏無子嬖人婤姶生孟縶一曰無聲別一義妀女字也玉篇云妀改从女己聲居擬切一部妵女字也昭廿一年左氏傳宋華妵居於公里从女主聲天口切四部㚶女字也从女久聲舉友切古音在一部小徐本作奺廣韵曰亦作奺𡚾女字也字各本作號今依玉篇廣韵从女耳聲仍吏切一部始女之初也釋詁曰初始也此與爲互訓初裁皆衣之始也基者牆之始也凡言之者皆分別之詈有叚殆爲始者七月毛傳云殆始也是也从女台聲詩止切一部按凡始事有急緩之殊不得云有二義今人乃爲之二音緩者讀去聲月令紀節物用始字十餘而蟬始鳴獨市志反其亦庸人自擾也矣媚說也說今悅字也大雅毛傳曰媚愛也从

姶 一曰無聲 廣韵姶美好皃他字书韵书無訓姶爲無聲者此四字疑校者所加書作一本無聲二字蓋一本有脫奪字者取之也

女眉聲美祕切十五部

媚也上林賦嫵媚纖弱李善引埤倉曰嫵媚悅也按嫵媚可分用張敞傳長安中傳京兆眉憮憮卽嫵字蘇林曰憮音嫵北方人謂眉好爲詡畜从女橆聲文甫切五部

色好也按凡美惡字可作此周禮作媺蓋其古文从女美聲小徐本如是無鄙切十五部

媚也𡝩有媚悅之義凡古經傳用畜字多有爲𡝩之叚借者蘇林曰北方人謂眉好爲詡畜又如禮記孝者畜也順於道不逆於倫是之謂畜孟子曰詩曰畜君何尤畜君者好君也呂覽曰周書曰民善之則畜也不善則讎也高注畜好也說苑尹逸對成王曰夫民善之則畜也不善則讎也又孔子曰夫通達之國皆人也以道導之則吾畜也不以道導之則吾讎也此等皆以好惡對言畜字皆取𡝩媚之義今則無有用𡝩者矣从女畜聲丑六切三部按當依廣韵許竹切

南楚之外謂好曰嫷方言曰嫷美也南楚之外曰嫷郭注言姣嫷也曹植七啓形媠服兮揚幽若媠卽嫷之省心部之古文憜也張敞傳被輕媠之名皆

引伸之義也从女憜省聲憜省聲卽墯省聲也徒果切十七部姝好也邶風傳曰姝美色也衞風傳曰姝順皃齊風傳曰姝初昏之皃各隨文爲訓也从女朱聲昌朱切古音在四部好媄也各本作美也今正與上文媄爲轉注也好本謂女子引伸爲凡美之偁凡物之好惡引伸爲人情之好惡本無二音而俗強別其音从女子會意呼晧切古音在三部嬹說也說今之悅字李善注潘岳關中詩顏延年和謝靈運詩皆引說文興悅也謂興與嬹古同也今惟漢功臣表有甘泉侯嬹許孕反从女興聲許應切六部嬮好也謂嬮嬮也从女厭聲於鹽切七部㚛好也此與姝音義皆同从女殳聲昌朱切古音在四部詩曰靜女其㚛邶風靜女文今毛詩作姝傳云姝美色也蓋許所見毛詩異與抑取諸三家與姣好也姣謂容體壯大之好也史記長姣美人按古多借佼爲姣如月令養壯佼陳風澤陂箋佼大皆姣字也小雅白華箋云姣大之人陳風佼人字又作姣方

言云自關而東河泲之閒凡好謂之姣**从女交聲**胡茅切二部按切非也當依廣韵古巧切

嬽好也上林賦柔嬈嬽嬽郭樸曰皆骨體耎弱長豔皃也今文選譌作嫚嫚漢書不誤史記作嬛嬛則是別本按今人所用娟字當即此**从女䙴聲**委員切十四部**讀若蜀郡布名**按糸部縛蜀白細布也其字䙴聲以合韵得音

娧好也召南舒而脫脫兮傳曰脫脫舒皃按脫蓋即娧之叚借此謂舒徐之好也**从女兌聲**杜外切十五部

媌目裏好也目裏好者謂好在匡之裏也凡方言言順言矊言鑠言盱言揚皆謂目之好外見也惟媌狀目裏方言曰媌好也自關而東河濟之閒謂之媌按此謂纖細之好也**从女苗聲**莫交切二部

嫿靜好也靜者審也廣韵曰嫿分明好皃神女賦曰既姽嫿於幽靜魏都賦曰風俗以韰果爲嫿**从女畫聲**呼麥切十六部

婠體德好也从女官聲一完切十四部**讀若楚郤宛**謂讀如此宛也左傳有楚郤宛

娙長好也

十二篇下

體長之好也故其字从巠上文曰秦晉謂好爲娙娥漢婦官十四等有娙娥武帝邢夫人號娙娥从女巠聲五莖切十一部

白好也色白之好也通俗文服飾鮮盛謂之㜺㜺聲類㜺綺也皆引伸之義从女贊聲則旰切十四部

順也邶風傳曰孌好皃齊風傳曰婉孌少好皃義與許互相足从女⿰女𤔔聲力沇切十四部詩曰婉兮⿰女𤔔兮齊風甫田曹風候人

籀文⿰女𤔔宋本如此趙本毛本刪之因下文有孌慕也不應複出不知小篆之變爲今孌字訓慕籀文之變爲小篆之⿰女𤔔訓順形同義異不嫌複見也據全書之例亦可⿰女𤔔後不重出而於慕也之下益之云籀文以爲⿰女𤔔字凡言古籀以爲某字者亦可附於某字之下如屮篆下可出屮篆云古文艸巧篆下可出丂篆云古文巧其道一也今毛詩作孌正用籀文

婉也从女夗聲於阮切十四部

順也鄭風傳曰婉然美也齊風傳曰婉好眉目也从女宛聲於阮切十四部春秋傳曰太子痤婉襄二十六年左

傳文按傳云棄生佐惡而婉大子痤美而很佐卽宋元公也此所稱舛誤一時記憶不精耳按集韵類篇皆作大子佐婉蓋依傳改正而又失之不知佐非大子也

姛直項皃从女同聲他孔切廣韵徒揔切九部

嫣長皃詩毛傳頎頎長皃頎與嫣聲相近也文選嫣然一笑注引王逸云嫣笑皃然大招字作嗎許書無嗎字从女焉聲於建切十四部廣韵亦平聲

姌弱長皃上林賦嫵媚姌嫋郭樸曰姌嫋細弱也小顏云謂骨體按毛詩曰荏染柔意也荏染卽姌也从女冄聲而剡切七部

嫋姌也九歌嫋嫋兮秋風王曰嫋嫋秋風搖木皃按楚辭讀上聲上林賦讀入聲實無二義也从女弱聲形聲中有會意奴鳥切二部

孅兌細也兌各本作銳集韵類篇皆作兌兌者悅也漢書曰古之治天下至孅至悉也孅與纖音義皆同古通用从女韱聲息廉切七部

嫇嫈嫇也廣韵嫈下作嫈嫇元應引字林嫈嫇心態也卽許書嫈下之小心態也九思作塋嫇疑今本說文有舛誤

从女冥聲 莫經切十一部 一曰嫇嫇小人皃

媱曲肩行皃 九思音案衍兮要媱舞容也廣韵曰媱美好 从女䍃聲 余招切二部

嬛材緊也 材緊謂材質堅緻也緊者纏絲急也上林賦便嬛綽約郭樸曰便嬛輕利也 从女瞏聲 許緣切十四部 春秋傳曰嬛嬛在疚 哀十六年左傳公誄孔子文按宀部引詩㷀㷀在宂此引傳嬛嬛在疚正與今詩春秋㷀嬛字互易魏風又作睘睘傳曰無所依也葢依韵當用焭聲之㷀而或用嬛睘者合音通用如瓊本在十四部今入十一部也

姽閑體行姽姽也 開各本作閑今正開者幽開也神女賦志解泰而體開既姽嫿於幽靜李引說文曰姽婧好皃五果切與今本異 从女危聲 過委切十六部

委委 逗 隨也 辵部曰隨從也毛詩羔羊傳曰委蛇者行可從迹也君子偕老傳曰委委者行可委曲從迹也按隨其所如曰委委之則聚故曰委輸曰委積所輸之處亦稱委故曰原委 从女禾聲 十六十七部合音冣近故讀於

[illegible]誤[illegible]

詭切也詩之委蛇卽委隨皆疊韵也

婐　婐妸也三字句今本刪婐字非也婐妸與旖施音義皆同俗作婀娜从女果聲烏果切十七部一曰果敢也小徐有此五字果敢爾雅倉頡篇皆作惈一曰女侍曰婐孟子盡心篇二女果趙曰果侍也依許說則果當女旁讀若騧一曰若委大徐本以从女果聲綴此下孟軻曰舜爲天子二女婐

妸　婐妸也疊韵字一曰弱也从女戹聲五果切十七部按當依廣韵奴果切

[illegible]　小弱也从女占聲一曰女輕薄善走也讀若占一曰多技埶也齒懾切七部

[illegible]　[illegible]妗也依玉篇補[illegible]字三字句也廣韵作妗[illegible]从女沾聲丑廉切七部

妗　[illegible]妗也疊韵字从女今聲火占切七部一曰善笑皃玉篇曰[illegible]妗善笑皃按集韵俗謂舅母曰妗巨禁切舅之妻不偁母云舅母亦里語也

[illegible]　竦身也竦者敬也

从立束自申束也竦身取自申之意凡言夭嬌者當用此字从女篔聲讀若詩糾糾葛屨讀如此糾字篔字古音正如是在三部今⿰女盧居夭切音之轉也

婧竦立也女有字婧者列女傳曰妾婧者齊相管仲之妾也从女青聲七正切十一部廣韵子盈切一曰有才也讀若韭菁韭菁韭華也見艸部

妌靜也从女井聲疾正切十一部

⿰女亟婦人皃从女亟聲房法切七部

嫙好也齊風子之還兮韓詩作嫙嫙好皃从女旋聲似沿切十四部

⿱齊女材也廣雅嫢好也玉篇引詩有嫢季女引說文材也按毛詩作齊敬也顧氏或取諸三家詩取人材整齊之意从女齊聲祖雞切十五部玉篇引說文子奚切廣韵同

⿰女面面靦也各本作面醜今正醜者可惡也與愧恥義隔面靦者詩云有靦面目是也面部靦下曰面見人也面見人如今人言無面目相見其義彼此相成此許例也爾雅毛傳皆云靦媔也此云媔靦也是之謂轉注今人亦尚有羞

嫢　秦晉謂細嫢　鍇作秦晉謂細要曰嫢
要要即腰字玉篇引正如此段氏失
補
玉篇引說文作秦晉謂細腰曰嫢

婚婚之語从女昏聲古活切十五部嬥直好皃直好直而好也嬥之言擢也詩佻佻公子魏都賦注云佻或作嬥廣韵曰嬥嬥往來皃韓詩云嬥歌巳人歌也按韓詩云三字當在嬥嬥之上其下六字乃張載注左語也此皆別義从女翟聲徒了切二部一曰嬈也下文嬈下云一曰嬥也二篆爲轉注嫢媞也媞者諦也諦者審也从女規聲讀若癸居隨切十六部秦晉謂細嫢宋本如是方言曰嫢笙揫摻皆細也自關而西秦晉之閒謂細而有容曰嫢媞諦也諦者審也審者悉也詩好人提提傳云提提安諦也釋訓媞媞安也孫炎曰行步之安也檀弓吉事欲其折折爾注云安舒皃按折者提之譌提者媞之叚借字也从女是聲承旨切十六部按詩爾雅皆大兮反廣韵同而注云說文又時尒切然則說文舊音在紙韵也一曰妍黠也妍者技也黠者桀黠也黠之引申之義也一曰江淮之閒謂母爲媞方俗殊語也廣韵承紙切又音啼婺不繇也繇者

隨從也不繇者不隨從也今此字無用者矣惟婺女星名婺州地名**从女敄聲**亡遇切古音在三部

嫺雅也三字句各本刪嫺字非也依玉篇廣韵本作嫺雅相如傳雍容嫺雅雅之叚借之義爲素也嫺雅今所謂嫺習也嫺古多借閑爲之邶風棣棣毛傳曰棣棣富而閑也今本作閑習杜注左所引無習字蓋古本也習則能暇故其字从閑**从女閑聲**戶閑切十四部

說樂也說者今之悅字按老子史記天下熙熙字皆當爲媐媐今熙行而媐廢矣熙者燥也謂暴燥也其義別**从女巸聲**許其切一部

美也从女臤聲苦閑切古音在十二部

樂也古多借虞爲之**从女吳聲**虞俱切五部

戲也戲者三軍之偏也一曰兵也嬉戲則其餘義也左傳子玉曰請與君之士戲固以戰爲戲矣上林賦娭遊往來善曰娭許其切然則今之嬉字也今嬉行而娭廢矣**从女矣聲**遏在切按此音非也篇韵皆許其切一部**一曰卑賤名也**廣韵曰婦人賤偁出倉頡篇按篇韵

皆不言媅樂也衞風無與士耽傳曰耽樂也小雅和樂過在切且湛傳曰湛樂之久也耽湛皆叚借字媅其眞字也叚借行而眞字廢矣从女甚聲丁含切古音在七部娓順也順者理也尾主於順故其字从尾按此篆不見於經傳詩易用亹亹字學者每不解其何以會意形聲徐鉉等乃妄云當作娓而近者惠定宇氏從之按李氏易集解及自爲周易述皆用娓娓抑思毛鄭釋詩皆云勉勉康成注易亦言沒沒亹之古音讀如門勉沒皆曡韵字然則亹爲釁之譌體釁爲勉之叚借古音古義於今未泯不當以無知妄說擅改宣聖大經从女尾聲讀若媚無匪切十五部嫡孎也从女啻聲都歷切十六部按俗以此爲嫡庶字而許書不尒蓋嫡庶字古祇作適適者之也所之必有一定也詩天位殷適傳曰紂居天位而殷之正適也凡今經傳作嫡者蓋皆不古孎謹也謹者愼也祭義洞洞乎屬屬乎如弗勝廣雅洞洞屬屬敬也屬蓋孎之省从女屬聲之欲切篇韵皆陟玉切三部讀若人不孫爲孎各本

嫿上有不字宋本無者是也嫿當作倨人部曰倨不孫也可據嫿讀如倨雙聲合音

婏 宴婏也 邶風燕婉之求傳曰宴安婉順也西京賦曰嬿婉美好之皃按古宛冤通用婉婏音義皆同 从女冤聲 於願切十四部

嬐 女有心嬐嬐也从女僉聲 衣檢切七部

媣 諟也 諟者理也 从女染聲 而剡切七部

嫥 壹也 壹下云嫥也與此爲轉注凡嫥壹字古如此作今則專行而嫥廢矣專者六寸薄也紡專也 从女專聲 職緣切十四部 一曰女嫥嫥 篇韵皆云可愛之皃

如 從隨也 從隨卽隨從也隨從必以口从女者女子從人者也幼從父兄嫁從夫夫死從子故白虎通曰女者如也引伸之凡相似曰如凡有所往曰如皆從隨之引伸也 从女从口 人諸切五部

嫧 齊也 謂整齊也方言嫧鮮好也南楚之外通語也 从女責聲 側革切十六部

娕 謹也 謹者愼也按史記申屠嘉傳娖娖廉謹說者多云娖卽娕字玉篇廣韵皆不謂一字也 从

女東聲讀若謹敕數數未詳錢氏大昕云數數卽娖娖小顏云持整之皃測角切三部

敏疾也从女僉聲息廉切七部一曰莊敬皃

服也堯典曰釐降二女于嬀汭嬪于虞大雅曰摯仲女任自彼殷商來嫁于周曰嬪于京傳曰嬪婦也按婦者服也故釋嬪亦曰服也老子賓與臣同義故詩曰率土之賓莫非王臣嬪與婦同義亦其理也从女賓聲符眞切十二部

至也以雙聲疊韵釋之从女埶聲各本作執聲篆作𡠗非也今正从執則非聲矣脂利切十五部周書曰大命不𡠗周當爲商字之誤也此西伯戡黎文陸氏釋文云摯本又作𡠗是陸氏所見尙有作𡠗者某氏傳云至也與許說同也讀若埶同鍇本作執誤今正一曰虞書雉𡠗此別一義謂𡠗卽今贄字引堯典一死贄以明之鄭康成曰贄之言至所以自致是其義相近虞書當作唐書詳禾部

俛伏也俛者低頭也伏者伺也从女沓聲他合切八部一曰

晏　从女从日　案當從鍇本作女晏省聲段說也

服意也服各本作伏今依集韵類篇正悅服之意也

晏安也安者竫也今經傳無晏字从女日女系日下陰統乎陽也婦從夫則安會意烏諫切十四部宴匽从以爲聲詩曰㠯晏父母今毛詩無此葢周南歸寧父母之異文也毛傳曰寧安也尋詩上文言告言歸歸謂嫁也方嫁不當遽圖歸寧則此歸字作以字爲善謂可用以安父母之心草蟲未見君子憂心沖沖箋云在塗而憂憂不當君子無以寧父母故心衝衝然葛覃曷澣曷否二句箋云言常自絜清以事君子正謂能事君子則能寧父母心二箋義互相足也

嬗緩也今人用嬋字亦作此从女亶聲時戰切十四部一曰傳也孟子孔子曰唐虞禪夏后殷周繼依許說凡禪位字當作嬗禪非其義也禪行而嬗廢矣嬋者蟬聯之意

嫴保任也急就篇疻痏保辜謕呼號師古曰保辜者各隨其輕重令毆者以日數保之限內致死則坐重辜也按保辜唐律令律皆有之辜者嫴之省嫴與保同義疊字師古以坐重辜解之誤矣春秋公羊傳注曰古者保辜鄭伯髡原爲大夫

所傷以傷辜死君親無將見辜者辜內當以弒君論之辜外當以傷君論之辜皆當作嫴原許君之義實不專謂罪人保嫴謂凡事之估計豫圖耳廣雅曰嫴摧都凡也是其理也 **从女辜聲** 古胡切五部

媻奢也 奢者張也趙注孟子廣雅釋詁皆曰般大也媻之从般亦取大意子虛賦媻姍勃窣借用此爲蹣跚字 **从女般聲** 薄波切按當依廣韵薄官切古音在十四部 **一曰小妻也** 小徐有此五字廣韵同小妻字史多有之見漢書枚乘傳外戚傳佞幸傳後書陽球傳漢時名之不正者

娑舞也 陳風東門之枌曰婆娑其下市也婆娑爾雅及毛傳皆曰婆娑舞也詩音義曰婆步波反說文作媻爾雅音義但云娑素何反不爲婆字作音蓋陸所據爾雅固作娑娑魯頌傳曰犧尊有沙飾也鄭志張逸曰犧讀爲沙沙鳳皇也不解鳳皇何以爲沙答曰刻畫鳳皇之象於尊其形娑娑然按今經傳娑娑字皆改作婆娑詩爾雅卽以媻娑連文恐尚非古也然古書中用婆娑字者不少存愚說以俟攷訂可耳 **从女沙聲** 素何切十七部 **詩曰市也媻娑**

耦也耕有耦者取相助也故引伸之凡相助曰耦姷之義取乎此周禮宮正以樂侑食鄭曰侑猶勸也按勸卽助左傳王享醴命晉侯宥杜云既饗又命晉侯助以束帛以助懽宥古經多叚宥爲侑毛詩則叚右爲之傳曰右勸也从女有聲讀若祐于救切古音在一部

姷或从人今通用此體

均適也均舊作鈞今正男女併也併者竝也按篇韵皆訓姰爲狂相倫黃練二切今義今音也从女旬聲讀若旬居勻切十二部

婦人小物也小物謂用物之瑣屑者今人用些字取數細之意卽姕之俗體也从女此聲卽移切古音當在十六部詩曰婁舞姕姕小雅賓之初筵文婁舊作屢今正姕姕詩作傞傞傳曰傞傞不止也古此聲差聲冣近庸風玼兮玼兮或作瑳兮瑳兮

婦人小物也今俗用爲女伎字从女支聲讀若蚑蚑各本作跂今正虫部曰凡生之類行皆曰蚑渠綺切十六部

繞也各本作頸飾也今正貝部

賏頸飾也嬰與賏非一字則解不應同孫綽天台山賦方解纓絡李引說文嬰繞也纓與嬰通陸機赴洛中道作詩世網嬰我身李引說文嬰繞也唐初本可據繞者纏也一切纏繞如賏之纏頸故其字从賏越絕書嬰榮楯以白璧司馬法大夫嬰弓山海經嬰以百圭百璧謂陳之以環祭也又燕山多嬰石言石似玉有符采嬰帶也凡史言嬰城自守皆謂以城圍繞而守也凡言嬰兒則嫛婗之轉語 **从女賏賏貝連也頸飾** 各本作其連也今正又移頸飾二字於此此六字釋以賏會意之怡於盈切十一部

三女爲奻 唐風綢繆曰今夕何夕見此粲者毛傳三女爲粲大夫一妻二妾 **奻** 逗 **美也** 周語有三女奔密康公其母曰夫獸三爲羣人三爲衆女三爲粲夫粲美之物也衆以美物歸女而何德以堪之 **从女卢聲** 大徐作奴省聲按經傳作粲叚借字陸德明曰字林作𡢃漢晉字之變遷也倉案切十四部

美女也人所欲援也 庸風邦之媛也傳曰美女爲媛援者引也謂人所欲引爲己助者也鄭箋詩云邦人所依倚以爲援

助也援媛以疊韵爲訓从女爰聲依小徐本無爰引也三字王眷切十四部詩曰邦之媛兮君子偕老文兮今詩作也許作兮又偁玉之瑱兮可證許所據也字皆作兮

問也凡娉女及聘問之禮古皆用此字娉者專詞也聘者氾詞也耳部曰聘者訪也言部曰氾謀曰訪故知聘爲氾詞也若夫禮經大曰聘小曰問渾言之皆曰聘此必有所專適非氾詞也至於聘則爲妻則又造字所以从女之故而經傳槩以聘代之聘行而娉廢矣从女甹聲匹正切十一部

隨從也史記平原君列傳曰公等錄錄因人成事王邵云錄錄借字說文娽娽隨從之皃也依王本多四字从女录聲力六切三部

飾也此飾篆引伸之義也宋玉賦曰體美容冶不待飾裝上林賦靚糚刻飾糚者俗字裝者叚借字从女爿聲側羊切十部

慕也从女䜌聲此篆在籒文爲㜓順也在小篆爲今之戀慕也凡許書複見之篆皆不得議刪廣韵卅三線曰戀慕也變戀爲古今字廣韵力眷切十四部大徐力沇切廣韵二十

八獨此切訓美好

媟　媟嬻也。與下篆爲轉注媟與日部暬義似同而實異宋人合爲一字非也方言曰媟狎也漢枚乘傳曰以故得媟黷貴幸今人以褻衣字爲之褻行而媟廢矣　从女枼聲。私列切十五部

嬻　媟嬻也。單言之曰媟曰嬻絫言之曰媟嬻國語陳侯淫於夏氏不亦嬻姓矣乎惟明道本不誤今人以溝瀆字爲之瀆行而嬻廢矣黑部有黷握持垢也義亦與嬻別　从女賣聲。徒谷切三部

[illegible]　短面也。淮南書曰聖人之思脩愚人之思叕高注叕短也方言[illegible]短也注蹶[illegible]短小皃[illegible]篆蓋形聲兼會意　从女窡聲。丁滑切十五部

嬖　便嬖逗愛也。玉篇作便僻也廣韵曰愛也卑也妾也按經傳中不外此三義　从女辟聲。博計切十六部

[illegible]　難也。大東傳曰契契憂苦也擊鼓傳曰契濶勤苦也按契與[illegible]音近廣韵[illegible]音契　从女毄聲。苦賣切十六部

妎　妬也。字林亦云疾妎妬也按楚語弭其百苛殄其讒慝韋注曰弭止也殄覆也明道本不誤謂解除之也今本譌作妎其讒慝文理不可

通

从女介聲胡蓋切十五部

妬婦妬夫也从女石聲各本作戶聲篆亦作妒今正此如柘槖蠹等字皆以石爲聲戶非聲也當故切五部

媢夫妬婦也大學曰媢疾以惡之鄭曰媢妬也顏氏家訓曰太史公論英布曰禍之興自愛姬生於妬媢漢書外戚傳亦云成結寵妾妬媢之誅此二媢字竝當作媢五宗世家亦云常山憲王后妬媢王充論衡云妬夫媢婦生則忿怒鬭訟按顏所舉惟英布傳是此字本義其餘皆與妬不分別尙書祇作冒从女冒聲莫報切古音在三部一曰梅目相視也梅當作怒周語曰道路以目按杜詩用掞眼卽易之反目也許目部云眏涓目也梅目或眏目之誤所謂裂眥又按梅當作侮謂目相侮也史記曰目笑之

𡝩巧也此與䄙各字今用𡝩爲䄙非也詩曰桃之𡝩𡝩女子笑皃木部巳偁桃之枖枖矣此作𡝩𡝩蓋三家詩也釋爲女子笑皃以明𡝩之別一義从女芺聲於喬切二部俗省作妖

巧調高材也巧者技也調者詼也从

女仁聲小徐作仁聲大徐作从信省按今音佞乃定切故徐鉉張次立疑仁非聲攷晉語佞之見佞果喪其田詐之見詐果喪其賂古音佞與田韵則仁聲是也十二部音轉入十一部嫈小心態也見嫇篆下从女熒省聲烏莖切十一部嫪婟也聲類云婟嫪戀惜也从女翏聲郎到切古音在三部婟嫪也爾雅鷲澤虞郭注今婟澤鳥常在澤中見人輒鳴喚不去按此二篆爲轉注从女固聲胡誤切五部姿態也態者意也姿謂意態也从女次聲卽夷切十五部𡡉驕也驕俗本作嬌小徐不誤古無嬌字凡云嬌卽驕也文選琴賦或怨𡡉而躊躇幽憤詩恃愛肆姐姐卽𡡉之省李善皆引說文𡡉嬌也與魏文帝箋蹇姐名昌姐亦𡡉字按心部怚驕也音義皆同从女虘聲子㒸切五部妨害也害者傷也从女方聲敷方切十部亦去聲妄亂也从女亡聲巫放切十部婾巧黠也按偷盜字當作此婾从女俞聲託侯

婇　案手部揣量也。篇韵揣初委丁果二切。蓋揣即婇之異文。木部又有椯字兜果切音亦同

切四部㛎㛎𡿺逗曡韵字貪也貪者欲物也从女污聲胡古切五部娋小小侵也侵者漸進也凡用稍稍字謂出物有漸凡用娋娋字謂以漸侵物也方言娋姊也方俗語也从女肖聲息約切按當依篇韵所教切婇量也廣韵作揣云稱量从女朵聲丁果切十七部妯動也小雅憂心且妯釋詁毛傳皆曰妯動也箋云妯之言悼也方言妯擾也人不靜曰妯按心部引詩憂心且怞从女由聲徒歷切古音在三部廣韵丑鳩切方言妯娌度六切嫌不平於心也心部曰慊疑也嫌與慊義別从女兼聲戶兼切七部一曰疑也此謂二篆義同媘減也減者損也按水部又曰渻少減也然則媘渻音義皆同作省者叚借字也省行而媘渻廢矣許書凡云省改皆作省應以媘正之从女省聲所景切十二部婼不順也毛詩傳曰若順也此字从若則當訓順而云不順也此猶祀从巳而訓祭無巳也从女若聲丑略切五

部春秋傳有叔孫婼魯大夫也很也很者不聽從也王逸離騷注同一曰見親小徐有此四字按凡親幸變幸當作此婞从女幸聲胡頂切十一部楚詞曰鯀婞直離騷文此證很義

易使怒也廣韵嫳輕薄之皃从女敝聲讀若擊擎擊見手部匹滅切十五部

好枝格人語也枝格見丰部謂不欲人語而言他以枝格之也廣韵曰嫸偏枝一曰靳也謂靳固也左傳注曰戲而相媿曰靳从女善聲旨善切十四部

疾悍也敏疾而勇也廣韵曰姡嫚好皃从女叕聲讀若[口坙]今丁滑切十五部許讀若唾者合音也

含怒也一曰難知也从女酓聲五感切七部詩曰碩大且嬒陳風澤陂文今詩作儼傳曰矜莊皃一作曮太平御覽引韓詩作嬒嬒重頤也廣雅釋詁曰嬒美也葢三家詩有作嬒者許偁以證字形而已不謂詩義同含怒難知二解也

媕娿也

婩㛪雙聲字韵會作陰阿李燾本作陰㛪集韵類篇同廣韵曰婩㛪不決婩音庵从女阿聲烏何切十七部

妍技也技者巧也釋名曰妍研也研精於事宜則無蚩繆也蚩癡也按此爲今用妍媸字所本方言自關而西秦晉之故都謂好曰妍一曰不省錄事也省錄謂檢點收錄也魏書劉祥言事蒙遜曰劉裕入關敢妍妍然也斬之此正謂其不曉事也从女幵聲五堅切十四部一曰難侵也讀若研一曰慧也一曰安也

娃圜深目皃也注深池也窐甑空也凡圭聲字義略相似从女圭聲於佳切十六部或曰吳楚之閒謂好娃方言娃美也吳楚衡淮之閒曰娃故吳有館娃之宮

𡡒不媚歬卻𡡒𡡒也後漢書班昭女誡曰動靜輕脫視聽陜輸陜輸不定皃从女陜聲失冄切七部

妜鼻目閒皃謂若眉語已成然也从女叏聲於說切十五部廣韵於決切讀若煙火炔炔火部無此字葢卽焆焆煙

皃之或體也娟音因悅切

愚戇多態也戇者愚也愚者戇也从女巂聲讀若隓式吹切篇韵移爾胡卦二切十六部隓篆文作嫷十六十七合音取近

不說也說者今之悅字心部曰恚者恨也⿰女恚从恚聲形聲中有會意从女恚聲於避切十六部

怒皃从女黑聲呼北切一部按此字廣韵烏黠切嫉怒也則黑非聲矣玉篇莫勒切奴也奴者怒之誤

輕也从女戉聲王伐切十五部

輕也與人部僄音義皆同漢霍去病票姚校尉票姚讀如飄搖謂輕疾也荀悅漢紀作票鷂音亦同耳古多平聲後代乃多改爲去聲師古讀頻妙羊召二切殊失古意證以杜子美詩盆可見矣从女票聲匹招切二部

訬疾也訬者訬擾也漢書述曰江都輕訬謂輕薄爲訬也娙與訬雙聲又女字也穆天子傳盛姬之喪叔娙爲主从女坙聲昨禾切十七部廣韵醋伽切

女人自偁姎我也各本我上奪姎今補後漢書西夷傳注廣韵三十三

蕩皆引女人自偁姎我姎我聯文如吳人自偁阿儂耳从女央聲烏浪切按後漢書胡朗反廣韵烏朗切十部

媁不說皃說今悅字恚也小徐有此二字从女韋聲羽非切十五部廣韵音威

婎姿婎逗疊韵字恣也恣各本作姿今正按心部恣者縱也諸書多謂暴厲曰恣睢睢讀香季切亦平聲睢者仰目也未見縱恣之意葢本作姿婎或用恣睢爲之也集韵類篇皆云姿婎自縱皃此許義也今用雖爲語詞有縱恣之意葢本當作婎叚雖爲之耳雖行而婎廢矣一曰醜也與人部仳倠醜面之倠通用从女隹聲許惟切集韵類篇自縱義讀虎癸切十五部

妶有守也从女弦聲胡田切十二部

媥輕皃从女扁聲芳連切十二部

嫚侮傷也傷各本作易今正人部曰侮者傷也傷者輕也嫚與心部之慢音同義別凡嫚人當用此字从女曼聲謀患切十四部

㛼疾言失次也所謂儳言从女臿聲讀若懾丑聶切八部

嬬

弱也嬬之言濡也濡柔也一曰下妻也下妻猶小妻後漢書光武紀曰依託爲人下妻周易歸妹
以須釋文云須荀陸作嬬陸云妾也从女需聲相俞切古音在四部　不肖也从女
否聲讀若竹皮箁箁竹箬也見竹部匹才切一部篇韵布美切　遲鈍也集韵
嬯當來切卽此字也今人謂癡如是从女臺聲徒哀切一部闒嬯亦如此謂其字亦如此
作也闒嬯未聞廣韵蹋跆連手唱歌也　下志貪頑也从女覃聲讀如深
乃忝切七部篇韵式荏切　婪也从女參聲七感切七部　貪也此與心部
之惏音義皆同从女林聲盧含切七部杜林說卜者攩相詐譣爲婪攩譣
各本作黨驗今正攩者許之黨字譣者許之驗字也讀若潭　懈也懈者怠也集韵類篇作懈
也怠也非是从女賴聲洛旱切此音於合韵得之古音葢在十五部俗作懶一曰餐也大徐

作臥也小徐作臥食今正臥部曰楚謂小嬾曰㱃从臥食因之或奪一字或析爲二字耳

婁空也凡中空曰婁今俗語尚如是凡一實一虛層見疊出曰婁人曰離婁窗牖曰麗廔是其意也故婁之義又爲數也此正如窗牖麗廔之多孔也而轉其音爲力住切俗乃加尸旁爲屢字古有婁無屢也毛詩婁豐年傳曰婁亟也亟者數也角弓式居婁驕箋云婁斂也此則謂爲摟之叚借也从毋从中女按从毋猶从無也無者空也从中女謂離卦離中虛也皆會意也婁空之意也婁空連讀洛侯切四部一曰別一義婁務逗愚也務讀如瞀婁務卽子部之穀瞀故云愚也說詳彼注

婁籒文婁从人中女臼聲

[古文字形]古文婁如此按此上體當是从囧卽窗牖麗廔闓明之意也

娎娎㛍也娎當是複舉字玉篇云娎喜也廣韵云娎喜皃从女折聲許列切八部

㛍得志㛍㛍也篇韵皆云此義邱協切是與㥦音義皆同也从女夾聲呼帖切八部一曰㛍息

也一曰少气也篇韵皆云此義呼牒切廣韵也作皃

嬈苛也苛者小艸也引申爲瑣碎之偁元應曰苛煩也擾也嬈亦惱也苛音何可切一曰擾也此也字補戲弄也元應引三倉嬲乃了切弄也惱也按嬲乃嬈之俗字故許不錄嵇康與山巨源書足下若嬲之不置李善云嬲擿嬈也音義與嬈同奴了切近孫氏星衍云嬲即嫋字艸書之譌然嵇康艸蹟作嫐元應引三倉故有嬲字則未可輕議从女堯聲奴鳥切二部一曰嬥也上文嬥下曰嬈也二篆爲轉注亦考老之例然嬥之訓嬈即謂苛也擾也不當此有一曰嬥也四字

㜸惡也許意蓋謂毀物爲毀謗人爲㜸一曰人皃也从女毀聲許委切十六部

姍誹也漢書姍笑三代說者謂即訕字也从女刪省聲所晏切十四部一曰翼便也未聞

媨醜也醜者可惡也一曰老嫗也婦人之老者曰嫗不必母也从女酋聲讀若蹴七宿切三部

嫫母逗母莫后切古

帝妃都醜也都猶冣也民所聚曰都故凡數曰都詣極亦曰都漢書古今人表梅母黃帝妃生蒼林荀卿詩四子講德論皆作嫫姆講德論曰嫫姆倭傀善譽者不能揜其醜从女莫聲莫胡切五部按郭注方言莽音嫫母之嫫是其讀模上聲嫫母爲雙聲也師古音謩似未協

往來斐斐也當依廣韵作斐斐往來皃玉篇也亦作皃小雅毛傳曰騑騑行不止之皃與斐音義皆同从女非聲芳非切十五部一曰大醜皃

煩擾也煩熱頭痛也擾煩也今人用擾攘字古用孃賈誼傳作搶攘莊子在宥作傖囊楚詞作恇攘俗作劻勷皆用叚借字耳今攘行而孃廢矣又按廣韵孃女良切母稱娘亦女良切少女之号唐人此二字分用畫然故耶孃字斷無有作娘者今人乃罕知之矣一曰肥大也方言䑋郭音壤盛也秦晉或曰䑋凡人言盛及其所愛偉其肥晠謂之䑋郭注云肥䑋多肉按肉部旣有䑋字矣此與彼音義皆同也漢書壤子王梁代壤卽䑋孃字从女襄聲女良切十部按前後二義皆當音壤

女黑色也黑部曰黵沃黑色也音同義近从女會聲古外切十五部詩曰嬒兮蔚兮曹風候人文今詩作薈毛傳曰薈蔚雲與皃按艸部既偁薈兮蔚兮矣此或爲三家詩或本作讀若詩曰薈兮蔚兮今有外奪皆未可定也

好皃此謂柔耎之好也補前文諸好所未備从女耎聲形聲中有會意而沇切十四部俗作輭按俗音奴困切又改其字作嫰於形聲無當

諈挐也方言挐揚州會稽之語也或謂之惹或謂之䛳注言諈䛳也又曰諈䛳與也吳越曰諈荊齊曰䛳與猶秦晉言阿與也按㛪䛳同字挐上从如李仁甫本如是廣韵同从女奄聲依劒切八部

過差也差忒者不相值也凡不得其當曰過差亦曰⿰女監今字多以濫爲之商頌不僭不濫傳曰賞不僭刑不濫也左氏曰賞僭則懼及淫人刑濫則懼及善人其字皆可作⿰女監濫行而⿰女監廢矣从女監聲盧瞰切八部論語曰小人窮斯⿰女監矣衞靈公篇文今作濫

侮傷也傷各本作易非是前文曰嫚侮傷也

字與慢別此云嫯侮傷也字與傲別今則傲行而嫯廢矣从女敖聲五到切二部

婬厶逸也厶作私非也今正厶音私姦衺也逸者失也失者縱逸也婬之字今多以淫代之淫行而婬廢矣从女㸒聲余箴切七部

姘除也按詩作之屏之其菑其翳論語曰屏四惡屏皆謂除也依許則屏蔽也姘除也義各有當經傳皆用屏屏行而姘廢矣莊子至貴國爵并焉注并棄除也是又叚并爲之从女并聲普耕切十一部按今屏除之義讀上聲漢律齊民與妻婢姦曰姘此別一義也民各本作人今正高注淮南曰齊民凡人齊於民也禮士有妾庶人不得有妾故平等之民與妻婢私合名之曰姘有罰此姘取合并之義

奸犯婬也此字謂犯姦婬之罪非即姦字也今人用奸爲姦失之引申爲凡有所犯之偁左傳多用此字奸二君有事臣奸旗鼓之類从女干聲形聲中有會意干犯也故字从干古寒切十四部

姅婦人污也謂月事及免身及傷孕皆是也廣韵曰姅傷孕也傷孕者懷子傷也

婦人污也　當從鍇本作婦人污見也

从女半聲博幔切廣韵又普判十四部漢律曰見姅變不得侍祠按見姅變如今俗忌入產婦房也不可以侍祭祀內則曰夫齋則不入側室之門正此意漢律與周禮相爲表裏

娗女出病也按病下當有容字廣雅曰娗娗容也然則謂女出而病容娗娗然也廣韵有娗無婷唐喬知之杜甫詩皆用娉婷字娉婷皆讀平聲疑娗婷同字長好皃从女廷聲徒鼎切十一部

婥女病也廣韵曰婥約美皃此今字今義也从女卓聲奴教切二部廣韵昌約切

娷諉也言部曰諈諉絫也又曰諉絫也按絫者若今言以此累人也娷與諈音義皆同可附見於言部从女垂聲竹恚切十六部

⿰女𡿺有所恨痛也恨者怨也痛者病也从女𡿺省聲形聲中有會意也⿰女𡿺之从𡿺者與思之从囟同意奴晧切古音當在三部俗作𡿺懊𡿺樂府作懊憹今汝南人有所恨言大⿰女𡿺舉方俗殊語爲證

媿慙也慙下曰媿也二篆爲轉注亦考老之例从女鬼

聲俱位切十五部按此亦形聲中有會意　愧媿或从恥省按卽謂从心可也

㚣訟也从二女訟者爭也周易睽傳曰二女同居其志不同行革傳曰二女同居其志不相得此奻从二女之意也女還切十四部

姦ㄙ也ㄙ下曰姦衺也二篆爲轉注引申爲凡姦宄之偁俗作奸其後竟用奸字从三女三女爲殁亦三女爲姦是以君子遠色而貴德古顏切十四部

𢘅古文姦从旱心大徐作从心旱聲

妥安也从爫女妥與安同意說文失此字偏旁用之今補釋詁曰妥安止也又曰妥安坐也此二條略同以止也坐也爲句坐者止也見土部毛詩禮經禮記皆以安坐訓妥禮記詔妥尸古者尸無事則立有事而後坐似爾雅安坐連讀竊謂爾雅妥安坐止四字互訓士虞特牲少牢妥尸皆謂安之使之坐故士虞少牢安之而後坐特牲先坐而後安之若士相見妥而後傳言固卽時然後言易其心而後語之意不必坐而後言也今有理宜敷陳之言豈能待君命席乎故士虞少牢兼安也坐也二義士相見

愧　篆愧从心愧生於心也从心之字多矣何以知女爲从恥省耶所爲从聽者何不可許君之不能類者此數是也　媿不入心部故如此說文自不必拘

安　篆安从爫爫手也勵以女工藝　蓋所謂勞則善心生也

毋　秉女者在室之稱从一者閑之以禮詩其儀一兮是也段補義勝

祇取安義毛詩傳妥安坐也以義必兼坐如肆故今也義得兼故與今若檀弓退然如不勝衣退或爲妥則二字雙聲妥與蜕脫毻聲義皆近如花妥爲花落凡物落必安止於地也知妥與安同意者安女居於室妥女近於手好女與子妃皆以男女人之大欲存焉故从之會意他果切十七部綏以爲聲

文二百三十八三小徐作五今增妥　重十四

毋　止之詈也詈依禮記釋文補詈者意內而言外也其意禁止其言曰毋也古通用無詩書皆用無士昏禮夙夜毋違命注曰古文毋爲無是古文禮作無今文禮作毋也漢人多用毋故小戴禮記今文尚書皆用毋史記則竟用毋爲有無字○又按詩毋教猱升木字作毋鄭箋毋禁辭　从女一一會意武扶切五部　女有姦之者一禁止之令勿姦也各本但有从女有奸之者六字今補十字禁止之令勿姦此說从一之意毋與乍同意乍下云止也从亡一一有所礙之也然則毋下亦當从女一一有所礙之其義可

互證曲禮釋文大禹謨正義皆引說文云其字从女內有一畫象有姦之形禁止之勿令姦古人云毋猶今人言莫也此以己意增改而失許意葢許以禁止令勿姦說从一陸孔以有姦之者說从一不知女有姦之者五字爲从一以禁止張本唐人之增改今本之奪落皆繆而唐本可摘以正今本

凡毋之屬皆从毋

毐 **士之無行者** 各本作人無行也今依顏氏五行志注所引正士之無行者故其字从士毋古多叚毋爲有無字毋卽無婁之訓空也亦从毋會意毐之本義如此非爲嫪毐造此字也 **从士毋** 會意 **賈侍中說** 按此四字當上屬讀之今人下屬讀之非也 **秦始皇母與嫪毐婬** 舊从水旁今正 **坐誅故世罵婬曰嫪毐** 此舉無行之極者爲證事詳史記但據師古五行志注云摎毐許愼作嫪毐與今史記漢書本不同摎當依本字讀居虯反然則許自作嫪史漢自作摎今本史漢改同許作嫪非古也其人本姓邯鄲摎氏之摎摎力周居由二切許云罵之之詈則無怪乎取其姓同音之字改爲嫪嫪之本音亦力周切也

嫪者婟也。今俗謂婦人所私之人爲婟嫪，乃古語也。**讀若娭。**依許，許其切。今過在切，廣韵又音哀，音之變也。一部。

文二

民　眾萌也。萌，古本皆不誤，毛本作氓，非。古謂民曰萌，漢人所用不可枚數。今周禮以興耡利甿，許耒部引以興耡利萌。愚謂鄭本亦作萌，故注云變民言萌，異外內也。萌猶懵懵無知皃也。鄭本亦斷非甿字。大氐漢人萌字，淺人多改爲氓，如周禮音義此節摘致氓是也；繼又改氓爲甿，則今之周禮是也。說詳漢讀攷。民萌異者，析之也；以萌釋民者，渾言之也。**从古文之象。**仿佛古文之體，少整齊之也。凡許書有从古文之形者四，曰革、曰弟、曰民、曰酉。說見革下。彌鄰切。十二部。**凡民之屬皆从民。**

民　古文民。蓋象萌生緐廡之形。

氓　民也。詩氓之蚩蚩，傳曰：氓，民也。方言亦曰：氓，民也。孟子：則天下之民皆悅而願爲之

氓矣趙注氓者謂其民也按此則氓與民小別蓋自他歸往之民則謂之氓故字从民亡　**从民亡聲讀若盲**　武庚切古音在十部

文二　重一

丿　又戾也象ナ引之形　又ナ各本作右左今正戾者曲也右戾者自右而曲於左也故其字象自左方引之丿音義略同擎書家八法謂之掠房密切又匹蔑切十五部　**凡丿之屬皆从丿**

乂　芟艸也　艸部曰芟乂艸也二篆爲轉注周南曰是刈是濩周頌曰奄觀銍艾艾者乂之叚借字銍者所以乂也禾部曰穫乂穀也是則芟艸穫穀總謂之乂鄭箋詩云芟末曰艾刀部有劒金部有鎌有鍥所以芟艸也銍則穫禾短鎌也引申之乂訓治也見諸經傳許辟部云嬖治也引唐書有能俾嬖則嬖爲正字　**从丿乀相交**　象左右去之會意也魚廢切十五部

刈　乂或从刀　乂者必用鉤鎌之屬也

弗 矯也 矯各本作撟今正撟者舉手也引申爲高舉之用矯者揉箭箝也引申爲矯拂之用今人不能辯者久矣弗之訓矯也今人矯弗皆作拂而用弗爲不其誤葢亦久矣公羊傳曰弗者不之深也固是矯義凡經傳言不者其文直言弗者其文曲如春秋公孫敖如京師不至而復晉人納捷菑于邾弗克納弗與不之異也禮記雖有嘉肴弗食不知其旨也雖有至道弗學不知其善也弗與不不可互易 从丿乀 丿乀皆有矯意 从韋省 韋者相背也故取以會意謂或左或右皆背而矯之也分勿切十五部

乀 丿戾也从反丿讀與弗同 自左而曲於右故其字象自右方引之乀音義略同拂書家八法謂之磔分勿切十五部或問乀篆何以不次乂弗之前也曰此以丿爲部首故必从丿字列畢而後列反背之形乂弗皆系之从丿也

文四　重一

厂 抴也 抴者捈也捈者臥引也臥引者橫引之 明也 此義未聞 象抴引之形 依此

則明也當爲衍文余制切十六部

凡丿之屬皆从丿虒字从此

按虒字从虎而以爲聲又若系从系丿聲寫者短之乃與右戾之丿相溷曳字从申丿聲寫者亦不察皆當改正者也

弋 橜也

木部橜下曰弋也二篆爲轉注爾雅曰橜謂之杙按俗用杙爲弋顧用弋爲隿射字其誤久矣杙者劉劉杙也不爲橜弋字弋象形故不从木也

象折木衺銳著形

著各本作著不可通今正古箸與者無二字箸即者字折木之衺銳者爲橜故上體象其衺銳

丿象物挂之也

凡用橜者爲有所表識所謂楬橜也故有物挂之又若舟之牂牁亦是所以系舟也故用丿爲合體之象形與職切一部

文二

乀 流也从反丿讀若移

移从多聲在十七部亦用於十六部乀與丿古音同在十六部也弋支切

凡乀之屬皆从乀

也 女侌也

此篆女陰是本義叚借爲語䛐本無可疑

跋 玉篇㧊身兒虒身字从此廣韻丿施明也又丿身兒蓋說文玉篇原稿皆有衍誤玉篇㧊字即廣韻施字之誤虒下衍身字廣韻則衍明也又亡字說文脫施字又誤㫋爲明施身字兒後我字解云施身自謂也我之爲義轉爲吾予爲慢故解爲施身自謂此丿字解施身者施猶弛也蓋踐倚其形體故云象抴引之形

者而淺人妄疑之許在當時必有所受之不容以少見多怪之心測之也**从乀象形乀亦聲**按小徐有乀聲二字無从乀二字依例則當云从乀故又補三字从乀者流也乀亦聲故其字在十六十七部之閒也余者切玉篇余爾切

秦刻石也字秦始皇本紀二世元年皇帝曰金石刻盡始皇帝所爲也今襲號而金石刻辭不稱始皇帝其於久遠也如後嗣爲之者不稱成功盛德顏氏家訓載開皇二年長安掘得秦鐵稱權有鐫銘與史記合其於久遠也也字正作乜俗本譌作世薛尚功歷代鐘鼎款識載秦權一秦斤一文與家訓大同而權作乜斤作殹又知也殹通用鄭樵謂秦以殹爲也之證也殹莾與兮同兮也古通故毛詩兮也二字他書所稱或互易石鼓汧殹沔沔汧殹卽汧兮

文二　重一

巴蜀名山岸脅之自旁箸欲落嶞者曰氏十六字爲一句此謂

巴蜀方語也𠂤大徐無小徐作堆俗字耳今正𠂤小𠂤也箸直略切小𠂤之旁箸於山岸脅而狀欲落墮者曰氏其字亦作坁亦作阺𠂤部曰秦謂陵阪曰阺阺與氏音義皆同楊雄解嘲曰響若坁隤應劭曰天水有大坂名曰隴坁其山堆傍箸崩落作聲聞數百里故曰坁隤韋昭曰坁音若是理之是以上見文選注今本漢書作阺隤師古曰阺音氏巴蜀名山旁堆欲墮落曰氏應劭以爲天水隴氏失之矣氏音丁禮反玉裁按顏說殊非古隴阺亦作隴坁與巴蜀之氏形小異而音義皆同阺坁字同氏聲或从氏聲而丁禮切者字之誤也劉逵注吳都賦坁頹曰天水之大阪名曰隴坁因爲隴坁之曲說與應仲遠同坁韋音是阺顏音氏皆不誤攷氏亦作是見夏書禹貢曰西頃因桓是來鄭注云桓是隴阪名其道般桓旋曲而上故曰桓是今其下民謂阪爲是句絕謂曲爲桓也各本誤今校訂如此據此則桓是今卽隴阺亦可作隴氏昭昭然矣古經傳氏與是多通用大戴禮昆吾者衞氏也以下六氏字皆是之叚借而漢書漢碑叚氏爲是不可枚數故知姓氏之字本當作是叚借氏字爲之人第習而不察耳姓者統於上者也氏者別於下

者也是者分別之詈也其字本作是漢碑尙有云姓某是者今乃專爲姓氏字而氏之本義惟許言之淺人以爲新奇之說矣**氏崩聲聞數百里象形**謂𠂤象傍於山脅也氏之附於姓者類此**乀聲**乀讀若移氏篇韵皆承紙切十六部大徐承旨切非也**凡氏之屬皆从氏楊雄賦響若氏隤**

氐丅木本也木部曰木下曰本本亦曰氐氐者言其厥然大也古多用橜弋字爲之列子曰吾處也若橜株駒株駒木椙也殷敬順曰橜說文作身按玉篇亦作身隸變也**从氏丅本大於末也**各本無下本二字小徐作从氏而大於末也亦誤今正从氏下者氏猶是謂此木之下下者木本也木榦大於上體故製其字从氏下**讀若厥**居月切十五部

文二

氐至也氐之言抵也凡言大氐猶大都也**本也**小徐本有此二字氐爲本故柢以會意國語曰

天桯見而水涸韋曰天桯亢氐之間从氏下箸一箸直略切會意也許書無低字底一曰下也而昏解云从日氐省氐者下也是許說氐爲高低字也廣韵都奚切玉篇丁兮切十五部大徐丁禮切一逗地也一之用甚多故每分別解之凡氐之屬皆从氐

□臥也按篇韵皆音印叉音致仆也疑認爲氐聲而易其音耳从氐垔聲於進切十三部

□觸也廣韵陟栗切手拔物也从氐失聲徒結切十二部

□闕小徐作家本無注鍇云一本無此篆此云家本無注疑許沖之言也按廣雅釋詁云□誤也曹憲乎孝反然則其字从氐學省聲形音義皆可攷篇韵音晧古音在三部

文四

□平頭戟也攷工記冶氏爲戈廣二寸內倍之胡三之援四之倨句外博重三鋝鄭曰戈今句孑戟也或謂之雞鳴或謂之擁頸內謂胡以內接柲者也長四寸胡六寸援八寸戈句兵也主於胡也俗謂之曼胡以

此鄭司農云援直刃也胡其孑按依先鄭戈有直刃則非平頭也宋黃氏伯思始疑鄭注近程氏瑤田攷戈刃如劒橫出而稍倨所謂援八寸也援之下近柲爲胡連上爲刃所謂胡六寸也其橫毋於柲而外出者凡四寸所謂內倍之也戈戟之金非冒於柲之首皆爲之內橫毋外出且於胡之近柲處爲三孔纏縛於柲以固之古戈戟時有存者覈之可知也說詳通藝錄按許說戈爲平頭戟从弋以一象之然則戈刃之橫出無疑也橫出故謂之援援引也凡言援者皆謂橫引之直上者不曰援也且戈戟皆句兵矛刺兵殳毄兵殳嫥於毄者也矛嫥於刺者也戟者兼刺與句者也戈者兼句與毄者也用其橫刃則爲句兵用橫刃之喙以啄人則爲毄兵毄與句相因爲用故左氏多言戈擊若晉中行獻子夢厲公以戈擊之齊王何以戈擊子之解其左肩鄭子南逐子晳擊之以戈衞齊氏用戈擊公孟公魯以背蔽之斷肱以中公孟之肩魯昭公將以戈擊僚柤楚盜以戈擊昭王王孫由余以背受之中肩越靈姑浮以戈擊闔廬傷將指齊簡公執戈將擊陳成子衞石乞孟黶敵子路以戈擊之斷纓皆言擊不言刺惟盧蒲癸以寢

戈自後刺子之言刺蓋癸與王何同用戈癸逼近子之故
言刺王何去子之稍遠故言擊且二人一在後一在前相
爲掎角也若長狄僑如魯富父終甥摏其喉以戈殺之由
長狄長三丈既獲之不能殺之故自下企上以舂其喉也
自下舂其喉計長狄長不過二丈容既獲之後身橫於地
而殺之摏亦擊也方言曰戈楚謂之釨凡戟而無刃秦晉
之閒謂之釨或謂之鏔吳揚之閒謂之戈東齊秦晉之閒
謂其大者曰鏝胡其曲者謂之鉤釨鏝胡方言釨鉤鏝字
皆轉寫譌俗古祇作句子曼云無刃者謂無直刃也云句
子者謂其爲句兵取義於無右臂之子也云曼胡者取義
於曲處如顧領之肥大也詳釋鄭
注本無不同所引先鄭乃不可從**从弋**謂秘長六尺六寸**一衡之**
象形衡各本作橫依許全書例正弋之首一橫之而已
矣先鄭云援爲直刃胡其子非也古禾切十七部**凡**
戈之屬皆从戈
肈上諱按許原書無篆體但言上諱後
人乃補此篆說詳示部上諱者
漢和帝諱也後漢書作肇李賢引伏無忌古今注曰肇之
字曰始音兆許愼說文肇音大小反上諱也伏許竝漢時

人而帝諱不同葢應別有所據玉裁按古有肇無肈从戈之肈漢碑或从殳俗乃从攵作肇而淺人以竄入許書攴部中玉篇曰肇俗肈字五經文字戈部曰肈作肇訛廣韵有肈無肇伏侯作古今注時斷無从攵之肇李賢注後漢書亦斷不至認肈肇爲二字葢伏侯作犀與許作肈不同和帝命名之義取始犀者始開也引申爲凡始故伏云諱犀而易之之字作始實則漢人犀字不行祇用肈字訓始如詩生民傳夏小正傳可證外閒所諱者肈也故許云諱肈此則伏許不同之由章懷之所疑而今日後漢書正文作肈譌也李舟切韵云肈擊也其字从戈犀聲形音義皆合直小切許諱其字故不爲之解今經典肈字俗譌从攵不可不正攴部妄竄之肇今已芟去

戟　有枝兵也　戈兵者械也枝者木別生條也戟爲有枝之兵則非若戈之平頭而亦非直刃似木枝之衺出也戈刃之倨句平而稍侈故曰外博戟則大侈倨句一矩有半故可刺可句攷工記冶氏戟廣寸有半寸內三之胡四之援五之倨句中矩與刺重三鋝鄭曰戟今三鋒戟也內長四寸半胡長六寸援長七寸半三鋒者胡直中矩言正方也鄭司

農云刺謂援也元謂刺者箸柲直前如鐏者也戟胡橫貫之胡中矩則援之外句磬折與通藝錄曰內三之謂戟柄橫出柲外者四寸有半也胡四之謂上連刃直而下垂者長六寸也援五之謂褏上之刃長七寸半也刺者謂橫出之內有鋒也倨句中矩者謂刺橫胡直正方之形也不言援之倨句言刺之倨句者戟爲句兵中矩者主於句也據二儀寶錄雙枝爲戟獨枝爲戈以爲證說與鄭注大乖異然恐程說近是方言匽戟廣雅作偃戟偃者仰也據褏上之刃名之也周禮棘門明堂位越棘大弓左傳子都拔棘以逐之棘皆訓戟棘者刺也戟有刺故名之曰棘褏者爲援則橫者爲棘爲刺也張揖注子虛賦曰雄戟胡中有鮔者鮔同歫也蓋於直垂之胡之中爲橫出者是曰鮔鮔亦有鋒故方言三刃枝郭注云今戟胡今鉤孑戟中有小子刺者所謂雄戟也然則合援與刺與鮔是爲三刃枝鄭所謂三鋒戟者又不如是古制茫昧難知但曰援者斷非直刃凡左傳言公戟其手詩毛傳言拮据戟挶也許書言挶戟持也据戟挶也史言須髯如戟皆取褏出不取直上是則信而有徵耳方言曰戟無刃吳楊之閒謂之戈然則戟者戈之

有刃者也戟亦非直刃謂之有刃者何其刃幾於直也少儀曰戈有刃者櫝戈之分別有刃無刃古矣左傳狂狡輅鄭人鄭人入於井倒戟而出之獲狂狡此用援刺鄭人不中鄭人攀柲刺而上也或以戟鉤欒欒斷肘而死則援與刺皆兼鉤刺之用矣靈輒倒戟以禦公徒而免趙盾此主於用援也許云有枝兵者援刺皆得云枝 **从戈倝省** 省作聲者誤今依徐鍇正从倝猶从弋謂柲長丈有六尺也从戈者其器戈之屬也紀逆切按大徐有讀若棘三字非也釋名戟格也傍有枝格也古音秦風與澤作爲韵古音在五部讀如腳 **周禮戟長丈六尺** 攷工記曰車戟常

戛 戟也 廣雅曰戛戟也本此西京賦立戈迆戛薛解云戈謂句孑戟也戛長孑也與許不合康誥不率大戛釋詁戛常也此謂戛同楷臯陶暮戛擊鳴球明堂位作揩擊揚雄賦作拮隔此謂戛同扴皆六書中之叚借 **从戈百** 百者頭也謂戟之頭略同戈頭也會意古黠切十五部 **讀若棘** 按棘在一部相去甚遠疑本作讀若孑而誤○戟戛二篆與戈篆同類立文本相連惟因上諱之字例必部首以下

十二篇下　三

第一字出之故使戈戟二篆相隔各本乃又移戎戣於三篆於戟前非也今正

戎 兵也 兵者械也月令乃教於田獵以習五戎注五戎謂五兵弓矢殳矛戈戟也按周禮司兵掌五兵鄭司農云戈殳戟酋矛夷矛後鄭云此車之五兵也步卒之五兵則無夷矛而有弓矢兵之引申爲車卒步卒故戎之引申亦爲卒旅兵可相助故引申之義小雅烝也無戎傳曰戎相也又引申爲戎狄之戎又民勞傳戎大也方言戎大也宋魯陳衛之閒語又鄭詩箋云戎猶女也猶之云者以戎汝雙聲而通之也戎有讀若汝者常武之詩是也又有讀若㭜者常棣之詩是也 从戈甲 金部曰鎧者甲也甲亦兵之類故从戈甲會意如融切九部 𠇚古文甲字 日部早篆下及此小徐皆有此五字大徐皆删之由古文甲小篆甲所異甚微故也漢隸書早字平頭如小篆本平頭古文乃出頭作𠇚轉寫既久惑不能別於日部及此删去五字於甲篆則用出頭者爲小篆別取汗簡所載異體爲古文皆非也今一一正之

戣 周制侍臣執戣立於東垂兵也 見周書顧命某氏傳曰戣

瞿皆戟屬鄭云戣瞿葢今三鋒矛王肅則曰皆平器之名許不言何兵略同子雍也**从戈癸聲**渠追切十五部

𢧀　盾也盾下曰瞂也按瞂字必淺人所改循全書之例必當云𢧀也二篆爲轉注淺人不識𢧀爲干戈字讀侯旰切乃改爲瞂瞂見毛詩非常語不當以瞂釋盾干戈字本作𢧀干犯也𢧀盾也俗多用干代𢧀干行而𢧀廢矣方言盾自關而東或謂之瞂或謂之干關西謂之盾孔安國論語注云干盾也𢧀本讀如干淺人以其旱聲乃讀與敦同而不知旱敦𢧀等字古音皆讀同干也毛詩兎罝采芑傳云干扞也謂干爲扞之叚借干非不可去聲**从戈旱聲**玉篇廣韵皆云𢧀盾古寒切廣韵廿八翰未嘗出𢧀字是依唐韵不誤者也不知大徐侯旰切用何等唐韵耳十四部

賊　敗也敗者毀也毀者缺也左傳周公作誓命曰毀則爲賊又叔向曰殺人不忌爲賊**从戈則聲**此云則聲貝部又云敗賊皆从貝會意據从貝會意之云是賊字爲用戈若刀毀貝會意而非形聲也說稍不同以周公誓命言則用戈毀則正合會意昨則切一部今字从戎作賊

戍

守邊也春秋曰公子買戍衞从人持戈會意傷遇切按古音讀如歜在三部四部衞公叔戍世本作朱古音朱讀如州

戰鬥也鬥各本作鬭今正鬥者兩士相對兵杖在後也左傳曰皆陳曰戰戰者聖人所慎也故引申爲戰懼从戈單聲之扇切十四部

戲三軍之偏也偏若先偏後伍偏爲前拒之偏謂軍所駐之一面也史漢項羽紀高帝紀皆曰諸侯罷戲下各就國師古曰戲軍之旗也音許宜反亦讀曰麾又竇田灌韓傳灌夫率壯士兩人及從奴十餘騎馳入吳軍至戲下所殺傷數十人師古曰戲大將之麾也讀與麾同又音許宜反按顏說必本舊音義似與許說小異然相去不遠度舊音義必有用許說者矣一曰兵也一說謂兵械之名也引申之爲戲豫爲戲謔以兵杖可玩弄也可相鬥也故相狎亦曰戲謔大雅毛傳曰戲豫逸豫也从戈䖒聲香義切古音葢在十七部讀如麾䖒从豆从虍鬳从高从虍虍皆謂器之飾非聲也

戜利也利者銛也一曰剔也剔當作鬄詳髟部从戈呈聲徒結切按

呈聲當在十一部而大部𢧵金部鐵遞用爲聲則十一部十二部合音冣近之理也山海經戜國戜民國今譌作載

或　**邦也**　邑部曰邦者國也葢或國在周時爲古今字古文祇有或字既乃復製國字以凡人各有所守皆得謂之或各守其守不能不相疑故孔子曰或之者疑之也而封建日廣以爲凡人所守之或字未足盡之乃又加口而爲國又加心爲惑以爲疑惑當別於或此孳乳寖多之理也既有國字則國訓邦而或但訓有漢人多以有釋或毛公之傳詩商頌也曰域有也傳大雅也曰囿所以域養禽獸也域卽或攷工記梓人注或有也小雅天保箋鄭論語注皆云或之言有也高誘注淮南屢言或有也毛詩九有韓詩作九域緯書作九囿葢有古音如以或古音同域相爲平入　**从口**　羽非切　**戈以守其一**　从三字會意于逼切廣韵分域切雨逼或切胡國非也一部　**一**　逗　**地也**　解从一之意

域　**或或从土**　既从口从一矣又从土是爲後起之俗字

截　**斷也**　斤部曰斷者截也二篆爲轉注商頌九有有截箋云九州齊壹截然大雅截彼淮浦傳云

十二篇下　三七

戩治也

从戈雀聲 昨結切。十五部。按雀聲在二部，於古音不合。葢當於雙聲合韻求之。

殺也 殺者，戮也。按漢魏六朝人𢦟堪戡龕四字不甚區別。左傳王心弗堪，漢五行志作王心弗𢦟。勝也。从戈今聲 口含切。古音在七部。商書曰：西伯旣𢦟黎 西伯戡黎文。今作戡黎。許所據作𢦟。黎，邑部𨛦下又引西伯戡𨛦，其乖異或因古文今文不同與。爾雅曰：堪，勝也。郭注引書西伯堪黎。葢訓勝則堪爲正字，或叚𢦟，或叚戡，又或叚龕，皆以同音爲之也。

戕 槍也 槍者，歫也。歫謂相抵爲害。小雅曰：子不戕。傳曰：戕，殘也。此戕之正義。下又稱左氏例，爲別一義。它國臣來弒君曰戕 春秋宣十八年，邾人戕鄫子於鄫。左氏傳曰：凡自虐其君曰弒，唐石經作凡自內虐。自外曰戕。賈注：邾使大夫往殘賊之。按襄卅一年左傳曰：閽戕戴吳。閽，越俘也。戴吳，吳餘祭也。故亦曰戕。从戈爿聲 在良切。十部。

戮 殺也 殺下曰戮也。二篆爲轉注。古文或叚翏爲之。又戮力字亦叚戮爲勠。从戈翏聲 力六切。三部。

戡 刺也 刺者，直傷也。平

直皆得云刺經史多段此爲堪勝字从戈甚聲竹甚口含二切按竹甚古音也七部

戭長槍也槍者歫也謂以長物相刺通俗文曰剡木傷盜曰槍按槍非古兵器戭亦非器名取槍歫之義耳今之用金曰槍者則古之矛也故戭字廁於此不與器物爲伍从戈寅聲弋刃以淺二切按刃當作忍弋忍古音也十二部春秋傳有檮戭高陽氏才子八愷之一也見左傳文十八年漢書作歞集韵無歞

𢦏傷也傷者刅也此篆與烖菑音同而義相近謂受刅也从戈才聲祖才切一部凡烖載戴之類以爲聲

戩⊖滅也滅者盡也盡之義兼美惡故滅之義亦兼美惡凡盡皆得云滅亦皆得云戩也天保曰俾爾戩穀朱子曰戩盡也穀善也此注甚合古義爾雅履戩祓福也此謂樛木之福履天保之戩穀卷阿之祓祿皆得訓福履本不訓福與福連文則可訓福矣戩祓本不訓福與穀祿連文則亦可訓福矣皆於网字摘一字以釋网字之義毛公仍之曰戩福也而履祿也茀小也則不相襲矣古人之文貴善讀之所謂不以文害辭不以辭

害志許於戩不襲爾雅毛傳斯善讀爾雅毛傳者也今之能善讀者蓋尟矣**从戈晉聲**即淺切古音在十二部讀如藎**詩曰實始戩商**魯頌閟宮文今詩作翦按此引詩說叚借也毛傳曰翦齊也許刀部曰𠝣齊斷也𠝣之字多叚翦爲之翦即𠝣戩者𠝣之叚借毛云𠝣齊也者謂周至於大王規模氣象始大可與商國竝立故曰齊緜詩古公以下七章是也非翦伐之謂若不通毛傳許書之例竟謂大王滅商豈不事辭俱窒礙乎毛意謂戩即𠝣許說其本義以明轉注復引詩字以明叚借㒳公之例皆尋繹全書而可得不則以文害辭謂大王有翦商之志矣夫詩明言翦商而見大王之德盛後儒言有翦商之志而大王之心遂不可問嗚呼是非不知訓詁之禍也哉

㦰絕也絕者刀斷絲也引申爲凡斷之稱斷之亦曰㦰與韱義相近**从从持戈**二人持戈會意**一曰田器古文**一說謂田器字之古文如此作也田器字見於全書者銛鈂鈐鎌皆田器與㦰同音部未宷爲何字之古文疑銛字近之此如銚本田器斗部作斛云出爾雅古一字不

陧一體也讀若咸一曰讀若詩攕攕女手咸攕古音皆在七部

𢧜楚莊王曰莊上諱也不當用古莊壯通用謚法固取壯非取艸周書兵甲亟作莊睿圉克服莊勝敵志強莊武而不遂莊皆壯字也後人以莊代之耳此莊王必本作壯若諱莊之字曰嚴乃漢法許則從左氏古文典下云莊都說亦當作壯晉語有壯馳茲蓋古姓本作壯後乃盡改爲莊夫武定功戢兵故止戈爲武宣十二年左傳文此檃栝楚莊王語以解武義莊王曰於文止戈爲武是倉頡所造古文也祇取定功戢兵者以合於止戈之義也文之會意已明故不言从止戈文甫切五部大雅履帝武敏傳曰武迹也此武之別一義也

戢藏兵也周頌時邁曰載戢干戈載櫜弓矢傳曰戢聚也櫜韜也聚與藏義相成聚而藏之也戢與輯音同輯者車輿也可聚諸物故毛訓戢爲聚周南傳亦云揖揖會聚也周語夫兵戢而時動動則威觀則玩玩則無震戢與觀正相對故許易毛曰藏以其字从戈故曰藏兵从戈咠聲阻立切七部詩曰載

戠 **闕。从戈从音。**大徐如此。小徐無从戈从音，有職從此古職字古之職役皆執干戈十四字。葢後人箋記之語，非許語也。其義其音皆葢闕矣。攷周易朋盍簪，虞翻本簪作戠，云戠，聚會也。舊讀作撍，作宗。釋文云：荀作撍，京作宗，陰宏道云：張揖字詁庚撍同字。按此戠當以音爲聲，故與朁聲疌聲爲伍。然尚書厥土赤埴，古文作赤戠，是戠固在古音弟一部也。一部内意亦从音，音未必非聲，葢七部與一部合韵之理。之弋切。一部。

戔 **賊也。**此與殘音義皆同，故殘用以會意。今則殘行而戔廢矣。篇韵皆云傷也。殘與𣧑通，故周禮注曰：雖其潘瀾戔餘，不可褻也。周易束帛戔戔，子夏傳作殘殘，皆𣧑餘之意也。**从二戈。**會意。昨干切。十四部。**周書曰：戔戔**句絕。周書秦誓文也。今書戩戩善諞言，言部引之，古文尚書也。此稱戔戔，戩戩之異文，今文尚書也。春秋公羊傳曰：惟諓諓善竫言，俾君子易怠。劉向九歎曰：讒人諓諓孰可愬兮。王逸注引書諓諓靖言。漢書李尋傳曰：昔秦穆公說諓諓之言，任仡仡之勇。諓即戔。許作戔爲本字，他家作諓，加之言旁也。**巧言也。**

也字今補按公羊音義引賈逵外傳注曰諓諓巧言也許正用侍中說釋戔戔與上賊義少別此正如圛訓回行而引洪範曰圛釋之曰升雲半有半無也坙訓以土增大道而引堯典堲讒說釋之曰疾惡也皆是一例或本稱戔戔竫言又曰戔戔巧言也轉寫有奪文未可定耳

文二十六　重一

戉　大斧也一本奪大字非斧所以斫也从戈𠄌聲王伐切十五部俗多金旁作鉞司馬灋曰夏執元戉殷執白戚周左杖黃戉又把白髦周書坶誓作秉白旄此作把白髦者蓋司馬法之文有不同也毛詩傳曰秉把也手部曰把握也髦者旄之叚借字凡戉之屬皆从戉

戚　戉也大雅曰干戈戚揚傳云戚斧也揚鉞也依毛傳戚小於戉揚乃得戉名左傳戚鉞秬鬯文公受之戚鉞亦分二物許則渾言之耳戚之引伸之義爲促迫而古書用戚者俗多改爲慼試

思親戚亦取切近爲言非有異義也大雅戚戚兄弟傳曰戚戚內相親也小雅戚戚靡所逞箋云戚戚縮小之貌其義本相通而淺人於節南山必易其形與音矣戚訓促迫故又引申訓憂小明自詒伊戚傳曰戚憂也度古衹有戚後乃別製慽字 从戉尗聲 倉歷切古音在三部

文二

我 施身自謂也 不但云自謂而云施身自謂者取施與我古爲疊韵施讀施捨之施謂用己廁於衆中而自稱則爲我也施者旗貌也引申爲施捨者取義於旗流下垂也釋詁曰卬吾台予朕身甫余言我也又曰朕予躬身也又曰台朕賚畀卜陽予也或以賚畀卜予不同義愚謂有我則必及人故賚畀卜亦在施身自謂之內也口部曰吾我自稱也女部曰姎女人自稱姎我也毛詩傳曰言我也卬我也論語二句而我吾互用毛詩一句而卬我襍稱葢同一我義而語音輕重緩急不同施之於文若自其口出 或說我 逗 頃頓也 謂傾

或說我頃頓也　案我頃卽俄頃　公羊桓二年傳注俄頃須臾之間創得之時頃也　玉篇俄頃須臾也　段以我字逗頃頓連文恐非
義　从我从羊　案詩傳義善也　疑當从善省从我　我亦聲

側也頃頭不正也頓下首也故引申爲頃側之意賓筵側弁之俄箋云俄傾貌人部曰俄頃也然則古文以我爲俄也古文叚借如此

从戈手合二成字不能定其會意形聲者以手字不定爲何字也五可切十七部**手古文垂也**垂當作𠂹𠂹垂在十七部然則我以爲形聲也**一曰古文殺字**我从殺則非形聲會意亦難說也殺篆下載古文三有一略相似者**凡我之屬皆从我□古文我**

義己之威義也言己者以字之从我也己中宮象人腹故謂身曰己義各本作儀今正古者威儀字作義今仁義字用之儀者度也今威儀字用之誼者人所宜也今情誼字用之鄭司農注周禮肆師古者書儀但爲義今時所謂義爲誼是謂義爲古文威儀字誼爲古文仁義字故許各仍古訓而訓儀爲度凡儀象儀匹引申於此非威儀字也古經轉寫既久肴襍難辨據鄭許之言可以知其意威義古分言之者如北宮文子云有威而可畏謂之威有儀而可象謂之義詩言令義令色無非無義是也威義連文不分者則隨處而是但今無不作儀矣毛

詩威義棣棣不可選也傳曰君子望之儼然可畏禮容俯仰各有宜耳棣棣富而閑習也不可選物有其容不可數也義之本訓謂禮容各得其宜禮容得宜則善矣故文王我將毛傳皆曰義善也引申之訓也**从我从羊**威儀出於己故从我董子曰仁者人也義者我也謂仁必及人義必由中斷制也从羊者與善美同意宜寄切古音在十七部

羛墨翟書義从弗墨翟書藝文志所謂墨子七十一篇也今存者五十三篇羛無作羛者葢歲久無存焉爾从弗者葢取矯弗合宜之意**魏郡有羛陽鄉讀若錡**此以地名證羛字又箸其方音也凡古地名多依含俗方語如蓮勺呼輦酌卑水呼班水鮦陽呼紂陽大末呼闥末剡呼舌剡反鄮呼蹢躅之蹢曲逆呼去遇如是者不可枚數羛陽讀若錡同也然注家皆讀羛陽虛宜切與錡音稍不同也**今屬鄴本內黃北二十里鄉也**按此十二字乃後人箋記之語非許語也鄴內黃皆魏郡屬縣羛陽鄉本在內黃北二十里司馬紹統郡國志曰魏郡內黃有羛陽聚劉注世祖破五校處光武紀大破

五校於蒹陽降之李注蒹陽聚屬魏郡故城在今相州堯城縣東諸本有作蒹者誤也左傳晉荀盈如齊逆女還卒於戲陽杜注內黃縣北有戲陽城按漢晉皆在內黃北魏地形志無內黃縣當是併於鄴則蒹陽亦在鄴矣故知必後人箋記語也戲蒹音同許宜反左氏傳有戲陽遬則戲陽又爲氏姓

文二　重二

亅　**鉤逆者謂之亅**　鉤者曲金也司馬相如列傳猶時有銜橜之變集解引徐廣云鉤逆者謂之橜索隱引周遷輿服志云鉤逆者爲橜皆謂橜爲亅之叚借字也清道而行中路而馳斷無枯木朽株之難故知必謂鉤也　**象形**　象鉤自下逆上之形玉篇引說文衢月切大徐同十五部　**凡亅之屬皆从亅**

讀若橜

乚　**鉤識也**　鉤識者用鉤表識其處也褚先生補滑稽傳東方朔上書凡用三千奏牘人主從上方讀之止輒乙其處二月乃盡此非甲乙字乃正乚字也今人讀書有所鉤勒即此內則魚去乙鄭曰乙

魚體中害人者名也今東海鰫魚有骨名乙在目狀如篆乙食之鯁人不可出此亦非甲乙字乃狀如篆乚也魚腸名乙耳不當別有乙也戉斧之字从乚爲聲 **从反亅讀若㝃** 大徐作讀若捕鳥罬玉篇引說文居月切大徐同十五部

文二

珡　禁也 禁者吉凶之忌也引申爲禁止白虎通曰琴禁也以禁止淫邪正人心也此疊韵爲訓 **神農所作** 世本文也宋書樂志曰琴馬融笛賦云宓羲造世本云神農所造也瑟馬融笛賦云神農造世本云宓羲所造也按風俗通廣雅皆同世本季長說誤山海經郭傳引世本伏羲作琴神農作瑟恐系轉寫外錯 **洞越** 句 **練朱五弦** 洞當作迵迵者通達也越謂琴瑟底之孔迵孔者琴腹中空而爲二孔通達也越音活或作趏練朱五紘者虞書傳曰古者帝王升歌清廟之樂大琴練弦葢練者其質朱者其色鄭注樂記清廟之瑟

朱弦云練朱弦也練則聲濁五者初制琴之弦數周時加二弦文王武王各加一弦象形象其首身尾也上圓下方故象其圓巨今切七部凡珡之屬皆从珡𤪧古文珡从金以金形聲字也今人所用琴字乃上从小篆下作今聲

瑟庖犧所作弦樂也弦樂猶磬曰石樂清廟之瑟亦練朱弦凡弦樂以絲爲之象弓弦故曰弦淇奧傳曰瑟矜莊皃旱麓箋曰瑟絜鮮皃皆因聲叚借也瑟之言肅也楚辭言秋氣蕭瑟从珡琴之屬故从琴必聲所櫛切十二部𤦪古文瑟玩古文琴瑟二字似先造瑟字而琴从之

文二　重二

乚匿也匿者亡也象迟曲隱蔽形迟曲見辵部隱蔽見𨸏部象逃亡者自藏之狀也凡乚之屬皆从乚讀若隱於謹切十三部

直正見也左傳曰正直爲正正

直　案聖人既竭目力焉繼之以規矩準繩以爲方圓平直不可勝用也直从十取文午平直之形乚即矩也从目視之乚音隱即隱栝意惟木隨繩則正故古文𣓌从木亦正見者如今人以目切物察其直否是也

曲爲直其引申之義也見之審則必能矯其枉故曰正曲爲直**从十目乚**謂以十目視乚乚者無所逃也三字會意除力切一部今隸作直

古文直或从木如此囧猶目也从木者木從繩則正

文二　重一

逃也逃者亡也二篆爲轉注亡之本義爲逃今人但謂亡爲死非也引申之則謂失爲亡亦謂死爲亡孝子不忍死其親但疑親之出亡耳故喪篆从哭亡亦叚爲有無之無雙聲相借也**从入乚**會意謂入於迟曲隱蔽之處也武方切十部**凡亡之屬皆从亡**

止亡詈也各本作止也一曰亡也六字今正乍無亡義淺人離析所改耳補詈字者如毋下云止詈也亦本有詈而後人刪之乍與毋同意毋者有人姦女而一止之其言曰毋乍者有人逃亡而一止之其言曰乍皆咄咄逼人之語也亡與止亡者皆必

在倉猝故引申爲倉猝之稱廣雅曰暫也孟子今人乍見孺子將入於井左傳桓子乍謂林楚文意正同而左傳俗本改乍爲咋 **从亡一** 會意鉏駕切古音在五部 **一** 逗 **有所礙也** 礙者止也說从一之意毋字从一亦是有所礙之之意

望 出亡在外望其還也 還者復也本義引申之爲令聞令望之望 **从亡朢省聲** 按望以朢爲聲朢以望爲義其爲二字較然也而今多亂之巫放切十部亦平聲

無 亡也 凡所失者所未有者皆如逃亡然也此有無字之正體而俗作無無乃𣠮之隸變𣠮之訓豐也與無義正相反然則隸變之時昧於亡爲其義𣠮爲其聲有聲無義殊爲乖繆古有叚𣠮爲𣠮者要不得云本無二字漢隸多作𣠮可證也或叚亡爲無者其義同其音則雙聲也 **从亡𣠮聲** 按不用莫聲而用𣠮聲者形聲中有會意凡物必自多而少而無老子所謂多藏必厚亡也武夫切五部古音武夫與莫胡二切不別故無模同音其轉語則水經注云燕人謂無爲毛楊子以曼爲無今人謂無有爲沒有皆是也

无 奇字無

謂古文奇字如此作也元俗刻作无今依宋

也今六經惟易用此字**通於元者**本正禮運曰是謂合莫注引孝經說曰上通元莫正義云上通元莫者孝經緯文言人之精靈所感上通元氣寂寞引之者證莫爲虛無也正本元字作无謂虛無寂寞義或然也按此注疏今本譌誤不可讀而北宋本可據正疏正本字當是定本之誤謂鄭引上通元莫顏師古定本作无莫也依許云通於元者虛无道也則孝經緯必作元莫矣蓋其義謂上通元始故其字形亦用元篆上毌於一**虛无道也**謂虛无之道上通元氣寂寞也玉篇曰无虛无也奇字之无與篆文之緐義乃微別許說其義非僅說其形也**王育說天屈西北爲无**此稱王育說又无之別一義也亦說其義非說其形屈猶傾也天傾西北地不滿東南見列子及素問天傾西北者謂天體不能正圜也

匃气也气者雲气也用其聲叚借爲气求气與字俗以气求爲入聲以气與爲去聲匃訓气亦分二義二音西域傳气匃亡所得此气求之義也當去聲又曰我匃若爲此气與之義也當入聲要皆強爲分別耳左傳公

子棄疾不強匄又子產曰世有盟誓毋或匄奪皆言气求也通俗文曰求願曰匄則是求之曰气匄因而與之亦曰气匄也今人以物與人曰給其實當用匄字廣韵古達切其字俗作丐與丐不同廣韵曰二字同非是

亡人爲匄逯安說此稱逯安說以說字形會意逯安亦通人之一也从亡人者人有所無必求諸人故字从亡从人古代切按廣韵古太切亦古達切十五部

文五　重一

匸　衺徯有所夾藏也夾各本作俠今正衺者窶也徯者待也夾者盜竊褱物也迆衺相待有所竊藏故其字从乚而上復有一覆之从乚上有一覆之會意凡匸之屬皆从匸

讀若徯同徯各本譌傒今正胡禮切十六部

區　踦區逗疊韵藏隱也踦區猶危部𨸏部之𢻠嶇彼言傾側不安也此言委曲包蔽也區之義內藏多品故引申爲區域爲區別古或叚丘字爲

之如區蓋亦作匚蓋區宇亦作匚宇是也或叚爲句曲字如樂記區萌達卽月令之句者畢出萌者盡達也从品在匸中會意豈俱切古音在四部鄭注禮記嫌名曰若禹與雨匚與區之類是可證古音同邱也

品逗衆也品下曰衆庶也

匿亡也廣韵曰藏也微也亡也陰姦也从匸若聲此取雙聲爲形聲也讀若羊騶箋此有譌奪當云讀若羊箋鑿之鑿金部曰鑿者羊箋耑鐵也說詳金部鑿讀若至至古音同質匿讀若鑿卽讀若質也古亦讀尼質切在十二部不在一部也今音乃女力切

㔷側㔷也各本作側逃也今依玉篇逃作㔷玉篇曰又作陋是知側㔷卽堯典之側陋謂隱藏不出者也从匸丙聲按丙聲不可通大徐云當是从内會意傳寫之誤玉裁按或从谷部之㐁聲屮部𦯧从㐁聲而讀若陸陸與漏音相近也盧候切四部廣韵無此字一曰箕屬其器未詳

匽匿也匽之言隱也周禮宮人爲之井匽鄭司農云匽路廁也後鄭云匽豬謂霤下之池畜水而流之者按二說皆謂隱蔽之地也从匸妟

聲於蹇切十四部

匧臧弓弩矢器也臧各本作盛今依廣韵此器可隱藏兵器也从匸矢矢亦聲小徐有此三字於計切十五部春秋國語曰兵不解医齊語文今國語作翳叚借字韋曰翳所以蔽兵也按古翳隱翳蔽字皆當於医義引申不當借華蓋字也翳行而医廢矣

匹四丈也按四丈之上當有布帛二字襍記曰納幣一束束五兩兩五尋鄭曰納幣謂昏禮納徵也十箇爲束貴成數兩兩合其卷是謂五兩八尺曰尋五兩兩五尋謂每五尋兩則每卷二丈也合之則四十尺今謂之匹猶匹偶之云與周禮凡嫁子娶妻入幣純帛無過五兩鄭曰五兩十端也每端二丈按二丈爲一端二端爲兩每兩爲一匹長四丈五兩則五匹爲一束也凡古言束帛者皆此制凡言匹敵匹耦者皆於二端成兩取意凡言匹夫匹婦者於一兩成匹取意兩而成一匹判合之理也雖其半亦得云匹也馬稱匹者亦以一牝一牡離之而云匹猶人言匹夫也○按字之本義有難定者如襍記注今謂之匹猶匹偶之云與是以匹偶爲本義而帛二兩爲引申之義也

圎當作圓

與許說迥異四丈爲匹之云三代時經傳不見其字从八八者別也夫婦有別故謂之匹从匚亦取別嫌明微意與鄭意或當如是**从匚八**謂八之數隱其中會意**八揲一匹**說从八之意揲者閱持也閱持者更迭持之而具數也筮者揲之以四此揲之以八八尺者五而得四丈故其字从八所以揲之以八者度人之兩臂爲尋今人於布帛猶展兩臂度之也**八亦聲**古音八讀如必普吉切十二部

文七

匚受物之器此其器蓋正方文如此作者橫視之耳直者其底橫者其四圍右其口也廣韵曰或曰受一斗曰匚按口部云圎規也今人皆作圜作圓方本無正字故自古叚方爲之依字匚有榘形固可叚作方也**象形凡匚之屬皆从匚讀若方**府良切十部

匚籀文匚

匠木工也工者巧飾也百工皆稱工稱匠獨舉木工者其字从斤也以木工之偁引申爲凡工之偁也**从**

匚斤會意疾亮切十部斤逗所㠯作器也說从斤之意匚者榘也

椷臧也小徐本如是大徐無椷字木部椷下曰匧也是二篆爲轉注臧字似衍玉篇作椷也乃椷之誤若文選應璩百一詩任昉哭范僕射詩李注皆引說文篋笥也此則所據本不同自當以小徐本爲善耳戰國策乃夜發書陳篋數十从匚夾聲苦叶切八部

篋或从竹按廣韵曰匧藏也篋箱篋也分一字爲二而刪去椷字之所繇也

飯器句小徐有也字筥也謂郎筥也竹部曰筥䈰也䈰一曰飯器容五升䈰有三義而筥匡取此一義耳匡不專於盛飯故詩采卷耳以頃匡求桑以懿匡匡之引申叚借爲匡正小雅王于出征以匡王國傳曰匡正也葢正其不正爲匡凡小不平曰匡剌革其匡剌亦曰匡也詩有頃匡謂匡之半淺半深不平者故謂之頃所謂匡剌也匡剌見攷工記注从匚㞷聲去王切十部

筐匩或从竹今人亦分匡筐爲二義

㔯羹魁斗部曰魁羹枓也枓勺也匜之狀似羹勺亦所以挹

取也**柄中有道可㠯注水酒**道者路也其器有勺可以盛水盛酒其柄空中可使勺中水酒自柄中流出注於盥槃及飲器也左傳奉匜沃盥杜曰匜沃盥器也此注水之匜也內則敦牟卮匜非餕莫敢用鄭曰卮匜酒漿器此注酒之匜也今大徐本無酒字小徐有之韵會刪酒而以盥器二字冠於似羹魁之上妄甚若左傳釋文引說文無酒字因經注但言盥耳**从匚**此器蓋亦正方**也聲**此形聲中有會意从也者取其流也移尒切按篇韵平聲古音十六十七部皆可讀

淥米籔也淥者浚也浚者抒也抒者挹也籔者籅也籅者漉米籔也然則匴與籅二字一物也謂淅米訖則移於此器內浚乾之而待炊所謂漉淅也士冠禮爵弁皮弁緇布冠各一匴注匴竹器名今之冠箱也古文匴爲篹按淥米之籔緇非可盛冠此必異物同名或別有正字俟考**从匚算聲**穌管切十四部

小桮也木部曰桮㔢也二篆爲轉注而桮下見渾言之義此見析言之義兩處互相足而後義全此許立文之例也㔢下亦可云桮也桮下亦可云大㔢也是互相足之謂

逸周書曰實元黃于匪　案孟子則有攸不為臣二十八字是所引周書也孟子實元黃于匪以下乃孟子申言書義而許以為書語蓋古人引書不屑屑分別經傳

也門部云大桮爲閜故小桮爲匴矣方言曰盃椷盞盌閜盪籃桮也自關而東趙魏之閒曰椷或曰盞或曰盌按椷蓋卽許之匴音同字異許則椷訓匧各有本義也**从匸贛聲**古送切按廣韵又音感𠥏音也八部郭注方言椷讀如封緘略有輕重耳**㯻匴或从木**

匪器佀竹匧小徐祇云如篋小雅承筐是將傳曰筐篚屬所以行幣帛也按此筐與飯器之筐異名同實故毛訓之曰匪屬也小雅言匪禹貢禮記言匪應劭漢書注曰漢書作棐應劭曰棐竹器也方曰箱隋曰棐隋者方而長也他果反古盛幣帛必以匪匪篚古今字有借匪爲斐者如詩有匪君子是也有借爲分者周禮匪朌鄭司農云匪分也是也有借爲非者如詩我心匪鑒我心匪石是也有借爲彼者如左傳引詩如匪行邁謀杜曰匪彼也荀子引匪交匪舒卽詩彼交匪紓是也**从匸非聲**非尾切十五部按竹部曰篚車笭也非匪之異體故不錄於此**逸周書曰實元黃于匪**按此句今惟見孟子滕文公篇引書其上文云綏厥士女篚厥元黃昭我周王見休惟臣附于大邑周似

必爲周書趙氏亦云從有攸以下道武王伐紂時皆尚書逸篇之文也⿷匚倉古器也古器有名⿷匚倉者从匚倉聲七岡切十部⿷匚攸田器也艸部曰莜艸田器也⿷匚攸與莜音義皆同蓋一物也从匚攸聲徒聊切古音在三部⿷匚異田器也玉篇云大鼎也廣韵⿷匚異訓大鼎从匚異聲與職切一部匫古器也畢尚書沅得曶鼎豈其器即匫與从匚曶聲呼骨切十五部匬甌匬器也大徐無匬字非是甌者小盆也甌匬二字爲名則非甌也玉篇云余主切器受十六斗按玉篇葢謂即論語與之庾之庾苞注十六斗爲庾也然禮經作十六斗爲籔今文籔作逾从匚俞聲度侯切四部廣韵無此字匱匣也匱之義引申爲竭大雅孝子不匱永錫爾類傳曰匱竭也凡物涿藏之則有若無實若虛故匱之引申爲竭爲乏竭水渴也乏之反其正也从匚貴聲求位切十五部俗作櫃史記石室金鐀字作鐀匵匱也木部曰櫝匱也是則匵與櫝音義皆同實一物也論語曰韞匵而藏

諸又曰龜玉毀櫝中其實一字也引申之亦爲小棺从匸賣聲徒谷切三部

匣　匱也廣韵曰箱匣也古亦借柙爲之柙檻也从匸甲聲按此不注古文甲字則从小篆甲也胡甲切八部

匯　器也謂有器名匯也禹貢曰東匯澤爲彭蠡又曰北會于匯舊說匯者回也此匯之別一義依許圍莫坴之例此亦可稱禹貢而釋之曰匯回也今按匯之言圍也大澤外必有陂圍之如器之圍物古人說淮水曰淮圍也匯从淮則亦圍也尚書東匯澤爲彭蠡謂東有圍受衆水之彭蠡非謂漢水回而成澤也東爲北江謂漢水合江又東合彭蠡爲北江也从匸淮聲胡罪切十五部

匛　棺也木部曰棺者關也所以揜屍此云棺也二篆義同曲禮曰在牀曰屍在棺曰柩是棺柩義別虛者爲棺實者爲柩析言之也柩或可以評棺棺不可以許柩是以許於柩曰棺也於棺下不云柩也以立文不得用考老之例也从匸久聲各本有柩無匛今依玉篇補玉篇曰匛棺也亦作柩蓋希馮在梁時所據說文如是以後柩行匛廢遂變許書之舊而郭忠恕列匛

爲古文夏竦說匸爲孫強集夏疑玉篇作匸不出於希馮而出於孫強也匸葢古文而小篆仍之者檀弓曰有虞氏瓦棺夏后氏堲周殷人棺槨周人牆置翣瓦棺堲周皆以土不以木易曰後世聖人易之以棺槨後世聖人謂黃帝堯舜然則土棺始於黃帝堯舜仍之倉頡造字从匚从久白虎通云柩久也久不復變也造字之初𣃔不从木許言久聲者以形聲包會意也巨救切三部

柩　匶或从木　葢殷人用木以後乃有此字

匶　籀文从舊　从舊猶从久也舊之言久也周禮用匶字

匰　宗廟盛宔器也　周禮司巫祭祀共匰主杜子春云匰器名主木主也許云宗廟盛宔器亦用杜說　从匚單聲　都寒切十四部　周禮曰祭祀共匰主　匰主謂主之匰鄭曰大祝取主陳之器則退也

文十九　重五　今增匸則重六

曲　象器曲受物之形也　匚象方器受物之形側視之凵象圜其中受物之形正視之引

申之爲凡委曲之稱不直曰曲詩曰予髮曲局又曰亂我心曲箋云心曲心之委曲也又樂章爲曲謂音宛曲而成章也周語曰士獻詩瞽獻曲韋云曲樂曲也毛詩傳曰曲合樂曰歌徒歌曰謠韓詩曰有章曲曰歌無章曲曰謠按曲合樂者合於樂器也行葦傳曰歌者比於琴瑟也即曲合樂曰歌也區玉切三部

凡曲之屬皆从曲

或說曲蠶薄也曲見月令方言漢書周勃傳許艸部薄下其物以萑葦爲之七月傳曰豫畜萑葦可以爲曲也其字俗作苗又作笛

古文曲小徐無

𠚕曲也骫者骨耑骫奊也曲當作𠚕今人用委曲字古用骫𠚕其字从骨从玉謂如骨玉之堅而柔之使橈也廣韵作匩匩也从曲玉聲區玉切三部

古器也从曲舀聲土刀切古音在三部

文三　重一小徐無重一

東楚名缶曰甾太史公曰自彭城以東東海吳廣陵此東楚也缶下曰瓦器所以盛酒漿

秦人鼓之以節歌象形然則缶既象形矣甾復象形實一物而語言不同且實一字而書法少異耳玉篇作甾近之若廣韵謂卽艸部之甾字風馬牛不相及也甾上从一雝川此象缶之頸少殺安得云同字今隸當作甾

象形也 口大而頸少殺側詞切一部

凡甾之屬皆从甾 **古文甾**

⿸广斛也 ⿸广斛者斛旁有庣也甾之類故其字从甾

古田器也 此上當有一曰二字⿸广斛下亦引爾雅⿸广斛謂之疀古田器也此別一義叚⿸广斛疌爲銚臿也許書金部作銚臿乃其正字今之鍫也江沅說

从甾疌聲 楚洽切八部

蒲器也⿰田并屬所㠯盛糧 糧各本作種今正周禮挈壺氏挈畚以令糧大鄭云縣畚於稾假之處後鄭云畚所以盛糧之器故以畚表稾左傳宣二年正義引說文蒲器可以盛糧左傳釋文詩正義引艸器所以盛種種字葢非果爲種字則當云穀種不得但言種也何休注公羊云畚草器杜注左傳以草索爲之蒲與艸不相妨糧者穀也

从甾弁聲 布忖切古音在十四部

⿰巾攸也 ⿰巾攸者蒲席

𤰞也㡒下曰載米𤰞也𤰞下曰㡒也所以盛米然則四篆一物也**从甾并聲**薄經切十一部**杜林吕爲竹筥**筥𥳓也𥳓飯器**楊雄吕爲蒲器**杜有倉頡訓纂一篇倉頡故一篇楊有倉頡訓纂一篇其說不同如此此與鼂幹二篆皆兼引楊杜二家說**讀若軿車**

𧇾𤰞也𤰞者小口罌也**从甾虍聲讀若盧同**洛乎切五部

籀文𧇾如此缶由一也

篆文按盧與𧇾二體必當互易淺人所改也𧇾必古文故盧以爲聲且二字皆从甾無庸用先古後篆之例故二體當互易而𧇾下應曰古文

文五　重三

瓦土器已燒之緫名土部坏下曰一曰瓦未燒瓦謂已燒者也凡土器未燒之素皆謂之坏已燒皆謂之瓦毛詩斯干傳曰瓦紡專也此瓦中之一也古史攷曰夏時昆吾氏作瓦按有虞氏上陶瓦之不起

於夏時可知也許書缶部曰古者昆吾作匋壺系之昆吾圜器韋昭云昆吾祝融之孫陸終第二子名黎爲己姓封於昆吾衞是也然則昆吾作匋謂始封之昆吾非夏桀之昆吾也廣韵引周書神農作瓦器當得其實說詳缶部凡燒瓦器之竈曰窯**象形也**象卷曲之狀五寡切古音在十七部讀如阿**凡瓦之屬皆从瓦**

瓬　周家搏埴之工也搏作摶者誤今正考工記曰搏埴之工陶旊鄭曰搏之言拍也埴黏土也按手部搏索持也拍拊也是搏之本義不訓拍故鄭以之言通之**从瓦方聲**分兩切十部**讀若抵破之抵**抵不成字轉寫譌舛考工記注大鄭讀爲甫始之甫後鄭讀如放於此乎之放許云方聲則讀同後鄭放於此乎今公羊放作昉

甄　匋也匋者作瓦器也董仲舒曰如泥之在鈞惟甄者之所爲陳留風俗傳曰舜陶甄河濱其引申之義爲察也勉也考工記叚借爲震掉字**从瓦垔聲**居延切按本音側鄰切十二十三部音轉乃入仙韵非二韵有異義

甍　屋棟也棟者極也屋之高處也方

案抵即隸體旊字寫方作才因譌爲手旁
此六字疑非許君之文

言㼜謂之甗廣雅作甍謂之甗每夢一聲之轉之蒸合韵之理棟自屋中言之故从木甍自屋表言之故从瓦爾雅方言謂之甗者屋極爲分水之脊雨水各從高霤瓦而下也釋名曰甍蒙也在上覆蒙屋也左傳子之援廟桷動於甍未詳其說

从瓦夢省聲莫耕切古音在六部按惟此篆主謂屋瓦故先之

甑　甗也考工記陶人爲甑實二鬴厚半寸脣寸七穿按甑所以炊烝米爲飯者其底七穿故必以箅蔽甑底而加米於上而餴之而餾之

从瓦曾聲子孕切六部

甑　籒文甑从鬵

甗　甑也一穿各本作一曰穿也小徐本在甗聲之下今正按甑空名窐見穴部不得云又名甗也陶人爲甗實二鬴厚半寸脣寸鄭司農云甗無底甑無底即所謂一穿蓋甑七穿而小甗一穿而大一穿而大則無底矣甑下曰甗也渾言之此曰甑也一穿析言之渾言見甗亦評甑析言見甑非止一穿參差互見使文義相足此許訓詁之一例也或曰當依小徐甗聲之下作一曰甑一穿也六字山之似甗者曰甗詩陟則在甗傳曰甗小山別於大山也釋名曰甗甑也

十二篇下

甗一孔者甗形孤出處似之也按此謂似甑體而已鬲部曰鼎大上小下若甑曰鬵然則甑形大上小下山名甗者亦爾俗作巘非爾雅小山別大山曰鮮詩皇矣同字作鮮者甗之叚借文選吳都賦作巘李注古買反此因爾雅鮮或作巘又譌作𪩘也从瓦鬳聲讀若言魚蹇切十四部

甌瓿謂之瓵爾雅釋器文史記貨殖傳蘖麴鹽豉千合徐廣曰或作台器名有瓵孫叔然云瓵瓦器受斗六升台當爲瓵音貽按今史記譌外爲正之如此所引孫叔然者爾雅注也从瓦台聲與之切一部

大盆也盆者盎也𤮾其大者也漢書楊雄酒箴曰爲𤮾所轠从瓦尚聲丁浪切十部

小盆也方言罃甀謂之盎自關而西或謂之盆或謂之盎其小者謂之升甌又曰甂陳魏宋楚之閒謂之題自關而西謂之甂其大者謂之甌按許亦同方言謂甌爲盆而郭景純疑方言與爾雅說甀不合从瓦區聲烏侯切四部

罌也罌者甊也甊者小口罌也然則瓮者罌之大口者也方言曰甀瓮瓿甊甖也自關而西晉之舊

都河汾之閒其大者謂之甀其中者謂之瓿甊自關而東趙魏之郊謂之瓮或謂之甖甖卽罌字从瓦公聲烏貢切九部按小徐瓨下讀若翁三字當在此

似罌長頸受十升史漢貨殖傳皆曰醯醬千瓨按醯醬者今之醋也別於下文之醬升當作斗漢書注古本有作斗者从瓦工聲讀若洪洪小徐作翁古雙切九部按篇韵皆戶江切字亦作缸

小盂也盂者飲器也方言曰盂宋楚魏之閒或謂之盌从瓦夗聲烏管切十四部方言作盌俗作椀

䍃也似缾者罋大徐作瓮葢非高祖本紀曰譬猶居高屋建瓴水如淳曰瓴盛水瓶也居高屋之上而幡瓴水言其向之勢易也建音蹇晉灼曰許慎云瓴罋似瓶者也按缶部云罋汲缾也瓴同物而非罌瓮从瓦令聲郞丁切十一部

罌謂之甂方言廣雅罌皆作甇从瓦卑聲部迷切十六部

似小瓿大口而卑用食方言甂陳魏宋楚之閒謂之題自關而西謂之甂淮南書曰狗彘不擇甂甌而食玉

篇曰小盆大口而卑下從瓦扁聲芳連切古音在十二部

瓿甂也玉篇瓿甊小罌也廣韵同从瓦音聲蒲口切四部

⿰容瓦器也廣韵罌也从瓦容聲與封切九部

甓令適也大徐適作甓陳風中唐有甓傳曰甓令適也釋宮同郎丁都歷二反爾雅作瓴甋俗字也土部墼字解亦云令適考工記注作令甓實一物也詳墼字注从瓦辟聲扶歷切十六部詩曰中唐有甓陳風防有鵲巢文讀若櫱

甃井壁也井壁者謂用塼爲井垣也周易井九四曰井甃无咎又上六井收荀作井甃莊子曰缺甃之涯从瓦秌聲側救切三部

甈康瓠句按當有謂之甈三字破罌也康之言空也瓠之言壺也空壺謂破罌也罌已破矣無所用之空之而已釋器曰康瓠謂之甈甈之言滯而無用也法言曰甄陶天下者其在和乎剛則甈柔則坯此引申之義也从瓦臬聲魚列切十五部廣韵五計切玉篇邱滯切

⿰埶瓦甈或从埶埶聲古與臬聲同是以臬多叚

藝爲
⿰爽瓦 瑳垢瓦石也 瑳俗作磋今依宋本作瑳亦叚借之字耳其字當用厝厝厲石也詩曰它山之石可以爲厝用瓦石去垢曰⿰爽瓦方言注曰淶錯也淶與磢同海賦曰飛澇相磢江賦曰奔溜之所磢錯磢即⿰爽瓦 从瓦爽聲 初兩切十部

⿰耎瓦 蹈瓦聲⿰耎瓦⿰耎瓦也 大徐無⿰耎瓦⿰耎瓦也三字小徐作蹈瓦⿰耎瓦也元應作蹈瓦聲躐躐也今按躐躐當作⿰耎瓦⿰耎瓦通俗文瓦破聲曰⿰耎瓦玉篇⿰耎瓦⿰耎瓦蹋瓦聲 从瓦耎聲 零帖切廣韵又艮涉切八部按古音當在十四部

⿰瓦今 冶橐韖也 冶各本作治今正冶橐謂排囊排讀普拜切其字或作韛或作橐冶者以韋囊鼓火老子之所謂橐也其所執之柄曰⿰瓦今韖猶柄也⿰瓦今或譌作盼而廣韵以排囊柄釋之玉篇以似瓶有耳釋⿰瓦今引許者冶皆譌治而其義湛薶終古矣排囊之柄古用瓦爲之故字从瓦後乃以木爲之故集韵作檶从木 从瓦今聲 胡男切古音在七部他書譌作⿰瓦今

⿰瓦皮 破也 破上當有瓦字破下曰石䃫也此曰瓦破也是二篆爲轉注而形各有所从䃫與碎音同義異碎者䃺也䃫則破而

已不必癰也今則碎行而瓶廢矣从瓦卒聲穌對切十五部

瓪敗瓦也依小徐有瓦字今俗所謂瓦瓪是此字也今人語如辦之平聲耳玉篇廣韵皆曰瓪牝瓦也此今義非許義广部曰庂屋牝瓦也牡瓦牝瓦見九章算經及漢書說詳庂下从瓦反聲布綰切十四部

文二十五　重二

弓窮也補此二字以疊韵爲訓之例也㠯近窮遠者者字今補象形居戎切古音在六部讀如肱古者揮作弓郭景純引世本曰牟夷作矢揮作弓此等皆當出世本作篇揮黃帝臣周禮六弓王弓弧弓㠯䠶甲革甚質夾弓庾弓㠯䠶干侯鳥獸唐弓大弓㠯授學䠶者夏官司弓矢文也說詳鄭注甚質今作椹質按故書作報大鄭云報當爲椹許書無椹字葢許從鄭鄭本作甚也丅今作䠶凡弓之屬皆从弓

弴

瓪　敗瓦也　案敗字無義當是重文瓪字　瓪瓦猶云瓦瓪也　形近誤爲敗

畫弓也 大雅敦弓既堅傳曰敦弓畫弓也天子畫弓按荀卿子天子彫弓諸侯彤弓大夫黑弓禮也公羊傳何注曰禮天子雕弓諸侯彤弓大夫嬰弓士盧弓盧弓即旅弓黑弓也嬰弓陸德明云見司馬法按嬰即江賦之瓔字蓋朱黑相閒而嬰繞也彤弓毛傳曰朱弓也以講德習射彫弓者蓋五采畫之凡經傳言彫有謂刻鏤者如玉謂之彫金謂之鏤禮記玉豆彫篹論語朽木不可彫是也有謂繪畫者如此彫弓是也彡部曰彫琢文也古繪畫與刻畫無二字諸侯彤弓則天子當五采石鼓詩有秀弓秀即繡五采備謂之繡或曰天子之弓但刻畫爲文也兩京賦彫弓斯彀薛云彫弓謂有刻畫也弴與彫語之轉敦弓者弴之叚借字詩禮又叚追爲之敦弴可讀如𠂤不得竟讀彫也孟子作弤亦雙聲字 **从弓𦎧聲** 都昆切十三部

弭 弓無緣可㠯解轡紛者 釋器曰弓有緣者謂之弓無緣者謂之弭孫云緣謂繁束而漆之弭謂不以繁束骨飾兩頭者也小雅象弭魚服傳曰象弭弓反末也所以解紛者箋云弓反末彆者以象骨爲之以助御者解轡紛宜骨也按紛猶亂今詩作紒

亦通紒者今之結字許合爾雅毛詩爲說也弭可以解紒故引申之訓止凡云弭兵弭亂者是也**从弓耳聲**緜婢切按古音當在一部而入紙韵在十六部者以或从兒聲也

𢐀　弭或从兒兒聲也猊蓋此篆之正體故亦作彌爾兒聲同故周禮彌烖兵漢書彌亂卽猊字也弭節亦作靡節郊特牲有由辟焉辟亦弭字

𢏝　角弓也角弓謂弓之傳角者也詩曰觲觲角弓相角居角之法詳於弓人按今詩騂騂角弓釋文曰騂說文作弲音火全反此陸氏之偶誤蓋角部稱觲觲角弓陸當云說文作觲而誤云作弲也弲自謂角弓不謂弓調利**雒陽名弩曰弲**此弲之別一義**从弓肙聲**烏玄切按陸云說文火全反十四部

𢏳　木弓也易曰弦木爲弧考工記凡爲弓冬析幹凡幹柘爲上檍次之檿桑次之橘次之木瓜次之荊次之竹爲下按木弓謂弓之不傳以角者也弓有專用木不傳角者後世聖人初造弓矢之遺法也引申之爲凡紆曲之稱輈人曰凡揉輈欲其孫而無弧深**从弓瓜聲**戶吳切五部**一曰往體寡**

來體多曰弧弓弓字今補弓人曰往體寡來體多謂之王弓之屬利射革與質注云射深者用直此又直焉於射堅宜也王弓合九而成規弧弓亦然按王弓之屬者言王弓以包弧弓也弧者直而稍紆之謂弧弓亦天子之弓王弓亦直而稍紆則王弓弧弓得互稱也

弨弓反也小雅彤弓弨兮傳曰弨弛皃按詩正義引說文有謂弛之而弓反六字葢出庾儼默說弛者弓解也弓反者詩所云翩其反也弓反爲弨之本義弛之則亦反矣从弓召聲尺招切二部詩曰彤弓弨兮彤弓文

⿰弓雚弓曲也陸德明云說文音權然則與拳曲音義畧同爾雅曰其萌⿱艹⿰弓雚陸云本或作⿰弓雚非⿱艹⿰弓雚說文云弓曲也按偏旁多後人所加作⿰弓雚者正是古本艸初生句曲也从弓雚聲九院切十四部按古平聲

彄弓弩耑弦所居也耑者頭也兩頭隱弦處曰彄彄亦引申他用詩箋云韘所以彄沓手指从弓區聲恪侯切四部

⿰弓繇弓便利也繇之言由也所謂自由自便也从弓繇聲讀若燒弋招

切二部

張　𢼊弓弦也。𢼊各本作施，今正。𢼊，敷也。張弛本謂弓施弦解弦，引申爲凡作輟之稱。禮記曰：張而不弛，文武弗能也；弛而不張，文武弗爲也；一張一弛，文武之道也。从弓，長聲。陟良切，十部。

彏　弓急張也。廣韵曰：弓弦急皃。从弓，矍聲。許縛切，五部。廣韵又居縛切。

弸　弓彊皃。法言：弸中彪外。引申之義也。从弓，朋聲。父耕切，古音在六部。

彊　弓有力也。引申爲凡有力之稱。又叚爲勥迫之勥。从弓，畺聲。巨良切，十部。

彎　持弓關矢也。凡兩相交曰關，如以木橫持兩扉也。矢桰檃於弦而鏑出弓背外，是兩耑相交也。孟子曰：越人關弓而射之。左傳：將注豹則關矣。皆謂引弓將滿，是之謂彎。或叚貫爲關。从弓，䜌聲。烏關切，十四部。

引　開弓也。開下曰：張也。是門可曰張，弓可曰開，相爲轉注也。施弦於弓曰張，鉤弦使滿以竟矢之長亦曰張，是謂之引。凡延長之偁、開導之偁皆引申於此。小雅楚茨、大雅召旻毛傳皆曰：引，長也。从弓丨。此引而上行之丨也，爲會

意丨亦象矢形余忍切十二部

弙滿弓有所鄉也鄉今向字漢人無用向者廣雅曰弙張也大荒南經有人方扜弓射黃蛇郭曰扜挽也音紆按此叚扜爲弙也弙與彎雙聲从弓亏聲哀都切五部

弘弓聲也集韵曰弸弦弓聲也或作彋按弦彋皆卽此篆也甘泉賦曰帷弸彋其拂汩兮蘇林云弸音石墮井弸爾之弸彋音宏李善曰弸彋風吹帷帳之聲也是則弓聲之義引申爲他聲經傳多叚此篆爲宏大字宏者屋深故爾雅曰宏大也从弓厶聲厶古文厷字見又部胡肱切六部

𢏚弛弓也弛弓者𢏚之義彌非弛字也玉篇以爲今之彌字廣韵以爲玉名皆非是从弓璽聲斯氏切十五部

弛弓解弦也弦字各本無今補引申爲凡懈廢之稱从弓也聲施氏切十六部

𢐋弛或从虒虒聲亦在十六部

弢弓衣也左傳多言弢詩言韔秦風傳曰韔弓室也鄭風作鬯傳曰鬯弓弢弓也然則弢與韔與韣同物故許皆以弓衣釋之月令曰帶以弓韣少儀曰

弓則以左手屈韣執拊是又名韣而可屈則以韋爲之也革部又曰韇所以戢弓矢方言曰弓謂之韇或謂之韥丸廣雅韇弓藏也䪅䩮矢藏也合三書言之韇韥丸乃藏弓矢所通稱也　从弓叏叏當作又土刀切二部

叏𠂹飾與鼓同意叏當作屮冂部肯下曰屮其飾也厂部屵下曰岸上見也豈下曰陳樂立而上見也巂以屮象其冠嵩以屮象其首然則叏鼓从屮者皆象其飾鼓从又則謂手擊之叏从又則謂手執之也此云與鼓同意乃使二篆之意可以互證

弩弓有臂者从弓奴聲奴古切五部　周禮四弩夾弩庾弩唐弩大弩司弓矢文也弩統於弓故官但言弓

彀張弩也射雉賦注引作張弓弩也詩釋文正義作張弓皆非孟子趙注亦但云張弩葢本謂弩引申移之弓耳射雉賦捧黃閞以密彀亦謂弩也孟子曰羿之教人射必志於彀學者亦必志於彀趙云彀張也張弩向的者用思專時也又曰羿不爲拙射變其彀率趙云彀弩張向表率之正體望之極思用巧之時不可變也按趙注本謂用巧如朱注云弓

滿也剕專謂用力而非必中矣大雅敦弓既句句讀倨句之句毛傳曰天子之弓合九而成規是此弓倨多句少言句以見其倨也不得云句卽彀**从弓㱿聲**古候切四部

彉　滿弩也滿弩者張而滿之或作弩滿非也吾丘壽王傳曰十賊彉弩百吏不敢前師古云引滿曰彉晉語韋注云張羅闉去壘五十步而陳周軍之前後左右彉弩注矢以誰何謂之羅闉唐開元中變府兵置彉騎十萬人彉同彍**从弓黃聲讀若郭**按陽唐無入以魚虞模之入爲入故彉讀若郭與韓詩鞹廓也同一例郭卽今廓字古無二音如𣪊下云萬物郭皮甲而出是也五部古音當讀古曠切在十部

彃　䠶也䠶者弓弩發於身而中於遠也亦謂之彈**从弓畢聲**卑吉切十二部**楚辭曰夫芎焉彃日也**屈原賦天問篇文今本無夫也二字芎作羿郭氏山海經傳云莊周云昔者十日竝出艸木焦枯淮南子云堯乃令羿射十日中其九日中烏盡死又引離騷羿焉彃日烏焉落羽又引歸藏鄭母經昔者羿善射彃十日果彃之按彃卽彈字

彈　行丸

也左傳晉靈公從臺上彈人而觀其避丸也引申爲凡抨彈糾彈之偁从弓單聲徒案切十四部亦平聲

𢎕或說彈从弓持丸如此各本篆形作弜今正汗簡云弓彈字也出說文又佩觿集韵皆有弓字葢古本說文从弓而象丸形與玉部朽玉字同意

發䠶發也詩曰壹發五豝引申爲凡作起之偁从弓發聲方伐切十五部

𢏚帝嚳䠶官夏少康滅之云夏少康滅之則邑部竆下云夏后時諸侯夷羿國也羽部羿下云亦古諸侯也皆即此𢏚帝嚳射官爲諸侯自鉏遷於竆石所謂有竆后羿也滅夏后相而篡其位寒浞殺而代之浞生𩰫及豷少康及后杼滅之有竆由是遂亡𢏚與羿古葢同字而堯時射師彈十日者高誘云此堯時羿非有竆后羿从弓幵聲五計切古音當在十一部

論語曰𢏚善䠶憲問篇文按今論語作羿羿之譌也

彆弓戾也从弓敝聲方結反亦方血反又邊之入聲按此依詩采薇釋文正義所引說文補弓戾者謂弓很戾不調鄭箋詩象弭云弓反

末弩者以象骨爲之意與小異

文二十七　今補弩

重三

弜　彊也。重也。重當作緟見糸部。重弓者彊之意也。緟疊之意也。詩交韔二弓傳曰交二弓於韔中也。从二弓。其兩切。按此音後人以意爲之也。凡弜之屬皆从弜。闕　謂其讀若不聞

弼　輔也。輔者車之輔也。引申爲凡左右之偁。釋詁曰弼俌也。人部曰俌輔也。俌輔音義皆同也。詩曰交韔二弓竹閉緄縢。傳云交韔交二弓於韔中也。閉紲緄繩縢約也。小雅騂騂角弓翩其反矣。傳曰騂騂調利皃。不善紲檠巧用則翩然而反也。士喪禮注曰柲弓檠弛則縛之於弓裏備損傷以竹爲之。詩所謂竹柲緄縢。木部曰榜所以輔弓弩。檠榜也。然則曰檠曰榜曰柲曰閉者竹木爲之。曰紲曰縢者縛之於弛弓以定其體也。弓必有輔而後正。人亦然。故輔謂之弼。从弜。西聲。徐鍇曰西非聲。按非也。西下云讀若誓。弼字从此。誓與弼同十五

部也房密切玉篇曰今字作弼□古文弼如此从重西者取會意西舌皃也弛弓之檠如口中之舌二弓則二舌矣重西以見二弓也□亦古文弼攴小擊也榜之□則不無扑擊弼或如此弗者矯也故从弗弗亦聲

文二　重三

□弓弦也弓弦以絲爲之張於弓因之張於琴瑟者亦曰弦俗别作絃非也弦有急意故董安于性緩佩弦以自急也心部曰慈急也从弓象絲軫之形謂𢀳也象古文絲而系於軫軫者系弦之處後人謂琴系弦者曰軫胡田切十二部今字作弦〇按軫當作紾从車者譌也紾者轉也方言軫戾也軫乃紾之叚借字絲紾言弦戾也凡弦之屬皆从弦□弼戾也按此乖戾正字今則戾行而盭廢矣戾謂犬出戶下而身曲戾其意略近故以戾釋盭史記漢書多用盭字从弦省从盩此會意字

盭了戾之也大徐删此五字小徐盭作鰲了作引今正了戾雙聲字淮南原道訓注曰抮軳了戾也方言軫戾也注謂相了戾也王砅注素問段成式酉陽襍組皆用了戾許意山曲曰盩水曲曰厔扶風有盩厔縣取此義是盭有詘曲之意故此篆从盩非用引擊之意也今淮南注了戾道藏不誤而俗刻作引戾正與此誤同讀若戾郎計切十五部

急戾也陸機賦弦幺徽急疑當作弦紗从弦省少聲於霄切二部按類篇曰彌笑切精微也則爲今之妙字妙或作玅是也

不成遂急戾也不成遂者不成就也因之急戾是曰竭从弦省曷聲讀若瘞於罽切十五部廣韵作綤非

文四玉篇以弦字入弓部盭紗竭皆入幺小之幺部非許君分別立弦部之意也弦善戾故从弦無取幺小之義

縣也縣各本作繫非其義今正県部曰縣者系也引申爲凡總持之偁故系與縣二篆爲轉注系者

垂統於上而承於下也系與係可通用然經傳係多謂束縛故係下曰絜束也其義不同系之義引申爲世系周禮瞽矇世帝繫小史奠繫世皆謂帝繫世本之屬其字借繫爲之當作系大傳繫之以姓而弗別亦系之叚借**从糸**糸細絲也縣物者不必麤也**厂聲**厂余制切抴也虒字从之系字亦从之形聲中有會意也胡計切十六部

凡系之屬皆从系　𣪠系或从毄處从處而毄聲也毄亦在十六部故古係縛字亦多叚毄爲之

𦃇籒文系从爪絲此會意也覆手曰爪絲縣於掌中而下垂是系之意也

孫子之子曰孫爾雅釋親文也子卑於父孫更卑焉故引申之義爲孫順爲孫遁字本皆作孫經傳中作遜者皆非古也至部䇡下解曰从至至而復孫孫遁也字作孫不作遜此許書無遜之證春秋經夫人孫于齊公孫于齊公羊傳曰孫猶孫也內諱奔謂之孫穀梁傳曰孫之爲言猶孫也諱奔也云猶孫者謂如孫之退然自處於盷小詩公孫碩膚箋云孫讀當如公孫于齊之孫孫之言孫遁也周公孫遁辟此成功之大美書

序帝堯將孫于位亦謂遜遁此等字今皆俗改爲遜絕非古字古義惟孫順字唐書作愻見心部而俗亦以遜爲之

从系子系於子也會意思魂切十三部**系**逗**續也**釋孫从系之意系部曰繼者續也系猶繼也

䌛 **聯散也**聯者連也散者眇也其相連者甚散眇是曰緜引申爲凡聯屬之偁大雅緜緜瓜瓞傳曰緜緜不絕皃又引申爲絲絮之偁因其嫥弱而名之如糸部絮下云敝緜也鄭注禮記云纊新緜也是也又引申爲薄弱之偁如淮南王安諫伐閩粵曰粵人緜力薄材不能陸戰是也**从系帛**謂帛之所系也系取細絲而積細絲可以成帛是君子積小以高大之義也武延切十四部

䌛 **隨從也**辵部曰從隨行也隨從也䌛與隨從三篆爲轉注从系者謂引之而往也爾雅釋故曰䌛道也詩書䌛作猷叚借字小雅匪大猶是經大雅遠猶辰告傳皆曰猶道也書大誥猷爾多邦猷亦道也道路及導引古同作道皆隨從之義也䌛之譌體作繇亦用爲傜役字傜役者隨從而爲之者也**从系**有所系而隨從之也**䍃聲**余招切按此音非也當以周切三部

由 或繇字 古繇由通用一字也各本無此篆全書由聲之字皆無柤柢今補按詩書論語及他經傳皆用此字其象形會意今不可知或當从田有路可入也韓詩橫由其畝傳曰東西曰橫南北曰由毛詩由作從

文四　重二 今補由則重三

三十六部　文七百八十一 宋本作七百七十九文　重八十 宋本作重八十四　凡九千二百三字 此總舉第十二篇部及文及重文及說解字四者之都數也

說文解字第十二篇下　受業黟縣胡積城校字

說文解字第十三篇上

金壇段玉裁注

糸細絲也絲者蠶所吐也細者微也細絲曰糸糸之言蔑也蔑之言無也象束絲之形此謂古文也古文見下小篆作糸則有增益凡糸之屬皆从糸讀若覛莫狄切十六部

𢆶古文糸

繭蠶衣也衣者依也蠶所依曰蠶衣蠶不自有其衣而以其衣衣天下此聖人之所取法也从糸从虫从芇芇聲各本作𦭝省𦭝不得爲繭會意韵會繭省聲繭上从二十幷亦非也五經文字曰从虫从芇芇音綿許書艹部有芇字相當也讀若亡張參所據本是矣今據正虫者蠶也芇者僅足蔽其身也工殄反十四部

絸古文繭从糸見見聲也

繅繹繭爲絲也从糸巢聲穌遭切二部俗作繰乃帛如紺色之字

繹㩅絲也㩅者引也引申

爲凡駱驛溫尋之稱駉傳曰繹繹善走也**从糸睪聲**羊益切古音在五部

緒　絲耑也耑者艸木初生之題也因爲凡首之稱抽絲者得緒而可引引申之凡事皆有緒可纘**从糸者聲**徐呂切五部

緬　𢼸絲也𢼸各本作微今正緬之引申爲凡緜邈之稱穀梁莊三年傳曰改葬之禮緦舉下緬也**从糸面聲**弭沇切十四部

純　絲也論語麻冕禮也今也純孔安國曰純絲也此純之本義也故其字从糸按純與醇音同醇者不澆酒也叚純爲醇字故班固曰不變曰醇不襍曰粹崔覲說易曰不襍曰純不變曰粹其意一也美絲美酒其不襍同也不襍則壹壹則大故釋詁毛傳鄭箋皆曰純大也文王純亦不已卽周易之純粹也詩之純束讀如屯國語之稛左傳之麇皆其字也禮之純釋爲緣實卽緣之音近叚借也**从糸屯聲**常倫切十三部**論語曰今也純儉**子罕篇文

綃　生絲也韵會作生絲繒也今按言繒名則非其次依鄭君則實繒名當云生絲也一曰繒名生絲未湅之絲也已湅之繒曰練未湅之絲曰

綃以生絲之繒爲衣則曰綃衣古經多作宵作繡特牲禮主婦纚笄宵衣注曰宵衣染之以黑其繒本名曰綃詩有素衣朱綃記有𡇼綃衣凡婦人助祭者同服也少牢禮注曰大夫妻尊亦衣綃衣而侈其袂玉藻曰君子狐青裘豹褎𡇼綃衣以裼之注曰綃綺屬也郊特牲繡黼丹朱中衣注曰繡讀爲綃綃繒名也引詩素衣朱綃合此數條知宵繡皆叚借字以此生絲織繒曰綃仍從絲得名也故或云繒名或云綺屬綺即文繒也 **从糸肖聲** 相幺切二部

䋾 大絲也从糸皆聲 口皆切十五部

綂 絲曼延也 曼延疊韵字曼引也延行也綂之言网也巾部有㡛㡛氏湅絲㡛綂古葢一字 **从糸㐬聲** 呼光切十部按當讀如芒

紇 絲下也 謂絲之下者也 **从糸气聲** 下沒切十五部 **春秋傳有臧孫紇**

𥿻 絲滓也 滓者澱也因以爲凡物渣滓之稱 **从糸氏聲** 都兮切十五部按此篆與紙別氏聲在十六部

絓 繭滓絓頭也 謂繅時繭絲成結有所絓凝工女蠶功畢後別理之爲用也引

申爲挂㩉之稱按集韵類篇皆作繭滓也一曰絓頭此古本也一曰絓頭者一名絓頭也**从糸圭聲**古卦切十六部

一曰吕囊絮湅也別一義謂以囊盛絲縣其中於水湅之也湅各本作練今正湅絮莊子所謂洴澼絖史記所謂漂玫工記注所謂湖漂絮水部潎下云於水中擊絮是也

䌞絲色也絲之色光采灼然也考工記曰絲欲沈注云如在水中時色今人謂之漂亮**从糸樂聲**以灼切二部

繀箸絲於筝車也竹部曰筝筵也筵繀絲筦也筝車亦曰繀車方言曰繀車趙魏之閒謂之轣轆東齊海岱之閒謂之道軌箸絲於筵謂之繀**从糸崔聲**穌對切十五部

經織從絲也從絲二字依太平御覽卷八百二十六補古謂橫直爲衡從毛詩云衡從其畝是也字本不作縱後人妄以代之分別其音有慈容足容之不同韓詩作橫由其畝其說曰東西耕曰橫南北耕曰由由即從也何必讀如蹤乎織之從絲謂之經必先有經而後有緯是故三綱五常六藝謂之天地之常經大戴禮曰南北曰經東西曰緯抑許云

絞縊也縊經也縊死何言經死也謂以繩直縣而死從絲之義之引申也平者立者皆得謂之從按獨言從絲者蒙上文專言帛以謂布之有從縷同也**从糸巠聲**九丁切十一部

織　作布帛之總名也布者麻縷所成帛者絲所成作之皆謂之織許此部別布於絲自緝篆至絣篆二十六字皆言布也而有不可分者如織篆是也經與緯相成曰織古叚爲識字如詩之織文徽識也**从糸戠聲**之弋切一部

⿰糸式　樂浪挈令織从糸从式樂浪漢幽州郡名也挈令者漢張湯傳有廷尉挈令韋昭曰在板挈也後書應劭傳作廷尉板令史記又作絜令漢燕王旦傳又有光祿挈令挈當作契契刻也樂浪郡契於板之令也其織字如此錄之者明字合於六書之法則無不可用也如錄漢令之鬲作㽁

紝　機縷也蠶曰絲麻曰縷縷者綫也綫者縷也喪服言縷若干升孟子以麻縷絲絮並言皆謂麻也然亦有麻絲並言縷者機縷是也機縷今之機頭內則曰執麻枲治絲繭織紝組紃紝合麻枲絲繭言之左傳魯賂楚以執斲執鍼織紝皆百

人杜曰織紝織繒布者从糸壬聲如甚切七部按此字經典及玉篇廣韵皆平聲豈唐韵有上聲一切耶抑二王徐誤耳

䋕紝或从任

綜機縷也此亦兼布帛言之也元應書引說文機縷也謂機縷持絲交者也下八字葢庾儼默注又引三倉綜理經也謂機縷持絲交者也屈繩制經令得開合也按今尚謂之綜引申之義爲兼綜爲錯綜太元經曰乃綜于名从糸宗聲子宋切九部

綹緯十縷爲綹此亦兼布帛言之也故篇韵曰緯十絲曰綹文互相足也許言縷不言絲者言縷可以包絲言絲不可以包縷也从糸咎聲讀若柳力九切三部

緯織衡絲也衡各本作橫今正凡漢人用字皆作從衡許曰橫闌足也不對植者言也云織衡絲者對上文織從絲爲言故言絲以見縷經在軸緯在杼木部曰杼機之持緯者也引申爲凡交會之稱漢人左右六經之書謂之祕緯从糸韋聲云貴切十五部

緷緯也此亦兼布帛言之也緯亦稱緷者語之轉也微文二部每互轉爾雅百羽謂之緷古

本反按此緷字正許書橐字之叚借玉篇云緷大束也是也从糸軍聲王問切十三部

繢織餘也此亦兼布帛言之也上文機縷爲機頭此織餘爲機尾繢之言遺也故訓爲織餘織餘今亦呼爲機頭可用糸物及飾物急就篇綮繢總爲一類是也顔王注未諦今則此義廢矣一曰畫也四字依韵會補今所傳小徐繫傳本此卷全闕黃氏作韵會時所見尚完知小徐本有此四字也畫者介也今謂之畍畫繢畫雙聲考工記曰設色之工畫繢鐘筐㡛又曰畫繢之事襍五采咎繇謨日月星辰山龍華蟲作繪鄭注曰繪讀曰繢讀曰猶讀爲易其字也以爲訓畫之字當作繢也繪訓五采繡故必易繪爲繢鄭司農注周禮引論語繢事後素从糸貴聲胡對切十五部

統紀也淮南泰族訓曰繭之性爲絲然非得女工煑以熱湯而抽其統紀則不能成絲按此其本義也引申爲凡綱紀之稱周易乃統天鄭注云統本也公羊傳大一統也何注統始也从糸充聲他綜切九部玉篇一音桶

紀別絲也別絲各本作絲別棫樸正義引紀別絲也又云

紀者別理絲縷今依以正別絲者一絲必有其首別之是爲紀衆絲皆得其首是爲統統與紀義互相足也故許不析言之禮器曰衆之紀也紀散而衆亂注曰紀者絲縷之數有紀也此紀之本義也引申之爲凡經理之稱詩綱紀四方箋云以罔罟喻爲政張之爲綱理之爲紀洪範九疇四五紀斗牽牛爲星紀史記每帝爲本紀謂本其事而分別紀之也詩滔滔江漢南國之紀毛傳曰其神足以綱紀一方箋云南國之大川紀理衆水使不壅滯 从糸己聲 居擬切一部

繈 觕纇也 觕見角部各本作觕非也今正觕訓角長引申爲凡粗長之稱絲節粗長謂之繈孟康曰繈錢貫也其引申之義也又引申爲繈緥呂覽明理篇道多繈緥高注緥小兒被也繈褸格上繩也又直諫篇繈緥注繈褸格繩緥小兒褔也褸卽縷格卽絡織縷爲絡以負之於背其繩謂之繈高說取分明博物志云織縷爲之廣八寸長二尺乃謂其絡未及其繩也凡繩韌者謂之繈 从糸強聲 居兩切十部

纇 絲節也 節者竹約也引申爲凡約結之稱絲之約結不解者曰纇引申之凡人之愆尤皆曰

紡　玉篇作紡絲也　廣韵作紡織

纇左傳忿纇無期是也亦叚類爲之昭十六年傳曰刑之頗類服虔讀類爲纇解云纇不平也从糸類聲盧對切十五部

紿絲勞卽紿卽當爲則古書卽則多互譌絲勞敝則爲紿紿之言怠也如人之勞怠然古多叚爲詒字言部曰詒者相欺詒也从糸台聲徒亥切一部

納絲溼納納也納納溼意劉向九歎衣納納而掩露王逸注納納濡溼皃漢酷吏傳阿邑人主蘇林曰邑音人相悒納之悒按悒納當作浥納婞阿之狀於濡溼義近也古多叚納爲內字內者入也从糸內聲奴荅切古音亦在十五部

紡紡絲也紡各本作網不可通唐本作捌尤誤今定爲紡絲也三字句乃今人常語耳凡不必以他字爲訓者其例如此絲之紡猶布縷之績緝也左傳莒婦人紡焉以度而去之蓋緝布縷爲繩亦用紡名也晉語執而紡於廷之槐亦謂以紡縷繩縛之也聘禮賓裼迎大夫賄用束紡鄭曰紡紡絲爲之今之縛也縛見下文白鮮支也據此是紡絲專用作絹也从糸方聲妃兩切十部

絕斷絲也斷之則爲二是

曰絕引申之凡橫越之曰絕如絕河而渡是也又絕則窮故引申爲極如言絕美絕妙是也許書𨸏部云陘山絕坎也是中斷之義也水部曰滎絕小水也是極至之義也閻氏百詩乃以絕河釋滎以釋禹貢不知禹貢熒澤自古作从三火之熒後人乃譌爲滎**从刀糸**斷絲以刀也會意**卪聲**以上五字今定情雪切十五部

𢇍**古文絕象不連體絕二絲**象形也

繼**續也**虞翻注易曰繼統也**从糸㡭**各本篆文作繼解作从糸𢇍則不可通今正此會意字从糸𢇍者謂以糸聯其絕也自傳寫譌亂併篆體改之因又刪𢇍篆矣古詣切十五部

㡭**繼或作㡭反𢇍爲㡭**大徐無篆文但有一曰反𢇍爲㡭六字不可了小徐本云或作㡭反𢇍爲㡭今依以補一篆文乃使文從字順矣反之而成字者如反已爲㠯反人爲匕反正爲乏是也小徐本見韵會莊列皆云得水爲㡭此篆見古書者惟此而莊譌作𢇍

續**連也**連者負車也聯者連也皆其義也釋詁曰繼也**从糸賣聲**似足切三部

賡**古文**

續从庚貝咎繇謨乃賡載歌釋文加孟皆行二反賈氏昌朝云唐韵以爲說文誤徐鉉曰今俗作古行切按說文非誤也許謂會意字故从庚貝會意庚貝者貝更迭相聯屬也唐韵以下皆謂形聲字从貝庚聲故當皆行反也不知此字果从貝庚聲許必入之貝部或庚部矣其誤起於孔傳以續釋賡故遂不用許說抑知以今字釋古文古人自有此例如許云舄䧿也非以今字釋古文乎毛詩西有長庚傳曰庚續也此正謂庚與賡同義庚有續義故古文續字取以會意也例會意爲形聲其晉亂有如此者

繼也豳風載纘武功傳曰纘繼也中庸武王纘大王王季文王之緒注曰纘繼也或叚纂爲之从糸贊聲作管切十四部

繼也釋詁同从糸召聲市沼切二部一曰紹緊糾也緊者纏絲急也糾者三合繩也

古文紹从卲今本譌依玉篇廣韵汗簡改正

偏緩也緩正作⿱羨糸韓也毛詩檀車幝幝毛曰幝幝敝皃釋文云韓詩作⿰糸羨⿰糸羨蓋物敝則緩其義相通从糸羨聲昌善切十四部

⿰糸盈緩也⿰糸盈之言挺也挺有緩意⿰糸盈與綎義別韵會誤合爲一字从糸盈聲讀與聽同他丁切十一部

⿰糸呈⿰糸盈或从呈

縱緩也一曰捨也各本作舍也由俗以舍捨通用也今正捨者釋也从糸從聲足用切九部後人以爲從衡字者非也

紓緩也小雅彼交匪紓傳曰紓緩也左傳多用紓字其義皆同亦叚抒爲之从糸予聲傷魚切五部

繎絲勞也勞玉篇作縈蓋玉篇爲是與下文紆義近也或曰縈篆何以不次此曰後文⿰糸爭縈等篆皆統於繩繎紆則謂絲也廣韵作絲勞皃从糸然聲如延切十四部

紆詘也詘者詰詘也今人用屈曲字古人用詰詘亦單用詘字易曰往者詘也來者信也詘謂之紆考工記連行紆行亦或叚汙爲之左傳曰盡而不汙从糸亏聲億俱切五部一曰縈也縈者環之相積紆則曲之而已故別爲一義縈下云紆朱縈繩可證

緈直也廣韵云緈婞从糸幸聲讀若陘胡頂切十一部

纖

細也。細者敚也。魏風摻摻女手，韓詩作纖纖女手，毛傳曰摻摻猶纖纖也。尚書厥篚玄纖縞，鄭注纖細也。漢文紀遺詔纖七日釋服，服虔注纖細布。凡細謂之纖，其字或作孅，漢食貨志如此。荀卿子纖驪，列子作盜驪，穆天子傳盜驪，郭注爲馬細頸，驪黑色也。廣雅作駣騄，駣者駃駣脩長之謂。盜駣同聲，纖駣同義也。从糸韱聲。息廉切。七部。

細　敚也。敚者眇也。眇今之妙字。从糸囟聲。穌計切。十五部。

緢　氂絲也。氂各本作旄，俗所改也。氂者犛牛尾也。凡羽旄古當作羽氂。氂絲者，犛牛尾之絲至細者也。故次於纖細二篆後。賈子容經跘旋之容旄如濯絲。旄同緢，言細如濯絲也。从糸苗聲。武儦切。二部。周書曰：惟緢有稽。甫刑文。今本緢作貌。僞孔傳云：惟察其貌。按許所據壁中文，葢謂惟豪氂是審也。

縒　參縒也。參或𠫭字。此曰參差，木部曰槮差，竹部曰篸差，又曰參差管樂。皆長短不齊皃也。皆雙聲字。集韵、類篇皆引說文參縒也，謂絲亂皃。韵會於差字下引說文參差絲亂皃。葢古本有此三字。从糸差聲。楚宜切。古

音在十七部

繙 繙冤也 三字句各本無繙字冤作㝺今補正玉篇繙下曰冤也集韵引說文同葢謂繙字爲復字而刪之不知繙冤爲疊韵古語集韵類篇皆曰繙紖亂也是冤俗作紖也巾部有幡帤二篆亦是疊韵小兒拭觚布也此謂亂也仍當補亂字下文二篆皆訓亂 从糸番聲 附袁切十四部

縮 亂也 釋詁曰縮亂也通俗文云物不申曰縮不申則亂故曰亂也不申者申之則直禮記古者冠縮縫孟子自反而縮皆謂直也亂者治之詩曰縮版以載爾雅毛傳皆曰繩之謂之縮之治縮曰縮猶治亂曰亂也 从糸宿聲 所六切三部 一曰蹴也 蹴者躡也躡者蹈也蹈者蹍也蹍者蹙也凡足掌迫地不遽起曰蹍是以蹴鞠謂之蹋鞠蹋而起之也論語足縮縮如有循鄭注曰舉前曳踵行也曳踵行不遽起故曰縮縮俗作蹜蹜非踵足跟也

紊 亂也从糸文聲 亡運切十三部 商書曰有條而不紊 般庚上文

級 絲次弟也 本謂絲之次弟故其字从糸引申爲凡次弟之偁階之次弟曲禮云拾級聚足

連步以上是也尊卑之次弟賈生云等級分明而天子加焉故其尊不可及是也後漢書注秦法斬首多者進爵一級因謂斬首爲級　从糸及聲居立切七部

總　聚束也謂聚而縛之也悤有散意糸以束之禮經之總束髮也禹貢之總禾束也引申之爲凡兼綜之偁　从糸悤聲作孔切九部俗作揔又譌作揔

𦃃　約也革部曰直轅暈縛暈當爲纍大車之衡約之而已不必三束　从糸具聲居玉切三部

約　纏束也束者縛也引申爲儉約　从糸勺聲於略切二部

繚　纏也　从糸尞聲盧鳥切二部

纏　繞也　从糸廛聲直連切十四部

繞　纏也　从糸堯聲而沼切二部

紾　紾轉也紾字各本無今補此三字句與上文繙冤也一例淺人刪之如離黃倉庚也之刪離鶬周燕也之刪鶬耳紾轉葢古語鄭司農考工記注之抮縛卽紾轉二字也凡了戾曰紾轉亦單評曰紾亦曰軫軳[illegible]力考工記老牛之角紾而昔鄭司農云紾讀爲抮轉之抮孟子网云紾兄之

臂趙注皆云戾也淮南原道訓抮抱高注了戾也抮抱廣雅作軫軳云轉戾也方言曰軫戾也郭注相了戾也江東音善之忍切十二部按周禮釋文云劉徒展反許善**从糸㐱聲**愼尙展反又徒展反此說文舊音也尙展一反即景純所謂江東音善也徒展一反於今語言爲近

繯落也落者今之絡字古段落不作絡謂包絡也莊子落馬首漢書虎落皆作落木落乃物成之象故曰落成曰包落皆取成就之意也馬融傳曰繯橐四野之飛征李注引說文又引國語繯於山有牢賈逵注云繯還也按還環古今字古用還不用環國語繯於山有牢今本譌作環山於有牢韋注曰環繞也山於誤倒環爲俗字葢非韋氏之誤而淺人轉寫所致也知古書之䝨繆不可知者多矣**从糸睘聲**胡畎切十四部李賢又胡串反

辮交也元應引作交織之也終軍傳曰解辮髮削左衽三蒼段編爲之**从糸辡聲**分而合也故从辡形聲中有會意也頻犬切十四部

結締也从糸吉聲古屑切十二部古無髻字卽用此見髟部

縎結也玉篇云結不解**从**

糸骨聲古忽切十五部⿰糸吉結不解也解者判也下文曰紐結而可解也故結而不可解者曰締从糸帝聲特計切十六部縳束也束下曰縛也與此爲轉注引申之所以縛之之物亦曰縳从糸專聲符钁切五部繃束也从糸崩聲補盲切古音在六部墨子曰漢志墨子七十一篇名翟爲宋大夫在孔子後禹葬會稽桐棺三寸葛㠯繃之今墨子節葬篇此句三見皆作緘古蒸侵二部音轉冣近也鄭注禮記曰齊人謂棺束爲緘絿急也毛詩傳曰絿急也左傳杜注從之後儒好異乃以緩釋絿字義於字音不洽矣絿之言糾也从糸求聲巨鳩切三部詩曰不競不絿商頌長發文絅急引也此本義也中庸詩曰衣錦尚絅此段借爲褧字也从糸冋聲古熒切十一部⿰糸𠂢㪔絲也㪔各本作散今正㪔分離也水之衺流別曰𠂢別水曰派血理之分曰衇散絲曰⿰糸𠂢廣韵曰未緝麻也从糸𠂢聲匹卦切十六部

纝不均也此與纇雙聲其義亦相近从糸纍聲力臥切十七部

給相足也足居人下人必有足而後體全故引申爲完足相足者彼不足此足之也故从合从糸合聲形聲亦會意也居立切七部

綝止也蓋古以綝爲禁字釋詁曰綝善也从糸林聲讀若郴丑林切七部

縪止也考工記玉人曰天子圭中必注曰必讀如鹿車縪之縪謂以組約其中央爲執之以備失隊按鹿車卽縱車東齊海岱之閒謂之道軌廣雅曰道軌謂之鹿車鹿車下鉄陳宋淮楚之閒謂之畢所謂鹿車縪也與用組約圭中央皆所以止者又詳革部鞑下从糸畢聲畢吉切十二部

終絿絲也按絿字恐誤疑下文緤字之譌取其相屬也廣韵云終極也窮也竟也其義皆當作冬冬者四時盡也故其引申之義如此俗分别冬爲四時盡終爲極也窮也竟也乃使冬失其引申之義終失其本義矣有𠔇而後有𠔇冬而後有終此造字之先後也其音義則先有終之古文也从糸冬聲職戎切九部

𠔇古

紈　玉篇累也結也　累乃素之譌

文終有丹而有冉冉而後有紞

⿰糸集合也合者亼口也因爲凡兩合之偁衆絲之合曰⿰糸集如衣部五采相合曰褋也从糸集集當作雧會意亦形聲也讀若捷姊入切七部

紈絫也絫者白致繒也紈即絫也故从丸言其滑易也商頌毛傳曰丸丸易直也釋名曰紈渙也細澤有光渙渙然也从糸丸聲胡官切十四部紈篆舊在終篆前非也今依玉篇次此與繒爲伍玉篇必仍許也

繒帛也七篇帛下曰繒也是爲轉注春秋傳叚爲鄫字从糸曾聲疾陵切六部

⿰糸辛籀文繒从宰省宰省聲也不曰辛聲定爲宰省聲者辛與曾有眞蒸之別宰省與曾爲之蒸之相合通轉取近者也楊雄㠯爲漢律祠宗廟丹書告也也字依韵會補縡爲祠宗廟丹書告神之帛見於漢律者字如此作楊雄言之雄甘泉賦曰上天之縡蓋即謂郊祀丹書告神者此則从宰不省者也

緭繒也从糸胃聲云貴切十五部

綺文繒也文繒者文繒也言綺以見凡繒也

絲尚有數則餘繒可知其若干絲爲一絩未聞**漢律曰綺絲數謂之絩布謂之緫**禮經布八十縷爲升禾部曰布八十縷爲稯漢王莽傳一月之祿十稯布二匹孟康曰稯八十縷也今按緫卽稯也稯卽緵也緵卽升也皆謂八十縷召南羔羊五緫傳曰緫數也**綬組謂之首**司馬紹統輿服志乘輿黃赤綬五百首諸侯王赤綬三百首相國綠綬二百四十首公侯將軍紫綬百八十首九卿中二千石二千石青綬百二十首千石六百石黑綬八十首四百石三百石二百石黃綬六十首凡先合單紡爲一系四系爲一扶五扶爲一首五首爲一文文采淳爲一圭首多者系細首少者系麤**从糸兆聲**治小切二部

綺文繒也謂繒之有文者也文者錯畫也錯畫謂这逪其介畫繒爲这逪方文謂之文綺引申之曰交延結綺窗曰疆場綺分皆謂似綺文**从糸奇聲**袪彼切古音在十七部

縠細縛也縛之細者也詩玼兮玼兮其之展也蒙彼縐絺是紲袢也傳曰禮有展衣者以丹縠爲衣蒙覆也絺之靡者爲縐靡謂如纖碎然細之至

也箋云縐絺之蹙蹙者是也此謂褻衣縐絺外服丹縠衣縠與縐絺正一類也今之縐紗古之縠也周禮謂之沙注謂之沙縠疏云輕者爲沙縐者爲縠按古衹作沙無紗字 从糸㱿聲 胡谷切三部

縳 白鮮卮也 卮各本作色今正下文云縞鮮卮也今本譌鮮色則此色誤亦同卮與支音同縞爲鮮支縳爲鮮支之白者聘禮束紡注曰紡紡絲爲之今之縳也周禮素沙注曰素沙者今之白縳也釋文皆引說文居掾反聲類以爲今正縜字按據許則縳與縜各物音近而義殊二禮之鄭注自謂縳不謂縜也縳以其質堅名之字从專縜以色如麥稍名之字从肙李登作聲類時已失其傳矣若羽人十摶爲縳左傳縳一如瑱又皆卷縳之義非字之本義 从糸專聲 持沇切十四部

縑 并絲繒也 謂駢絲爲之雙絲繒也呂氏春秋昔吾所亡者紡緇也今子之衣禪緇也以禪緇當紡緇子豈有不得哉任氏大椿曰禪緇卽單緇也余謂此紡卽方也竝絲曰方猶併船曰方此紡非紡之本義後漢輿服志及古今注竝云合單紡爲一系者同此方絲所謂兼絲也 从糸

兼聲形聲中有會意古甜切七部綈𣍘繒也𣍘各本作厚今正管子輕重戊篇管子對桓公魯梁之民俗爲綈公服綈旣又對桓公宜服帛去綈然則帛薄綈厚可知也史記范雎傳索隱曰葢今之絁按非也絁即許之纏字从糸弟聲杜兮切十五部練湅繒也湅者瀾也瀾者淅也淅者汏米也湅繒汏諸水中如汏米然考工記所謂湅帛也巳湅之帛曰練引申爲精簡之偁如漢書練時日練章程是也从糸柬聲郎甸切十四部縞鮮卮也各本作鮮色今正漢地理志師古注縞鮮支也司馬相如傳正同顏語多本說文彼時未誤葢支亦作卮因譌色也廣雅縩總鮮支縠絹也許謂縞即鮮支鄭風縞衣綦巾毛傳曰縞衣白色男服也王逸曰縞素也任氏大椿釋繒曰孰帛曰練生帛曰縞从糸高聲古老切二部纚粗緒也粗者疏也粗緒葢亦繒名廣韵云繒似布俗作絁玉裁按葢今之綿紬从糸璽聲式支切十六部紬大絲繒也大絲較常絲爲大也左傳衞文公大帛之冠大帛謂大絲繒後

漢書大練亦謂大絲練也獨斷說飛軨以緹紬廣八尺長拄地今繒帛通呼爲紬不必大絲也叚借爲抽字史記紬石室金匱之書徐廣音抽師古漢書音冑皆是也音冑謂同籀也籀者讀書也釋名曰紬抽也抽引絲耑出細緒也與許說迥異**从糸由聲**直由切三部

綮　致繒也致送詣也凡細膩曰致今之緻字也漢人多用致不作緻致繒曰綮未聞其證**一曰徽識信也有齒**各本識作幟俗字也今正巾部曰徽者徽識也徽識信蓋謂棨戟棨綮通用也漢匈奴傳曰棨戟十師古曰棨戟有衣之戟也以赤黑繒爲之古今注曰棨戟殳之遺象以木爲之後世滋僞無復典刑以赤紬韜之亦謂之紬戟亦謂之棨戟王公以下通用之以前驅按用赤黑繒故曰棨其用同徽識故曰徽識信**从糸啟省聲**各本作启聲启不成字按木部棨下曰啟省聲則此亦當云啟省聲今依韵會正康禮切十五部

綾　東齊謂布帛之細者曰綾同方言**从糸夌聲**力膺切六部

縵　繒無文也春秋緐露庶人衣縵引申

之凡無文皆曰縵左傳乘縵注車無文者也漢食貨志縵田注謂不畖者也 **从糸曼聲** 莫半切十四部

漢律曰賜衣者縵表白裏

繡 五采備也 考工記畫繪之事雜五采五采備謂之繡鄭氏古文尚書曰予欲觀古人之象日月星辰山龍華蟲作繢宗彝藻火粉米黼黻希繡此古天子冕服十二章希讀爲黹或作絺字之誤也按今人以鍼縷所紩者謂之繡與畫爲二事如考工記則繡亦系之畫繪同爲設色之工也畫繪與文字又爲一事故許以觀古人之象說遵修舊文也 **从糸肅聲** 息救切三部

絢 詩云素以爲絢兮 逸詩見論語八佾篇馬融曰絢文貌也鄭康成禮注曰采成文曰絢注論語曰文成章曰絢許亦此篆於繡繪閒者亦謂五采成文章與鄭義略同也鄭注繪事後素云畫繪先布衆采然後以素分其閒以成其文朱子則云後素後於素也謂先以粉地爲質而後施五采據許絢在繡繪閒繡繪皆五采也葢許用白受采之恉與 **从糸旬聲** 許掾切古音在十二部按唐元度九經字樣縭絢同字注云上

說文从筍聲下經典相承隸省按𦄼不見於他書疑唐氏所據未確也惟儀禮注云絇今文作約然則絇出禮古文許用禮古文故不錄禮今文玉篇約同上絇本禮注也集韵𦄼同絇此本唐氏也

繪　會五采繡也會繪曡韵今人分咎繇謨繪繡爲二事古者二事不分統謂之設色之工而已古者績訓畫繪訓繡說見績下虞書曰山龍華蟲作繪咎繇謨文論語曰繪事後素八佾篇文此皆證繪繡無二事也从糸會聲黃外切十五部

緀　帛文皃帛各本作白今依韵會正韵會用小徐本也詩曰緀兮斐兮成是貝錦小雅巷伯文今詩緀作萋毛傳曰萋斐文章相錯也貝錦錦文也箋云錦文者如餘泉餘蚳之貝文也按爾雅餘貾黃白文餘泉白黃文从糸妻聲七稽切十五部

絑　繡文如聚細米也繡謂畫也米絑疊韵今咎陶謨作粉米許所見壁中古文作黺絑黺部云黺畫粉也此云絑繡文如聚細米也皆古文尚書說也此不言虞書者經文已見於七篇矣畫粉爲衛宏

鄭君注畫繪先布眾采然後以素分布其間以成文考工記凡畫繢之事後素功白當

如鄭說與論語及逸詩意不同

俄　賓筵傳傾皃　廣雅俄頃衺也

俄行頃也

頃頭不正也

說此蓋亦衛說與从糸米米亦聲莫禮切十五部繒如麥稍色色字今補色譌也而俗刪之耳自緖至緱廿三篆皆言繒帛之色而此色字先之聲類涵縛絹爲一字由不考其義之殊也稍者麥莖也繒色如麥莖青色也射雉賦曰麥漸漸以擢芒又曰闚閭藹葉四月時也繒色似之曰絹漢人叚爲繯字

从糸肙聲吉掾切十四部帛青黃色也綠衣毛傳曰綠閒色玉藻正義曰五方閒色綠紅碧紫騮黃是也木青剋土黃東方閒色爲綠綠色青黃也火赤剋金白南方閒色爲紅紅色赤白也金白剋木青西方閒色碧碧色白青也水黑剋火赤北方閒色紫紫色黑赤也土黃剋水黑中央閒色騮黃騮黃色黃黑也

从糸彔聲力玉切三部帛白青色也白青各本作青白今正此金剋木之色所剋當在下也縹禮記正義謂之碧釋名曰縹猶漂漂淺青色也有碧縹有天縹有骨縹各以其色所象言之也从糸票聲敷沼切二部帛青經縹緯經者從絲緯者衡絲一曰育陽染

也育陽漢南郡屬縣縣在育水北故曰育陽育與綪疊韵育水水部作淯水从糸育聲余六切三部

絑純赤也純同醇厚也赤南方色也按市下云天子朱市諸侯赤市然則朱與赤深淺不同豳風我朱孔陽傳曰朱深纁也陽明也許云纁者淺絳絳者大赤蓋純赤大赤其異者微矣鄭注禮經曰凡染絳一入謂之縓再入謂之䞓三入謂之纁朱則四入與是朱爲深纁之說也凡經傳言朱皆當作絑朱其叚借字也朱者赤心木也虞書丹朱如此丹朱見咎繇謨許所據壁中古文作丹絑蓋六經之絑僅見此処朱行而絑廢矣从糸朱聲章俱切古音在四部

纁淺絳也考工記鍾氏三入爲纁爾雅一染謂之縓再染謂之䞓三染謂之纁鄭注禮曰纁裳淺絳裳也从糸熏聲許云切十三部周禮故書纁作𥨍

絀絳也此絀之本義而廢不行矣韵會絳作縫非也古多叚絀爲黜从糸出聲丑律切十五部

絳大赤也大赤者今俗所謂大紅也上文純赤者今俗所謂朱紅也朱紅淡大紅濃大紅如日

出之色朱紅如日中之色日中貴於日出故天子朱市諸侯赤市赤卽絳也**从糸夅聲**古巷切九部

綰**惡絳也**惡下各本衍也今刪此如柴下云惡米也繫下云惡絮也謂絳色之惡者也**从糸官聲**烏版切十四部**一曰繯也**繯各本作綃今正网部繯一曰綰也二篆爲轉注老考互訓之例也繯字不行多叚綃爲之周禮翨氏注置其所食之物於綃中鳥來下則掎其腳是也但他書容可同音相代淺人將此繯改作綃則似綰可訓綃如麥稍色全書之條理不可知矣讀許者不可不思**讀若雞卵**卵古讀如關綰音亦如是說詳卵部

縉**帛赤色也**南都賦引臣瓚云赤白色王篇亦云帛赤白皆誤赤白則爲下文之紅矣**从糸晉聲**卽刃切十二部**春秋傳曰縉雲氏**春秋文十八年左傳文黃帝以雲紀故爲雲師而雲名服虔曰夏官爲縉雲氏**禮有縉緣**凡許云禮者謂禮經也今之所謂儀禮也十七篇無縉緣俟攷緣以絹切玉藻曰童子之節也緇布衣錦緣錦紳并紐錦束髮皆朱錦也朱錦爲緣豈卽縉緣

縉　帛赤色也玉篇同　廣韵云淺絳色

與

綪赤繒也定四年左傳分康叔以綪茷茷即旆也杜曰綪大赤取染草名也襍記注作蒨旆蒨即茜以茜染故謂之綪茜者茅蒐也韋部又曰茅蒐染韋也一入曰韎然則必數入而後謂之綪今不得其詳矣茜與綪合韵而同音故茜染謂之綪也从糸青聲倉絢切古音在十一部茜在十三部以雙聲合韵

緹帛丹黃色也謂丹而黃也下文云縓帛赤黃色丹與赤不同者丹者如丹沙與赤異其分甚微故鄭注草人曰赤緹縓色也酒正五齊四曰緹齊注曰緹者成而紅赤若今下酒矣按紅赤者赤而白緹齊不純赤故謂之紅赤緹齊俗作醍見禮運从糸是聲他禮切十六部

衹緹或作衹从衣氏聲也古氏與是同用故是聲亦从氏聲此篆與衣部衹裯之衹大別其義則彼訓短衣其音則氏聲在十五部氏聲在十六部也按唐石經周易衹既平詩衹攪我心亦衹以異左傳衹見疏也論語亦衹以異以及凡訓適之字皆从衣氏葢有所受之矣張參五經文字經典字畫之砥柱也衣部曰衹止移切適也廣韵本孫愐唐韵曰

衹章移切適也玉篇衣部亦曰衹之移切適也舊字相承可據如是至集韵云祇章移切適也始从示然恐轉寫轉刊之誤耳至類篇則衹祇二文皆訓適至韵會而从示之祇訓適矣此其遞譌之原委也衹之訓適以其音同在十六部而得其義凡古語詞皆取諸字音不取字本義皆叚借之法也攷毛公我行其野傳曰衹適也鄭何人斯箋論語注曰衹適也服虔左傳襄廿九年解云衹適也王弼注坎卦曰衹辭也顏師古竇嬰傳注曰衹適也此古字古言之存者章章也自宋以來刊版之書多不省照衣改從示者不少學者所宜訂正錢氏大昕養新錄乃云說文無衹字五經文字承玉篇之誤未免千慮一失耳衹譌祇俗又作秖唐人詩文用之讀如支今則改用只讀如質此古今推移之變也若史記韓安國傳云禔取辱耳此用衹之同音字如周易衹既平他家作禔而異其義要是同音○顏元孫干祿字書石本衹祇注云上神祇巨移反下適衹章移反是則祇字起於唐初蓋六朝俗字

縓 帛赤黃色也赤黃者赤而黃也禮喪服注曰縓淺絳也練冠而麻衣縓緣三年練之受飾也檀弓注曰縓纁

之類 一染謂之縓再染謂之䞓三染謂之纁 三句爾雅釋器文考工記祇言三入不言一入再入爾雅可補記文所未備記云鍾氏染羽以朱湛丹秫三月而熾之淳而漬之三入爲纁鄭注記與爾雅同色耳染布帛者染人掌之依鄭則染人染布帛與鍾氏染羽同用朱漸丹秫也古以茜染者謂之韎謂之緹以朱及丹秫染者謂之縓䞓纁赤色也纁者淺絳也玉藻之溫韍卽韎韐也溫卽縓之叚借字也韎亦謂之縓 从糸原聲 七絹切十四部

紫 帛青赤色也 青當作黑穎容春秋釋例曰火畏於水以赤入於黑故北方閒色紫也論語皇疏玉藻正義略同此作青者蓋如禮器注所云秦二世時語民言從之至漢末猶存與許說必無誤轉寫亂之耳 从糸此聲 將此切十五部亦十六部

紅 帛赤白色也 春秋釋例曰金畏於火以白入於赤故南方閒色紅也論語曰紅紫不以爲褻服按此今人所謂粉紅桃紅也 从糸工聲 戶公切九部

繱 帛青色也 爾雅青謂之蔥蔥卽繱也謂其色蔥蔥淺

青也深青則爲藍矣市部曰大夫赤市蔥衡用玉藻文也潘岳耤田賦纔犗服於縹軛廣雅緕一名緫作纔者誤

从糸蔥聲倉紅切九部

紺　帛深青而揚赤色也而字依文選注補揚當作陽猶言表也釋名曰紺含也青而含赤色也按此今之天青亦謂之紅青許言陽劉言含其意一也以纁入深青而赤見於表是爲紺賈氏考工疏云纁入赤汁則爲朱不入赤汁而入黑汁則爲紺賈說非也入深青乃爲紺入黑乃爲緅矣

从糸甘聲古暗切古音在七部

綥　帛蒼艾色也蒼者艸色也艾者仌臺也蒼艾色謂蒼然如艾色是爲綥毛傳曰綦巾蒼艾色許所本也鄭箋則云綦綦文也綦文者文錯畫也象交文今作紋是也不純綦而紋路蒼畫爲十字相交是爲綦文曹風其弁伊騏傳曰騏騏文也秦風傳曰騏綦文也魯頌傳蒼騏曰騏顧命騏弁鄭注曰青黑曰騏玉藻綦組綬注曰綦文襍色也皆謂蒼文也

从糸畁聲畁各本作畀併篆體作綥今正此用艸部之畁爲聲非用丌部之畀爲聲也艸部之畁从甶缶之甶爲聲非由非鬼頭之田也

由在古音弟一部由在古音弟十五部此不可或紊者也其亦古音弟一部也故綥字亦作綦經典用之徐鉉以補說文或體許本書無之渠之切一部玉篇作綨**詩曰縞衣綥巾未嫁女所服**鄭風出其東門文傳曰縞衣白色男服也綦巾蒼艾色女服也箋云縞衣綦巾所爲作者之妻服也鄭與毛異許用毛說而以未嫁二字申毛意**一曰不借綥**不借亦作薄借薄音博禮喪服傳曰繩屨者繩菲也注云繩菲今時不借也急就篇作不借釋名作搏腊同耳周禮弁師注曰堪讀如薄借綦之綦不借綦若今云艸鞻禨也士喪禮組綦注云綦屨係也所以拘止屨也讀如馬絆綦之綦內則屨著綦注亦云綦屨繫也按許不云一曰屨系而舉不借綦者以俗語易曉也如今小兒鞻帶**綦綥或从其**大徐所補攷玉部有璂艸部有綦則當依大徐補也**繰帛如紺色**如紺色者如紺而別於紺也廣雅系諸青類葢比紺色之青更深矣禮記用爲澡治字他書用爲繅繰字**或曰深繒**深繒疑有譌舛繒不得言深也**从糸喿聲讀若喿**

親小切二部按廣雅音早廣韵同緇帛黑色也黑者北方色也火所熏之色也考工記三入爲
纁五入爲緅七入爲緇鄭注曰元色者在緅緇之閒其六入者與从糸甾聲側持切一部按玉藻大夫
佩水蒼玉而純組綬注純當爲緇古文緇字或作糸旁才又周禮媒氏純帛注純實緇字也古緇以才爲聲祭統王
后蠶於北郊以供純服注純以見繒色論語今也純鄭讀爲緇鄭意今之紂字俗譌爲純耳然則許書當爲紂篆解
云古文緇从糸才聲而缺者豈從今書不從故書之例與纔帛雀頭色也今經典緅字許無纔
卽緅字也考工記三入爲纁五入爲緅七入爲緇注染纁者三入而成又再染以黑則爲緅緅今禮俗文作爵言如
爵頭色也又復再染以黑乃成緇矣士冠禮爵弁服注爵弁者冕之次其色赤而微黑如爵頭然或謂之緅依鄭則
爵緅纔三字一也三字雙聲巾車雀飾注曰雀黑多赤少之色玉裁按今目驗雀頭色赤而微黑一曰微
黑色如紺句纔逗淺也前一說謂黑多後一說謂微黑不同鄭注考工巾車謂黑多注士冠

禮謂微黑亦不同也其實雀頭微黑而已纔淺亦於雙聲求之猶竊之訓淺也江沅曰今用爲才字乃淺義引伸

讀若讒。从糸。毚聲。士咸切八部

緂　帛騅色也。騅者蒼白色也詳馬部釋言曰菼騅也王風毛傳曰菼騅也蘆之初生者也艸部曰薍者萑之初生一曰騅帛色如薍故謂之騅色謂之緂也取其與薍同音也 从糸。剡聲。士敢切八部 詩曰毳衣如緂。王風大車文按此十字當作从糸薍省詩曰毳衣如薍說會意之恉復證之以詩如蘁豐引易之例若如今本則色固緂矣何云如緂且偁詩毛氏毛固作菼何云偁毛

綟　帛䓞艸染色也。䓞各本譌戾韵會譌艾今正艸部䓞艸可以染畱黃染成是爲綟綟與䓞疊韵與畱雙聲畱黃或作駵黃或作流黃皇侃作緇黃蓋卽雞黃之色其色黎黑而黃也漢百官公卿表諸侯王金璽盭綬如淳曰盭音戾綠也以綠爲質晉灼曰盭艸名也似艾可染綠因以爲綬名按綠近黃綠爲質而染黑故曰駵黃中央之閒色何承天纂文云綟紫色非也漢制綠綟綬在紫綬之上紫綬一名緺綬其

色青紫从糸戾聲按戾聲當作䓞省會意包形聲也郎計切十五部紑白鱻衣皃鱻各本作鮮今正許例新鮮字如此作也毛詩傳曰絲衣祭服也紑絜鮮皃从糸不聲匹丘切古音在一部詩曰素衣其紑周頌作絲衣絲衣乃篇名素恐譌字此謂士爵弁元衣纁裳非白衣也本義謂白鮮引申之爲凡新衣之偁緂白鱻衣皃从糸炎聲充彡切八部廣韵他甘切謂衣采色鮮也六字葢非許語依玉篇則白鮮衣皃四字當作衣采色鮮也五字繻繒采色也此本義也左傳紀裂繻大夫以裂繻爲名此繻乃㡏之叚借巾部曰㡏繒耑裂也是也終軍傳關吏與軍繻蘇林曰繻帛邊也舊關出入皆以傳傳因裂繻頭合以爲符信也郎左氏裂繻字正當作㡏是以二傳作緰从糸需聲相俞切古音在四部讀若繻有衣周易既濟六四文葢有譌奪證之以絮篆下所偁則繻當作需衣下奪絮字縟緐采飾也飾各本作色今依文選西京賦月賦景福殿賦劉越石荅

也維字今依玉篇補卷經典釋文起權反玉藻縞冠〔元〕武注曰武冠卷也古者冠與卷殊禖記注曰秦人曰委齊東曰武喪大記注曰武吉冠之卷也冠卷不得偁紘故知冠卷下有維字必爲古本矣周禮弁師注朱紘以朱組爲紘也紘一條屬兩端於武又曰紐小鼻在武上笄所貫也士冠禮注曰有笄者屈組爲紘垂爲飾無笄者纓而結其條按有笄者謂冕弁無笄者謂冠許冖部冠下曰弁冕之總名也則此云冠卷維者謂冕弁之紘以一組自頤下而上屬兩耑於武者也葢笄貫於武紘實屬於笄首耳許以笄紘於卷故曰冠卷維許鄭說略同戴先生說冠無笄有武冕弁有笄無武紘屬於笄說更明了○引申之凡中寬者曰紘如月令其器圜以閎閎讀爲紘淮南書有八紘

从糸厷聲戶萌切古音在六部

紭　紘或从〔弘〕

紞　冕冠塞耳者魯語王后親織〔元〕紞韋曰紞所以縣瑱當耳者齊風充耳以素乎而充耳以青乎而充耳以黃乎而箋云素青黃謂所以縣瑱者或名爲紞織之人君五色臣則三色而已瓊華瓊瑩瓊英謂縣紞之末所謂瑱也玉裁按紞所以縣瑱瑱所

盧諶詩注正緐本訓馬髦飾引申之爲緐多飾本訓㕞也引申之爲文飾喪服傳曰喪成人者其文縟喪未成人者其文不縟注曰縟猶數也按數如數罟之數 **从糸辱聲** 而蜀切三部○按自縟繡二篆至此皆言文采與色之不同

纚 冠織也 冠織者爲冠而設之織成也凡繒布不須翦裁而成者謂之織成內則注曰縰韜髮者也士冠禮曰纚廣終幅長六尺注曰纚今之幘終充也纚一幅長六尺足以韜髮而結之矣禮經贊者奠纚而後設纚賓正纚乃加冠是以纚韜髮而後冠也此纚葢織成緇帛廣二尺二寸長袛六尺不待翦裁故曰冠織漢制齊三服冠獻冠幘縰正是織成者注云如方目紗按引申之网有名纚者薛綜曰纚網如箕形狹後廣前西京賦曰纚鰋鮋吳都賦曰纚鰽鯋○釋名纚以韜髮者也以纚爲之因以爲之名按劉語似誤本爲韜髮之偁纚乃以爲帛偁如劉語乃倒其先後矣 **从糸麗聲** 所綺切十六部亦作縰同問喪雞斯即笄纚之叚借也 **謂以緇帛韜髮** 六字各本無依集韵類篇韵會所引皆有葢古注之存者

紘 冠卷維

以塞耳紞非塞耳者也大戴禮黈紞塞耳所以揜聰黈黃色也紞同纊薛綜東京賦注曰黈纊言以黃綿大如丸縣冠兩邊當耳不欲妄聞不急之言此薛氏緣辭生訓大戴紞字乃紞之譌形之誤也黃色之紞下垂充耳人君紞五色故或單舉元或單舉黃以該他色自紞譌爲統漢初諸儒不能辨證禮緯客難東京賦諸書又改作纊因起薛氏繆說而呂忱顏師古從之用黃綿塞耳禮之所無士喪禮曰瑱用白纊豈有生時以纊充耳者如淳漢書注曰以玉爲瑱以黈纊縣之如語亦欠明了古文用字斷無有呼條繩爲纊者許書冕冠塞耳者當作冕冠所以縣塞耳者乃與鄭箋詩韋注國語合鄭韋析言之許渾言之耳引申之義爲衾紞鄭云被識也按今人語謂之當頭卽當耳之意又紞如打五鼓亦謂當鼓面有聲也**从糸冘聲**都感切七部

纓　冠系也冠系可以系冠者也系者係也以二組系於冠卷結頤下是謂纓與紘之自下而上系於笄者不同冠用纓冕弁用紘纓以固武卽以固冠故曰冠系玉藻之記曰元冠朱組纓天子之冠也緇布冠繢緌諸侯之冠也元冠丹組纓諸侯之齊冠也元

冠綦組纓士之齊冠也許此冠字專謂冠不該冕弁从糸嬰聲於盈切十一部

紻纓卷也此卷亦起權反卷本訓𠨨曲引申爲凡曲之偁纓卷謂纓之曲繞也是爲紻从糸央聲於兩切十部

緌系冠纓𠂹者各本作系冠纓也韵會無也字皆非今正緌與纓無異材垂其餘則爲緌不垂則函於纓卷閒內則冠緌纓注曰緌者纓之飾也正義曰結纓頷下以固冠結之餘者散而下垂謂之緌按玉藻曰有事然後緌檀弓曰喪冠不緌扱其餘也引申之爲旌旄之緌以旄牛尾爲之古字或作蕤或叚綏爲之从糸委聲儒佳切古音在十六部

緄織成帶也各本無成字依文選七啓注後漢南匈奴傳注補玉篇帶誤韋凡不待翦裁者曰織成緄帶見後漢書蓋非三代時物也詩小戎竹柲緄縢毛傳曰緄繩也此古義也而許不取之過矣漢碑用爲衮字从糸昆聲古本切十三部

紳大帶也巾部帶下曰紳也與此爲轉注革部鞶下云大帶也男子帶鞶婦人帶絲帶下云紳也男子鞶帶婦人帶絲皆於古大帶革帶不分

别是其疏也古有革帶以系佩韍而後加之大帶紳則大帶之垂者也玉藻曰紳長制士三尺子游曰參分帶下紳居二焉注云紳帶之垂者也言其屈而重也許但云大帶亦是渾言不析言葢許意以革帶統於大帶以帶之垂者統於帶立言不分别也**从糸**大帶用素用練故从糸**申聲**失人切十二部

繟　帶緩也繟之言緩也韓詩檀車緩緩毛詩作幝幝**从糸單聲**昌善切十四部

綬　韍維也韍古文作市韠也韍維謂所以維韍者釋器曰璲瑞也此謂玉瑞也又曰璲綬也郭云即佩玉之組所以連繫瑞者因通謂之璲今本字誤古者韍佩皆系於革帶佩玉之系謂之璲俗字爲繸又謂之綬韍之系亦謂之綬爾雅渾言之許析言之言韍可以該佩也謂之綬者韍佩與革帶之閒有聯而受之者故曰綬玉藻曰天子佩白玉而元組綬公侯佩山元玉而朱組綬大夫佩水蒼玉而純組綬世子佩瑜玉而綦組綬士佩瓀玟而縕組綬孔子佩象環五寸而綦組綬是其制也司馬氏輿服志曰五伯迭興戰兵不息於是解去韍佩畱其係璲以爲章表故詩曰琄琄佩璲此之謂也

至秦乃以采組連結於璲光明章表轉相結受故謂之綬漢承不改夫大東所言其時未嘗去玉綬見玉藻爾雅非至秦漢乃有此名古之所謂綬者璲也秦漢之繸也秦漢之所謂綬者所以代古之韍佩也非古之綬也然則許曰綬韍維也又曰組綬屬也此古之綬也又曰繸綬維也綸綬紫青色也綸青絲綬也此秦漢之綬也秦漢改韍佩爲綬遂改綬爲繸此名之遷移當正者也

从糸受聲 殖酉切三部

組 **綬屬也** 屬當作織淺人所改也組可以爲綬組非綬類也綬織猶冠織織成之幘梁謂之纚織成之綬材謂之組玉藻綬必連組曰元組綬朱組綬是也內則曰織紝組紃周禮典絲掌組詩曰執轡如組傳曰組織組也執轡如組御衆有文章言能制衆動於近成於遠也按詩意非謂如組之柔謂如織組之經緯成文御衆縷而不亂自始至終秩然能御衆者如之也織成之後所用韍佩之系其大者也

其小者㠯爲冠纓 各本冠作冕今依七啓李注急就顏注正冕用紘冠用纓冕可偁冠冠不得偁冕也玉藻曰元冠朱組纓天子之冠也緇布冠績緌諸侯之冠也元冠丹

組纓諸侯之齊冠也玄冠綦組纓士之齊冠也綏與纓同材故諸侯言綏不言纓纓以組之細者爲之大爲組綬小爲組纓其中之用多矣典絲所供所受之組是也**从糸且聲**則古切五部

緺綬紫青色也各本無色今依後漢南匈奴傳大平御覽正百官公卿表曰丞相金印紫綬高帝十一年更名相國緺綬徐廣曰似紫紫綬名緺綬其色青紫何承天云緺青紫色也按紫者水剋火之閒色又因水生木而色青是爲紫青色**从糸咼聲**古蛙切古音在十七部

縌綬維也此綬謂漢之綬也乘輿長丈九尺九寸至四百石三百石二百石長丈五尺百石長丈二尺者是也綬維謂之縌乘輿至二千石皆長三尺二寸千石至二百石皆長三尺者是也司馬彪曰縌者古佩璲也佩綬相迎受故曰縌按當曰與綬相迎受故曰縌縌之言逆也漢之縌古之綬也漢之綬猶古之韍佩也縌篆其創於李斯輩與**从糸逆聲**宜戟切古音在五部

纂佀組而赤漢景帝紀曰錦繡纂組害女紅者也臣瓚引此爲注按組之色不同似組而赤者則

謂之纂釋詁曰纂繼也此謂纂卽纘之叚借也近人用爲撰集之偁**从糸算聲**作管切十四部

紐

系也今本系下曰係也係者結束也**一曰結而可解**結者締也締者結不解也其可解者曰紐喪大記曰小斂大斂皆左衽結絞不紐正義云生時帶並爲屈紐使易抽解若死則無復解義故絞束畢結之不爲紐也**从糸丑聲**女久切三部

綸

糾青絲綬也各本無糾字今依西都賦李注急就篇顏注補糾三合繩也糾青絲成綬是爲綸郭璞賦云青綸競糾正用此語緇衣注曰綸今有秩嗇夫所佩也釋艸綸似綸郭曰今有秩嗇夫所帶糾青絲綸法言五兩之綸李軌云綸糾青絲綬也今本法言改糾爲如不可通矣攷輿服志乘輿黃赤綬諸侯王赤綬諸國貴人相國皆綠綟綬公侯將軍紫綬九卿中二千石二千石青綬千石六百石黑綬四百石三百石二百石黃綬百石青紺綸一采宛轉繆織長丈二尺按繆卽糾字自黃綬以上綬之廣皆尺六寸皆計其首首多者系細首少者系粗皆必經緯織成至百石而不計其首合青絲繩辮織之有經無緯謂之宛

轉繩若今人用絲繩如箸粗爲帶者也緇衣曰王言如絲其出如綸王言如綸其出如綍小雅曰之子于釣言綸之繩召南曰其釣維何維絲伊緡傳云緡綸也綸之繩猶言糾之繩矣後人用以代經論字遂使其義不傳 从糸侖聲 古還切古音在十三部

綎 系綬也 系當作絲廣韵曰絲綬帶綎玉篇曰絲綎綬也按此綬蓋綬之類而已非印綬之綬 从糸廷聲 他丁切十一部

絙 緩也 緩當作綬玉篇組下曰組綬也此亦綬之類也 从糸亘聲 胡官切十四部

纀 頸連也 頸當作領玉篇作領連是也謂聯領於衣也衣部曰襮黼領也毛傳曰襮領也領謂之襮連領謂之纀玉篇以爲同字也 从糸㬥省聲 補各切古音在二部

紟 衣系也 聯合衣襟之帶也今人用銅鈕非古也凡結帶皆曰紟玉藻紳韠結三齊注云結約餘也結或爲紟宋本如此韋注國語曰帶甲者紟鐙也紟今本譌衿荀卿非十二子曰其纓禁緩段禁爲紟也按襟交衽也俗作衿今人衿紟不別又喪禮紟單被也乃紟之別一義亦因可以固結之義引申之 从

糸今聲。居音切七部按又巨禁切䋥籀文从金。玉篇古文四聲韻皆作䋥

緣衣純也。此以古釋今也古者曰衣純見經典今曰衣緣緣其本字純其叚借字也緣者沿其邊而飾之也深衣曰純袂緣純邊廣各寸半袂緣猶袂口也廣各寸半者表裏共三寸也既夕禮注曰飾裳在幅曰綼在下曰緆緣之義引申爲因緣夤緣而俗遂分別其音矣从糸彖聲。以絹切十四部

纀常削幅謂之纀。爾雅釋器文也郭云削殺其幅深衣之裳也按許書之削當作消纀之言僕也僕之言附也从糸僕聲。博木切三部

絝脛衣也。今所謂套袴也左右各一分衣兩脛古之所謂絝亦謂之褰亦謂之襗見衣部若今之滿當袴則古謂之幝亦謂之幒見巾部此名之宜別者也从糸夸聲。苦故切五部按此字疑當同胯跨作絝今皆作袴

繑絝紐也。紐者系也脛衣上有系系於幝帶曰繑从糸喬聲。牽遙切二部

緥小兒衣也。衣部曰褅緥也斯干載衣之裼傳曰裼褓也褓緥之俗字

古多云小兒被也李奇曰小兒大藉師古曰卽今小兒綳古多叚借保葆字　从糸保聲博抱切古音在三部

繜　薉貉中女子無絝㠯帛爲脛空用絮補核名曰繜衣狀如襜褕無絝者無左右各一之絝也帛依急就篇當作布空脛古今字核當作覈果覈之引申也帛爲脛腔褚以絮而裹之若今江東婦之卷胖胖音如滂去聲是名繜衣亦曰母繜急就篇曰襌衣蔽膝布母繜蓋蔽厀繜衣襜三者相似故曰狀如襜衣部曰襜衣蔽前也又曰直裾謂之襜褕此當曰狀如襜不當有褕字　从糸尊聲子昆切十三部

紴　絛屬按急就篇紱緞紃三字相聯必三者爲一類也緞蓋本作紴篆形皮叚相似而譌緞乃又譌緞說者因以履後帖解耳未知是否　从糸皮聲讀若被或讀若水波之波博禾切十七部

[illegible]　扁緒也廣雅作編緒漢書及賈生新書作偏諸蓋上字作編下字作諸爲是諸者謂合衆采也賈誼傳曰今民賣僮者爲之繡衣絲履偏諸緣服虔曰偏諸如牙條以作履

緣又白縠之表薄紈之裏緁以偏諸晉灼曰以偏諸緁著衣然則偏諸之爲絛明矣雜記注曰紃若今時絛也毛詩左傳正義曰王后親織元紞卽今之絛繩必用雜采線織之按紴𦃃葢其闊者絛其陿者紃其圜者**从糸攸聲**土刀切古音在三部

𦃃　采彰也彰者彣彰也爲五采彣彰可以緣飾之物也**一曰車馬帬**一曰謂一名也帬各本作飾今正師古漢書注曰偏諸若今之織成以爲要襻及褾領者也古謂之車馬帬其上爲乘車及騎從之象急就篇𦃃注曰𦃃織采爲之一名車馬飾卽今之織成也按二注皆用許爲訓顏意偏諸卽𦃃也一作飾不同者後人改之耳**从糸戉聲**王伐切十五部

緃　𦃃屬急就篇絛繢總爲類師古曰總一作縱說文作縱按羔羊素絲五總傳曰總數也豈卽縱與**从糸從省聲**足容切九部

紃　圜采也采彰扁諸圜采葢古有是名而漢語猶然圜采以采線辮之其體圜也內則織紝組紃注曰紃絛也襍記紃以五采注曰紃施諸縫中若今時絛也孔穎達曰似繩者爲紃**从糸川聲**詳遵

切十三部

緟　增益也。增益之曰緟。經傳統叚重爲之。非字之本。如易之重卦。象傳言重巽。又言洊雷震。習坎。明兩作離。兼山艮。麗澤兌。皆謂緟之也。今則重行而緟廢矣。增益之則加重。故其字从重。許書重文若干。皆當作緟文。从糸。重聲。直容切。九部。

繯　擐臂也。擐臂者，擐衣出其臂也。王制。適四方。嬴股肱。注云。謂擐衣出其臂脛。蕭該云。擐當作撙。擐是穿著之名。非出臂之義。陸德明曰。擐舊音患。今宜音宣。依字作撙。字林云。撙，撙臂也。先全反。玉裁按。擐撙古今字。撙俗又作揎。鄭作擐。猶許作援。二聲古同耳。字書韵書有从尊聲之字。今以詛楚文石刻攷之。其云亦應尊皇天上帝及大沈久湫之幾靈德。賜克劑楚師。釋爲爰。釋爲援。皆可。董逌云古受字。非也。援臂者。援引也。引褎而上之也。是爲纕臂。襄訓解衣。故其字从襄糸。今則攘臂行而纕臂廢矣。攘乃揖讓字。从糸。襄聲。汝羊切。十部。廣韵攘臂平聲。

纗　維綱中繩也。綱者，网之紘也。又用繩維之。左右皆有繩。而中繩居要。是曰纗。思玄賦舊注云。纗，系也。葢引申之爲凡系之偁。思玄賦曰。纗幽蘭之秋華。

李善引通俗文曰繫幃曰纗幃者今之香囊也通俗文各本作說文今以意改从糸巂聲讀若畫戶圭切廣韵又胡卦切十六部或讀若維維疑當作絓

綱网紘也各本作維紘繩也今依棫樸正義正紘者冠維也引申之爲凡維系之偁孔穎達云紘者网之大繩商書曰若网在綱有條而不紊詩曰綱紀四方箋云以网罟喻之張之爲綱理之爲紀从糸岡聲古郎切十部

𣐈古文綱古文四聲韵作㭃枍二形枍从古文糸也

縜綱紐也紐者結而可解也大曰系小曰紐綱之系网也必以小繩毌大繩而結於网是曰縜引申爲凡紐之偁梓人爲侯上綱與下綱出舌尋縜寸焉注云綱所以繫侯於植者也縜籠綱者按綱繩麤大故以小繩毌大繩爲紐連於侯其用與网一也从糸員聲爲贇切十三部周禮曰縜寸大鄭曰讀如竹青皮之筠

縵綅也各本綅上有絳字今依閟宮釋文正義正以綅訓縵不言色也縵既爲絳綫則經不必言朱矣閟傳襌而縵襍記注襌既祭乃服襌服朝服縵冠鄭曰黑經白

縵　絳綫也詩曰貝冑朱縵廣韵引同玉篇云綫也縫綫也說解及廣韵絳乃縫之譌貝冑朱縵謂以朱綫縫貝於冑傳謂以朱綫綴之綴即縫也　段刊絳字[illegible]

緯曰綅別一義从糸侵省聲子林切七部又息廉反詩曰貝冑朱綅魯頌閟宮文傳曰貝冑貝飾也朱綅以朱綅綴之按毛意謂以朱綫綴貝於冑耳正義謂綴甲非也縷綫也此本謂布縷引申之絲亦名縷从糸婁聲力主切古音在四部綫縷也鄭司農周禮注曰線縷也此本謂布綫引申之絲亦偁綫从糸戔聲私箭切十四部線古文綫周禮縫人作線鮑人同注曰故書線作綜當爲糸旁泉讀爲綫按線作綜字之誤也綫則鄭時行此字漢功臣表不絕如綫晉灼曰綫今線縷字葢晉時通行線字故云尒許時古線今綫晉時則爲古綫今線葢文字古今轉移無定如此⿰糸穴縷一枚也一枚猶一箇也从糸穴聲乎決切十二部縫以鍼紩衣也鍼下曰所以縫也召南羔羊之縫傳曰縫言縫殺之大小得其宜引申之義也从糸逢聲符容切九部緁緶衣也下文緶下曰緁衣也與此爲轉注衣部曰𧝓者緶也喪服傳曰斬者何不緝也齊者何緝也齊卽𧝓緝卽

十誤年

緁叚借字也緁者緶其邊也　从糸疌聲　七接切八部

緁或从習　習聲與緁聲相近也

紩　縫也　與上文縫爲轉注黹下曰鍼縷所紩衣也凡鍼功曰紩　从糸失聲　直質切年二部

緛　衣戚也　戚今之蹙字也古多用戚無蹙字考工記曰不微至無以爲戚速詩鄭箋云縐絺絺之戚戚者今俗改作蹙衣戚衣部所謂襞韋部所謂韏子虛賦襞積褰縐紆徐委曲鬱橈谿谷張揖注曰襞積簡齰也褰縮也縐戚也其縐中文理弟鬱迴曲有似於谿谷也按簡古字襉襉皆今字縐訓戚與鄭箋合俗本譌裁而小顏小司馬皆不得其解甚矣古書之難讀也衣戚亦曰韏衣是爲緛引申之爲凡戚之偁素問曰大筋緛短小筋弛長緛短謂戚而短也緛以衣喻弛以弓喻　从糸耎聲　而沇切十四部

䋎　補縫也　補者完衣也古者衣縫解曰袒見衣部今俗所謂綻也以鍼補之曰䋎內則云衣裳綻裂紉鍼請補綴是也引申之不必故衣亦曰縫䋎古豔歌行曰故衣誰當補新衣誰當綻賴得賢主人覽取爲我䋎謂故衣誰則補之新衣誰則縫之賴有

賢主婦見而爲補縫之也綻字古亦作組淺人改之**从糸旦聲**丈莧切十四部

繕　補也周禮繕人注曰繕之言勁也善也叔于田序注云繕之言善也曲禮招搖在上急繕其怒注曰急猶堅也繕讀曰勁按許言補其本義也而中含善勁二義故鄭云之言不必如曲禮注之改讀也**从糸善聲**時戰切十四部

結　衣堅也各本無此三字以論語曰結衣長短右袂冠於从糸之上今補正玉篇注曰堅也廣韵注曰堅結皆本諸說文古本非能杜撰也自淺人不知許有引經說叚借之例則訓論語結衣爲堅衣而不可通乃刪其本義徑引論語使結爲褻之或體殊不思結果褻或字則當於衣部褻篆之下出一結篆云褻或从舌聲不得慣慣如是且上文云補縫也下文云綴得理也堅義正與補綴相合列字之次弟可攷者如是衣堅者今蘇州人所謂勤箸也**从糸舌聲**舌以柔而存天下之至柔馳騁天下之至剛从舌非無意也私列切十五部**論語曰結衣長短右袂**鄉黨篇文今論語結衣作褻裘衣部曰褻私服也然則論語自訓私服而

作絬者同音叚借也許偁之者說六書之叚借也如玫人姓也而偁無有作玫堋喪葬下土也而偁堋涅于家尚書叚玫爲好叚堋爲朋也

纍綴得理也綴者合箸也合箸得其理則有條不紊是曰纍樂記曰纍纍乎端如貫珠此其證也一曰大索也論語作縲字之誤注云黑索也亦誤作累如孟子係累其子弟是亦作羸如易大壯羸其角馬云大索也鄭虞作纍引申之不以罪死曰纍見楊雄反離騷注从糸畾聲畾聲卽靁省聲也力追切十五部按纍絫二字大不同纍在十五部大索也其隸變不得作累絫在十六部增也引申之延及也其俗體作累古所不用

縭以絲介履也介者畫也謂以絲介畫履閒爲飾也葢卽周禮之繶絇从糸离聲力知切古音在十七部

緱刀劒緱也廣韵曰刀劒頭纏絲爲緱也按謂人所把處如人之喉然从糸侯聲古侯切四部

緊戟衣也所以韜戟者猶盛弓弩矢器曰医也叚借爲語詈左傳王室之不壞緊伯舅是賴民不易物惟德緊物毛詩伊可懷也箋云伊當作

緊緊猶是也。从糸殹聲。烏雞切。十五部。一曰赤黑色繒。赤當依玉篇作青。巾車王后安車彫面緊總注曰緊讀爲鳧鷖之鷖鷖總者青黑色以繒爲之鄭司農說也

縿　旌旗之游所屬也。各本失所屬二字今補㫃部曰游旌旗之流也周禮巾車注云正幅爲縿游則屬焉正義曰正幅爲縿爾雅文又覲禮正義爾雅說旌旗正幅爲縿唐後爾雅奪正幅爲縿四字邢疏不能攷補縿是旌旗之體游則屬焉故孫炎注曰爲旒於縿郭璞曰縿衆旒所箸戴先生曰游箸縿垂者也交龍鳥隼之屬皆畫於縿爾雅曰纁帛縿鄭本之曰九旗之帛皆用絳上有弧以張縿之幅見覲禮明堂位考工記下以人維之周禮節服氏六人維王之太常爾雅維以縷是也所以太常必維之者正恐其游長曳地毛詩素絲紕之大夫旌旗之游亦維持之也游屬於縿而統於縿然㫃部游下不云旌旗之縿也則知縿下斷不云旌旗之游理合析言不得渾言矣从糸參聲。所銜切古音在七部

徽　衺幅也。即詩之邪幅也傳曰邪幅偪也所以自偪束也箋云邪幅如今行縢也偪

束其脛自足至厀按內則謂之偪許云謂之徽未見所出蓋猶蔽厀謂之韠與釋詁曰徽善也止也大雅箋云美也自偪束之義之引申也 **一曰三糾繩也** 三糾謂三合而糾之也斗部曰糾三合繩易係用徽纆劉表曰三股曰徽兩股曰纆一說糾本三股三糾當為九股 **从糸微省聲** 許歸切十五部

𦆝　扁緒也 見條下 **一曰弩要** 俗作𦝫 **鉤帶从糸𣃔聲** 𣃔者籒文折字并列切十五部

紉　單繩也 單各本及集韵作繟非其義李文仲字鑑作繟今依廣韵佩觿作單太平御覽引通俗文曰合繩曰糾單展曰紉織繩曰辮大繩曰絙釋元應引字林單繩曰紉單對合言之凡言綸言糾皆合三股二股爲之紉則單股爲之玉篇曰紉繩縷也展而續之方言曰繝劉續也楚謂之紉蓋單股必以他股連接而成離騷曰紉秋蘭以爲佩注紉索也內則紉鍼請補綴亦謂綫接於鍼曰紉 **从糸刃聲** 女鄰切古音在十三部

繩　索也 索下云繩也艸有莖葉可作繩索也故从朩糸繩可以縣可以束可以爲閑故釋訓曰兢兢繩

繩戒也周南傳曰繩繩戒愼也从糸蠅省聲食陵切蠅字入黽部者謂其虫大腹如黽類也故蠅以黽會意不以黽形聲繩爲蠅省聲故同在古音弟六部黽則古音如芒在弟十部綧紆未縈繩未縈繩謂未重疊繞之如環者紆者詘也少少詘曲之而已將縈繩先詘曲之引申爲凡紆曲之偁士喪禮陳襲事于房中西領南上不綪注云綪讀爲綧綧屈也江沔之閒謂縈收繩索爲綧按許紆下一曰縈也此卽江沔之閒語也此云紆未縈繩用詘訓也凡器物曲陳之皆曰綧一曰急弦之聲聲綧綧然也从糸爭聲讀若旌側莖切十一部

縈收卷也卷居轉切各本作拳非也今依韵會玉篇正凡舒卷字古用卻曲之卷今用气勢之捲非也收卷長繩重疊如環是爲縈於營切今俗語尙不誤詩周南葛藟縈之傳曰縈旋也从糸熒省聲於營切十一部

絇纑繩絇也纑者布縷也繩者索也絇糾合之謂以讀若鳩知之謂若纑若繩之合少爲多皆是也廣韵絇九遇切絲絇也唐會真記崔氏書曰奉寄釆絲一絇元稹

詩曰芬絲不成絇正讀九遇切是唐人多用此語若屨絇禮經及禮記皆作絇周禮作句鄭云箸舄屨之頭以爲行戒句當爲絇聲之誤也玉裁按許不言屨飾但言纑繩絇許意屨絇字當從周禮作句爲正取拘止之意从糸句聲讀若鳩古音在四部今其俱切

縋㠯繩有所縣也縣者系也以繩系物垂之是爲縋縋之言垂也玄應引縣下有鎮春秋傳曰夜縋納師見左傳襄十九年从糸追聲持僞切按當持位切古音在十五部

䌨纕臂繩也纕各本作攘今正纕者援臂也臂衺易流以繩約之是繩謂之絭絭有叚桊爲之者史記滑稽列傳桊韝鞠䠊徐廣云桊收衣袖也又有叚卷爲之者列女傳趙津女娟攘卷操檝卷卽絭也禾部曰稛絭束也一部曰冠絭也是引申爲凡束縛之偁从糸𢍏聲居願切十四部

緘所㠯束匧也所㠯二字今補篋者笥也束者縛也束之者曰緘引申之齊人謂棺束曰緘喪大記作咸从糸咸聲古咸切古音在七部

縢緘也亦所以束者也周書

有金縢凡艸之藟木之虆曰縢俗作藤从糸朕聲徒登切六部

編次簡也以絲次弟竹簡而排列之曰編孔子讀易韋編三絕冊字下曰象其札一長一短中有二編之形然則駢比其簡上下用絲編二是以有得青絲編考工記者也禮之編茅爲鼎鼏周禮王后之編列髮爲之亦猶是法也从糸扁聲布玄切十二部

維車蓋維也車蓋之制詳於考工記而其維無考許以此篆專系之車蓋蓋必有所受矣引申之凡相系者曰維轂維綏維是也管子曰禮義廉恥國之四維从糸隹聲以追切十五部

絥車絥也郊祀志雍五時路車各一乘駕被具西時畦時禺車各一乘禺馬四匹駕被具師古曰駕車備馬之飾皆具按駕車之飾此所謂絥也被馬之飾革部所謂鞁也从糸伏聲平祕切古音在一部

茯絥或从艸

鞴絥或从革葡聲葡聲伏聲同在弟一部

綎綎綊逗各本少此二字今依全書通例補乘輿馬飾也乘輿天子車飾亦妝飾之飾綎綊字今無所攷

傳元乘輿馬賦注今不傳从糸正聲諸盈切十一部綊綎綊也其義已釋於上故此但云綎綊也凡緜連字不可分釋者其例如此从糸夾聲胡頰切八部緐馬髦飾也馬髦謂馬鬣也飾亦妝飾之飾葢集絲絛下垂爲飾曰緐引申爲緐多又俗改其字作繁俗形行而本形廢引申之義行而本義廢矣至若鄭注周禮禮記之繁纓繁讀爲鞶帶之鞶謂今馬大帶也此易字之例其說與許說絕殊从糸每各本下有聲字非也今刪每者艸盛上出故从糸每會意猶之蘩字亦以每緐會意也附袁切十四部春秋傳曰可㠯稱旌緐乎哀廿三年左傳文𦃀緐或从㝊以弁形聲㝊籒文弁見兒部繮馬紲也釋名曰韁疆也繫之使不得出疆限也从糸畺聲居良切十部紛馬尾韜也韜劒衣也引申爲凡衣之偁釋名曰紛放也防其放弛以拘之也楊子言車軨馬駖馬駖謂結束馬尾豈韜之而後結之與羽獵賦注紛旗流也尙書敿乃干傳曰施汝盾紛離騷

用繽紛字皆引申叚借也。从糸分聲。撫文切十三部

紂　馬緧也。方言曰車紂自關而東周洛韓鄭汝潁而東謂之緻或謂之曲綯或謂之曲綸自關而西謂之紂　从糸肘省聲。除柳切三部

緧　馬紂也。考工記必鰌其牛後注云鰌讀爲緧關東謂紂爲緧按亦作緻商王紂古文尚書作受　从糸酉聲。七由切三部

絆　馬縶也。馬部馽下曰馬絆也與此爲轉注小雅縶之維之傳曰縶絆維繫也周頌曰言授之縶以縶其馬箋云縶絆也按縶謂繩用此繩亦謂之縶此凡字之大例有客其取明者也引申爲凡止之偁　从糸半聲。博幔切十四部

縜　絆前兩足也。莊子馬蹏篇連之以羈縜崔云絆前兩足也吳都賦縜麋麖劉注同　从糸須聲。相主切古音在四部按向秀云馬絆音諫集韵入二腫　漢令蠻夷卒有縜。疑有奪字殊下云蠻夷長有罪當殊之此應云蠻夷卒有罪當縜之

紖　牛系也。牛系所以系牛者也周禮封人作絼鄭司農云絼著牛鼻繩所以牽牛者今時謂之

雉與古者名同後鄭云絺字當以豸爲聲按絺讀如豸池爾切漢人呼雉卽絺也絺變作紖而讀丈忍切仍絺雉之雙聲今人讀紖余忍切則非也少儀曰牛則執紖**从糸引聲讀若矤**直引切十二部

縼　吕長繩系牛也玉篇云以長繩系牛馬放之也**从糸旋聲**辭戀切十四部

縻　牛轡也縻本馬縻也大車駕牛者則曰牛縻是爲縻潘岳賦曰洪縻在手凡言覊縻勿絕謂如馬牛然也**从糸麻聲**靡爲切古音在十七部

紗　縻或从多多聲麻聲同十七部

紲　犬系也犬字各本無今補少儀犬則執緤牛則執紖馬則執靮注曰緤紖靮皆所以繫制之者按許以此篆次於牛系牛轡之後其爲用少儀顯然也緤本犬系引申之馬亦曰紲故上文繮下曰馬紲也若紲本謂馬則宜次於繮篆後矣**从糸世聲**私列切十五部**春秋傳曰臣負羈紲**春秋僖廿四年左傳文服虔注曰一曰犬韁曰紲古者行則有犬按如服說則紲之本義也如杜說紲馬韁則紲引申之義也服云犬韁許云馬紲

文意正同

紲或从枼枼亦世聲也

索也易係用徽纆劉表曰三股曰徽兩股曰纆字林曰兩合曰糾三合曰纆

从糸黑聲莫北切一部按从黑者所謂黑索拘攣罪人也今字从墨

大索也通俗文大索曰縆

一曰急也淮南子曰張瑟者小弦縆大弦緩高氏注曰縆急也王逸注九歌曰縆急張弦也如月之恆傳曰恆弦也本亦作縆沈重古恆反按手部揯引急也縆與揯音義皆同

从糸恆聲古恆切六部亦作緪非从亘之緪也亦古鄧切

綆也易井卦汔至亦未繘井羸其瓶鄭云繘綆也方言曰繘自關而東周洛韓魏之閒謂之綆或謂之絡關西謂之繘

从糸矞聲余聿切十五部

古文从絲

籒文繘从絲又从曰也曰者又手也

汲井綆也汲者引水於井也綆者汲水索也何以盛水則有缶缶部曰罋汲缾也是也何以引缾而上則有綆春秋傳具綆缶是也

从糸更聲古杏切古音在十部讀如岡

彈彄也彈者開弓

也彄者弓弩耑弦所凥也弦與弓弩於發矢時相離是名緪从系有聲弋宰切又古亥切一部

𦃃生絲縷也生絲爲縷也凡蠶者爲絲麻者爲縷絲細縷麤故糾合之絲得偁縷謂縷系矰矢而㠯隿䠶也李善文賦注所引有此十字今按有此乃完當作生絲縷系矰矢而㠯隿䠶也共十一字矢部曰矰者隿䠶矢也隹部曰隿者繁䠶飛鳥也繳者繁繳也从系敫聲之若切古音在二部

繴繴謂之罿罿謂之罬罬謂之罦捕鳥覆車也見釋器及网部从系辟聲博厄切十六部

緍釣魚繁也繁本施於鳥者而釣魚之繩似之故曰釣魚繁召南曰其釣維何維絲伊緍傳曰緍綸也謂糾絲爲繩也从系昏聲武巾切十三部

吳人解衣相被謂之緍方言緍緜施也秦曰緍趙曰緜吳越之閒脫衣相被謂之緍緜按大雅荏染柔木言緍之絲傳曰緍被也是其爲古義古訓不始方言也

絮敝緜也緜者聯散也因以爲絮之偁敝者敗衣也

因以爲孰之偁敝緜孰緜也是之謂絮凡絮必絲爲之古無今之木緜也以絮納袷衣閒爲袍曰褚亦曰裝褚亦作著以麻緼爲袍亦曰褚 **从糸如聲** 息據切五部

絡 絮也 今人聯絡之言葢本於此包絡字漢人多叚落爲之其實絡之引申也楊雄傳曰緜絡天地以絮喻也 **一曰麻未漚也** 陳風曰東門之池可以漚麻傳曰漚柔也箋云於池中柔麻使可緝績作衣服按未漚者曰絡猶生絲之未湅也 **从糸各聲** 盧各切五部

纊 絮也 玉藻纊爲繭注曰纊今之新緜也按鄭釋纊爲新緜者以別於緼之爲新緜及舊絮也許則謂纊爲絲絮不分新故謂緼爲麻紼與鄭絕異 **从糸廣聲** 苦謗切十部 **春秋傳曰皆如挾纊** 春秋宣十二年左傳文

絖 纊或从光

紙 絮一箈也 箈各本譌笘今正箈下曰澈絮簀也澈下曰於水中擊絮也後漢書曰蔡倫造意用樹膚麻頭及敝布魚网以爲紙元興元年奏上之自是莫不從用焉天下咸稱蔡侯紙按造紙昉於漂絮其初絲絮爲之以箈荐而成之

今用竹質木皮爲紙亦有緻密竹簾荐之是也通俗文曰方絮曰紙釋名曰紙砥也平滑如砥**从糸氏聲**諸氏切十六部

⿰糸咅　治敝絮也敝絮猶故絮也**从糸咅聲**芳武切古音在四部

繫　繫褫也一曰惡絮一曰猶一名也繫褫讀如谿黎疊韵字音轉爲縴褫縴苦堅切廣韵十二齊一先皆曰縴褫惡絮是也釋名曰煮繭曰莫莫幕也貧者著衣可以幕絮也或謂之牽離煮熟爛牽引使離散如絮也按此與煮繭絓頭不同物編太平御覽者合而一之誤矣**从糸毄聲**大徐古詣切非也此字之本音見周易釋文云直作毄下系者音口奚反集韵繫牽兮切引說文繫褫今惡絮陸德明丁度非不言之憭然也而六朝以後舍系不用而叚繫爲系遂使繫之本義薶蘊終古至鼎臣奉敕校定此書亦徑云古詣切何淺率如是尚自謂用唐韵不知唐韵霽韵內之繫非許書之繫褫也十六部

褫　繫褫也从糸虒聲郞兮切十六部**一曰維也**此別一義謂褫亦訓維系

緝　績也自緝篆至絣篆皆說麻事麻事與蠶事相

似故亦从糸凡麻枲先分其莖與皮曰朩因而漚之取所漚之麻而𣏟之𣏟之爲言微也微纖爲功析其皮如絲而撚之而劃之而績之而後爲縷是曰績亦曰緝亦絫言績孟子曰妻辟纑趙注曰緝績其麻曰辟按辟與擘肌分理之擘同謂始於析麻皮爲絲也引申之用縷以縫衣亦爲緝如禮經云斬者不緝也齎者緝也是也又引申之爲積厚流光之偁大雅傳曰緝熙光明也是也**从糸咠聲**七入切七部

絘　績所未緝者各本作績所緝也今依廣韵正兩縷相接而後爲緝未撚接之前豫𣏟纖微諸縷以儲待之是爲絘令其次弟可用也引申之周禮有絘布鄭司農云列肆之稅布**从糸次聲**七四切十五部

績　緝也豳風八月載績傳曰載績絲事畢而麻事起矣績之言積也積短爲長積少爲多故釋詁曰績繼也事也業也功也成也左傳曰遠績禹功大雅曰維禹之績傳曰績功也**从糸責聲**則歷切十六部

纑　布縷也言布縷者以別乎絲縷也績之而成縷可以爲布是曰纑禮經縷分別若干升以爲麤細五服之縷不同也趙岐曰

湅麻曰纑麻部䋈下曰未湅治纑也然則湅治之乃曰纑葢縷有不湅者若斬衰齊衰大功小功之縷皆不湅緦衰之縷則湅之若吉服之縷則無不湅者不湅者曰䋈湅者曰纑統呼曰縷从糸盧聲洛乎切五部

紨布也謂布名一曰粗紬謂大絲繒之粗者漢書武五子傳嚴延年女羅紨从糸付聲防無切五部

繐蜀細布也左思蜀都賦黃潤比筒注黃潤謂筒中細布也楊雄蜀都賦曰筒中黃潤一端數金从糸彗聲祥歲切十五部

絺細葛也葛者絺綌艸也其緝績之一如麻枲其所成之布細者曰絺粗者曰綌葢艸有不同如今之葛布有黃艸葛其粗者也从糸希聲丑脂切十五部

綌粗葛也从糸谷聲綺戟切古音在五部

𢅥綌或从巾

縐絺之細者也者字依御覽補詩曰蒙彼縐絺庸風君子偕老文傳曰蒙覆也絺之靡者爲縐按靡謂紋細皃如水紋之靡靡也米部曰䊳碎也凡言靡麗者皆取䊳義謂其極細此毛說與鄭說

之不同也一曰戚也戚各本作蹴蹴者躡也非其義葢本作戚俗作蹙又改爲蹴耳今正鄭箋云緆絺絺之蹙蹙者此鄭說之異毛也戚戚者如今鈹紗然上文云縐衣戚也子虛賦襞積褰縐張揖注云縐戚也从糸芻聲側救切四部

絟細布也江都王傳遺帝荃葛師古曰字本作絟千全反又千劣反江南筩布之屬皆爲荃也从糸全聲此緣切十四部

紵檾屬檾者枲屬也陳風曰東門之池可以漚紵細者爲絟布白而細曰紵各本作粗者爲紵今依元應書正卷十二十五略同也周禮典枲掌布緦縷紵之麻艸之物白而細疏曰紵古亦借爲褚衣之褚从糸宁聲直呂切五部

紵或从緒省

緦十五升抽其半布也各本無抽其半三字當由不通人刪之今補緦者布名猶大功小功皆布名也經云緦麻三月者注云緦麻緦布衰裳而麻絰帶也今本注內刪下緦字則不可通矣傳曰緦者十五升抽其半有事其縷無事其布曰緦凡布幅廣二尺二寸禮經布八十縷爲

升卽許之布八十縷爲稯也斬衰三升三升有半齊衰四升繐衰小功之縷四升有半大功八升若九升小功十升若十一升緦布朝服之縷七升有半升數各不同而皆合二尺二寸之度以成布十五升去半者十五升朝服之升數也去其半則爲七升有半朝服用十五升其布密緦用其半其布疏謂之緦者鄭曰治其縷細如絲也傳所謂有事其縷也繐衰用小功之縷而升數不及半緦用朝服之縷而升數祇取半皆聖人因宜適變之精意

一曰兩麻一絲布也此說非也鄭注喪服曰或曰有絲朝服用布何衰用絲乎从糸思聲息茲切一部

□古文緦从恖省思各本作糸誤今正

緆細布也布一本作麻古亦呼布爲麻也燕禮冪用綌若錫鄭注今文錫爲緆緆易也治其布使滑易也按今文其本字古文其叚借字也子虛賦被阿錫卽列子之衣阿緆許意從禮今文故錄緆字喪服錫衰傳曰錫者何也麻之有錫者也錫者十五升抽其半無事其縷有事其布曰錫按據是則緆之與緦但一事其縷一事其布爲少異耳其爲十五升之半則同也何

緦下偁傳以釋之而緆下不偁傳也曰緦在五服之內故聖人特製其字錫衰不在五服內故聖人用錫之名不別製字錫衰之錫與細布之緆其實不同也葢古者布十五升爲冣細十五升布成治之使滑易是曰緆錫衰則半十五升而治之亦名曰緆實非緆也是以傳之釋經也先之曰錫者何也麻之有錫者也有讀爲又言麻既爲布矣而又加灰昜之此言緆之本義也繼之曰錫者十五升抽其半無事其縷有事其布曰錫此釋錫衰之錫也兩言錫者意各有在許作字書釋緆本義故祇曰細麻而不必詳十五升去半之緆葢用傳前說以包後說矣**从糸易聲**先擊切十五部

緆或从麻先鄭曰錫麻之滑易者劉熙曰錫易也治其麻使滑易也古說謂治麻曰錫

細疏布也禮經曰緦衰裳牡麻絰既葬除之者傳曰緦衰者何以小功之縷也注云治其縷如小功而成布四升半細其縷者以恩輕也升數少者以服至尊也凡布細而疎者謂之緦今南陽有鄧緦按小功十升若十一升成布而此用小功之縷四升半成布是爲縷細而布疏其名曰緦者布本有一種細而

疏者曰繐但不若繐衰之大疏而繐衰之名繐實用其意故鄭舉凡布以名之劉氏釋名說繐衰亦曰細而疏如繐也許云細疏布亦謂凡布不主繐衰與緆本爲細布名而錫衰之錫取以爲名正同故皆不引禮傳**从糸惠聲**私銳切十五部按此篆各本在前絙纂二篆之閒非其次也今移此以正之

綸　綸貲逗布也謂布名急就篇服瑣綸𢂑與繒連師古曰綸𢂑緆布之尤精者也𢂑貲同**从糸俞聲**度侯切四部

縗　喪服衣喪字各本無今補凡服上曰衣下曰裳禮衰裳連言卽衣裳也以衰統負板辟領等爲言也**長六寸博四寸直心**禮喪服記曰衰長六寸博四寸注云廣袤當心也前有衰後有負板左右有辟領孝子哀戚無所不在按縗經典多叚借衰爲之**从糸衰聲**倉回切古音在十七部

絰　喪首戴也喪服絰苴絰注曰麻在首在要皆曰絰絰之言實也明孝子有忠實之心故爲制此服焉首絰象緇布冠之缺項要絰象大帶又有絞帶象革帶按絰傳首要皆言絰而首章傳苴絰大搹去五分一以

爲帶齊衰之絰斬衰之帶也云云然則在首爲絰在要爲帶絰特舉絰以統帶耳故許以喪首戴釋絰猶言當心之纕則負板辟領皆統其中也从糸至聲徒結切十二部

緶交枲也謂以枲二股交辮之也交絲爲辮交枲爲緶一曰緁衣也上文緁下云緶衣也此云緶緁衣也是爲轉注从糸便聲房連切十一部

⿱戶糸履也履者足所依也方言曰絲作之者謂之履麻作之者謂之不借或謂之屨或謂之鞠角或謂之麤或謂之屩或謂之屝履其通語也一曰青絲頭履也上義謂麻作之此義謂青絲爲頭讀若阡陌之陌許書無阡陌蓋當作什佰也一曰以下十三字當在从糸戶聲之下从糸戶聲大徐亡百切郭景純下瓦反一音畫古音在五部

⿰糸封枲履也枲者麻也急就篇屐屩絜麤今俗語屨之判合爲幫讀如邦从糸封聲博蠓切九部

緉履兩枚也齊風葛屨五兩屨必兩而後成用也是之謂緉一曰絞也一曰猶一名也方言緉緉絞也關之東西或謂

之綫絞通語也按綱之言网也綫之言雙也絞之言交也从糸网网亦聲各本网作兩篆作綱非當正力讓切十部

麻一耑也一耑猶一束也耑頭也束之必齊其首故曰耑人部係下云絜束也是知絜爲束也束之必圍之故引申之圍度曰絜束之則不襪曼故又引申爲潔淨俗作潔經典作絜从糸㓞聲古屑切十五部

枲之十絜也枲卽麻也十絜猶十束也亦叚爲謬誤字亦叚爲謚法之穆一曰綢繆也唐風綢繆束薪傳曰綢繆猶纏緜也鴟鴞鄭箋同皆謂束縛重疊从糸翏聲武彪切三部

繆也謂枲之十絜一曰綢繆二義皆與繆同也今人綢繆字不分用然詩都人士單用綢字曰綢直如髮毛傳以密直釋之則綢卽稠之叚借也从糸周聲直由切三部按此二篆疑有譌亂

絜縕也絜縕謂束縕也束縕見蒯通傳一曰敝絮也敝絮謂孰緜也前說謂麻此謂絲从糸奴聲女余切五部易曰需有衣絮既濟六四爻辭按此篆舊在繫

篆之前彼上下文皆言絲絮非其類今移次於此

縕紼也玉藻纊爲繭縕爲袍注曰纊新緜也縕今之纊及故絮也纊及故絮者謂以新緜合故絮裝衣鄭說與許異衣部曰以絮曰襺以縕曰袍許絲絮不分新舊槩謂之纊以亂麻謂之縕孔安國釋論語曰縕枲著也許所本也蒯通傳束縕乞火師古曰縕亂麻从糸昷聲於云切十三部亦上去聲

紼亂枲也枲各本作系不可通今正亂枲者亂麻也可以裝衣可以然火可以緍之爲索故采尗毛傳曰紼繂也言用紼爲索也从糸弗聲分勿切十五部

絣氏人殊縷布也漢武都郡應劭曰故白馬氏羌華陽國志曰武都郡有氏傁殊縷布者蓋殊其縷色而相閒織之絣之言駢也从糸并聲北萌切十一部自緝篆至此篆皆說麻事也

紕氏人纑也氏人所織毛布也周書伊尹爲四方獻令正西以紕罽爲獻後漢西南夷傳冄駹夷能作毞毲毞即紕也華陽國志同禮記用紕爲紕繆字从糸毛似糸故从糸比聲讀若禹貢玭珠卑履切十五部

亦平聲玭珠見玉部注

䌌西胡毳布也西胡見玉部玭注毳者獸細毛也用織爲布是曰䌌亦叚罽爲之从糸罽聲居例切十五部

縊絞也絞各本作經庸人所改也今正交部曰絞縊也與此爲轉注絞縊必兩股辮爲之喪服傳曰喪之經不摎垂蓋不成也不摎垂謂不絞也經本訓從絲爲一股縊死必兩股爲之以其直縣也故亦謂之經許解縊必不云經也左傳曰若其有罪絞縊以戮手部曰摎縛殺也从糸益聲於賜切十六部春秋傳曰夷姜縊桓十六年左傳文

綏車中靶也靶各本作把玉篇作車中靶也廣韵引說文同按靶是把非靶者轡也轡在車前而綏則系於車中御者執以授登車者故別之曰車中靶也少儀曰車則脫綏執以將命綏本系於車中故可脫郭璞注子虛賦曰綏所執以登車論語曰升車必正立執綏周生烈曰正立執綏所以爲安按引申爲凡安之偁从糸妥聲聲字各本無今補妥字見禮經小雅許偶遺之今已補於女部毛公曰妥安安坐也綏以妥會意卽以妥形聲古音在十七

部今音息遺切

彝　宗廟常器也彝本常器故引申爲彝常大雅民之秉彝傳曰彝常也从糸糸綦也綦許書所無當作冪周禮幎人以疏布巾幎八尊以畫布巾幎六彝彝尊必以布覆之故从糸也廾持之之字今補廾竦手也尊下亦曰廾以奉之米器中實也酒者米之所成故从米从彑象形各本作彑聲非也今依韵會正彑者豕之頭銳而上見也爵从鬯又而象雀之形彝从糸米廾而象畫鳥獸之形其意一也故云與爵相似此與爵相佀相似猶同意也以脂切十五部周禮六彝雞彝鳥彝黃彝虎彝蜼彝斝彝㠯待祼將之禮見春官司尊彝職

𢑱　𢑚　皆古文彝

文二百四十八宋本八今本九　重三十一

素　白致繒也繒之白而細者也致者今之緻字漢人作注不作緻近人改爲緻又於糸部增緻篆

十三篇上

皆非也鄭注襍記曰素生帛也然則生帛曰素對湅繒曰練而言以其色白也故爲凡白之偁以白受采也故凡物之質曰素如設下一曰素也是也以質未有文也故曰素食曰素王伐檀毛傳曰素空也**从糸𠂹取其澤也**澤者光潤也毛潤則易下𠂹故从糸𠂹會意桑故切五部**凡素之屬皆从素**

素屬从素廾聲居玉切三部

白約逗**縞也**縞者鮮支也急就篇有白約顏注曰謂白素之精者其光約約然也**从素勺聲**以灼切二部

素屬素當作索索見朩部繩索也从素之字古亦从糸故䋿字或作繂或作繂采卡毛傳曰紼繂也謂麻繩也今說文譌作素屬乃不可通矣**从素**俩从糸也**率聲**所律切十五部

緩也淇澳毛傳曰綽緩也**从素卓聲**昌約切二部

繛或省今多如此作

繛也糸部曰紓緩也然則緩紓也**从素爰聲**胡管切十四部大徐管作玩非

緩或省今多如此作

文六　重二

絲　蠶所吐也吐者寫也从二糸息兹切一部凡絲之屬皆从絲

轡　馬轡也从絲車各本篆文作轡解作从絲从叀五經文字同中从軸末之叀也惟廣韵六至轡下云說文作轡此葢陸法言孫愐所見說文如此而僅存焉以絲運車猶以扶轂車故曰轡與連同意祇應从車不須从叀也今據以正誤與連同意見連輦二字下兵媚切十五部詩曰六轡如絲小雅皇皇者華文此非以證轡字乃以釋从絲之意也六轡如絲毛傳曰言調忍也如絲則是以絲運車故其字从絲車凡引經說會意之例如此

𢇁　織以絲毌杼也織字下各本衍絹字玉篇又誤緝今删以絲各本誤作从糸毌作貫今正杼者機之持緯者毌穿物持之也以絲貫於杼中而後織是之謂𢇁杼之往來如闗機合開也从絲省卝聲卝者丱字也鉉等云古磺字非也古還切十四部卝古文丱字

十三篇上

各本無此五字今補說詳夘部

文三

率　捕鳥畢也畢者田网也所以捕鳥亦名率按此篆本義不行凡衛訓將衛也達訓先導也皆不用本字而用率又或用帥如縣傳云率循也北山傳云率循也其字皆當作達是也又詳帥下左傳藻率服虔曰禮有率巾郎許書之帥也象絲网謂[illegible]上下其竿柄也上其竿之露者下其柄也畢网長柄所律切十五部凡率之屬皆从率

文一

虫　一名蝮爾雅釋魚蝮虫今本虫作虺博三寸首大如擘指釋魚文擘指大指也郭云此自一種蛇人自名爲蝮虺今蝮蛇細頸大頭焦尾色如艾綬文文閒有毛似豬鬣鼻上有鍼大者長七

八尺一名反鼻非虺之類此足以明此自一種蛇按此注見斯干正義及小顏田儋傳注郭意爾雅之蝮今無此物今之蝮蛇非爾雅之蝮蛇也

象其臥形虫篆象臥而曲尾形它篆下云虫也象冤曲垂尾形許偉切十五部

物之微細或行或飛或飛二字依爾雅釋文補或毛或蠃蠃見衣部但也俗作蠃非或介或鱗吕虫爲象按以爲象言以爲象形也从虫之字多左形右聲左皆用虫爲象形也月令春其蟲鱗夏其蟲羽中央其蟲倮虎豹之屬恆淺毛也秋其蟲毛冬其蟲介許云或飛者羽也古虫蟲不分故以蟲諧聲之字多省作虫如融螎是也鱗介以虫爲形如螭虯盒蚌是也飛者以虫爲形如蝙蝠是也毛蠃以虫爲形如蝯蜼是也

凡虫之屬皆从虫

蝮虫也是曰轉注考老之例也招䰟曰蝮蛇蓁蓁从虫复聲芳目切三部玉裁按虫蝮二篆說解葢有疑焉許它下解云虫也从虫而長象冤曲巛尾形虫篆下說云象其臥形然則虫乃不巛尾之它它乃巛尾之虫二篆實一字也乃解虫爲蝮援爾雅博三寸頭大

如擘以實之依爾雅之形則頭廣一寸身廣三寸必四足之它乃有此形而許所云象其臥象其冤曲𠂆尾者必無足之它而非四足之它也無足爲它之常形故其臥曰虫舒之曰它而龜黽篆从它篆之上體亦未嘗非虫篆之上體也然則以蝮訓虫似非許意矣況爾雅蝮虫在釋魚陸云今作虺尋其形皃非無足之它諸書皆云至毒則卽字林所謂蝝聽之類故景純亦云今俗細頸大頭之蝮它非爾雅之蝮它許書以雖虺蜥蝘蜓蚖六篆同四足者類記蓋許意虫爲無足它虺爲四足它各不相涉爾雅古本作蝮虫乃是借虫以爲虺博三寸首大如擘者乃虺之形非虫之形許書虫篆下作它也象其臥形而無蝮虫也从虫复聲之云則文從字順矣蝮字恐古爾雅祇作復故知許不當有

螣　神它也荀卿曰螣蛇無足而飛毛詩叚借爲蟘字从虫朕聲徒登切六部

蚺　大它可食从虫冄聲人占切七部

螼　螾也釋蟲曰螼蚓豎蠶許謂螼也蚓也豎蠶也一物三名也蚓許作螾从虫堇聲弃忍切十三部

螾　側行者考工記卻

行仄行鄭曰卻行螾衍屬仄行蟹屬與許異今觀丘蚓實卻行非側行鄭說長也丘蚓俗曰曲蟮漢巴郡有朐忍縣以此蟲得名丘朐曲一語之轉也或譌朐忍爲朐䏰讀如蠢潤二音遠失之矣 从虫寅聲 余忍切十二部

螾或从引

螉蝬 各本無此二字今補 蟲在牛馬皮者 爾雅釋文引字林螉蝬似蜂蟲在牛皮者字林本說文也 从虫翁聲 郭氏爾雅注蚣蝬一作螉蝬此謂蜤螽舂黍 烏紅切九部

蝬 螉蝬也从虫從聲 子紅切九部

蠁 知聲蟲也 十部曰肸蠁布也釋蟲曰國貉蟲蠁廣雅曰土蛹蠁蟲 从虫鄉聲 許兩切十部

[虫向] 司馬相如說从向 鄉向聲同也按春秋羊舌肸字叔向說者向讀上聲葢向者[虫向]之省也以肸蠁爲名字

蛁 蟲也 謂蟲名也按玉篇以蛁蟧釋之非也蛁自蟲名下文蛈下蛁蟟別一蟲名凡單字爲名者不得與雙字爲名者相牽混蛁蟧卽蛁蟟不得以釋蛁也 从虫召聲 都僚切二部

蟲也 謂蟲

名从虫叡聲祖外切十五部

蛹繭蟲也按許於繭曰蠶衣也於絲曰蠶所吐也於蠶曰任絲蟲也於蠶曰蠶化飛蠶也蛹之爲物在成繭之後化蠶之前非與蠶有二物也立文不當曰繭蟲當曰繭中蠶也乃使先後如貫珠然疑轉寫必有譌亂从虫甬聲余隴切九部

蛹也見釋蟲顏氏家訓曰莊子螝二首螝卽古虺字見古今字詁按字詁原文必曰古螝今虺以許書律之古字叚借也从虫鬼聲讀若潰胡罪切十五部

腹中長蟲也从虫有聲戶恢切古音在一部

腹中短蟲也倉公列傳診其病曰蟯瘕从虫堯聲如招切二部

佀蜥易而大易各本作蜴誤今正此字之本義也自借以爲語詈尟有知其本義者矣常棣云每有良朋又云雖有兄弟傳云每雖也凡人窮極其欲曰恣睢雖卽睢也按方言守宮在澤中者東齊海岱謂之螔蝬注云似蜥易大而有鱗蝬字疑雖之誤从虫唯聲息遺切十五部

吕注鳴者者字今補注者

咮字之叚借許用考工記文也梓人職云以注鳴者鄭云精列屬與許不同也上文雖下云似蜥易下文蜥下云蜥易則虺爲蜥易屬可知矣今爾雅以爲虫蝮字**詩曰胡爲虺蜥**小雅節南山文今詩蜥作蜴蜴卽蜥字也**从虫兀聲**許偉切十五部

蜥 **蜥易也**易下曰蜥易蝘蜓蝘蜓守宮也渾言之此分別蜥易蝘蜓榮螈爲三析言之也方言曰守宮秦晉西夏或謂之蠦蠦或謂之蜥易**从虫析聲**先擊切十六部蜥亦作蜴詩胡爲虺蜥今作虺蜴其音同也

蝘 **在壁曰蝘蜓在艸曰蜥易**析言之**从虫匽聲**於殄切十四部

䗃 **蝘或从䖵**

蜓 **蝘蜓也从虫廷聲**徒典切古音在十一部**一曰螾蜓**一曰謂一名也

蚖 **榮蚖**逗**它醫**榮蚖之異名也釋魚曰蠑螈蜥易也小雅節南山傳曰蜴螈也蜴當作易螈當作蚖榮蚖或單評蚖史記龍漦化爲元蚖以入王後宮是也方言曰其在澤中者謂之易蜴音析南楚謂之蛇醫或謂之蠑螈東齊海岱謂之螔螏**㠯注**

鳴者謂與虺皆以咮鳴也从虫元聲愚袁切十四部

蠸蟲也謂蟲名未詳何物釋蟲有蠸輿父守瓜一曰大螫也螫者蟲行毒也大螫者大行毒也讀若蜀都布名糸部曰縳蜀細布也此謂大螫之讀若縳从虫雈聲巨員切十四部

螟蟲食穀心者吏冥冥犯法卽生螟心各本譌葉今依開元占經正釋蟲毛傳皆曰食心曰螟食葉曰蟘食根曰蟊食節曰賊云吏冥冥犯法卽生螟正爲食心言之惟食心故从虫冥會意从虫冥冥亦聲此从宋本及小徐本莫經切十一部按鉉本於此下妄增又螟蛉三字宋本所無且螟蠕桑蟲也見下文字不作蛉

蟘蟲食苗葉者見爾雅毛傳吏气貣則生蟘貣各本作貸今正气貣皆求也貝部曰貣從人求物也冥螟貣蟘皆疊韵左傳曰妖由人興也人無釁焉妖不自作故螟蟘蟊之害皆由吏鄭箋大田云明君以正己而去之正己可去則不正可招李巡孫炎皆謂由政所致也从虫貣貣亦聲各本篆作蟘解

作从虫貸貸亦聲今正徒得切一部**詩曰去其螟蟘**小雅大田叚螣字爲之一部與六部合聲也**一曰𧍧**文今詩作螣

𧍧子也𧍧𧎾人蟲也子其卵也叚借字也戰國策作𧍧瑟叚借字

謂蛭曰蟣釋魚蛭蟣注曰今江東呼水中蛭蟲入人肉者爲蟣**从虫幾聲**居豨切十五部

蟣也此蒙上蟣字第二義釋之似後人所移原書當不在是水蛭者今之馬黃既是水物當與下蛟螭蚪蝓爲類

蛭蟣釋魚文**从虫至聲**之日切十二部

蛭蝚逗**至掌也**釋蟲文郭云未詳本艸經水蛭味鹹一名至掌是名醫謂即水蛭也**从虫柔聲**耳由切三部

蛣蚍逗**蝎也**釋蟲曰蝎蛣蝠也郭云水中蠹蟲按下文蝎蝤蠐也不識何以不類記**从虫吉聲**去吉切十二部

蛣蚍也从虫出聲區勿切十五部今爾雅作蝠

白魚也今衣書中白蟲有粉如銀者是也一名蛃魚本艸經謂之衣魚**从虫覃聲**余箴切七部

丁

十三篇上

蛵逗疊韵負勞也釋蟲文郭曰卽蜻蛉也江東呼狐棃所未聞按許意非蜻蛉也許下文蛉下云蜻蛉也一名桑根不與此爲伍則許意不謂蜻蛉可知从虫巠聲戶經切十一部

毛蠹也釋蟲文蠹者木中蟲也蜭居木中其形外有毛能食木故曰毛蠹是爲蜭蜭之言陷也从虫臽聲乎感切八部

蟲也謂蟲名按上蜭下蛓同類也則蟜當亦蜭蛓之類耳从虫喬聲居夭切二部

毛蟲也不曰毛蠹者不居木中但食葉也釋蟲云蟔蛅蟴郭云蛓屬也今靑州人呼蛓爲蛅蟴孫叔然云八角螫蟲失之按今俗云刺毛者是也食木葉體有棱角有毛有采色毛能螫人叔然說不誤也其老而成蛹則外有殼如雀卵然本艸經謂之雀甕或出成蛾放子如蠶子或卽卵育於殼中故本艸云雀甕蛅蟴房也蛅蟴音髯斯从虫𢦏聲讀若笥三字依爾雅釋文補千志切一部本艸作蚝音同

蠆也史記律書北至於蠆蠆者主毒螫殺萬物也蠆而藏之九月也从虫圭聲烏蝸切十六部篇韵

皆口。圭切

畫也此篆與螘子之蚳迥别孟子書當是蚳鼃鼃卽畫大夫以蚳畫爲名也从虫氏聲巨支切十六部

毒蟲也左傳曰蠭蠆有毒詩曰卷髮如蠆通俗文曰蠆長尾謂之蠍蠍毒傷人曰蛆蛆張列反或作蠚旦聲非且聲也象形按不曰从虫象形而但曰象形者虫篆有尾象其尾也蠍之毒在尾詩箋云蠆螫蟲也尾末揵然似婦人髮末上曲卷然其字上本不从萬以苗象其身首之形俗作蠆非且與牡蠣字混丑芥切按字林他割反玄應書他達切皆舊音也十五部

萬或从䖵蠍尾有單鉤者有雙鉤者故或从䖵

蝤𧓍也詩衞風領如蝤蠐傳曰蝤蠐蝎蟲也爾雅同按下文云蝎蝤𧓍也然則二者爲轉注从虫酋聲字秋切三部

𧓍螬也釋蟲蝤蠐蝎郭云在木中者蟦蠐螬郭云在糞土中者也是二者似同而異宋掌禹錫蘇頌亦辯蠐螬與蝤蠐蝎不同許意謂蝤蠐蝎爲一物而蠐螬下不云蝎也蓋亦不謂一物矣从虫齊聲徂兮切十五部

蝤𧓍也釋蟲曰蝎桑蠹

桑中蟲也按上文許云蛣蚰蝎也不類廁於此者許意蛣蚰別爲一物也葢一類而種別者多矣从虫曷聲胡葛切十五部

𧉵蚚也下云蚚強也二字爲轉注釋蟲曰強醜捋郭曰以腳自摩捋叚借爲彊弱之彊从虫[宏]聲此聲在六部而強在十部者合韵也巨良切

𧉵籒文強从蚰从彊據此則強者古文秦刻石文用強是用古文爲小篆也然以強爲彊是六書之叚借也

𧉵強也从虫斤聲巨衣切古音在十三部

𧉵葵中蠶也葵爾雅釋文引作桑詩曰蜎蜎者蠋蒸在桑野似作桑爲長毛傳曰蜎蜎蠋皃蠋桑蟲也傳言蟲許言蠶者蜀似蠶也淮南子曰蠶與蜀相類而愛憎異也桑中蠹即蝤蠐从虫上目象蜀頭形中象其身蜎蜎謂勹市玉切三部詩曰蜎蜎者蜀豳風文今左旁又加虫非也

𧉵馬蠲也馬蠲亦名馬蚿蚿亦名馬蚈亦名馬蠸見呂覽仲夏紀淮南時則訓高注而爾雅釋蟲蛝馬蝬郭注馬蠲蚐俗呼馬蝬方言曰馬蚿大者謂之馬

蚰蚰蜒同字也莊子謂之蚿多足蟲也今巫山夔州人謂之艸鞵絆亦曰百足蟲茅莢陳朽則多生之故淮南呂覽皆曰腐艸化爲蚈高注曰蚈讀如蹊徑之蹊是也其注淮南云一曰熒火乃備異說鄭注戴記腐艸爲熒曰熒飛蟲熒火也蓋非古文古說**从虫罒象形**不云从蜀者物非蜀類又書無蜀部也**益聲**益聲在十六部故蠲之古音如圭韓詩吉圭爲饎毛詩作吉蠲蠲乃圭之叚借字也唐詩水搖文蠲動亦尙讀如桂音轉乃讀古懸切**明堂月令曰腐艸爲蠲**許所據者古文古說

螕 **齧牛蟲也**今人謂齧狗蟲語亦同通俗文曰狗蝨曰螕**从虫毘聲**邊兮切十五部

蠖 **尺蠖**逗疊韻字**詘申蟲也**詘各本作屈非今正詘者詰詘也曲也易毄辭曰尺蠖之詘以求信也信古伸字釋蟲曰蠖尺蠖注今蝍蠘方言曰蠀蠘謂之蚇蠖注又呼步屈**从虫蒦聲**烏郭切五部

蝮 **復陶也**釋蟲曰蝝蝮蜪俗字从虫也國語曰蟲舍蚳蝝韋注蝝蝮蜪也可以食按此說蓋與下文二說畫然爲三郭注爾雅則牽

合董說耳復陶未知於今何物**劉歆說蝝蚍蠹子也**此與下董說皆說春秋也宣十五年冬蝝生五行志曰劉歆以爲蝝螕蠹之有翼者食穀爲災按志云有翼此云子亦異**董仲舒說蝝蝗子也**何注公羊曰蝝即螺也始生曰蝝大曰螺五行志曰董仲舒劉向以爲蝗始生也螺即螽字董何說同也**从虫彖聲**與專切十四部

螻　螻蛄也今之土狗也**从虫婁聲**洛侯切四部**一曰螜天螻**釋蟲文郭注云螻蛄也按依郭則此一曰猶一名耳但恐郭注未安方言蟦蠐或謂之蝖螜或謂之天螻則非螻蛄也許書無螜字

蛄　螻蛄也孟子蠅蚋姑嘬之蚋一作蟠或云蟠姑即螻蛄也**从虫古聲**古乎切五部

蠪　蠪丁螘也按此當於蠪丁爲逗各本刪蠪字者非也讀爾雅者以丁螘爲句亦非蠪丁螘之一名耳爾雅丁作朾**从虫龍聲**盧紅切九部

蛾　羅也蛾羅見釋蟲許次於此當是螘一名蛾古書說蛾爲蠶蠹者多矣蛾是正字蟻是或體許意此蛾是螘蚳部之蠿是

𧖴蠹二字有別郭注爾雅蛾羅爲𧖴蠹非許意也爾雅螘字本或作蛾蓋古因二字雙聲通用要之本是一物非叚借也**从虫我聲**五何切十七部今音則魚綺反在十六部

螘　𧖴蠹也俗作蚍蜉非是今正䖵部曰𧖴蠹大螘也析言之也渾言之則凡螘皆曰𧖴蠹爾雅蚍蜉大螘小者螘亦是析言**从虫豈聲**魚綺切按當魚豈切古音在十五部廣韵入尾韵者古音也入紙韵者緣蟻字而合之也

蚔　螘子也釋蟲曰螘子蚔郭云蟻卵也周禮饋食之豆有蚔醢鄭曰蚔蛾子國語蟲舍蚔蝝韋注同**从虫氐聲**直尼切十五部**周禮有蚔醢**天官醢人文**讀若祁**

蚳　籀文蚔从䖵

蚳　古文蚔从辰土从土者出之土中也从辰者辰聲也古氐聲辰聲相似祗振字通用是其例

蠜　自蠜也召南趯趯阜螽傳曰阜螽蠜也趯趯躍也**从虫樊聲**附袁切十四部

𧍢　悉𧍢也唐風蟋蟀在堂傳曰蟋蟀蛬也按許書無蛬字今人叚蛩爲之**从虫帥聲**所律切十五部

按蟋蟀皆俗字

馬蜩也與釋蟲同凡言馬者謂大馬蜩者蜩之大者也方言曰蟬其大者謂之蟧或謂之蝒馬蝒馬二字誤倒此篆不與下文蜩蟬蜋蛈諸篆爲伍不得其故恐是淺人亂之耳从虫面聲武延切十四部

當蠰逗不過也皆蟷螂別名从虫當聲都郎切十部

當蠰也从虫襄聲汝羊切十部

堂蜋也堂蜋與當蠰一語小異耳从虫良聲魯當切十部一名斫父斫各本作蚚今依爾雅音義正堂蜋臂有斧能斫故曰斫父郭云江東呼爲石蜋石即斫今江東呼斫郎

蠿蛸逗堂蜋子月令仲夏之月螳蜋生注云螳蜋螵蛸母也鄭志王瓚問曰爾雅莫貈螳蜋同類物也今沛魯以南謂之蟷蠰三河之域謂之螳蜋燕趙之際謂之食厖齊濟以東謂之馬敫然名其子則同云螵蛸是以注云螵蛸母也按堂蜋卵附於木堅韌不可動至小暑而子羣生焉从虫肖聲相邀切二部按蠿字从蚰故入蚰部凡一物二字而異部者例此

蟜蟥逗目翼鳴者蟥各本作蝗今正釋蟲曰蛂蟥蛢郭云甲蟲也大如虎豆綠色今江東呼黃瓶按蛂蟥卽蟜蟥也以翼鳴者見考工記梓人鄭注翼鳴發皇屬發皇卽蛂蟥也从虫幷聲薄經切十一部

蟜蟥蛢也蛢字今補此轉注之例也从虫喬聲余律切十五部

蟜蟥也从虫黃聲乎光切十部

姑蠪逗強羊也羊釋文所引及宋本如此當音昜蓋今江東人謂麥中小黑蟲爲羊子者是也鉉本作蛘李仁甫本作芈皆非是釋蟲曰蛄䗐強蛘郭云今米穀中蠹小黑蟲是也建平人呼爲蛘子蛘亡婢反郭音恐未諦方言姑䗐謂之強羊字亦正作羊郭注廣之以江東名蛩音加建平人呼蛘子音芈姓不得改方言正文作蛘也爾雅正文恐亦本作羊从虫施聲式支切古音在十七部

蛅斯逗墨也釋蟲云蟔蛅蟴郭云載屬按許載下云毛蟲也此乃食木葉之蟲非木中之蠹其卵育自藏之㲉曰雀甕宜與載篆類列从虫占聲職廉切古音在七部

螉女

也與釋蟲同郭云小黑蟲赤頭憙自經死故曰縊女 从虫見聲胡典切十四部 盧蜰也按爾雅蜚蠦蜰爲一物許書蜚在蟲部蜰在虫部不言一物許實有所見也唐本艸說蜚蠊味辛辣而臭漢中人食之一名蠦蜰 从虫肥聲符非切十五部 渠蝍逗一曰天社社一作杜廣韵譌作神按渠蝍即蛣蜣雙聲之轉玉篇謂蜣蝍同字是也釋蟲曰蛣蜣蜣蜋莊子云蛣蜣之智在於轉丸陶隱居云憙入人糞中取屎丸而卻推之俗名爲推丸羅願云一前行以後兩足曳之一自後而推致焉乃坎地納丸不數日有蜣蜋自其中出玉裁謂此物前卻推丸故曰渠蝍一曰猶一名也廣雅曰天柱蜣蜋也 从虫卻聲以形聲包會意其虐切五部 蠣蠃逗疊韵 蒲盧句疊韵釋蟲毛傳同 細要土蠭也天地之性細要純雄無子詩曰螟蠕有子蠣蠃負之小雅小宛曰螟蛉有子蜾蠃負之毛傳曰螟蛉桑蟲也蜾蠃蒲盧也負持也箋云蒲盧取桑蟲之子負持而去煦嫗養之

以成其子喻有萬民不能治則能治者將得之中庸注曰蒲盧果蠃土蜂也蒲盧取桑蟲之子去而變化以成爲己子列子曰純雌其名大䰟純雄其名稺蜂淮南曰貞蟲之動以毒螫高注貞蟲細要蜂蜾蠃之屬無牝牡之合曰貞楊子曰取螟蛉祝曰類我類我戴先生曰古語謂隨變而成者曰蒲盧蒲盧又見大戴禮山海經小正曰雉入于淮爲蜃蜃者蒲盧也 从虫冎聲 古火切十七部

⿰虫冎或从果 果聲也

⿰虫冎蠃也从虫蠃聲 郎果切十七部 一曰虒蝓 此謂單言蠃則謂虒蝓也虒蝓見下文蝓篆下按下文蝸篆下蠃也此當云一曰蝸也而云一曰螔蝓者一物三名舉其易知者也

螟蠕 逗疊韵 桑蟲也 小雅毛傳文釋蟲同按上文云蜀桑中蠶謂蠹其中者也此桑蟲似步屈其色青細或在艸葉上土蜂取之寘木空中或書卷閒筆筒中七日而成其子里語曰呪云象我象我詩義疏云爾 从虫需聲 郎丁切十一部

蛺蜨也 疊韵爲名今俗云胡蝶見莊子 从虫夾聲 兼叶切八部

蛺蜨也从虫疌聲徒叶切八部俗作蝶

蚩蟲也蚩字今補此三字句謂有蟲名蚩也叚借爲蚳之蚩蚩毛傳曰蚩蚩敦厚之皃玉篇曰癡也此謂毛詩又曰笑也此謂叚蚩爲欪也从虫㞢聲赤之切一部

盤蝥逗雙聲毒蟲也本艸經蟲部下品曰斑猫味辛寒有毒一名龍尾諸家云大豆葉上取之長五六分甲上黃黑斑文烏腹尖喙按斑猫俗字也从虫般聲布還切十四部

盤蝥也从虫敄聲莫交切按古音當如木在三部俗依本艸讀耳蟲部曰蟊亦或从敄

鼠婦也釋蟲曰蟠鼠負負又作婦本艸經曰鼠婦一名負蟠郭樸曰甕器底蟲按此溼生蟲今蘇州人所謂鞵底蟲也蟠音附袁切借爲蟠曲字如樂記云禮樂之極乎天而蟠乎地方言曰未陞天龍謂之蟠龍此讀如盤舟部般旋字之叚借也从虫番聲附袁切十四部

蛜威蛜各本作蛜今正蛜威疊韵字逗委黍句委黍逗鼠婦也豳風伊威在室毛傳曰伊威委黍也釋蟲同按釋蟲以蟠

鼠婦與伊威委黍畫爲二條不言一物蛜威卽今之地鼈蟲與鼠婦異物本艸經曰鼠婦一名蛜蝛以具略相似耳本艸經以鼠婦與䗪蟲爲二條分下品中品實則䗪卽鼠婦葢一物而略有異同今難細别耳許書之蝛謂蝨絕非鼠婦大平御覽乃引說文曰蟠蝛鼠婦也依他書增一字不可據

从虫伊省聲於脂切十五部

蜙蝑 逗雙聲 舂黍也 詩釋文曰楊雄許愼皆云舂黍陸氏所據有此三字今補周南傳曰斯螽蜙蝑也豳風傳曰斯螽蜙蝑也釋蟲曰蜇螽蜙蝑舍人曰今所謂舂黍也方言曰舂黍謂之蜙蝑詩斯螽卽螽斯爾雅蜇卽斯蜙蝑舂黍皆雙聲蜙舂蝑黍又疊韵陸璣疏曰幽州人謂之舂箕蝗類也 吕股鳴者 考工記梓人文鄭曰股鳴蜙蝑動股屬七月曰五月斯螽動股 从虫松聲 息恭切九部陸氏引許愼思弓反

蜙或省 毛詩如此作

蝑 蜙蝑也从虫胥聲 相居切五部陸氏引許愼先呂反

䘀 螽也 螽各本譌作蟲今正方言曰蟒朱魏之閒謂之蚮南楚之外謂之蟅蟒或謂之䘃郭

注即蝗也蟅音近詐蟒音莫梗反亦呼虴蜢按即今北人所謂蛨蚱江南人謂之蝗蟲蟅蟒虴蜢一語之轉許書上文云蚣蝑下文曰蝗蟅亦蝗也故列字之次如此若廣雅本艸所云蟅者皆非許意**从虫庶聲**之夜切古音在五部

蝗螽也蚰部曰螽蝗也是爲轉注漢書五行傳曰介蟲之孼者謂小蟲有甲飛揚之類陽氣所生也於春秋爲螽今謂之蝗按螽蝗古今語也是以春秋書螽月令再言蝗蟲月令呂不韋所作**从虫皇聲**乎光切十部陸氏引說文榮庚反又爾雅釋文華孟反皆音之轉也

蜩蟬也豳風傳曰蜩螗也大雅如蜩如螗傳曰蜩蟬也螗蝘也小雅鳴蜩嘒嘒傳曰蜩蟬也不同者或渾言或析言蟬之類不同也夏小正傳曰唐蜩者匽爾雅曰蜩蜋蜩螗蜩許書無螗字螗蓋蟬之大者也當依小正作唐**从虫周聲**徒聊切古音在三部**詩曰五月鳴蜩**七月文

蜩或从舟古周舟通用

蟬以旁鳴者考工記梓人文鄭云旁鳴蜩蜺屬正義云蟬鳴在脅**从虫單聲**市連切十四部

蜺寒

蜩也方言小而黑者謂之蜺又曰[虫應]謂之寒蜩寒蜩瘖蜩也不言蜺與寒蜩爲一許本爾雅爲說釋蟲曰蜺寒蜩月令七月寒蟬鳴鄭曰寒蟬寒蜩謂蜺也郭樸云寒螿也从虫兒聲五雞切十六部或叚爲虹霓字

螇鹿逗蛁尞也尞舊作蟟許書無此字淺人增虫耳今作尞音聊釋蟲曰蜓蚞螇螰方言曰蛥蚗齊謂之螇螰楚謂之蟪蛄或謂之蛉蛄秦謂之蛥蚗自關而東謂之虭蟧或謂之蝭蟧或謂之蜓蚞西楚與秦通名也按蛥蚗卽許之𧉅蚗蛥當音伊虭蟧音如貂料卽許之蛁尞也蜓蚞音如廷木許無蚞字蝭蟧夏小正作蝭蠑字宜支遰二音今江東俗語尙如此辭章家作遰了二字是也小正七月寒蟬鳴傳曰蝭蠑也與上文五月良蜩唐蜩爲各物方言亦以蛥蚗與蟬爲各物然則許之蜺螇螰與蜩蟬蓋亦有別矣从虫奚聲胡雞切十六部

𧉅蚗逗方言作蛥蚗蛥音折蚗音于列反蛥多聲不當音折疑方言有誤當從許作𧉅音伊

蛁尞也按蛁尞與蝭蟧蜓蚞螇螰皆關雙聲疊韵从虫夬聲於悅切廣韵古穴切十五部

蛃蛈逗各本皆作蛃蛈則與篆文不屬今依廣韵二仙所引正蟬屬按爾雅蛃者馬蜩方言蟬大者謂之蛃馬玉篇廣韵皆曰蛃即蛃字然則許之蛃蛈即爾雅之馬蜩也前文蛃篆及解顯系淺人羼入故失其次字之恉讀若周天子赧謂赧王从虫丙聲武延切十四部

蜻蛚也按楊雄李巡陸璣郭樸玉篇廣韵皆云蟋蟀一名蜻蛚但許書不與上文蟹篆爲伍蓋不以爲一物與鄭注考工記曰以注鳴者精列屬从虫列聲良薛切十五部

蜻蛚也从虫靑聲子盈切十一部按蜻蛚二篆當先蜻後蛚後人倒之下先蜻蛉則同此蜻如蛜蛈同蛜威之蛜螟蠕同食穀之螟也

蜻蛉也戰國策曰六足四翼飛翔乎天地之開方言曰蜻蛉謂之蝍蛉郭云江東謂之狐黎淮南人呼蠊蛜音康伊按淮南書水蠆爲蟌即蜻蛉也今人作蜻蝏蜻蜓从虫令聲郎丁切十一部一曰桑根一曰猶一名也今本作一名

蔑蠓也各本蔑作蠛無此字今正蔑之言末也敚也爾雅作蠛非

古也釋蟲曰蠓蠛蠓孫炎曰此蟲小於蚊郭圖讚曰小蟲似蜹風春雨磑謂其飛上下如春則天風回旋如䃺則天雨陸佃引郭語互易之非也史記蜚鴻𤃎壄索隱引高誘曰飛鴻蠛蠓也按古鴻蒙爲疊韵故高君知鴻爲蠓也楊雄賦浮蠛蠓而撇天蠛蠓猶鴻蒙也細至於蠓則其外皆鴻蒙矣故其字从蒙**从虫蒙聲**莫孔切九部

𧓍蟟𧓍字在䖵部故於此釋其義而䖵部曰𧓍蟟也皆文勢之自然也**一曰浮游朝生莫死者**一曰猶一名也浮游各本作蜉蝣俗人所改耳蝣字許書無蜉字雖有亦非今正釋蟲曰蜉蝣渠略曹風毛傳曰蜉蝣渠略也朝生夕死其狀詳陸璣詩疏爾雅注渠略叚借字**从虫𡪞聲**离灼切五部

蜹秦晉謂之蜹楚謂之蟁蟁作蚊俗今正蟁在䖵部故不類列於此也此爲方俗殊語以舉例也**从虫芮聲**而銳切十五部

蠨蛸逗雙聲**長股者**釋蟲曰蠨蛸長踦豳風毛傳同跂當作踦其足長故謂之長踦許則顯之曰長股者也此鼅鼄之一種俗謂喜母**从虫**

肅聲古音肅在三部今音穌彫切俗寫作蠨蛸古音消今音所交切此古今之轉變也蛸篆已見上文爲蠨蛸字故此不再出

蛸蟲也有蟲名蛸也从虫省聲息正切十一部

啇何也釋蟲曰蛶螪何郭云未詳陸云螪失羊反字林之亦反按字林近古之亦反則字本作螪而許書當作啻何矣从虫寽聲力輟切十五部

蠅胆也肉部曰胆蠅乳肉中也蜡胆音義皆通周禮蜡氏掌除骴蜡氏秋官職也鄭曰蜡骨肉臭腐蠅蟲所蜡也蜡讀如狙司之狙按狙司卽覷伺也蠅蟲所蜡卽蠅乳肉中之說乳者生子也蠅生子爲蛆蛆者俗字胆者正字蜡者古字已成爲蛆乳生之曰胆曰蜡齊民要術作浥魚法勿令蠅胆其意同也釋蟲蠹醜螸蠹千據反卽蜡字之異者也廣韵音誤而字不誤今爾雅各本誤郭云螸者剖母背而生今大蠅有如是者蠶蛹變而爲蛾亦是裂殼而出蜡字禮記郊特牲借爲八蜡字尋八蜡本當作昔昔老也息老物也故字林作䄍李仁甫說文作蜡年終祭名斯爲巨謬本艸以蜡爲水母之名从虫

昔聲此當依廣韵七慮切五部自大徐鉏駕切遂有改其義曰年終祭名者矣葢唐韵祇有蜡祭音義不可以釋此猶繫古詣切不可以釋繫纚也動也動者作也蝡之動曰蝡从虫耎聲而沇切十四部

徐行也凡生之類行皆曰蚑依李善洞簫琴二賦注補徐字及凡生以下八字凡蟲行曰蚑周書曰蚑行喘息小弁曰鹿斯之奔維足伎伎本亦作跂毛傳曰舒皃箋云伎伎然舒者留其羣也按其字當作蚑蚑毛傳鄭箋正與徐行說合也漢書跂跂脈脈善緣壁其字亦當作蚑蚑凡生之類者或行或飛或毛或蠃或介或鱗皆是也从虫支聲巨支切十六部

蟲行也凡蟲行曰蠉上蚑爲徐行則蠉爲疾行也羽部曰翾小飛也从虫瞏聲香沇切十四部

蟲申行也各本作曳行以讀若騁定之則伸行爲是今正許本無伸字祇作申故譌爲曳也从虫中聲讀若騁中讀若徹中聲而讀騁者以雙聲爲用也依說文在十一部今讀丑善切

螽醜螸螽俗本作

蠭今依宋本李燾本集韵正釋蟲曰蠭醜螸音義曰蠭施乾作螽施所據與許合

螸　腴也腴者腹下肥也螽之類皆垂其腴矣**从虫欲聲**余足切三部篇韵皆羊朱切

𧍯　蠅醜𧍯釋蟲文字衹作扇**搖翼也**也字依宋本補**从虫扇聲**式戰切十四部

蛻　它蟬所解皮也从虫兌聲兌聲各本作稅省聲淺人改耳今正輸芮切十五部

蠚　螫也蠚螫蓋本一字若聲赦聲同部也或讀呼各切山東行此音或讀式亦切關西行此音見釋玄應書今人乃以此篆切呼各下篆切式亦分而二之**从虫若省聲**呼各切五部

螫　蟲行毒也周頌曰自求辛螫古亦叚奭爲之史記有如兩宮螫將軍漢書作奭將軍是也或云蛆音知列切亦作蜇**从虫赦聲**施隻切古音在五部

蝁　镻也俗本作虺屬今依宋本及集韵正長部曰镻蝁也與此爲轉注詳長部下**从虫亞聲**烏各切五部

蛘　騷蛘也騷各本作搔今正疥字下曰騷也今亦作搔搔刮也非其意唐人所引作

注或作蝕　餘當為蝕

蝕誤蝕

瘙瘙見号韵乃俗字許所無依義當作騷騷擾也毛云動也騷痒者擾動於肌膚閒也元應引禮記蛘不敢搔俗多用痒癢養字葢非也蛘从虫者往往有蟲潛於膜故疥字亦或作[虫界]作蚧**从虫羊聲**余兩切十部

蝕敗創也敗者毀也創者傷也毀壞之傷有蟲食之故字从虫春秋經曰鼷鼠食郊牛角又曰日有食之字或作蝕**从虫人食食亦聲**乘力切一部按可云飾省聲

蛟龍屬無角曰蛟各本作龍之屬也四字今依韵會正龍者鱗蟲之長蛟其屬無角則屬而別也郭氏山海經傳曰似蛇四腳細頸頸有白嬰大者數圍卵生子如一二斛瓮能吞人按蛟或作鮫然鮫者魚名其字不相代也**从虫交聲**依韵會本四字在此古肴切二部**池魚滿三千六百蛟來爲之長能率魚而飛**韵會有而字**置笱水中卽蛟去**率者先導也曲竹捕魚曰笱

螭若龍而黃南都賦曰獋夔龍怖蛟螭李注引說文蛟螭若龍而黃按李注蛟字誤衍左思蜀都賦或藏蛟螭劉

十三篇上

注云蛟螭水神也一曰雌龍一曰龍子似亦謂蛟螭爲一物然上林賦蛟龍赤螭文穎曰龍子爲螭張揖曰赤螭雌龍也皆劉說所本張左之賦皆不謂蛟螭一物也許謂离爲山神螭爲若龍而黃與諸家說異司馬相如曰赤螭楊雄解嘲曰翠虬絳螭之將登乎天不謂其色黃矣**北方謂之地螻**呂氏春秋曰黃帝之時天先見大螻大螾史記封禪書黃帝得土德黃龍地螾見地螻之說其本此與非螻蛄也**从虫离聲**丑知切古音在十七部**或云無角曰螭**六字疑後人所增非許書本有蓋既改虬下爲有角則注此爲無角

虬　龍無角者各本作龍子有角者今依韵會所據正然韵會尚誤多子字李善注甘泉賦引說文虬龍無角者他家所引作有角皆誤也王逸注離騷天問兩言有角曰龍無角曰虬高誘注淮南同張揖上林賦注後漢書馮衍傳注玉篇廣韵皆曰無角曰虬絕無龍子有角之說惟廣雅云有角曰蘢卽虬字無角曰㲋卽螭字其說乖異恐轉寫之譌不爲典要**从虫丩聲**渠幽切三部

蜦　它屬也它者虫也象宛曲垂

尾彤蜦卽其屬也黑色潛於神淵之中能興雲致雨依甘泉江賦二注訂淮南書曰犧牛粹毛宜於廟牲其於以致雨不若黑蜧高云黑蜧神蛇潛於神淵能興雲雨从虫侖聲讀若蒦艸蒦各本譌戾今正蒦見艸部侖聲而讀蒦者雙聲也十三部與十五部音轉冣近也力計切大徐力屯切

䗊蜦或从戾淮南書如此作

螊海蟲也長寸而白可食按自螊至蝓八篆爲一類皆介蟲也其外有殼螊其小者也長寸而白謂其殼可食謂其中肉也本艸所謂蝛蜼似蛤而長扁蝛與螊音同玉篇曰螊小蚌可食从虫兼聲讀若嗛按嗛戶監切則當依玉篇胡緘切古音當在七部大徐廣韵力鹽切

蜃大蛤依韵會有此二字羅氏願曰月令九月雀入大水爲蛤十月雉入大水爲蜃比雀所化爲大故稱大蛤也按鄭注禮記曰大蛤曰蜃韋注國語曰小曰蛤大曰蜃高注呂覽曰蜃蛤也高渾言之鄭韋析言之蜃與蚌雖屬而別郭注爾雅云蚌卽蜃蜃之用詳於周禮左傳玉部曰珧蜃甲也所以飾

十三篇上

物珕蜃屬天子佩刀玉琫珧珌士珕琫珧珌 **雉入水所匕** 五字依廣韵所據各本作雉入海化爲蜃按自夏小正九月雀入于海爲蛤十月玄雉入于淮爲蜃故國語趙簡子所説正同而呂氏月令皆言入大水鄭於季秋則曰大水海也於孟冬則曰大水淮也皆本小正爲説知許斷不作雉入海矣 **从虫辰聲** 時忍切十三部玉篇作蜃入蚰部

蛤　蜃屬 屬而有大小之別也 **有三** 目下 **皆生於海** 三者生於海別於生淮者也 **厲千歲雀所匕** 千當作十雀十歲則爲老矣月令所云爵入大水爲蛤也高誘注時則訓連上賓字讀云賓雀者老雀也棲人堂宇之間如賓客者 **秦人謂之牡厲** 本艸經蟲魚上品有牡蠣 **海蛤者百歲燕所匕也** 本艸經蟲魚部上品有海蛤陶隱居云以細如巨勝潤澤光淨者好圖經云久爛者爲海蛤未爛有文理者爲文蛤也此又其一也 **魁蛤一名復絫老服翼所匕也** 服翼蝙蝠也詳爾雅方言釋魚魁陸注曰本艸云魁狀如海蛤圓而厚外有理縱橫卽今之蚶

千歲小雀　釋魚釋文藝文類聚引並作千歲　段謂當作十[illegible]

也按宋人謂之瓦屋子今浙人食之亦名瓦隴子以其紋理名之此其一也以上三十二字今本有譌奪依爾雅音義正**从虫合聲**古沓切八部

𧒆　陛也陛各本作蜌今爾雅同韵會作陛卽蚌語之轉也當依玉部作玭玭蚌之有聲者也釋魚曰蜌𧒆許無蜌字故先𧒆而以陛釋之郭云今江東呼蚌長而陝者爲𧒆陶隱居注本艸之蝏䗞也蝏音亭䗞蒲幸切卽𧒆字周禮鼈人醢人皆有𧒆鄭司農云𧒆蛤也杜子春云𧒆蜯也蜯卽蚌字蚌蛤有異故二家說不同許用杜說也故下文受之以蚌**脩爲𧒆圜爲蠇**毛詩傳曰脩長也長者謂之𧒆圜者謂之蠇**从虫庳聲**蒲猛切十一部按庳聲而讀入十一部者支清之合音也

蚌　蜃屬蜃當作𧒆釋魚曰蚌含漿鄭注鼈人云貍物亦謂鱴刀含漿之屬按珠出於蚌玉部曰玭蚌之有聲者**从虫丰聲**步項切九部

蠇　蚌屬佀蠊散大蠊卽上文長寸而白者據本艸經牡蠇條注則此物有絕大者不得云似蠊散大也且蛤下作厲云秦謂之牡厲似蛤屬有厲蚌屬有蠇其字不必同不

煩以本艸牽合也許所聞或與後人不盡合讀書不貴盡信**出海中今民食之从虫萬聲讀若賴**力制切十五部

蝸　蝸此複舉篆文之未删者也當依韵會删**蠃也**蠃者今人所用螺字釋魚曰蚹蠃螔蝓鄭注周禮醢人蠃螔蝓許上文蠃下亦云一曰蠃螔蝓此物亦名蝸故周禮儀禮蠃醢內則作蝸醢二字疊韵相轉注薛綜東京賦注曰蝸者螺也崔豹曰蝸陵螺蝸本咼聲故蝸牛或作瓜牛徐仙民以力戈切蝸似未得也力戈乃蠃字反語耳今人謂水中可食者爲螺陸生不可食者曰蝸牛想周漢無此分別蠃古多叚蠡爲之**从虫咼聲**古華切十七部舊音當如過此篆舊在蠃蚌二篆閒今按蠃卽螔蝓前文蠃篆下言之故移使相聯

蝓　虒蝓也虒蝓讀移臾二音今生牆壁閒溼處無殼有兩角無足延行地上俗評延游卽虒蝓古語也本艸經作蜒蝓云一名陵螺後人又出蝸牛一條據本經則蜒蝓卽蝸牛合之釋蟲及鄭注周禮許造說文皆不云蠃與螔蝓爲二葢螺之無殼者古亦評螺有殼者正評螔蝓不似今人語言分別評也陸佃

寇宗奭分別之說似非古言古義　從虫俞聲　羊朱切古音在四部

肙也　肙各本作蜎仍複篆文不可通攷肉部肙下云小蟲也今據正韵會引說文井中蟲也恐是據爾雅注改肙蜎葢古今字釋蟲蜎蠉蠉本訓蟲行叚作肙字耳郭云井中小蛣蟩赤蟲一名孑孑廣雅曰孑孑蜎也周禮刺兵欲無蜎注云蜎掉也謂若井中蟲蜎蜎詩毛傳曰蜎蜎蜀皃蜀桑蟲也其引申之義也今水缸中多生此物俗謂之水蛆其變爲蟁　從虫肙聲　形聲中有會意狂兖切十四部

夗蟺也　夗轉臥也引申爲凡宛曲之稱夗蟺疊韵葢謂凡蟲之冤曲之狀篇韵皆云蜿蟺蚯蚓也雖蚓有此名而非許意上文蜎善曲之物也故承之以蟺　從虫亶聲　常演切十四部

蚴蟉也　三字句疊韵也司馬相如大人賦驂赤螭青虯之蚴蟉蜿蜒謂宛轉之皃也按篇韵皆曰龍皃依賦文爲訓耳非許有龍皃二字也　從虫幽聲　於虯切亦上聲三部漢書作蚴

蚴蟉也　從虫翏聲　力幽切亦上聲三部

臧也　臧者善也善必自隱故別

無藏字凡蟲之伏爲蟄周南曰螽斯羽蟄蟄兮傳曰和集也其引申之義也

从虫執聲 直立切七部

青蚨 逗 **水蟲可還錢** 其事見鬼谷子淮南萬畢術搜神記陳藏器木艸拾遺未知今尙有此物否鬼谷子曰若蚨母之從其子也出無閒入無朕獨往獨來莫之能止此謂青蚨之還錢與萬畢搜神所說正合也而陶隱居以蝗蟷在穴中釋之此由誤認蚨爲蚨遂以爾雅王蚨蝪爲注酉陽雜俎亦云青蚨鬼谷子謂之蚨母郢書燕說博學者尤難免矣

从虫夫聲 房無切五部

蝴鼀 逗 **詹諸** 句 黽部曰鼀𪓰詹諸也其鳴詹諸其皮鼀鼀其行𪓰𪓰此則**以**又名蝴鼀釋魚作鼁䵶蟾諸鼁䵶卽蝴鼀一語之轉

脰鳴者 攷工記梓人文脰項也鄭曰脰鳴鼃黽屬按鼃黽與蝴鼀別而屬也故下文受之以蝦蟆

从虫匊聲 居六切三部篇韵渠竹切

蝦蟆也 蝦蟆見於本艸經背有黑點身小能跳接百蟲解作呷呷聲舉動極急蟾蜍身大背黑無點多痱磊不能跳不解作聲行動遲緩絕然二物陳藏器蘇頌皆能詳言之許

博學者尤難免矣　尤似當作猶

於此但云蝦蟆不云蝌龍也亦謂其似同而異从虫叚聲乎加切古音在五部古或借爲霞字與魚鰕字从魚別

蟆　蝦蟆也从虫莫聲莫遐切古音在五部

蠵　觜蠵二字各本無今補此以疊韵爲名角部觜下曰一曰觜蠵也未言何物此蒙其文釋之曰大鼊大鼊也鼊之冣大者爾雅十鼊二曰靈鼊注曰涪陵郡出大鼊甲可以卜緣中叉叉今之叙字謂其邊可爲叙也似瑇瑁俗評爲靈叉今大觜鱗鼊也一名靈蠵能鳴吳都賦曰摸瑇瑁捫觜蠵按觜蠵與瑇瑁二物也㠯胃鳴者攷工記梓人文鄭本作骨鳴云榮原屬賈馬作胃賈云靈蠵也按許得古學於賈侍中故亦作胃用賈說矣从虫巂聲戶圭切十六部觜即移切

[illegible]　司馬相如說蠵从敻从敻聲也敻在十四部合韵蓋凡將篇中所載異體

螹　螹離也三字句螹史記文選同漢書作漸上林賦說水族曰鮫龍赤螭魱鰽螹離司馬彪曰螹離魚名也張揖曰其形狀未聞按許以此次於蠵蠏二篆閒必介蟲之類周人或以漸離爲名取於物爲假

也斬⿰胡鼠字或作螹胡非也从虫斬聲慈染切八部玉篇才廉切

蟹有二敖八足敖俗作螯作⿱敖肉廣韵曰⿱敖肉蟹大腳也螯蟹屬然則俗作螯尤誤也敖出游也故其大腳曰敖今本大戴禮作螯非旁行攷工記梓人仄行郎旁行也鄭亦云蟹屬非它鮮之穴無所庇庇者蔭也鮮者今之鱓字鱓者魚名見魚部魚之似蛇者也常演切又作䱇今大戴禮作䱇或誤䱉荀子作蟺許書古本多作鮮蓋漢人多叚貉國鮮魚之字爲之本無正字也元應曰鱓又作鱔鮮二形同勸學篇曰蟹二螯八足非虵䱇之穴而無所寄者用心躁也从虫解聲胡買切十六部廣韵曰蟹說文作蠏知古如此作

蠏或从魚

蠏也廣雅蜅蟹蛫也其雄曰蜋⿰魚豈其雌曰博帶从虫危聲過委切十六部按以上四篆皆互物也

短弧也弧各本作狐今正毛公班固張揖陸璣杜預范甯皆曰短弧今惟五行志左傳釋文作弧不誤矣小雅爲鬼爲蜮傳曰蜮短弧也左傳釋文曰短弧又作狐按此因其以氣射害人故謂之短弧作

狐非也其氣爲矢則其體爲弧**佀鼈三足**洪範傳陸璣疏皆云爾**㠯气䠶害人**陸疏云人在岸上影見水中投人影則殺之師古曰短弧卽射工也亦呼水弩陸氏佃羅氏願皆曰口中有横物如角弩聞人聲以气爲矢用水勢以射人隨所箸發創中影亦病也**从虫或聲**于逼切一部

蟈**蜮又从國**國聲亦或聲也周禮蟈氏鄭司農云蜮讀爲蟈蟈蝦蟆也月令曰螻蟈鳴故曰掌去鼃黽鼃黽蝦蟆屬周禮經注本如此今本經作蟈氏注曰蟈當爲蜮此譌謬倒易不可通之本後鄭依司農易字故注曰蟈今御所食蛙也字从虫國聲蜮乃短弧與所以申明先鄭易字之恉也許不從先鄭說者也故謂蟈卽蜮字之異者蜮氏去蟈卽去短狐也葢周禮故書作蜮亦或作蟈先鄭從或本許則謂蟈與蜮無二義也

佀蜥易長一丈當同鼉下云長丈許**水潛吞人卽浮出日南也**劉注吳都賦曰異物志云鱷魚長二丈餘有四足似鼉喙長三尺甚利齒虎及大鹿渡水鱷擊之皆中斷生子則出在沙上乳卵卵如鴨子亦有黃白可

食其頭琢去齒旬日閒更生廣州有之按據劉注則不必曰南郡乃有其物也从虫屰聲吾各切五部俗作[illegible]鰐鱷

蛧蜽逗疊韵山川之精物也精物者易所謂精氣爲物也主謂精氣結成之物鬼部曰鬽老精物也或作物精非是精氣爲物謂精靈之聚者游䰟爲變謂飄[illegible]者皆鬼神之情狀也國語木石之怪曰夔蛧蜽水之怪曰龍罔象韋注蛧蜽山精好斅人聲而迷惑人也杜注左氏罔兩曰水神蓋因上文螭訓山神故訓罔兩爲水神猶韋因國語水怪爲龍罔象故謂蛧蜽爲山精也許兼言山川爲長矣又賈注國語曰罔兩罔象言有夔龍之形而無實體許云精物殆亦與賈說異淮南王說謂劉安蛧蜽狀如三歲小兒赤黑色赤目長耳美髮元應書引赤目下有赤爪二字从虫网聲文兩切十部按蛧蜽周禮作方良左傳作罔兩孔子世家作罔閬俗作魍魎國語曰木石之怪夔蛧蜽魯語文許意夔別爲一物如龍一足

蜽蛧蜽也从虫兩聲按兩聲之

字疑古祇从网後人改之戹獎切十部

蝯善援　以疊韻爲訓援者引也釋獸曰猱蝯善援許意以蝯善攀援故偁蝯夓則蝯

禺屬　田部曰禺母猴屬蝯卽其屬之屬而已故不言夓屬而別也郭氏山海經傳曰蝯似獮猴而大臂腳長便捷色有黑有黃其鳴聲哀梗子厚言猴性躁而蝯性緩二者迥異

从虫爰聲　雨元切十四部干祿字書曰猿俗猨通蝯正

蠗禺屬　亦與母猴屬而別也按爾雅釋獸自麋鹿至闕泄目爲寓屬此對下篇釋嘼言之嘼者人所養也寓屬者皆寄在於野不爲人養者而淺者謂卽說文所謂禺屬何其謬哉猱蝯貜父可謂禺屬豈其他亦可謂禺屬乎上林賦蛭蜩蠼蝚棲息乎其閒郭樸云蠼猱似獮猴而黃蠼猱二物郭併言之非也惟史記作蠗漢書譌作玃司馬貞曰西山經皋塗之山有獸名蠗是此字攷其所說之狀非蝯猴類其字今譌作玃依郭注則當作玃未可取爲證也

从虫翟聲　直角切二部司馬貞曰字林音狄

蜼如母猴　猴猶言禺屬也禺者母猴屬許書多言母猴母猴獮猴沐猴一聲之轉周禮蜼彝鄭曰蜼禺

屬卬鼻長尾釋獸文也卬者望欲有所庶及也張揖注上林曰蜼似母猴卬鼻而長尾郭注爾雅山海經皆曰似獼猴尾長數尺有岐鼻露向上雨即自縣樹以尾塞鼻从虫隹聲余季切十五部按山海經注曰音遺又音誄注爾雅曰零陵南康人呼餘建平人呼相贈遺之遺又音余救切皆土俗輕重不同耳左思吳都賦劉注引異物志說狖與郭說蜼同狖余幼切正因蜼有余救一切而別製字耳異物志譙允南所作

北方有蚼犬食人海內北經蜪犬如犬青食人從首始郭注蜪音陶或作蚼音鉤按作蚼爲是正許所本也周書渠搜以鼩犬能飛食虎豹鼩同蚼借鼱鼩字爲之耳大戴禮作渠搜貢虛犬虛亦音之轉也今本周書作鼩犬依文選王融曲水詩序正从虫句聲古厚切四部

蛩蛩獸也四字句子虛上林賦皆有蛩蛩張揖曰蛩蛩青獸狀如馬按史記作邛邛一曰秦謂蟬蛻曰蛩方俗殊語也蛩之言空也从虫巩聲渠容切九部

鼠也當作鼷鼠也三字句鼠名此葢用呂氏春

秋䶂鼠前兔後之說一曰西方有獸前足短與蛩蛩巨虛比其名曰䶂釋地曰西方有比肩獸焉與邛邛岠虛比爲邛邛岠虛齧甘艸卽有難邛邛岠虛負而走其名謂之䶂按司馬相如賦曰蹷蛩蛩轔距虛張揖曰蛩蛩狀如馬距虛似驘而小說苑亦云二獸而郭樸云距虛卽邛邛變文互言之引穆天子傳邛邛距虛日前五百里邛距雙聲似郭說長从虫厥聲居月切十五部

蝙　蝙蝠逗服翼也服翼二字舊在蝠篆下今依全書通例移此蝙蝠服翼釋蟲文方言曰蝙蝠自關而東謂之服翼或謂之飛鼠或謂之老鼠或謂之僊鼠自關而西秦隴之閒謂之蝙蝠北燕謂之蟙蠌音職墨从虫扁聲布懸切古音在十二部

蝠　蝙蝠也从虫畐聲方六切古音在一部

蠻　南蠻職方氏八蠻爾雅九夷八狄七戎六蠻謂之四海王制云南方曰蠻詩角弓如蠻如髦傳曰蠻南蠻也宋芑蠢爾荊蠻傳曰荊蠻荊州之蠻也它種从虫說从虫之所由以其蛇種也蛇者虫也蠻與閩皆人也而字从

虫故居部末如貉之居豸末狄之居犬末羌之居羊末焉䜌聲莫還切十四部詩傳曰緜蠻小鳥皃韓詩曰文皃

閩東南越釋名曰越夷蠻之國也度越禮義無所拘也職方氏七閩鄭司農曰南方曰蠻後鄭曰閩蠻之別也引國語閩芊蠻矣它種从虫門聲武巾切古音在十三部月令注叚爲蟁字

虹螮蝀也釋天曰螮蝀謂之雩螮蝀虹也毛傳同狀佀虫虫各本作蟲今正虫者它也虹似它故字从虫从虫工聲戶工切九部明堂月令曰虹始見季春文

𧌒籀文虹从申會意申部曰申籀文申申電也電者陰陽激燿也虹似之取以會意

螮螮蝀逗雙聲虹也與虹篆轉注从虫帶聲都計切十五部今詩作蝃爾雅作螮

蝀螮蝀也从虫東聲多貢切廣韵平上二聲九部

蠥衣服歌謠艸木之怪謂之䄏禽獸蟲蝗之怪謂之蠥怪者異也地反物爲䄏漢五行志曰凡艸物之

類謂之妖妖猶夭胎言尚微蟲豸之類謂之孽孽則牙孽矣及六畜謂之旤言其著也及人謂之痾痾病皃言寖深也甚則異物生謂之眚自外來謂之祥祥猶禎也氣相傷謂之沴沴猶臨莅不和意也許所說較異葢所傳有不同矣禽獸蟲蝗之字皆得从虫故从虫辥聲魚列切十五部

蠥从虫諸書多用孽俗作蘖

文一百五十三　重十五宋本如此毛斧季增蚌於蚤篆後云古文蚤改十五爲十六非也

說文解字第十三篇上

受業黟縣胡積城校字

說文解字第十三篇下

金壇段玉裁注

蚰蟲之總名也蟲下曰有足謂之蟲無足謂之豸析言之耳渾言之則無足亦蟲也虫下曰或行或飛或毛或蠃或介或鱗皆以虫爲象故蟲皆从虫而虫可讀爲蟲蟲之總名偁蚰凡經傳言昆蟲卽蚰蟲也日部曰昆同也夏小正昆小蟲傳曰昆者衆也猶䰟䰟也䰟䰟者動也小蟲動也月令昆蟲未蟄鄭曰昆明也許意與小正傳同从二虫二虫爲蚰三虫爲蟲蚰之言昆也蟲之言衆也古䰟切十三部凡蚰之屬皆从蚰讀若昆

蠶任絲蟲也任俗譌作吐今正任與蠶以疊韵爲訓也言惟此物能任此事美之也絲下曰蠶所吐也从蚰朁聲昨含切古音在七部讀如鬵

䖸蠶匕飛蟲匕各本作化今正匕者變也蠶吐絲則成蛹於繭中蛹復化而爲䖸按此䖸與虫部之蛾羅主謂螘者截然不同而

郭氏釋爾雅蛾羅爲蠶蛾非許意也 从䖵我聲 五何切十七部 蛾或从虫 𧓉齧人跳蟲也 齧噬也跳躍也𧓉但齧人蚤則加之善躍故著之惡之甚也 从䖵叉聲 子皓切古音在三部 叉古爪字 按此四字妄人所沾不言古文而言古某字許無此例且叉手足甲也爪覎也未嘗謂叉爲爪之古文直由俗謂爪爲手足甲乃謂叉爲其古字徑注之於此不可不刪去 蚤蚤或从虫 經傳多叚爲早字 蝨齧人蟲 古或叚幾瑟作蟣蝨蟣者蝨子也 从䖵卂聲 所櫛切十二部 螽蝗也 蝗下曰螽也是爲轉注按爾雅有皇螽草螽蜇螽螽蠜螽土螽皆所謂螽醜也蜇螽詩作斯螽亦云螽斯毛許皆訓以蜙蝑皆螽類而非螽也惟春秋所書者爲螽 从䖵夂聲 職戎切九部 𠔾古文終字 見糸部 螽螽或从虫眾聲 公羊經如此作 𧕟蟲也 蟲上補𧕟字三字一句蟲名也 从䖵展省聲 知衍切十四部 蠽小蟬蜩也 謂蟬

之小者也釋蟲曰蠽茅蜩郭云江東呼爲茅蠽似蟬而小青色方言曰蟬其小者謂之麥蚻郭云如蟬而小青色今關西呼麥蠽按茅麥雙聲蠽蚻同字郭云蠽音癰癤之癤

从䖵截聲 子列切亦音札十五部按其字从䖵故與虫部蟬蜩等異處

蠿蟊 逗 **作网鼄蟊也** 黽部曰鼅鼄鼄蟊也一物三名釋蟲曰次蠹鼅鼄鼅鼄鼄蝥按次蠹卽許之蠿蟊鼄蝥卽許之鼄蟊也次古音同漆故與蠿音近蠹縛牟切故與蟊音近爾雅字譌蠹而釋文云或作蝵郭音秋蓋誤甚矣或曰蠹从出聲卽郭注之蝃字集韵之蚍字爾雅之次蠹卽許之蠿字是說近之然陸氏音義未能言之也作网鼄蟊謂卽今能作罔之蛛蝥也

从䖵㡭聲 側八切十五部

㡭古文絕字 文各本奪今補見糸部

蠿蟊也从䖵矛聲 此字與蟲部食艸根者絕異莫交切古音謀在三部

䗿蟲也 蟲上補䗿字三字句蟲名也廣韵云螻蛄

从䖵寍聲 奴丁切十二部

蠀蠤也 蠀字見虫部

从䖵曹聲 財牢切古音在三部

十三篇下　二

螻蛄也　螻蛄見虫部一名蠹　从蚰㚔聲　胡葛切十五部

蠯蛸也　三字句蛸字見虫部　从蚰卑聲　匹標切按爾雅釋文音俾又婢貽反在十六部與蛸雙聲非疊韵也

蠯或从虫

飛蟲螫人者　左傳蠭蠆有毒按釋蟲言土蠭木蠭無單言蠭者許書則蟜蠃下云細腰土蠭也卽爾雅之土蠭然則此單言蠭卽爾雅之木蠭也本艸經露蜂房亦謂木上大黃蠭窠也其房大者如甕小者如桶云露蠭正對土蠭在地中言之許謂土蠭爲細要純雄其飛蟲螫人者則謂大黃蠭竝非細要純雄無子者內則檀弓謂之范俗作蠭其子可食故內則庶羞雀鷃蜩范　从蚰逢聲　敷容切九部

古文省

蠭甘飴也　飴者米櫱煎也蠭作食甘如之凡蠭皆有蠠方言蠭大而蜜者謂之壺蠭郭云今黑蠭穿竹木作孔亦有有蜜者是則蠭飴名蠠不主謂今之蜜蠭也叚借爲蠠沒字釋詁曰蠠沒勉也亦作蠠沒韓詩作蜜勿毛詩作僶勉　一曰螟子　螟見虫部食穀心者其子曰蠠　从虫鼏

聲鼏鼎葢也冥入聲非橫關鼎耳之鼏音扃也彌必切按其音平則在十一部如冥入則在十二部如密

蠠或从宓宓聲今通用此體

⿱亘䖵蜋也三字句蜋字見虫部从䖵亘聲强魚切五部

蟁齧人飛蟲齧人而又善飛者从䖵民聲無分切十三部此字民聲則當十二部疑古本祇有蟁而蟁乃後人所製也

蟁或从昬昬从氏省氏者下也俗沾一曰民聲而蟁篆上亦沾蟁篆矣㠯昬時出也說會意之言而形聲在其中

俗蟁从虫从文虫部曰秦晉謂之蜹楚謂之蚊

䖟齧人飛蟲人當作牛楚語譬如牛馬處暑之既至䖟蠽之既多而不能掉其尾韋云大曰䖟小曰蠽說苑曰蠹蝝仆柱梁蚊䖟走牛羊史記搏牛之䖟不可以破蟣蝨淮南書曰蟁䖟不食駒犢今人尚謂齧牛者爲牛䖟本艸經有木䖟蜚䖟从䖵亡聲武庚切古音在十部讀如茫

蠹木中蟲在木中食木者也今俗謂之蛀音注左傳曰公聚朽蠹从䖵

橐聲當故切五部

蠹或从木象蟲在木中形譚長說上形聲此會意

蟲齧木中也此非蟲名乃謂蟲之食木曰蠡也朱子注孟子曰蠡者齧木蟲則誤矣蠡之言𧖴也如刀之𧖴物蠡叚借之用極多或借爲蠃蚌字或借爲瓢蠡字楚辭覽芷圃之蠡蠡又借爲禾黍離離字孟子曰以追蠡趙注曰追鐘鈕也鈕摩齧處深矣蠡蠡欲絕之皃此又以蠡同離同劙方言曰劙解也又曰蠡分也皆其義也不知叚借之情乃云鐘鈕如蟲齧而欲絕是株守許書之辭而未能通許書之意矣从䖵彖聲彖見彑部讀若弛非通貫切之彖也此久誤今正篆文併說解盧啟切十六部

古文按此古文與篆不別疑古文从豕

多足蟲也周禮赤犮氏凡隙屋除其貍蟲鄭曰貍蟲䗪肌求之屬按䗪見本艸經一名地鼈今俗所謂地鼈蟲也似鼠婦肌求本或作蛷多足之蟲今俗所謂蓑衣蟲也通俗文曰務求謂之蚑蛷廣雅曰蛷螋蟰蛷也[元]應曰關西呼蛮溲爲蚑蛷蚑蛷即鄭所謂肌蛷也陶隱居陳藏器作蠷螋音劬蘇从

蚰求聲巨鳩切三部蛷或从虫𧕟蠹也蟲部𧕟蠹大螘也此不言大螘者義見於上一字全書之例如是也蚍蜉大螘釋蟲文郭云俗呼爲馬蚍蜉按馬之言大也从蚰槖聲縛牟切三部蠹或从虫从孚孚聲古音孚讀如浮蟲食也𧓼之言吮也吮欶也鳥曰嗉寓鼠曰嗛昆蟲曰𧓼从蚰雋聲子兖切十三部蟲動也此與蠉義同以轉注之法言之可云蠉也引申爲凡動之偁詩蠢爾荊蠻毛傳曰蠢動也鄉飲酒義曰東方者春春之爲言蠢也產萬物者也注云蠢動生之皃亦叚春爲之考工記張皮侯而棲鵠則春以功注云春讀爲蠢作也出也蠢與心部惷訓亂義異从蚰萅聲形聲中有會意尺尹切十三部古文蠢从𢦏𢦏之言才也始也周書曰我有𢧵于西大誥曰有大艱于西土西土人亦不靜越茲蠢𢧵爲壁中古文眞本其辭不同者蓋許檃栝其辭如此也○飛螘从蚰𡲴聲爾雅螱飛螘釋文曰

說文字林从䖵今據補於貴切十五部

文二十五今增蠭則二十六　重十三

有足謂之蟲無足謂之豸有舉渾言以包析言者有舉析言以包渾言者此蟲豸析言以包渾言也蟲者蝡動之緫名前文既詳之矣故祇引爾雅釋蟲之文豸者獸長脊行豸豸然欲有所伺殺形也本謂有足之蟲因凡蟲無足者其行但見長脊豸豸然故得叚借豸名今人俗語云蟲豸詩溫隆蟲蟲毛傳曰蟲蟲而熱也按蟲蟲蓋融融之叚借韓詩作烔許所不取从三虫人三爲眾虫三爲蟲蟲猶眾也直弓切九部凡蟲之屬皆从蟲

蟲食艸根者艸當作苗小雅去其螟螣及其蟊賊釋蟲食苗根蟊毛傳食根曰蟊螟蟘巳見虫部蟘是介屬螟蠹是嬴屬从蟲串象形謂上體象此蟲繚繞於苗榦之形與䖵部蠿蟊字从䖵矛聲不同也今人則盡叚蟊爲之矣莫浮切三部吏抵冒取民

財則生抵當作牴觸也冒者冡而前也吏不卹其民彊禦而取民財則生此抵冒亦見董仲舒傳冒古音茂以蟊韵爲訓

蟊或从敄敄聲也此則與虫部螌蝥同字

古文蟊从虫从牟牟聲竹邑相張君碑蛑賊不起凡漢人言侵牟皆蛑之叚借

⿱毗䖵⿱孚䖵逗雙聲⿱孚䖵見蚰部大螘也爾雅文从䖵毗聲房脂切十五部

⿱毗䖵或从虫比聲方言作蚍蜉

⿱镸䖵也⿱镸䖵之一名从䖵冐聲當依篇韵从二武巾切十三部按此蚊之一名耳不當仍讀蚊當依篇韵良刃切

臭蟲負蠜也按臭蟲下有奪字當云臭蟲也一曰負蠜也畫然二說如虫部蝝下之並載三說也春秋莊二十九年秋有蜚左氏傳曰爲災也公羊傳曰紀異也穀梁傳曰一有一亡曰有漢五行志劉歆以爲負蠜也性不食穀食穀爲災按子駿蓋演左氏說也劉向以爲蜚色青近青眚非中國所有南越盛暑男女同川澤淫風所生爲蟲臭惡是時嚴公取齊淫女爲夫人既入淫於兩叔故蜚至按子政蓋演穀

梁之說而何休范甯皆從之也許列臭蠜於先而負蠜次之許意子政說長也負蠜與蠜畫然二物釋蟲曰皇蠜蠜也毛傳同許同此一物也釋蟲曰草蠜今爾雅作蟲譌負蠜也毛傳則云草蟲常羊也常羊卽負蠜鄭箋云艸蟲鳴則阜蠜躍而從之是以謂之負蠜也劉子駿及許之負蠜卽艸蟲也卽常羊也左氏之所以釋蜚也至於臭蟲生南越而有於中國子政之說則然亦如有蜮有鸜鵒來巢皆本非所有公穀之所以釋蜚也釋蟲曰蜚蠦蜰郭云臭蟲負盤也攷本艸經蜚蠊注家云辛辣而臭漢中人食之一名盧蜰一名負盤郭注亦謂此而許虫部蜰下但言盧蜰不言蜚也似許不以盧蜰與臭蟲爲一物本艸之蜚蠊非必淫气所生劉向所以說經者又未必蜚蠊也故所云盧蜰者蓋本艸之蜚蠊此云臭蟲者未必爲本艸之蜚蠊也盤蠜二字尤不當牽混

从蟲非聲房未切十五部

蜚𧔥或从虫今春秋三經皆如此作古書多叚爲飛字

蠱腹中蟲也中蟲皆讀去聲廣韵集韵皆曰蟲直衆切蟲食物也亦作蚛腹中蟲者謂腹內中蟲食之毒也自外而入故曰中自內而

飾故曰蠱此與虫部腹中長蟲腹中短蟲讀異周禮庶氏掌除毒蠱注云毒蠱蟲物而病害人者賊律曰敢蠱人及教令者棄市左氏正義曰以毒藥藥人令人不自知今律謂之蠱玄應屢引說文蠱腹中蟲也謂行蟲毒也下五字葢黙注語顧野王輿地志曰主人行食飲中殺人人不覺也字從箸蟲於飲食器中會意**春秋傳曰皿蟲爲蠱晦淫之所生也**晦淫俗本作淫溺誤今依宋本正春秋傳者昭元年左氏傳文醫和視晉侯疾曰是爲近女室疾如蠱非鬼非食惑以喪志天有六氣淫生六疾陰淫寒疾陽淫熱疾風淫末疾雨淫腹疾晦淫惑疾明淫心疾女陽物而晦時淫則生內熱惑蠱之疾於文皿蟲爲蠱穀之飛亦爲蠱在周易女惑男風落山謂之蠱皆同物也和言如蠱者蠱以鬼物飲食害人女色非有鬼物飲食也而能惑害人故曰如蠱人受女毒一如中蠱毒然故轂辭謂之蠱容張平子賦謂之妖蠱謂之蠱媚皆如蠱之說也言於文皿蟲爲蠱者造字者謂蠱在皿中而飤人卽以人爲皿而飾其中康謂之蠱米亦皿也女惑男風落山男亦皿也山亦皿也故云皆同物也此

皆蠱之引申之義**梟磔死之鬼亦爲蠱**梟磔各本作梟桀史記封禪書索隱引樂彥云左傳皿蟲爲蠱梟磔死之鬼亦爲蠱梟當作県斷首倒縣磔辜也殺人而申張之也强死之鬼其覔魄能馮依於人以爲淫厲是亦以人爲皿而害之也此亦引申之義序卦傳曰蠱者事也伏曼容注曰蠱惑亂也萬事從惑而起故以蠱爲事引大傳乃命五史以書五帝之蠱事**从蟲从皿**會意公戶切亦去聲五部聲類弋者切音冶**皿物之用也**物上當有蠱字皿所以盛飲食行蠱者也此說从皿之意

文六　重四

風八風也東方曰明庶風東南曰淸明風南方曰景風西南曰涼風西方曰閶闔風西北曰不周風北方曰廣莫風東北曰融風樂記八風從律而不姦鄭曰八風從律應節至也左氏傳夫舞所以節八音而行八

風服注八卦之風也乾音石其風不周坎音革其風廣莫艮音匏其風融震音竹其風明庶巽音木其風清明離音絲其風景坤音土其風涼兌音金其風閶闔易通卦驗曰立春調風至春分明庶風至立夏清明風至夏至景風至立秋涼風至秋分閶闔風至立冬不周風至冬至廣莫風至白虎通調風作條風條者生也明庶者迎衆也清明者芒也景者大也言陽氣長養也涼寒也陰氣行也閶闔者咸收藏也不周者不交也言陰陽未合化矣廣莫者大莫也開陽氣也按調風條風融風一也八卦八節八方一也通卦驗始於調風許終於融風者許依易八卦之次終於艮也艮者萬物之所以成終而成始也風之用大矣故凡無形而致者皆曰風詩序曰風風也教也風以動之教以化之劉熙曰風氾也放也**从虫凡聲**凡古音扶音切風古音孚音切在七部今音方戎切**風動蟲生故蟲八日而匕**依韵會此十字在从虫凡聲之下此說从虫之意也大戴禮淮南書皆曰二九十八八主風風主蟲故蟲八日化也謂風之大數盡於八故蟲八日而化故風之字从虫**凡風之屬皆**

从風凮古文風䬕北風謂之䬕爾雅南風謂之凱風東風謂之谷風北風謂之涼風西風謂之泰風毛傳於詩凱風谷風皆用爲訓桑柔之大風則不言何風而箋以西風釋之若邶詩北風其涼本無涼風字故毛但曰寒涼之風而已不用爾雅也陸氏爾雅音義曰涼本或作䬕許所據爾雅同或作本从風京聲各本作涼省聲俗人所改涼䬕䬕皆京聲今正呂張切十部䬍小風也也玉篇作皃廣韵之䬍即此字也从風朮聲翾聿切十五部飆扶搖風也司馬注莊子云上行風謂之扶搖釋天曰扶搖謂之猋郭云暴風從下上按爾雅月令用古字陸云字林作飆不言說文此等舉一以包二耳从風猋聲甫遙切古音在三部颮古文飆各本作飆或从包今正班固西都賦颮颮紛紛李善李賢注皆引颮古飆字飄回風也回者般旋而起之風莊子所謂羊角司馬云風曲上行若羊角也釋天云迴風爲飄匪風毛傳同按何人斯傳曰飄風暴起之風依文爲義故不云回風从風

㬎聲撫招切二部

風聲也各本作翔風也今依文選風賦注正廣韵同九歌曰風颯颯兮木蕭蕭風賦曰有風颯然而至翔風非字意也从風立聲穌合切七部

高風也呂氏春秋有始覽曰西方曰飂風从風翏聲力求切三部

疾風也廣雅作𩗗廣韵曰𩗗爲𩗗之俗然則作𩗗者叉𩗗之省也按古有𩗗字亦訓疾風楚飢切見楚辭及吳都賦从風忽忽亦聲呼骨切十五部

大風也从風胃聲王忽切十五部玉篇于貴切

大風也从風曰聲曰各本作日月之日非聲也今併篆體正于筆切十五部

風所飛揚也揚者飛舉也从風昜聲與章切十部

颼颲二字各本無今補疊韵字也逗風雨暴疾也从風利聲讀若栗力質切十三部

颲風也各本作烈風也今正詩二之日栗烈說文仌部作凓冽今本冽譌瀨陸氏音義不偁仌部而曰說文作颲颲蓋由疊韵音同而

誤也然可以證古本之颲颲緜聯矣廣韵五質颲下曰颲颲暴風十七薛颲下曰風雨暴至亦可爲證

从風刿聲讀若烈良薛切十五部按凡烈風當作此字其譌也爲別風

文十三　重二

它虫也从虫而長象冤曲𠂹尾形𠂹各本作垂今正𠂹者艸木華葉𠂹也引申爲凡物下𠂹之偁垂者遠邊非其義冤曲者其體垂尾者其末它象其臥形故詘尾而短它象其上冤曲而下垂尾故長詘尾謂之虫垂尾謂之它它與𠂹古音同也詩維虺維蛇女子之祥吳語爲虺弗摧爲蛇將若何虺皆虫之叚借皆謂或臥或垂尾耳臥者較易制曳尾而行者難制故曰爲虺弗摧爲蛇將若何也託何切十七部今人蛇與它異義異音蛇食遮切

上古艸凥患它故相問無它乎上古者謂神農以前也相問無它猶後人之不恙無恙也語言轉移則以無别故當之而其字或叚佗爲之又俗作他經典多作它猶言彼也

嚴氏可均校議云廣肩集韵六脂引作廣肓案當作廣要要脊膂字俗作膂因譌爲肩爲肓蠕下云天地之性細要純雄明此爲廣要無雄列子天瑞篇純雌其名大要純雄其名稺蜂張湛引司馬彪云稺蜂細要者大膂龜鼈之類此俞氏正二篆變說　舊也玉篇作進也進即舊之譌也

許言此以說叚借之例羔羊傳曰委蛇行可從迹也亦引申之義也**凡它之屬皆从它**

（篆）它或从虫它篆本以虫篆引長之而已乃又加虫左旁是俗字也

文一　重一

（篆）舊也此以疊韵爲訓門聞戶護之例龜古音姬亦音鳩舊古音臼亦音忌舊本鴟舊字叚借爲故舊即久字也劉向曰蓍之言耆龜之言久龜千歲而靈蓍百年而神以其長久故能辨吉凶白虎通語略同龜之大者曰鼇敖與久音相近**外骨內肉者也**外骨考工記梓人文鄭云龜屬**从它龜頭與它頭同**此如黽頭與它頭同魚尾與燕尾同兔頭與㲋頭同㲋足㲋足能足與鹿足同虎足與人足同兕頭與禽頭离頭同皆其物形相似故製字同之也此說从它之意也**天地之性廣肩無雄龜鼈之類㠯它爲雄**列子曰純雌其名大署純雄其名稺蜂張注大署龜鼈之類也稺小也許注蠕蠃亦

十三篇下　九

偁列子按以它爲雄則其子皆它子也故字从它此从它之又一說也龜象足甲尾之形从它者象它頭而巳左象足右象背甲曳者象尾居追切古音在一部讀如基音轉讀如鳩凡龜之屬皆从龜

𪚦古文龜象形而不从它

𪚦龜名當作𪚦龜也三字句从龜宂聲徒冬切九部宂古文終字見糸部

䶰龜甲邊也公羊傳曰龜青純何注純緣也謂緣甲䫇也千歲之龜青䫇明乎吉凶也樂記史記樂書皆曰青黑緣者天子之寶龜也按䫇者䫇之省䶰之叚借字劉淵林注蜀都賦引譙周異物志曰涪陵多大龜其甲可以卜其緣中叉今釵字似瑇瑁名曰靈叉郭注爾雅亦用其語而今本多譌字緣者甲之邊也甲文象木戴孚甲之象故介蟲外骨謂之甲从龜冄聲汝閻切七部天子巨䶰尺有二寸此以下出三正記見白虎通天子下當有龜字巨當作歫漢志元龜歫冄長尺二寸冄叚借字也孟康曰冄龜甲緣也歫至也度背兩邊緣尺二寸也按兩邊相歫尺二寸故知元龜尺

二寸謂其廣不謂其脩也魯頌毛傳曰元龜龜尺二寸諸侯尺大夫八寸士六寸皆謂兩邊相距

文三　重一

鼃黽也周禮蟈氏掌去鼃黽鄭司農云蟈蝦蟇也月令曰螻蟈鳴鼃黽蝦蟇屬書或爲掌去蝦蟇元謂蟈今御所食蛙也齊魯之閒謂鼃爲蟈黽耿黽也蟈與耿黽尤怒鳴爲聒人耳故去之按蛙卽鼃字依大鄭說則鼃黽二字爲一物依後鄭說則鼃卽蟈爲一物黽乃耿黽爲一物依許黽下曰鼃黽也似同大鄭說然有當辯者許果合二字爲一物則黽篆下當云鼃黽蝦蟆也鼃下云鼃黽也乃合全書之例而蝦蟆篆居虫部此則單舉鼃篆釋曰蝦蟆黽篆下則曰鼃黽也是許意鼃黽爲一物鼃爲一物凡兩字爲名一字與他物同者不可與他物牽混知鼃黽非鼃也許之鼃黽卽鄭之耿黽鼃古音圭與耿雙聲故得爲一字絫評曰鼃黽耿黽單評曰黽爾雅鼃䵷蟾蠩

在水者黽是則詹諸之類而以在水中爲別也許鄭之單言鼃即本艸所謂鼃一名長股陶云俗名土鴨南人名蛤子善鳴者寇宗奭曰其色青腹細後腳長善躍大其聲曰蛙小其聲曰蛤此鼃與鼃黽之別皆在水中而善鳴故周禮設官去之黽之叚借爲黽勉 **从它象形** 謂从它象其頭下象其大腹也莫杏切古音在十部讀如芒 **黽頭與它頭同** 言頭而餘爲腹可知矣黽本無尾故風俗通辯蝦蟇掉尾肅肅乃夏馬之字誤 **凡黽之屬皆从黽** □ **籒文黽** 古文祇象其頭腹籒文又象其長足善跳

□ 蝦蟆屬 屬各本作也今依韵會九佳所據小徐本正廣韵同蝦蟆見虫部蝦蟆與詹諸小別鼃則與蝦蟆大別而其形相似故言屬而別見漢書武帝紀元鼎五年鼃蝦蟆鬭是可知其別矣鼃者周禮所謂蟈今南人所謂水雞亦曰田雞鼃蛤皆其鳴聲也故宋人詩多云吠蛤亦云蛙聲閣閣 **从黽圭聲** 烏媧切古音十六部按當音乖字亦作掜作蛙

□ 圥鼀 逗疊韵 **詹諸也** 虫部曰[虫匊]鼀詹諸也一物四名曰[虫匊]鼀曰圥鼀曰詹

諸曰䵹𪓰許主名詹諸而詳釋之其鳴詹諸蝦蟆能作呷呷聲蟾蜍不能作聲詹諸象其謇吃之音此言所以名詹諸也其字俗作蟾蠩又作蟾蜍其皮鼀鼀鼀鼀猶蹵蹵也其身大背黑多痱磊此言所以名𧑒鼀圥鼀也𧑒之義蓋取於拳局其行圥圥圥圥舉足不能前之皃蟾蜍不能跳蔨圥圜上椎鈍非銳物也故以狀其行此言所以名圥鼀也从黽圥會意圥亦聲七宿切三部

䵹鼀或从酋酋聲圥聲同在三部

𪓰䵹𪓰逗詹諸也詩曰得此䵹𪓰邶風新臺文今詩作戚施毛傳曰戚施不能仰者釋言曰戚施面柔也言其行𪓰𪓰此五字當在詩曰之上小徐自糸至卵部今皆不傳不可攷矣𪓰𪓰猶施施也王風毛傳曰施施難進之意此言所以名鼀𪓰也从黽爾聲式支切古音在十六部十七部之閒

鼈甲蟲也考工記注外骨龜屬內骨鱉屬按鼈骨較龜稍內耳實介屬也故周易鼈蟹蠃蚌龜爲一屬从黽敝聲并列切十五部

黿大鼈也

今目驗黿與鼈同形而但分大小之別从黽元聲愚袁切十四部

鼉　水蟲佀蜥易長丈所所字依太平御覽補丈所猶丈許也大雅靈臺傳曰鼉魚屬馬部驒下曰青驪白鱗文如鼉魚許依毛謂之鼉魚也皮可爲鼓四字本在魚部鱓下由古多用鱓爲鼉而淺人注之也今移此詩鼉鼓韸韸史記樹靈鼉之鼓从黽單聲徒何切古在十四部唐干切

䵶　水蟲也薉貉之民食之蓋猶中國之食鼃謂之水雞也从黽奚聲胡雞切十六部

𪓰　䵶屬頭有兩角以頭有二角別於䵶也蓋亦可食出遼東从黽句聲其俱切古音在四部讀如鉤篇韵皆作𪓰按吳都賦有龜鼊劉注𪓰屬也如瑇瑁此與單名𪓰者各物

蠅　營營青蠅小雅青蠅文傳曰營營往來皃蟲之大腹者从黽虫虫猶蟲也此蟲大腹故其字从黽虫會意謂腹大如黽之蟲也其音則在六部余陵切故繩爲蠅省聲非許之精詣則必仍爲形聲字遂使古音不可攷矣

鼅　鼅

鼄逗雙聲鼄蟊也各本奪鼄字今補鼄蟊疊韵蚰部曰蠿蟊作网鼄蟊也此曰鼅鼄鼄蟊也以見一物三名如蝌下鼀下䵷下皆曰詹諸也之例方言鼅鼄鼄蝥也自關而西秦晉之閒謂之鼄蝥自關而東趙魏之郊謂之鼅鼄或謂之蠾蝓蠾蝓者侏儒語之轉也北燕朝鮮洌水之閒謂之蝳蜍按蠿蟊卽爾雅之次蟗蟗音浮斷非从出也鼅鼄同爾雅鼄蟊卽爾雅之鼄蝥郭曰今江東呼蝃蝥蝃音掇晉時江東評蝃蝥蝃卽鼅鼄促言之耳蝃或作蛐本艸亦作蛐章悅反蝥音謀又音無从黽亦蟲之大腹者也故从黽智省聲陟离切十六部

[篆] 鼅或从虫

[篆] 鼄鼅鼄也从黽朱聲陟輸切四部

[篆] 鼄或从虫

[篆] 鼂匽鼂也讀若朝陟遙切二部楊雄說匽鼂蟲名蓋見倉頡訓纂廣韵亦引倉頡篇云蟲名按爲何蟲許亦不憭也夏小正言匽之興不得援以證匽鼂杜林㠯爲朝旦非是此㠯爲乃說叚借之例杜林用鼂爲朝旦字蓋見杜林倉頡故攷屈原賦甲之鼂吾以行王逸曰鼂

旦也左傳衛大夫史朝風俗通作史鼂之後爲鼂姓漢書鼂姓又作晁是古叚鼂爲朝本無不合許云非是未審他處亦未見此例也若木部構下杜林以爲椽桷字斗部斡下杜林以爲軺車輪斡亦未辯其非是矣葢叚借之學明其爲借字非眞字而眞字存不明其爲借字直指爲眞字而眞字借字之義皆廢矣伯山葢謂鼂夕爲眞字故辯以防之也

从黽从旦葢亦蟲之大腹者故从黽其从旦之意不能詳也

[古文字形]古文从皀古文各本作篆文今依玉篇正凡先古籒後篆者皆由文勢不得不尒此非其比也廣韵古本亦必先鼂後鼂注曰古文今本二大字轉寫譌舛集韵類篇依大徐而誤皀見日部讀若窈古文从黽皀聲

文十三　重五

卵　凡物無乳者卵生乚部曰人及鳥生子曰乳獸曰產此云凡物無乳者卵生按此乳字與乚部乳字義少異此乳謂乳汁也惟人及四足之獸有之故其子胎生羽蟲鱗蟲介蟲及一切昆蟲皆無乳汁其

子卵生故曰凡物無乳者卵生然則何以言人及鳥生曰乳獸曰產也此乳猶抱也嫗也方言北燕朝鮮洌水之閒謂伏雞曰抱爵子及雞雛皆謂之鷇其卵伏而未孚始化謂之涅鄭注樂記曰以體曰嫗帷鳥於卵伏之抱之旣孚而或生哺之有似人之抱哺其子凡獸之恩勤遜於是故以鳥之將子與人並言乳實乳汁之義之引申許泥乙爲鳥故訓乳曰人及鳥也子部曰穀乳也此乳汁之乳字及孺皆曰乳子也此乳哺之乳此云無乳者卵生亦指謂乳汁也**象形**此篆上黽象形言之卵未生則腹大卵陰陽所合天地之襍也故象其分合之形盧管切十四部糸部縮下云讀若雞卵蓋古卵讀如管也**凡卵之屬皆从卵**

卝古文卵各本無今依五經文字九經字樣補五經文字曰卝古患反見詩風字林不見又古猛反見周禮說文以爲古卵字九經字樣曰說文作卝隸變作卵是唐本說文有此無疑但張引說文古文卵刪去文字未安張之意當云𠦬卵上說文下隸變乃上字誤舉其重文之古文非是然正可以證唐時說文之有卝汗簡以卝爲古文卵字與𠕁爲古文風𠕁爲古

文竈皆據本書郭氏所見說文尚完好也卵之古音讀如管引申之內則濡魚卵醬鄭曰卵讀爲鯤鯤魚子也或作攔韋注國語亦云鯤魚子也內則之魚子言其未生者魯語㠯魚子言其巳生者其意一也又引申之爲詩總角丱兮之丱毛傳曰丱幼穉也此謂出腹未久故仍得此偁如魚之未生巳生皆得曰鯤也又引申之周禮有丱人鄭曰丱之言礦也金玉未成器曰丱此謂金玉錫石之樸韞於地中而精神見於外如卵之在腹中也凡漢注云之言者皆謂其轉注叚借之用以礦釋丱未嘗曰丱古文礦亦未嘗曰丱讀爲礦也自其雙聲以得其義而巳丱固讀如管讀如關也自劉昌宗徐仙民讀侯猛號猛反謂即礦字遂失注意而後有妄人敢於說文礦篆後益之曰丱古文礦周禮有丱人則不得不敢於卵篆後徑刪丱古文卵是猶改蘭臺桼書以合其私其誣經誣許率天下而昧於六書不當膺析言破律亂名改作之誅哉𢇍从丱聲關从𢇍聲許說形聲井井有條如是

毈 卵不孚也 爪部曰孚者卵即孚也从爪子不孚者卵㡀不成樂記曰卵生者不殈鄭曰殈裂也今齊人語有云殈者按殈即毈

毈　衆今槩呼卵爲毈音如彈去聲二徐注音徒玩切是也　字者育子不字者則爲毈

也呂氏春秋雞卵多毈管子五行篇羽卵者不段段段爲之**从卵段聲**徒玩切十四部按當讀如鍛

文二　重一二字今補

二　一地之數也易曰天一地二惟初大始道立於一有一而後有二元气初分輕清昜爲天重濁侌爲地**从耦一**耦各本作偶誤今正偶者桐人也凡云偶爾用之耦者二人竝耕之偁故凡奇耦字用之古書或不拘許必從其朔也大徐本無一字非耦一者兩其一也兩畫當均長今人上短下長便是古文上字三篆亦三畫均長而至切十五部**凡二之屬皆从二**

弍　古文二

亟　敏疾也支部曰敏者疾也疾者本無其字依聲託事之字也後人以捷當之今人亟分入聲去聲入之訓急也去之訓數也古無是分別數亦急也非有二義詩亟其乘屋箋云亟急也詩多段棘爲亟如棘人欒欒傳曰棘急也我是用棘非棘其欲皆同禮記作匪革其猶革亦亟之段借字也釋言曰悈急也亦作㥛皆亟字之異者耳**从人口又**

二二天地也徐鍇曰乘天之時因地之利口謀之手執之時不可失疾也玉裁謂天地之道恆久而不已手病口病夙夜匪懈君子自強不息人道之所以與天地參也故从人从二紀力切又去吏切一部

𢛉常也常當作長古長久字衹作長淺人稍稍分別乃或借下帬之常爲之故至集韵乃有一丅久也之訓而篇韵皆無之此俗字之不可不正者也時之長與尺寸之長非有二義从心舟在二之閒上下上下猶往復也心㠯舟施恆也謂往復遥遠而心以舟運旋歷久不變恆之意也宙下曰舟車所極復也此說會意之恉胡登切六部俗本心上增一字非

𠀩古文恆从月此篆轉寫譌舛既云从月則左當作月不當作夕也若汗簡則左作舟而右亦同此不可曉又按門部之古文閒作閒蓋古文月字略似外字古文恆直是二中月耳詩曰如月之恆小雅天保文此說从月之意非謂毛詩作𠀩也傳曰恆弦也按詩之恆本亦作縆謂張弦也月上弦而就盈於是有恆久之義故古文从月

亘求回也

𢛉象二者上天下地也博厚配地高明配天悠久無疆天地之道恆久而不已故恆从二舟與周通周流不息也施字疑當作旋从心者人參天地身不能長存而心可長存故从心不从人

古文恆从月者日月得天而能久照从月不从日者日兆月月光卬日光臨朔弦望以月爲候所以授人時也从人者人處里自立於天地間爲有恆之道也

回各本作亘今正以回釋亘以雙聲爲訓也回者轉也亘字經典不見易屯卦磐桓磐亦作盤亦作槃義當作般桓義當作亘般者辟也亘者回也馬融云槃桓旋也是二字皆叚借也凡舟之旋曰般旋旗之指麾曰旋車之運曰轉瓢柄曰斡皆其意也 从二从回 會意須緣切按古音讀如桓十四部 回古文回 見口部 象亘回之形 亘回雙聲猶回轉也 上下所求物也 上下謂二所求在上則轉而上所求在下則轉而下此說从回从二之意

竺 㫗也 㫗各本作厚今正許意厚薄字當作㫗山陵之㫗乃作厚不容一之爾雅毛傳皆曰篤厚也今經典絕少作竺者惟釋詁尚存其舊叚借之字行而眞字廢矣篤馬行鈍遲也聲同而義略相近故叚借之字專行焉 从二 加厚之意 竹聲 冬毒切三部

凡 冣括而言也 冣各本作㝡㝡者犯而取也非其義今正冣者積也才句切括者絜也絜者束也絜者麻一耑束之成一耑也冣括者總聚而絜束之也意內言外曰䛐其意冣括其言凡也春秋繁露曰號凡而略名目而詳目者偏辨其事也

凡者獨舉其大也享鬼神者號一曰祭祭之散名春曰祠夏曰礿秋曰嘗冬曰烝獵禽獸者號一曰田田之散名春苗秋蒐冬狩按周禮多言凡六典凡也治典教典禮典政典刑典事典目也鄭注言冣目者謂其總數也若其他言凡祭祀凡賓客凡禮事凡邦之弔事言師掌官成以治凡亦皆聚括之謂舉其凡則若网在綱杜預之説春秋曰傳之義例總歸諸凡凡之言氾也包舉氾濫一切之稱也**从二　二耦也**耦各本作偶今正一二者天地之大數也故从二**从弓　弓古文及字**見又部及逮也从及者取括束之意浮芝切古音在七部讀扶音切按篆體右像古文及之半而左引筆下垂內从一非从二也與説解不相應夫許既列之二部明言从二不宜乖異如是葢轉寫既久譌奪之由尠有深思者許以先篆後古籀爲經例先古籀後篆爲變例變例之興起於部首部首爲二則从二之凡當先列从一之凡當後之攷定其文當作弓冣括而言也从二二耦也从弓弓古文及此下又云凡篆文弓李斯省改古文漢人行之故許立文必如是妄人不知一移一奪乃使倉頡所造千古放佚許

凡

許解支離據篆文从一从弓非从二从弓象包括之形嚴説从及乃校者所加曲折

君凡例委於艸莽矣○江沅曰右旁作乚乃古文及之省也𠂆乃二之形而以上筆引長配右也當云从古文及省則得之矣

文六　重二　按凡有古文有小篆則當重三

土　地之吐生萬物者也　吐土疊韵釋名曰土吐也吐萬物也　二象地之上地之中　上各本作下誤今依韵會正地之上謂平土面者也土二横當齊長土字則上十下一上横直之長相等而下横可隨意今俗以下長爲土字下短爲士字絕無理　丨物出形也　此所謂引而上行讀若囟也合二字象形爲會意它魯切廣韵引文字指歸曰無點按文字指歸蓋以無點者它魯切有點者徒古切田地主也釋氏書國土必讀如杜是也五部　凡土之屬皆从土

地　元气初分輕清昜爲天重濁侌爲地　元者始也陰陽大論曰黃帝問於岐伯曰地之爲下否乎岐伯曰地爲人

之下大虛之中者也黃帝曰馮乎岐伯曰大氣舉之也按地之重濁而包舉乎輕清之氣中是以不墜**萬物所敶列也**敶各本作陳今正攴部曰敶者列也凡本無其字依聲託事者如萬蟲終古叚借爲千萬雖唐人必用万字不可從也若本有其字如叚陳國爲敶列在他書可而許書不可地與敶以雙聲爲訓**从土**地以土生物故从土**也聲**坤道成女玄牝之門爲天地根故其字从也或云从土乙力其可笑有如此者徒四切古音在十七部漢書或叚爲第但也之第

墬籒文地从𨸏土彖聲從小徐本惟彖字小徐作象非其聲也今正作彖从𨸏言其高者也从土言其平者也彖見彑部蠡像墜皆以爲聲在古音十六部地字古音本閒於十六十七兩部也若大徐作从隊𨸏部隊音徒玩切其繆愈難糾矣漢人多用墬字者傳寫皆誤少一畫

坤地也易之卦也象傳曰地勢坤君子以厚德載物說卦傳曰坤順也按伏羲取天地之德爲卦名曰乾坤**从土申**會意苦昆切十三部**土位在申也**此說从申之意也說卦傳曰坤

也者地也也萬物皆致養焉故曰致役乎坤坤正在申位自倉頡造字已然後儒乃臆造乾南坤北爲伏羲先天之學說卦傳所定之位爲文王後天之學甚矣人之好怪也或問伏羲畫八卦即有乾坤震巽等名與不曰有之伏羲三奇謂之乾三耦謂之坤而未有乾字坤字傳至於倉頡乃後有其字坤顛特造之乾震坎離艮兌以音義相同之字爲之故文字之始作也有義而後有音有音而後有形音必先乎形名之曰乾坤者伏羲也字之者倉頡也畫卦者造字之先聲也是以不得云☷即坤字

垓　兼晐八極地也　晐各本作垓今正晐俗作該日部晐下曰兼晐也此用其義釋垓以疊韵爲訓也凡四方所至謂之四極八到所至謂之八極淮南書曰八紘之外乃有八極非此義也兼備八極之地謂之垓　从土亥聲　古哀切一部　國語曰天子凥九垓之田　鄭語曰王者居九畡之田收經入以食兆民韋云九畡九州之極數也又楚語天子之田九畡以食兆民韋云九畡九州之內有畡數也食兆民民耕而食其中也天子曰兆民按畡者垓字之異也韋云有垓數

者郎風俗通千生萬萬生意億生兆兆生經經生垓

墺　四方之土可定凥者也　各本作四方土可居也少三字今依李善西都賦注正禹貢四墺既宅今作隩者衛包改也僞孔傳曰四方之土可居玉篇土部引夏書四墺既宅廣韵三十七号墺字注曰四墺四方土文選西都賦天地之隩區李注引此說文知班賦本从土唐以後人乃改之如今本尚書釋文之作隩耳周語宅爲九隩注云隩內也其字从自

从土奧聲　於六切三部按音轉多讀於報切

古文墺　蓋壁中禹貢如是與

堣　堣夷　逗　在冀州暘谷　暘各本作陽今正日部曰暘日出也引虞書曰暘谷則此當作暘可知也山部嵎下曰首嵎山在遼西一曰嵎銕暘谷也嵎銕暘三字皆與此異嵎當作禺蓋堣夷暘谷者孔氏古文如是禺銕嵎谷者今文尚書如是今堯典作宅嵎夷曰暘谷依古文而堣譌嵎恐衛包所改耳玉篇唐韵皆作堣可證堯典音義曰尚書考靈曜及史記作禺銕尚書正義卷二曰夏侯等書古文宅堣夷堣作嵎者譌爲宅嵎鐵嵎鐵郎禺銕之異字凡緯書皆用

今文故知許土部所偁爲古文山部爲今文尚書如昧谷爲古文栁穀爲今文正同詳見古文尚書撰異堣夷暘谷許明云在冀州山部曰首嵎山在遼西一曰嵎銕暘谷一曰猶一名非有二物遼西正在冀州然則堯典之堣夷非禹貢靑州之嵎夷司馬貞注禹貢云今文尚書及帝命驗竝作嵎鐵在遼西此謂堯典也陸氏引馬云嵎海嵎也夷萊夷也馬釋堯典始以禹貢釋之而僞孔傳大意從之義和測日不必遠至海外也僞孔云日出於谷而天下明故稱暘谷似以此暘谷與日初出東方湯谷合而一之其謬不亦甚乎**立春日**句**日値之而出**日正當堣夷而出乃許所聞尚書古義如此**从土禺聲**噳俱切五部**尚書曰宅堣夷**許之例不云尚書此當云唐書改之者作虞書其說見禾部

坶　朝歌南七十里地周書曰武王與紂戰于坶野此書序文也今書序紂作受坶作牧詩大明矢于牧野正義引鄭書序注云牧野紂南郊地名禮記及詩作坶野古字耳此鄭所見詩禮記作坶書序祇作牧也許所據序則作坶

蓋所傳有不同坶作𡋯者字之增改也每亦母聲也**从土母聲**莫六切三部徐邈曰牧一音茂

坡　阪也𨸏部曰坡者曰阪此二篆轉注也又曰陂阪也是坡陂二字音義皆同也坡謂其陂陀毛詩隰則有泮傳曰泮坡也此釋叚借之法謂泮卽坡之雙聲叚借也鄭不從其說而易之曰讀爲畔**从土皮聲**滂禾切十七部

坪　地平也舊鈔小徐本作坙廣韵坙地名今義也**从土平平亦聲**小徐無平亦二字皮命切十一部亦平聲

均　平徧也平者語平舒也引申爲凡平舒之偁徧者帀也平徧者平而帀也言無所不平也小雅節南山傳曰均平也古多叚旬爲均亦叚鈞爲均**从土匀**匀者帀也故以會意**匀亦聲**小徐無匀亦二字居匀切十二部

壤　柔土也大雅陶復陶穴毛傳陶其土而復之陶其壤而穴之九章筭術今有穿地積一萬尺問爲堅壤各幾何荅曰爲堅七千五百尺爲壤一萬二千五百尺穿地四爲壤五爲堅三爲墟四劉徽注壤謂息土堅謂築土周禮辨十有二壤之名物而知其種以教稼穡樹蓺注壤

亦土也以萬物自生言則言土土猶吐也以人所耕而樹蓺言則言壤壤和緩之皃某氏注尚書曰無塊曰壤周禮草人墳壤用麋勃壤用狐鄭云墳壤潤解勃壤粉解釋名曰壤瀼也肥濡意也按言物性之自然壤異乎堅土言人功則凡土皆得而壤之壤與柔弱雙聲穀梁日有食之傳曰吐者外壤食者內壤闕然不見其壤有食之者也麋信云齊魯之閒謂鑿地出土鼠作穴出土皆曰壤按蟲鼠所出字亦作場作塲音失羊反見方言亦取柔意今俗語謂弱曰壤漢書壤子王梁代壤謂肥䐈也**从土襄聲**如兩切十部

墧　堅不可拔也堅者剛土也拔者擢也不可拔者不可擢而起之也易文言曰確乎其不可拔潛龍也虞翻曰確剛皃也鄭曰堅高之皃按今易皆作確攷釋文曰說文云高至繫辭夫乾確然示人易矣釋文曰說文云高至皆不言說文作隺是則陸所據易二皆作隺而今本俗誤也許意隺訓高至墧訓堅不可拔文言字作隺而義从墧繫辭乃義如其字**从土高聲**苦角切古音在二部今俗字作確乃塙字之變耳

墽　磽也石部曰磽者磬石也磬者

堅也磽之義同磽則兼謂土石堅韌耳其字亦作墝何注公羊云墝埆不生五穀曰不毛从土敫聲口交切二部

壚黑剛土也各本無黑字依韵會則小徐有尚書正義所引同今補釋名曰土黑曰壚盧然解散也周禮草人埴壚用豕鄭云埴壚黏疏者以黏釋埴以疏釋壚黑部曰齊謂黑爲黸古文作旅許於黸得其義云黑而剛則疏之義亦見矣从土盧聲洛乎切五部

垶赤剛土也草人凡糞種騂剛用牛故書騂爲挈杜子春挈讀爲騂謂地色赤而土剛强也按馬部無騂字子春易字作解必墒然易爲垶字而許用其說入說文也然則相承作騂又譌作騂者乃大繆耳从土觲省聲息營切十一部

埴黏土也禹貢厥土赤埴墳周禮草人埴壚攷工記摶埴之工孔傳鄭注皆曰埴黏土也釋名土黃而細密曰埴埴膱也黏昵如脂之膱也按禹貢埴字鄭本作戠而讀爲熾熾赤皃也見禹貢音義及蜀都賦丹沙赩熾李注又太平御覽三十七引東晉會稽謝沈古文尚書注徐州土赤戠墳戠音志又禹貢正義曰戠埴音義同埴爲

黏土故土黏曰戠蓋孔本本亦作戠惟孔釋戠爲黏土鄭易戠爲熾釋爲赤皃見經文赤戠連讀爲異耳據釋文則韋昭所注漢地理志亦作戠而今漢書作埴晉書戚公綏天地賦云海岱赤墈華梁青黎何超音義墈尺志反此又戠之加土旁者也戠墈壏皆埴之異字 **从土直聲** 常職切一部按廣韵常職昌志二切今江浙俗語皆用昌志一切

坴 土凷坴坴也 坴坴大凷之皃 **从土圥聲** 力竹切三部 **讀若逐** 大徐本逐作逯誤也坴讀如逐逐與蘢讀七宿切意同 **一曰坴梁地** 始皇本紀三十三年發諸嘗逋亾人贅壻賈人略取陸梁地爲桂林象郡南海以適遣戍字作陸按坴梁蓋其地多土凷而土性強梁也

𡍐 土也 土蓋凷之誤集韵凷字亦作𡍐類篇𡍐亦苦會切墣也蓋自坴至堛併重文六篆皆言凷此土也二字淺人所改 **从土軍聲** 戶昆切十三部 **雒陽有大𡍐里** 雒作洛非今正說詳水部洛下大𡍐雒陽里名此舉爲𡍐篆之證也漢王子侯表土軍侯郢客師古曰土軍西河之縣說者以爲洛陽土軍里非也按土

軍里乃大韋里之誤依此注疑大本作土土韋里或有作土軍里者故說漢書者或偶用之

墣凷也吳語曰消人嚋杌王以墣淮南書曰土之勝水也非以一墣塞江从土菐聲匹角切古音在三部

圤墣或从卜卜聲亦在三部

凷墣也是曰轉注喪服傳曰寢苫枕凷从土凵凵屈象形小徐本如是屈者無尾也凷之形略方而體似無尾者故从土而象其形苦對切十五部

塊俗凷字依爾雅釋文

塥凷也釋言凷塥也郭引枕王以塥塥卽墣之異文禮運蕢桴注曰蕢讀爲凷聲之誤也凷塥也从土畐聲芳逼切一部

堫種也種者埶也堫者以禾種入土也廣雅曰䅵種也卽堫種字之異體也从土㚇聲子紅切九部一曰内其中引申之義謂以此入彼中皆得曰堫也大鬣中木謂之鏓杵臼謂之舂亦此意

塍稻田中畦埒也集韵類篇宋本作稻中畦也今本及文選注作稻田畦也韵會作稻中畦埒也今合訂之如此畦五十畝之介也埒

者庳垣亦所以爲畍稻田中作介畫以蓄水取義於此謂之塍必言稻中者禾黍不必爲此惟稻必蓄水以養之周禮稻人以遂均水以列舍水鄭曰遂田首受水小溝也列田之畦埒也開遂舍水於列中按列讀如遮迾之迾非人所行之畛陌也許鄭說正同今四川謂之田繩子江浙謂之田緪緪亦繩也西都賦溝塍刻鏤　从土朕聲　食陵切六部

坺　坺土也　坺字各本無今補厶下曰糸坺土爲牆壁凡初出於田爲坺土稍治之乃爲甾　一臿土謂之坺　一下各本有曰字今依𤣥應書卷二十廣韵十三末正木部曰梠臿也鍪臿詳見木金二部一臿所起之土謂之坺今人云坺頭是也耒部曰耕廣五寸爲伐二伐爲耦與考工記二耜爲耦一耦之伐廣尺深尺謂之甽稍不同鄭云甽土曰伐伐卽坺依考工記二耜之土爲伐許云一梠之土爲伐卽此云一臿土謂之坺也惟臿與梠不同物耳　从土犮聲　本在塵皃下今移此蒲撥切十五部　詩曰武王載坺　商頌長發文今詩作旆傳曰旆旗也按毛詩當本作坺傳曰坺旗也訓坺爲旗者謂坺卽旆之同音叚借

十三篇下　三

錯作稻田畦也　案玉篇塍限也埒也畦也說文曰稻田畦也疏釋埒也畦也……則許書之埒字之……　左川說文之前

垣篆下筆誤連

也此如小宛訓題爲視謂題卽眡之叚借斯干訓革爲翼謂革爲翱之叚借若此之類不可枚數淺學者少見多怪乃改坺爲旆以合旗訓莟亦久矣許之引此詩則偁經說叚借之例如引無有作𢼸說𢼸卽好引朕堲讒說說堲卽疾

一曰塵皃坺之言蓬勃也

坄　匋竈窗也匋各本作陶今正缶部曰匋者瓦器竈也穴部曰窗者通空也燒瓦器之竈上必通孔謂之坄者其火熒然而出也士喪禮爲垼於西牆下東鄉注云垼塊竈既夕記云垼用塊注云塊堛也蓋士喪之竈土甴爲之以煮沐浴者之潘水不似人家廚竈必令適爲之且僅通孔可煮而已故謂之坄不謂之竈也坄禮經作垼古文禮作役

从土役省聲營隻切十六部

基　牆始也𨸏部曰阯者基也此蒙基而釋之牆始者本義也引申之爲凡始之偁釋詁周語毛詩傳皆曰基始也禮經古文借基爲期年字

从土其聲居之切一部

垣　牆也此云垣者牆也渾言之牆下曰垣蔽也析言之垣蔽者牆又爲垣之蔽也垣自其大言之牆自其高言之

从土亘聲雨元切十四部

籀文垣从亯

圪　牆高皃也　大雅皇矣曰崇墉言言傳曰言言高大也又曰崇墉仡仡傳曰仡仡猶言言也依說文本作圪圪　詩曰崇墉圪圪　从土气聲　魚迄切十五部

堵　垣也　儒行曰儒有一畝之宮環堵之室注云宮謂牆垣也堵面一堵也面一堵者謂面各一堵也依鄭說堵與垣別大氏散文則通對文則別也　五版爲堵　詩毛傳曰一丈爲板五板爲堵此五經異義所謂古周禮古春秋說也異義今戴禮及韓詩說八尺爲板五板爲堵五堵爲雉板廣二尺積高五板爲一丈五堵爲雉雉長二十丈何休注公羊取韓詩說古周禮及古春秋左氏傳說一丈爲板板廣二尺五板爲堵一堵之牆長丈高丈三堵爲雉一雉之牆長三丈高一丈以度長者用其長以度高者用其高也諸說不同鄭辨之云左氏傳鄭莊公弟段居京城祭仲曰都城過百雉國之害也先王之制大都不過三國之一中五之一小九之一今京不度非制也古之雉制書傳各不得其詳今以左氏說鄭伯之城方五里積千五百步也大都三國之一則五百步也五

百步爲百雉則知雉五步五步於度長三丈則雉長三丈也雉之度於是定可知矣玉裁按鄭駁異義取古周禮春秋說一丈爲板計之適合未嘗自立說六尺爲板也追箋詩則主用古說參以公羊傳五板而堵五堵而雉而定爲板長六尺鄭意公羊五板而堵者高一丈也五堵而雉者廣三丈也何注公羊取韓詩說八尺爲板五板而堵爲四十尺五堵而雉爲二百尺說各乖異似古周禮春秋毛詩說爲善高一丈廣三丈爲雉不必板定六尺也許君異義未詳其於古今孰從此云五板爲堵古今說所同也葢言板廣二尺五板積高一丈爲堵而已其長幾尺爲板幾堵爲雉皆於古今說未敢定 **从土者聲** 當古切五部

籒文从𩫏

垣也 釋名壁辟也辟禦風寒也按壁自其直立言之 **从土辟聲** 比激切十六部

𠣬垣也 𠣬各本作周今正𠣬帀也周密也義異𠣬垣謂垣之圜帀者也西都賦曰繚以周牆四百餘里西京賦曰繚亘緜聯薛注繚亘猶繞了也按魏都賦亦曰繚亘開圜今本皆譌作繚垣非也繚亘雙聲字 **从土尞聲** 力沼切二部玉

段注繚亘雙聲語不可解

篇平去二聲

堨　壁閒隙也　隙者壁際也壁際者壁之釁也亦曰堨此古義也今義堰也讀同壅過後人所用俗字也　从土曷聲讀若謁　此古音也十五部大徐魚列切廣韵烏曷切

埒　庳垣也　庳者中伏舍也引申之爲卑也按廣韵引孟康云等庳垣也似孟氏所據爲長等者齊等也卑垣延長而齊等若一是之謂埒引申之爲涯際之偁如淮南道有形埒是也爲回環之偁如爾雅水潦所還埒丘又馬埒是也又爲相等之偁如史記富埒天子之類是也孟康語葢出漢書音義今宜依以補等字　从土寽聲　力輟切十五部

堪　地突也　突者犬從穴中暫出也因以爲坳突之偁俗乃製凹凸字地之突出者曰堪淮南書曰堪輿行雄以起雌許注曰堪天道輿地道也見文選注甘泉賦屬堪輿以壁壘張晏曰堪輿天地總名也按張說未安堪言地高處無不勝任也所謂雄也輿言地下處無不居納也所謂雌也引申之凡勝任皆曰堪古叚戡𢦟爲之　从土甚聲　口含切古音在七部

堀　突也　突爲犬從穴中暫出因謂穴中可居

曰突亦曰堀俗字作窟古書中堀字多譌掘如秦國策窮巷堀門齊策堀穴窮巷今皆譌爲掘鄒陽書伏死堀穴尙不誤也曹風蜉蝣堀穴此葢自來古本如是毛云堀閱容閱也箋云堀地解閱謂其始生時也唐以後本盡改爲掘字遂謂許所據爲異本矣陸機云蜉蝣陰雨時從地中出郭樸云生糞土中然則未嘗掘地也堀閱容閱皆聯緜字也箋則云堀於地中解閱而出矣風賦堀堁揚塵謂突起之堁 **从土屈聲** 各本篆作堀解作屈省聲而別有堀篆綴於部末解云兔堀也从土屈聲此化一字爲二字兔堀非有異義也篆从屈隸省作屈此其常也豈有篆文一省一不省分別其義者今正此篆之形而刪彼篆 苦骨切十五部 **詩曰蜉游堀閱** 曹風蜉蝣文堀閱容閱也容閱如孟子之容悅

堂 殿也 殿者擊聲也段借爲宮殿字者釋宮室曰殿有殿鄂也殿鄂即禮記注之沂鄂沂說文作垠作圻釋名釋形體亦曰臀殿也高厚有殿鄂也古音屍聲斤聲𠂤聲互通合音作幾作畿是以禮記彫幾謂有沂鄂堂之所以偁殿者正謂前有陛四緣皆高起沂鄂㬎然故名之殿許以殿釋堂者

以今釋古也古曰堂漢以後曰殿古上下皆偁堂漢上下皆偁殿至唐以後人臣無有偁殿者矣初學記謂殿之名起於始皇紀曰作前殿葉大慶攷古質疑博引說苑諸書以證古有殿名要其所引皆漢人所作書也即六韜亦豈眞周人書哉从土尚聲徒郎切十部古文堂如此尚省籀文堂从尚京省聲从尚不省則異乎古文邑部鄗地名從籀文堂也篆文以爲从尚則聲在其中故省其京省

塾門堂孰也門字孰字今補正攷工記門堂三之二室三之一鄭曰門堂門側之堂也釋宮曰門側之堂謂之塾孫炎郭樸皆曰夾門堂也堂無塾門堂乃有塾刪去門字於制不可通矣孰經典皆作塾以孰加土猶以孰加火耳謂之孰者白虎通云所以必有塾何欲以飾門因取其名明臣下當見於君必孰思其事是知其字古作孰而已後乃加之土也謂之垛者何也朶者木下垂門堂伸出於門之前後略取其意後代有朶殿今俗謂門兩邊伸出小牆曰垛頭其遺語也孰之制於正堂之脩廣得三之二其室於正堂之脩廣得三之一

北向堂者爲孰得堂脩廣三之一南向者亦爲孰亦得堂脩廣三之一故曰門堂三之二也室三之一者北向南向兩孰之中共一室室得堂脩廣亦三之一與門之脩廣等顧命曰先路在左塾之前次路在右塾之前此謂北面之孰也士虞禮匕俎在西塾之西絲衣自堂徂基毛傳云基門塾之基此皆謂南面之孰也士冠禮筮與席所卦者具饌於西塾此南面之塾也擯者玄端負東塾此北面之塾也尚書大傳曰上老平明坐於右塾庶老坐於左塾餘子畢出然後歸夕亦如之葢謂北面之塾也食貨志春將出民里胥平旦坐於右塾鄰長坐於左塾葢謂南面之塾也凡孰之可攷者如此孰字依白虎通及崔豹古今注則正作孰俗作塾皆可近儒或曰當作埻埻之音義皆與孰迥隔若後漢書劉縯傳畫伯升像於埻旦起射之東觀記續漢書並作埻此乃所傳之異不得云埻卽塾字也畫伯升於門牆之山頭而射之故曰畫於埻山頭者俗語牆之冣高處也據李賢引字林曰塾門側堂也是知漢後多用塾字此說文字林之分古今也

从土孰聲丁果切十七部

坫　屏也陳氏禮書曰坫之別凡有

四記曰反坫出尊論語曰邦君爲兩君之好有反坫此反爵之坫也記曰崇坫康圭此奠玉之坫也記又曰士於坫一此庋食之坫也士冠禮爵弁皮弁緇布冠各一匴執以待於西坫南大射將射工遷於下東坫之東南士喪禮牀第夷衾饌於西坫南旣夕禮設棜於東堂下南順齊於坫此堂隅之坫也爾雅曰垝謂之坫郭云坫端也在堂隅按端本作墆高皃也以土爲之高可屏蔽故許云屏也其字俗作店崔豹曰店置也所以置貨鬻物也**从土占聲**都念切七部

⿱浝土　涂也涂塗泥埿皆古今字水部涂字下遺涂泥一解則木部曰杇所以涂也此部六言涂金部曰錯金涂也皆不得其轉注矣詩雨雪載涂毛傳曰涂凍釋也小正凍塗傳曰凍下而澤上多也詩角弓傳曰塗者泥也通俗文曰泥塗謂之浝湏泥塗必兼水土爲之故字兼从水土淺人又入之水部非也**从土浝聲**當作从土水尨聲力歱切按此音非也玉篇曰說文木貢切九部

垷　涂也以下五涂字皆涂泥引申之義也涂泥可以附物者也故引伸之用以附物亦曰涂詩角弓曰如塗塗附傳曰塗泥也附箸也

按上塗謂泥下塗附連讀謂箸鄭箋則謂以塗塗木杍涂附謂之垷廣雅垷拭也卽垷字之異也**从土見聲**胡典切十四部

墐　涂也內則曰塗之以謹塗注曰謹當爲墐聲之誤也墐塗塗有穰草也按合和黍穰而塗之謂之墐塗取乾則易擘也**从土堇聲**渠吝切十三部按禮記音義音斤

塈　卬涂也卬各本作仰今正卬涂與首而涂之郢人施廣領大袖以仰塗是也周書杍材曰旣勤垣墉惟其塗壁茨按以艸蓋屋曰茨塗壁茨者涂其茨之下也故必卬涂摽有梅傳塈取也假樂傳塈息也皆叚借字**从土旣聲**其冀切按當云其旣切十五部

堊　白涂也以白物涂白之也周禮曰其禠則守祧黝堊之注云幽讀爲黝黝黑也堊白也爾雅曰地謂之黝牆謂之堊郭云黑飾地白飾牆也釋名曰堊亞也亞次也先泥之次以白灰飾之也按謂涂白爲堊因謂白土爲堊古用蜃灰周禮其白盛之蜃注云謂飾牆使白之蜃也今東萊用蛤謂之叉灰云**从土亞聲**烏各切五部

墀　涂地也巾部曰幔墀地以巾㧊之也凡涂地爲墀

今因謂地爲墀矣从土犀聲直尼切十五部禮天子赤墀蓋出禮緯含文嘉之文爾雅地謂之㘯然則惟天子以赤飾堂上而已故漢未央殿青瑣丹墀後宮則元墀而形庭也漢典職儀曰以丹漆地故偁丹墀張載注魏都曰丹墀以丹與蔣離合用塗地也按蔣疑是將字墼令適也瓦部甓下曰令甓也按令甓即令適也甓適墼三字同音釋宮曰瓴甋謂之甓郭云甗甎也陳風中唐有甓傳曰甓令適也字作令適零嫡二音加瓦者俗字也甗甎亦皆俗字甎古祇作專如斯干傳曰瓦紡專也寸部專下曰一曰紡專也皆可證陸德明云字林作塼此許呂各因時作字書之例許意在存古呂意在宜今也韋注吳語曰員曰囷方曰鹿然則鹿專者言其方正也亦曰墼一曰未燒者者各本作也今依玉篇正韵會作未燒磚也燒謂入於匋匋瓦器竈也上文一義謂已燒之專曰墼此一義謂和水土入模范中而成者曰墼別於凷而未經匋竈也喪服柱楣注屋下累墼爲之此必未燒者也枕凷則未墼者也厽部垒下曰墼也蓋亦謂未燒者今俗語謂未燒者曰土墼从土

毄聲古歷切十六部𡊅埽除也𡊅字曲禮作糞少儀作拚又皆作攢糞即華部之糞字與𡊅音同義略同拚其叚借字也少儀曰汎埽曰埽埽席前曰拚此析言之也許以埽除釋𡊅以𡊅釋埽渾言之也弟子職既拚盥漱謂埽席前也汎拚正席謂廣𡊅內外不止席前也小雅伐木箋亦以灑攢釋洒埽从土弁聲讀若糞方問切古音在十四部

埽𡊅也𡊅各本譌棄今正此二篆爲轉注也从土帚會意帚亦聲也穌老切古音在三部

在存也存恤問也釋詁徂在存也在存察也按虞夏書在訓察謂在與伺音同卽存問之義也在之義古訓爲存問今義但訓爲存亾之存从土才聲昨代切一部

坐止也止下基也引申爲住止凡言坐落坐罪是也引申爲席地而坐小雅不遑啓處傳曰啓跪處居也古謂跪爲啓謂坐爲尻爲處尻俗作居引申謂凡止箸爲坐从畱省从土會意徂臥切十七部土所止也此與畱同意釋从土之意从土不必土猶畱从田不必田皆謂所止也故曰同意

坐古文坐今古文行而小篆廢矣止必非一人故从二人左傳鍼莊子爲坐凡坐獄訟必兩造也

坁箸也韵會作箸止也箸直略切者字之叚借也行之既久乃不可變矣凡言者者別事䛐也有所箸之䛐也故凡言箸皆者引申之義左傳昭廿九年物乃坁伏鬱湮不育杜注坁止也此坁字見於經者而開成石經譌作坻其義迥異楚金所見左傳故未誤尋其所由葢唐初已有誤坻者故釋文曰坁音旨又音丁禮反後一音則已譌爲坻凡字切丁禮者皆氐聲也今版本釋文及左傳及廣韵四紙皆作坻坻行而坁廢矣从土氏聲諸氏切十六部與十五部之坻異義

塡䆘也䆘各本作塞塞隔也非其義也䆘下云窒也窒下云䆘也寘亦䆘也塡與寘音義同䆘之則堅固其義引申爲久大雅倉兄塡兮傳曰塡久也常棣烝也無戎傳曰烝塡也東山烝在桑野傳曰烝寘也而爾雅釋詁則曰塵久也是塡寘塵三字音同故鄭箋東山云古者聲塡寘塵同也塵爲叚借字葢古經有作塵者今新陳字作陳非古也而古音之存者也詩詞內作鎭亦是此字从土眞聲

植鄰切今待季切十部

坦　安也論語曰君子坦蕩蕩按魯讀爲坦湯湯此如陳風子之湯兮傳曰湯蕩也謂湯爲蕩之叚借字也司馬相如賦叚壇爲坦**从土旦聲**他但切十四部

坒　地相次坒也依小徐及玉篇廣韵作次坒大徐作次比**衞大夫貞子名坒**句有誤北宮貞子名喜不名坒又衞有褚師比謚聲子不謚貞子**从土比聲**毗至切十五部

堤　滯也滯者冰也按此篆與坁篆音義皆同國語曰底久將底底箸滯淫左傳曰勿使有所壅閉湫底杜云底滯也釋詁底底皆訓止也底字與坁堤字音雖別而義略同俗用堤爲隄則非**从土是聲**丁禮切按本在紙韵讀如氏後乃轉入薺韵十六部

壎　樂器也㠯土作句**六空**空本作孔今正詩伯氏吹壎毛傳土曰壎周禮小師掌教鼓壎大鄭云壎六孔後鄭云壎燒土爲之大如鴈卵爾雅曰大壎謂之嘂白虎通曰樂記云壎坎音也在十一月**从土熏聲**況袁切古音在十三部白虎通曰壎之爲言勳

封　爵諸侯之土也

對　鍇作从之土之寸寸守其制度也　案當從鍇本土其所封也之往也从寸者其制度分寸不可失也

謂爵命諸侯以是土也詩毛傳之子嫁子也之事祭事也莊子之人也卽是人也然則之土言是土也其義之土故其字从之土引申爲凡畛域之偁大司徒注曰封起土畍也封人注曰聚土曰封謂壝埒及小封疆也冢人注曰王公曰丘諸臣曰封又引申爲大也又引申爲緘固之偁**从之土从寸**合三字會意府容切九部**寸**逗**守其制度也**此說从寸之意凡法度曰寸尊字寺字下皆曰有法度**公侯百里伯七十里子男五十里**此用孟子及王制之說所謂制度也

𡉚　籒文封从丰土从土丰聲也

㞷　古文封省無寸也从㞷土則與㞷部讀若皇者同字猶豕亥古文同作亓也艸木妄生字之在土上之之本義也爵諸侯之土字从之土之之引申叚借義也

壐　王者之印也印者執政所持信也王者所執則曰璽按周禮貨賄用璽節注云璽節主以通貨賄璽節者今之印章也左傳季武子璽書追而與公冶皆非謂王者蓋古者尊卑通偁至秦漢而後爲至尊之偁故始皇本紀乃爲璽書賜公子

扶蘇中車府令趙高行符璽事蔡邕獨斷曰皇帝六璽皆玉螭虎紐許此語舉漢制也**㠯主土**以上八字依玉篇所引此說从土之意也**从土爾聲**斯氏切十五十六部**𤫊　籒文从玉**蓋周人巳刻玉爲之曰籒从玉則知从土者古文也

墨　書墨也聿下曰所以書也楚謂之聿吳謂之不律燕謂之弗秦謂之筆此云墨書墨也蓋筆墨自古有之不始於蒙恬也箸於竹帛謂之書竹木以桼帛必以墨用帛亦必不起於秦漢也周人用璽書印章必施於帛而不可施於竹木然則古不專用竹木信矣引申之爲晉於是始墨肉食者無墨爲貪以敗官爲墨**从土黑**小徐曰會意大徐有黑亦聲三字莫北切一部

垸　㠯桼龢灰丸而髹也龢各本作和今正丸大徐無今依小徐桼者木汁可以髹物也丸者圜也傾側而轉者髹者髹桼也說詳桼部灰者燒骨爲灰也[元]應書音義曰通俗文曰燒骨以桼曰垸倉頡訓詁曰垸以桼和之今中國言垸江南言䯽䯽音瑞垸胡灌切玉裁按許䵷下云桼垸周禮巾車杜子春云軟讀爲垸桼之桼輪人注鄭

云丸漆之葢以桼合和燒骨之灰摶而丸之以髤擦物丸與垸疊韵爲訓丸而髤之旣乾如沙磣不光潤乃摩之鄭所云丸漆之乾乃以石摩平之也旣摩乃復桼之許於鞄下所云桼垸已復桼之也如此數四乃後敷丹臒今時桼工亦略同此垸或叚浣爲之如角人注骨入桼浣者受之以量也或叚睆爲之如檀弓華而睆孫炎云睆桼也叔然乃指其㝡後光潤者而言**从土完聲**胡玩切十四部**一曰補垣也**此依小徐本月令曰脩宫室坏垣牆補城郭左傳曰繕完葺牆以待賓客**型鑄器之灋也**以木爲之曰模以竹曰笵以土曰型引申之爲典型叚借㓝字爲之俗作刑非是詩毛傳屢云刑法也又或叚形爲之左傳引詩形民之力而無醉飽之心謂程量其力之所能爲而不過也**从土㓝聲**戶經切十一部**㙛㙛的也**各本無此二字今補木部臬下曰䠶㙛的也此與爲轉注亦有單言㙛者的明也亦有單言的者**䠶臬也**周禮司裘注曰以虎狠豹麋之皮飾矦側又方制之以爲𦎧謂之鵠箸於矦中𦎧卽㙛之叚借字也詩小雅以勺爲的呂氏春秋曰

射而不中反修于招高云子招壿埶也按于當作于埶同臬戰國策以其類爲招春秋後語作以其頸爲招文選詠懷詩注引作以其頸爲旳招卽旳字**从土𦎫聲讀若準**之允切十三部

塒　雞棲於垣爲塒釋宮鑿垣而棲爲塒王風傳同按許意與古異連雞棲於庳垣不必鑿穴也**从土時聲**市之切一部

城　㠯盛民也言盛者如黍稷之在器中也**从土成**左傳曰聖王先成民而後致力於神**成亦聲**氏征切十一部

𩫨　籀文城从𩫏

墉　城垣也皇矣以伐崇墉傳曰墉城也崧高以作爾庸傳曰庸城也庸墉古今字也城者言其中之盛受墉者言其外之牆垣具也毛統言之許析言之也周易曰乘其墉又曰公用射隼於高墉之上**从土庸聲**余封切九部

𩫏　古文墉五篇曰𩫏度也民所度凥也字音古博切此云古文墉者蓋古讀如庸秦以後讀如郭如豕亥同不字訓順訓慕同變字之比

堞　城上女垣也女之言小也𨸏部陴下曰城上俾倪女牆也堞與陴

異字而同義左傳堙之環城傳於堞杜曰堞女牆也古之城以土不若今人以專也土之上閒加以專牆爲之射孔以伺非常曰俾倪曰陴亦曰堞左傳盧蒲嫳攻崔氏崔氏堞其宮而守之弗克此謂於宮牆之上又加俾倪也 从土葉聲 按从葉者如葉之薄於城也亦有會意焉今字作堞徒叶切八部

坎 陷也 陷者高下也高下者高而入於下也因謂阱謂坎井部曰阱者大陷也穴部曰窞坎中更有坎也易曰坎陷也習坎重險也毛詩傳曰坎坎擊鼓聲按此謂坎坎爲竷竷之叚借字也 从土欠聲 苦感切八部

墊 下也 謂地之下也臯陶謨曰下民昏墊因以爲凡下之偁方言曰凡柱而下曰埕屋而下曰墊馬部云蹇馬腹墊也漢後用爲褺江縣字 从土執聲 都念切七部 春秋傳曰墊隘 左傳文成六年襄九年廿五年凡三見

坻 小渚也 爾雅曰小州曰渚小渚曰沚小沚曰坻毛詩周南秦傳曰水中可居者曰州渚小州也坻小渚也小渚曰沚今按毛傳不應坻沚同訓若云坻小沚也小渚曰沚則於爾雅合許水部渚下引爾雅

小州曰渚沚下云小渚也皆與爾雅毛傳同則此小从土渚亦當作小沚明矣坻者水中可居之最小者也**氐聲**直尼切十五部與十六部之坻迥別**詩曰宛在水中坻**秦風蒹葭文

𣲖　**坻或从水从夂**夂聲

渚　**坻或从水耆**耆聲

𡑞　**下入也**此與下涇曰隰義略同吳都賦曰墆𡑞鱗接李注曰墆𡑞枝柯相重疊見也按太沖之墆𡑞即許書之屆屖楚立除立二切**从土㬎聲**敕立切按當依廣韵直立切七部

垎　**水乾也**乾音干玉篇廣韵皆作土乾也爲長謂土中之水乾而無潤也王逸九思冰凍兮垎澤自注垎竭也寒而水澤竭成冰按水澤竭所謂乾也今楚辭作洛澤廣韵集韵十九鐸皆引冬冰兮洛澤誤甚**从土各聲**胡格切古音在五部讀如貉**一曰堅也**按乾與堅義相成水乾則土必堅齊民要術曰溼耕堅垎數年不佳謂耕溼田則土堅垎不佳也學記曰發然後禁則扞格而不勝注曰格讀如凍垎之垎扞格堅不可入之皃正義云言格是堅彊譬如地之凍則堅彊難入故

云如凍垎之垎但今人謂地堅爲垎也正義本注是凍垎陸德明本是凍垎陸非孔是管子沙土之次曰五塥塥葢謂堅垎

以土增大道上　增益也此與茨同意以艸次於屋上曰茨以土次於道上曰垐

从土次聲　疾資切古音在十二部

古文垐　見於經者曰夏后氏堲周注云火熟曰堲引弟子職右手折堲是鄭與許異也

从土即　古次即同在十五部而次古讀如漆故即聲後改爲次聲而唐書叚堲爲疾也今音疾資切

虞書曰龍朕堲讒說殄行　堯典文虞當作唐說在禾部

堲疾惡也　此釋經以說叚借謂堲即疾之叚借如莫席爲竹蔑之叚借作玫爲好之叚借也古音讀如疾廣韵子栗將七二切是也徐仙民讀在力反乃失古義矣

增益也　益者饒也會下曰會益也是可叚會爲之

从土曾聲　作滕切六部

增也　詩北門曰政事一埤益我傳曰埤厚也此與會部朇衣部裨音義皆同凡从曾之字皆取加高之意會部曰會者益也是其意也凡从卑之字皆取自卑加高之意所謂

天道虧盈益謙君子捊多益寡也凡形聲中有會意者例此**从土𤰞聲**符支切十六部

坿 **益也**呂氏春秋七月紀坿牆垣高注坿讀如符坿猶培也十月紀坿城郭高注坿益也令高固也按今多用附訓益附乃附婁讀步口切非益義也今附行而坿廢矣**从土付聲**符遇切古音在四部

塞 **隔也**𨸏部隔下云塞也是爲轉注俗用爲窒䆊字而塞之義䆊之形俱廢矣廣韵曰邊塞也明堂位四塞世告至注云四塞謂夷服鎭服蕃服在四方爲蔽塞者按鄭注所謂天子守在四夷也戰國策齊有長城巨防足以爲塞呂氏春秋天下有九塞所謂守在四竟也𨙸風庸風傳曰塞瘞也塞充實也皆謂塞爲𡫳之叚借字也**从土䆊聲**大徐作从土从䆊先代切一部按此切音葢因俗通用此字故以此切別於穌則切也舊音本無不同

圣 **汝潁之閒謂致力於地曰圣**此方俗殊語也致力必以手故其字从又土會意**从又土讀若兔鹿窟**按許有窋無窟此當作堀苦骨切十五部

堅 **堅土也**堅者剛也

堅土周禮所謂彊㯺鄭云彊堅者是也按㯺一作壚管子壚土之次曰五壚五壚之狀芬焉若糠以肥說與鄭異**讀若冀**冀在一部而用爲聲者取雙聲**从土自聲**其冀切按當曰几利切十五部

埱气出土也气之出土滃然故埱與歎音義皆略同引申爲凡气出之偁或叚借椒爲埱周頌曰有飶其香有椒其馨傳曰飶芬香也椒猶飶也按椒沈作俶尺叔反沈說善矣若作埱尤合飶與埱皆謂香气突出觸鼻非謂椒聊也**一曰始也**俶下云一曰始也此與音義皆同**从土叔聲**昌六切三部

𡍮堅土也玉篇云确也**讀若朵从土坐聲**丁果切十七部

埐地也詳未**从土侵省聲**各本作㑴聲無此字今正籒文侵亦省作寑也子林切七部

埾積土也捊下曰引埾也引申爲凡聚之偁各書多借爲聚字白虎通琮之爲言埾也象萬物之宗埾也今乃譌爲聖**从土聚省聲**才句切古音在四部

堢保也保集韵類篇作堡俗字也檀弓公叔禺人

遇負杖入保者息月令四鄙入保注皆云都邑小城曰保許云保謂之壔**一曰高土也**一曰二字今本無依小徐集韵類篇補此別一義**讀若毒**許時音讀如此**从土𠷎聲**今都晧切古音在三部

培敦逗**土田山川也**左傳祝鮀曰分魯土田倍敦釋文曰倍本亦作陪許所見作培爲是矣杜云倍增也敦厚也左氏但言土田而魯頌曰錫之山川土田附庸大雅曰告于文人錫山土田毛傳曰諸侯有大功德賜之名山土田附庸魯頌箋云策命伯禽使爲君於東加賜之以山川土田及附庸令專統之王制曰名山大川不以封諸侯附庸則不得專臣也按封建所加厚曰培敦許合詩以釋左也引申爲凡裨補之偁**从土咅聲**蒲回切按古音在一部

埩治也治土曰埩廣韵曰埩魯城北門池也公羊傳作爭許水部作淨**从土爭聲**疾郢切十一部廣韵側莖切其埩門字士耕切

墇擁也擁者裹也裹許之抱字謂圜抱以擁水也疑當作邕邕俗作雝廣韵墇壅也壅又雍之俗此與障音同義小異祭法魯語鯀鄣洪水

當作此墇字韋昭曰防也**从土章聲**之亮切十部廣韵亦平聲

𡒁　遏遮也未聞**从土則聲**初力切一部

垠　地垠咢也咢字各本無今補元應書卷八引圻地圻咢也文選七發注引圻地圻堮也堮者後人增土咢則許書本然淺人以咢爲怪因或改或刪耳按古者邊畍謂之垠咢周禮典瑞輈人禮記郊特牲少儀哀公問五注皆云圻鄂圻或作沂張平子西京賦作垠鍔注引許氏淮南子注曰垠鍔端厓也甘泉賦李注曰鄂垠鄂也按垠亦作圻或作沂者叚借字淮南書亦作墊玉篇曰古文也咢作鄂作鍔者皆叚借字或作壃作墿者異體也咢者譁訟也叚借之毛詩鄂不韡韡鄂蓋本作咢毛傳曰咢猶咢咢然言外發也箋云承華者曰咢不當作柎柎咢足也毛意本謂花瓣外出者鄭朡則以詩上句爲華不謂蒂故謂咢爲下系於蒂而上承華瓣者毛云咢咢猶今人云齾齾毛鄭皆謂其四出之狀長笛賦注字林始有从冂之鄂圳咢字之別體也俗冂乃混殽故作鄂不作㓵物之邊畍有齊平者有高起者有捷業如鋸齒者故統評之曰垠咢有單言垠單言咢者如甘

泉賦既云亾鄂又曰無垠是也故許以地垠咢釋垠廣韵曰圻圻堮又岸也正本說文**从土𥃩聲**語斤切十三部廣韵又語巾切**一曰岸也**岸者水厓陖而高者也亦曰垠**圻　垠或从斤**斤聲也古斤聲與幾聲合韵冣近故周禮故書畿爲近田部曰以遠近言之則言畿也鄭曰畿猶限也是王畿可作王圻王圻亦可作王垠也**墠　野土也**野者郊外也野土者於野治地除艸鄭風東門之壇壇即墠字傳曰除地町町者町町平意左傳楚公子圍逆女於鄭鄭人請墠聽命楚人曰若野賜之是委君況於草莽也可見墠必在野也鄭子產草舍不爲壇壇即墠字可見墠必除草也周書爲三壇同墠此壇高墠下之證也祭法王立七廟二祧一壇一墠注曰封土曰壇除地曰墠此壇墠之別也築土曰封除地曰禪凡言封禪亦是壇墠而已經典多用壇爲墠古音略同也**从土單聲**常衍切十四部**垑　恃也**廣韵曰垑恃土地也疑所見是完本恃土地者自多其土地故字从多土玉篇垑治土地名恐有錯誤矣釋詁曰侈恃也謂自多之意一說爾雅蓋本作

迻故許同之从土多聲尺氏切古音在十七部壘軍壁也萬二千五百人爲軍行軍所駐爲垣曰軍壁壘之言絫也壘與坴字音義皆別周禮量人營軍之壘舍鄭云軍壁曰壘晉語趙鞅使尹鐸墮晉陽壘培韋曰壘壑曰培从土靁省聲各本作畾聲無此字今正力委切按力委誤也當依廣韵力軌切十五部垝毁垣也當曰垝垣毁垣也衞風陒曰乘彼垝垣傳曰垝毁也下文云毁缺也从土危聲過委切十六部詩曰乘彼垝垣陒垝或从𨸏圮毁也廣韵岸毁又覆也从土己聲符鄙切古音在一部虞書曰虞當作唐說在禾部方命圮族堯典文𨸹圮或从手配省非聲大徐作从手从非配省聲未知孰是此葢即屵部之嶏嶏字其音義皆略同也垔塞也按此字古書多作堙作陻眞字乃廢矣左傳井堙木刊服注周語墮高堙庳韋注皆同此从土𡆧聲於眞切古音在十三部商書曰大徐尙書曰小徐書曰皆誤

鯀垔洪水周書鴻範文左傳與許例云商書𨹹垔或从𨸏𡋝古文垔如此上从古文西

𡒄阬也江沅曰阬閬也閬門高大之皃門之高大阬之深廣相似也故𨸏部阬閬也郎縣傳之阬高貌古毛詩蓋作皋門有阬耳塹則與阬之深廣同義玉裁按江說是也左氏傳注塹溝塹也廣韵曰遶城水也史記李斯列傳陗塹之勢異塹乃漸之叚借謂斗直者與陂陀者之勢不同也从土斬聲依韵會如此七豔切八部一曰大也大下疑奪一字今無攷

埂秦謂阬爲埂秦謂阬塹曰埂二字音略同此與釋詁阬壑隍漮虛也同義若廣韵曰吳人謂堤封爲埂今江東語謂畦埒爲埂此又別一方語非許所謂从土叓聲讀若井汲綆古杏切古音在十部

壙塹穴也謂塹地爲穴也墓穴也周禮方相氏及墓入壙以戈擊四隅鄭曰壙穿地中也从土廣聲苦謗切十部一曰大也孟子曰水之就下獸之走壙

塏高燥也燥者乾也左傳請更諸爽塏者

杜曰爽明也塏燥也从土豈聲苦亥切十五部毀缺也缺者器破也因爲凡破之偁从土毇省聲許委切十六部毀古文毀从王壓壞也此與厂部厭義絕不同而學者多不能辨廣韵壓下云鎭也降也笮也乃皆厭之訓也一曰塞補也从土厭聲烏狎切七部壞敗也敗者毀也从土褱聲下怪切十五部按毀壞字皆謂自毀自壞而人毀之人壞之其義同也不必有二音𣪫籀文壞从攴𡊅古文壞省褱省聲也坷坎坷也坎坷雙聲謂不平也从土可聲康我切十七部梁國寧陵有坷亭郡國志梁國寧陵故屬陳畱⿰土虖坼也與缶部之罅音義皆同从土虖聲呼訝切古音在五部⿰阝虖⿰土虖或从自坼裂也裂者繒餘也因以爲凡隙之偁从土㡿聲丑格切古音在五部讀如託詩曰不坼不副大雅生民文今詩作副許作疈者所據用籀文也毛

傳曰不坼不副言易也

坱 塵埃也 塵者鹿行土也引申爲土飛揚之偁坱者塵埃廣大之皃也賈誼賦曰大鈞播物兮坱圠無垠王逸楚辭注曰坱霧昧皃 从土央聲 於亮切十部按文選烏黨切篇韵皆同

塺 塵也 楚辭愈氣霧其如塺王逸曰塺塵也按塺之言蒙也 从土麻聲 亡果切十七部

塿 塺土也从土婁聲 洛侯切四部俗書附婁作培塿廣韵去聲

坋 塵也 凡爲細末糝物若被物者皆曰坋如左氏芥其雞賈逵云季氏擣芥爲末播其雞翼可以坌郈氏雞五行志棄灰於道者黥孟康云商鞅以棄灰於道必坋人坋人必鬥故設黥刑以絕其源貨殖傳胃脯晉灼云燖羊胃以末椒薑坋之皆是也其音則後漢東夷傳注引說文蒲頓反爲長今俗語如蓬去聲按坋之言被也 从土分聲 房吻切十三部 一曰坋大防也 周南傳曰墳大防也許釋墳爲墓然則汝墳乃叚借字也此義音當平聲

𡊄 塵也 塵玉篇作塺𡊄之言沸也 从土非聲 房未切十五部

埃 塵也 莊子曰野

馬也塵埃也生物之以息相吹也絫言之曰塵埃从土矣聲烏開切一部⿱殹土⿱麤土埃也埃當从玉篇作⿱殹土⿱殹土之言翳也从土殹聲烏雞切十五部垽澱也水部曰澱滓垽也是二篆爲轉注二字義同音亦同部从土沂聲魚僅切十三部垢濁也濁水部曰水名也而濁穢字用之从土后聲古厚切四部⿰土壹天侌⿱麤土起也依玉篇補起字較完詩曰⿰土壹⿰土壹其陰邶風終風文今詩⿰土壹作曀毛傳曰如常陰曀曀然許所據作⿰土壹其訓曰天陰塵蓋雨部所云天气下地不應曰霿霿晦也从土壹聲於計切十二部坏丘一成者也一各本作再今正水經注曰河水又東逕成臯大伾山下爾雅山一成謂之伾許慎呂忱等並以爲丘一成也孔安國以爲再成曰伾據此是俗以孔傳改易許書今本非善長所見也一曰瓦未燒今俗謂土坏古語也瓦者土器已燒之總名然則坏者凡土器未燒之總名也此與墼字異義同但墼專謂塼耳國語趙簡子使尹鐸隓晉陽壘培尹鐸

增之韋注壘墼曰培此培字正坏之叚借月令坏垣牆坏城郭注曰坏益也是又叚坏爲培也**从土不聲**芳桮切古音在一部

垤**螘封也**螘封者其土似封畍之高故謂之封周禮注聚土曰封此亦其意也詩毛傳曰垤螘冢也按垤之言突也**从土至聲**徒結切十二部**詩曰雚鳴于垤**豳風東山文雚各本作鸛今依雚部所引詩更正

坥**益州部謂螾場曰坥**郡國志自漢中至犍爲屬國郡國十二益州刺史部也螾丘蚓也場失羊切俗作塲古作壤穀梁傳吐者外壤食者內壤徐邈麋信皆作塲音傷是也螾場謂其外吐之土方言曰梁宋之閒蚍蜉䵷鼠之場謂之坻螾場謂之坥郭云其糞曰坥按醫書謂之蚓樓今土面虛起者是也許云益部與梁宋之閒不合疑方言宋當作益**从土且聲**七余切五部又七豫切

埍**徒隸所居也**徒隸賤者偁**一曰女牢**陛牢所以拘罪者也其拘女者曰埍**一曰亭部**葢謂鄉亭之繫也韓詩宜犴宜獄云鄉亭之繫曰犴朝廷曰獄**从土肙聲**古泫

切十四部㙐四突出也从土𣪠聲胡八切十五部瘞幽薶也艸部曰薶者瘞也二篆爲轉注幽者隱也隱而薶之也絫言之則曰瘞薶从土㾜聲於罽切十五部疑古音當在八部合韵也塴喪葬下土也謂葬時下棺於壙中也是名曰塴从土朋聲方鄧切六部春秋傳曰朝而塴昭十二年左傳文葬鄭簡公事也禮謂之封禮謂禮經所謂儀禮十七篇也既夕禮乃窆主人哭踊無算注云窆下棺也今文窆爲封按許於禮經有從今文者有從古文者此云禮謂之封則從今文也小戴記一書於禮經多從今文故此字皆作封無作窆者檀弓縣棺而封鄭云封當爲窆鄭以封於義不親切故欲依禮古文及周官易其字也周官謂之窆周官者漢志所謂周官經漢人謂之周禮也遂人及窆陳役鄭司農云窆謂下棺時禮記謂之封春秋謂之塴皆葬下棺也聲相似鄉師注略同葢侵東三韵相爲通轉故三字音相近大鄭云聲相似是也語言之小異耳此皆謂下棺或以不封不樹亦改讀爲窆

則誤矣窆見穴部　**虞書曰堋淫于家亦如是**大徐無亦如是三字遂致不可通上偁春秋傳禮周官說轉注也堋封窆異字同義也惟封略近叚借此偁皋陶謨說叚借也謂叚堋爲朋其義本不同而形亦如是作也堋淫于家即朋淫于家故孔安國以今文字讀之定爲朋字朋淫即羣居終日言不及義恒舞于宮酣歌于室徇于貨色也不知此恉乃或以楚王戊私姦服舍釋之夫下棺之地非持服之舍也其說書之乖剌何如哉故不知有偁經說叚借之例不可與讀說文

塋　墓地地各本作也今正玉篇及文選李注引皆作地漢書音義如淳曰塋冢田也詩蘞蔓于域毛傳域塋也按塋之言營也營者帀居也經營其地而葬之故其字从營　**从土營省**會意**亦聲**此從小徐也余傾切十一部

墓　丘墓也墓字今補丘謂之虛故曰丘墓亦曰虛墓檀弓曰虛墓之閒未施哀於民而民哀是也周禮有冢人有墓大夫鄭曰冢封土爲丘壠象冢而爲之墓冢塋之地孝子所思慕之處然則丘自其高言墓自其平言渾言之則曰丘墓也墓之言規模也方言凡

葬而無墳謂之墓所以墓謂之墲注引漢劉向傳初陵之墲今漢書作初陵之橅此渾言之也析言之則墓爲平處墳爲高處 从土莫聲 莫故切五部

墳 墓也 故檀弓孔子曰古者墓而不墳邯鄲淳孝女曹娥碑曰丘墓起墳鄭注禮記曰墓謂兆域今之封塋也土之高者曰墳此其別也方言曰冢秦晉之閒謂之墳或謂之培或謂之堬或謂之埰或謂之埌或謂之壠自關而東謂之丘小者謂之塿大者謂之丘此又別國方言之不同也墳之義多引申叚借用之如厥土黑墳公置之地地墳此引申之用也如遵彼汝墳借墳爲坋周禮墳衍借墳爲濆 从土賁聲 符分切十三部

壠 丘壠也 高者曰丘壠周禮注曰冢封土爲丘壠也曲禮適墓不登壠注曰爲其不敬壠冢也墓塋域是則壠非謂墓畒也郭注方言曰有畒埒似耕壠以名之此恐方語而非經義也壠畒之偁取高起之義引申之耳 从土龍聲 力歱切九部

垗 畔也 畔者田畍也畍者竟也 爲四畔畍祭其中 畔各本譌時集韵類篇又譌時今正四畔謂四也垗畔雙聲

面有垺也周禮小宗伯兆五帝於四郊鄭曰兆爲壇之塋域然則四面爲垠垺也引申爲孝經之宅兆樂記之綴兆垗古叚肈爲之尚書大傳兆十有二州鄭云兆域也爲塋域以祭十二州之分星也而古文堯典作肈大雅以歸肈祀鄭云肈郊之神位也是讀爲兆也商頌肈域彼四海箋云肈當作兆畍祭其中畍當作介介畫也**从土兆聲**兆者分也形聲中有會意也治小切二部**周禮曰垗五帝於四郊**今周禮作兆許作垗者葢故書今書之不同也○此篆本在堋篆後今移此乃條理秩然

壇祭壇場也祭法注封土曰壇除地曰墠楚語屛攝之位壇場之所韋注屛攝爲祭祀之位也除地曰場漢孝文帝紀其廣增諸祀壇場珪幣師古曰築土爲壇除地爲場按墠卽場也爲場而後壇之壇之前又必除地爲場以爲祭神道故壇場必連言之宋本作祭場也無壇字非是若祭法壇與墠則異地場有不壇者壇則無不場也**从土亶聲**徒干切十四部

場祭神道也也廣韵作處玉篇引國語屛攝之位曰壇今譌場壇之所除地曰場**一曰山**

垂天之雲猶天四邊皆雲也四邊皆雲則
隨天矣崔注一面雲非是

田不耕者田部云暘不生也場與暘義相近方言曰坻場也李善曰浮壤之名也音傷按不耕則浮壤起矣是卽蚍蜉犂鼠螾場之字也一曰治穀田也豳風七月曰九月築場圃傳曰春夏爲圃秋冬爲場箋云場圃同地也周禮場人注曰場築地爲墠季秋除圃中爲之故許云治穀之田曰場从土昜聲直良切十部

圯東楚謂橋大史公曰彭城以東東海吳廣陵此東楚也史漢張良嘗閒從容步游下邳圯上服虔曰汜音頤楚人謂橋爲汜按字當作圯史漢叚汜爲之故服子愼讀如頤也或云姚察見史記本有从土旁者應劭曰汜水之上謂窮瀆無水之上也則應說从水作汜爲合與从土訓橋異詳水部汜下从土巳聲與之切一部

垂遠邊也辵部曰邊者行垂崖也垂者遠邊也崖者高邊也邊本謂行於垂崖因之垂崖有遠邊高邊之偁厓有山邊之偁矣逍遙游翼若垂天之雲崔云垂猶邊也其大如天一面雲也漢書千金之子坐不垂堂謂坐不於堂之邊也垂本謂遠邊引申之凡邊皆曰垂俗書邊垂字作陲乃由用垂爲𠂹不得不

用陘爲坙矣自部曰陘危也則無邊義**从土厼聲**是爲切古音在十七部**圭土瑞玉也**瑞者以玉爲信也**上圜下方**圭之制上不正圜以對下方言之故曰上圜上圜下方法天地也故應劭曰圭自然之形陰陽之始也以圭爲陰陽之始故六十四黍爲圭四圭爲撮十圭爲一合量於此起焉方言曰蠢始也多不得其解愚謂蠢從圭聲與圭同音蠢始也卽圭始也**公執桓圭九寸**桓玉部作瓛此不改者依周禮文也鄭曰雙植謂之桓桓圭以宮室之象爲瑑飾**侯執信圭伯執躳圭皆七寸**鄭曰信當爲身身圭躳圭皆象以人形爲瑑飾九寸七寸謂其長也**子執穀璧男執蒲璧皆五寸**二玉以穀以蒲爲瑑飾五寸謂其徑也**㠯封諸侯**詳周禮大宗伯典瑞玉人天子以封諸侯諸侯守之以圭其土田山川故字从重土**从重土**重土者土其土也古畦切十六部**楚爵有執圭**此說楚制之乖異也其事散見各書若國策之景翠莊辛淮南之荊佽非子發說苑之鄂君子晳呂覽之

能得五員者皆楚執圭者也高注淮南曰楚爵功臣賜以圭謂之執圭比附庸之君

珪　古文圭从玉　古文从玉謂頒玉以命諸侯守此土田培敦也小篆重土而省玉葢李斯之失與今經典中圭珪錯見○圭珪移於部末者許例當如此也

文一百三十一　今去堀　**重二十六**

垚　土高皃　依韵會所據本與廣韵合　**从三土**　會意吾聊切二部　**凡垚之屬皆从垚**

堯　高也　堯本謂高陶唐氏以爲號白虎通曰堯猶嶢嶢嶢嶢至高之皃按焦嶢山高皃見山部堯之言至高也舜山海經作俊俊之言至大也皆生時臣民所偁之號非謚也　**从垚在兀上高遠也**　會意兀者高而上平也高而上平之上又增益之以垚是其高且遠可知也吾聊切二部

𡍬　古文堯　此从二土而二人在其下小徐本汗簡古文四聲韵尚不誤汲古閣乃大誤

文二　重一

堇　黏土也　內則塗之以謹塗鄭曰謹當爲墐聲之誤也墐塗塗有穰草也按鄭注墐當爲堇轉寫者誤加土耳玉篇引禮堇涂是希馮時不誤也鄭謂土帶穰曰堇許說不尒蓋土性黏者與埴異字同義也　从黃省从土　从黃者黃土多黏也會意巨斤切十三部按徐仙民篇韵皆居隱切　凡堇之屬皆从堇

堇　古文堇　古文从黃不省

堇　亦古文　此篆各本皆譌今依難字古所用形聲更正

艱　土難治也　引申之凡難理皆曰艱按許書無墾字疑古艱卽今墾字艱亦艮聲也　从堇艮聲　古閑切古音在十三部

囏　籀文艱从喜　必有喜悅之心而後不畏其艱而後無不治也故从喜此字見周禮

文二　重三

里 **凥也**鄭風無踰我里傳曰里居也二十五家爲里周禮載師廛里鄭云廛里者若今云邑居矣里居也縣師郊里鄭云郊里郊所居也遂人曰五家爲鄰五鄰爲里穀梁傳曰古者三百步爲里毛詩亦借里爲悝悝病也**从田从土**有田有土而可居矣良止切一部**一曰士聲也**一說以推十合一之士爲形聲**凡里之屬皆从里**

釐 **家福也**家福者家居獲祐也易曰積善之家必有餘慶漢孝文帝紀詔曰今吾聞祠官祝釐皆歸福於朕躬如淳曰釐福也賈誼傳受釐宣室是也如說冣合應劭注釐爲祭餘肉失之師古直謂釐爲禧之叚借字禧與釐雖同在古音弟一部然義各有當釐字从里里者家居也故許釋爲家福與禧訓禮吉不同春秋三經僖公史記作釐公叚借字耳有叚釐爲氂者經解云差若豪氂或作釐是也有叚釐爲賚者大雅釐爾女士傳曰釐予也釐爾圭瓚傳曰釐賜也有叚釐爲理者堯典允釐百工是也**从里𠩺聲**里之切一部

野 **郊外也**邑部曰距國百里曰郊冂部曰

邑外謂之郊郊外謂之野野外謂之林林外謂之冂詩召南邶風傳皆曰郊外曰野鄭風傳曰野四郊之外也論語質勝文則野包咸曰野如野人言鄙略也**从里予聲**羊者切古音在五部**𡐨古文野从里省从林**亦作埜

文三　重一

田敶也各本作陳今正敶者列也田與敶古皆音陳故以疊韵爲訓取其敶列之整齊謂之田凡言田田者卽陳陳相因也陳陳當作敶敶陳敬仲之後爲田氏田卽陳字叚田爲陳也**樹穀曰田**穜菜曰圃樹果曰園見口部**象形**各本作象四今依韵會正今人謂爲从口从十非許意也此象甫田之形毛公曰甫田謂天下田也待年切古音如陳十二部**口十**逗**千百之制也**此說象形之恉謂口與十合之所以象阡陌之一縱一橫也各本作阡陌皀部無此二字今正周禮遂人曰凡治野夫閒有遂遂上有徑十夫有溝

溝上有畛百夫有洫洫上有涂千夫有澮澮上有道萬夫有川川上有路以達于畿百夫之涂謂之爲百千夫之道謂之爲千言千百以包徑畛路也南畝則畛縱遂橫溝縱洫橫澮縱川橫遂徑畛涂道路縱橫同之東畝則畛橫遂縱溝橫洫縱澮橫川縱徑畛涂道路之橫縱同之故十與口皆象其縱橫也阡陌則俗字也 **凡田之屬皆从田**

町　田踐處曰町 玉裁按此踐字疑淺人所增廣韵青韵注曰田處迥韵注曰田塸塸者俗區字田處者謂人所田之處淺人以二字古奧乃因下文町疃爲禽獸踐處妄增之左傳町原防杜曰原防不得方正如井田別爲小頃町賈逵曰原防之地九夫爲町三町而當一井急就篇頃町界畝顏注平地爲町一曰町治田處也西京賦編町成篁薛注町謂畎畝也釋名州國篇曰鄭町也其地多平町町然也論衡町町若荆軻之廬詩毛傳曰墠除地町町者皆謂平坦於踐義不相涉 **从田丁聲** 他頂切十一部廣韵有平聲

𤳉　城下田也 所謂附郭之田也張晏云城旁地也 **一曰𤳉郤地** 郤當作隙古隙郤字

玉篇云田踐處也猶言田界之道

相叚借曲禮郤地卽隙地也地各本譌作也今正河渠書溝洫志皆云故盡河堧棄地韋昭曰河堧謂緣河邊地食貨志趙過試以離宮卒田其宮堧地師古曰堧餘地史記五宗世家臨江王侵廟堧垣爲宮史記鼂錯列傳漢書申屠嘉傳鼂錯傳皆云錯鑿大上皇廟堧垣古者廟有垣垣外有堧堧之竟復有垣以闌之是爲堧垣臨江王鼂錯皆侵毁堧垣者也堧者河外宮廟外沿邊隙地也其字作堧同**从田耎聲**而緣切十四部又乃臥切按此字从需者譌玉篇云㬉正曘俗堧正壖俗是也

疇　耕治之田也耕者犂也犂其田而治之其田曰疇有謂麻田曰疇者劉向說苑蔡邕月令章句韋昭國語注如淳漢書注同此別爲一說非許義也有謂疇爲畍埒小畔際者劉逵蜀都注張載魏都注之說亦非許義許謂耕治之田爲疇耕治必有耦且必非一耦故賈逵注國語曰一井爲疇杜預注左傳曰並畔爲疇並畔則二井也引申之高注國策韋注漢書疇類也王逸注楚辭二人爲匹四人爲疇張晏注漢書疇等也如淳曰家業世世相傳爲疇攷國語人與人相疇家與家相疇戰國策曰夫物各

有㽬。漢書曰㽬人子弟。㽬其爵邑。王粲賦顯敞寡㽬。曹植賦命㽬嘯侶。葢自唐以前無不用从田之㽬。絕無用从人之儔訓類者。此古今之變不可不知也。楊倞注荀卿乃云㽬當爲儔矣。**从田。𠷎象耕田溝詰詘也。**依韵會本訂。耕田溝謂畎也。不必正直。故云詰詘。直由切。三部。隸作疇。

𠷎　㽬或省。口部𠷎以𠷎爲聲。老部壽以𠷎爲聲也。

疁　燒種也。篇韵皆云田不耕火種也。謂焚其艸木而下種。蓋治山田之法爲然。史記曰。楚越之地或火耕。杜甫夔府詩。燒畬度地偏。**从田。翏聲。**力求切。三部。**漢律曰。疁田茠艸。**二者皆農事。茠或薅字。見蓐部。

畬　二歲治田也。二各本作三。今正。周易音義云。畬，馬曰。田三歲。說文云。二歲治田。此許作二之證。攷釋地曰。一歲曰菑。二歲曰新田。三歲曰畬。小雅周頌毛傳同。馬融孫炎郭樸皆同。鄭注禮記坊記、許造說文、虞翻注易无妄皆云二歲曰畬。許全書多宗毛公。而意有未安者則不從。此其一也。菑，艸部云。反耕田也。反耕者，初耕反艸。一歲爲然。二歲則用力漸舒矣。畬之言舒也。三歲則爲新田**从田余聲**以諸切五部**易曰不葘畬田**田汲古以爲衍而空一字宋本皆有之葘凶字之誤許所據與坊記所引同也周易无妄六二爻辭

鍒田也考工記車人爲耒堅地欲直庛柔地欲句庛地官草人墳壤用豕鄭曰墳壤潤解也曰柔地曰潤解皆鍒田之謂對剛土而言**从田柔**會意**柔亦聲**耳由切三部**鄭有鍒地名也**鄭語史伯對桓公曰若克二邑鄢蔽補丹依鍒歷華君之土也韋注言克號鄶則此八邑皆可得也

㱙田也㱙各本作殘今正殘者賊也㱙者禽獸所食餘也因之凡餘謂之㱙今則殘行而㱙廢矣殘田者餘田不整齊者也凡奇零字皆應於畸引申用之今則奇行而畸廢矣**从田奇聲**居宜切古音在十七部

㱙薉田也薉字依集韵類篇韵會所據補㱙而且蕪之田也是曰𤳝**从田差聲**昨何切十七部**詩曰天方薦𤳝**小雅節南山文毛詩作瘥傳云薦重瘥病許此所引蓋或三家詩也

六尺爲步步百爲畮司馬

法如是王制曰方一里者爲田九百畮謂方里而井**秦田二百四十步爲畮**秦孝公之制也商鞅開阡陌封疆則鄧展曰古百步爲畮漢時二百四十步爲畮按漢因秦制也**从田每聲**莫后切古音在一部

畞　畮或从十久十者阡陌之制久聲也每久古音皆在一部今惟周禮作畮五經文字曰經典相承作畝干祿字書曰畝通畞正

甸　天子五百里内田禹貢五百里甸服周語曰先王之制邦内甸服韋注云邦内謂天子畿内千里之地商頌曰邦畿千里惟民所止王制曰千里之内曰甸京邑在其中央故夏書曰五百里甸服則古今同矣甸王田也服服其職業也自商以前邦畿内爲甸服武王克殷周公致大平因禹所弼除甸内更制天下爲九服千里之内謂之王畿王畿之外曰侯服侯服之外曰甸服祭謀父諫穆王稱先王之制猶以王畿爲甸服者甸古名世俗所習也故周襄王謂晉文公曰昔我先王之有天下也規方千里以爲甸服是也周禮亦以蠻服爲要服足以相況也按周制王畿千里不在九服而亦未嘗不從古曰甸服也

若小司徒九夫爲井四井爲邑四邑爲丘四丘爲甸鄭云甸之言乘也讀如維禹敶之之敶別一義毛詩維禹甸之傳曰甸治也

甸　**从勹田**　各本作从田包省小徐作包省聲今正勹裏也布交切甸之外九服重重勹之故从勹田堂練切十二部

畿　**天子千里地**　卽天子五百里內田也五百里自其一面言千里自其四面言爲方百里者百也商頌邦畿千里傳曰畿疆也大司馬九畿注曰畿猶限也　**以逮近言之則言畿**　逮字依小徐本逮者及也九畿注曰故書畿爲近鄭司農云近當言畿按故書作近猶他書叚圻作畿耳許言以逮近言之則曰畿者謂畿取近天子故稱畿畿與近合音冣切古惟王畿偁畿甸服外無偁畿者至周而侯甸男采衞蠻夷鎭藩皆曰畿直以其遞相傳近轉移叚借名之非古也故許以近釋畿畿之言垠也故亦作圻邶風薄送我畿傳曰畿門內也謂門限也小雅如畿如式傳曰畿期也禮記丹漆雕畿注曰畿圻塄也古幾畿通用　**从田幾省聲**　形聲中包會意巨衣切十五部

畦　**田五十畮曰畦**　離騷畦畱夷與揭車

王逸注五十畝曰畦蜀都賦劉注曰楚辭倚沼畦瀛王逸曰瀛澤中也班固以爲畦田五十畝也此葢班固釋畦畱夷之語今俗本文選逸之按孟子曰圭田五十畝然則畦从圭田會意兼形聲與又用爲畦畛史記千畦薑韭韋昭曰畦猶壟也 从田圭聲 戶圭切十六部

畹 田三十畮曰畹 大徐本三作二誤魏都賦下畹高堂張注云班固曰畹三十畝也此葢孟堅離騷章句滋蘭九畹之解也王注乃云十二畝曰畹或曰田之長爲畹恐非是 从田宛聲 於阮切十四部

畔 田界也 田界者田之竟處也左傳子產曰行無越思如農之有畔其過鮮矣一夫百畝則畔爲百畝之界也引申爲凡界之偁或叚泮爲之氓詩曰隰則有泮傳曰泮坡也坡即陂箋云泮讀爲畔畔涯也經典多借爲叛字論語佛肸以中牟畔大雅無然畔援傳曰無是畔道無是援取 从田半聲 薄半切十四部

界 竟也 竟俗本作境今正樂曲盡爲竟引申爲凡邊竟之偁界之言介也介者畫也畫者介也象田四界聿所以畫之介界古今字爾雅曰疆界垂也按垂遠邊也

从田介聲形聲中有會意古拜切十五部此篆上田下介小徐舊本五經文字篇韵漢碑可據㽘竟也竟俗本作境今正一曰百也百今之陌字趙魏謂百爲㽘方語也从田亢聲古朗切十部按此古朗今譌古郎因諱朗改爲郎也鼎臣時未嘗諱朗字畷兩百閒道也百者百夫洫上之涂也兩百夫之閒而有洫洫上有涂兩千夫之閒而有澮澮上有道所謂阡也洫橫則澮縱涂橫則道縱故道在中縱而左右各十涂皆橫是謂兩陌閒道是之謂畷郊特牲饗農及郵表畷注云郵表畷謂田畯所以督約百姓於井閒之處引詩爲下國畷郵按畷之言綴也眾涂所綴也於此爲田畯督約百姓之處若街彈室者然曰郵表畷百廣六尺百字各本無今補所以知必有百者鄭注周禮云徑容牛馬畛容大車涂容乘車一軌道容二軌路容三軌軌者徹也攷工記曰徹廣六尺涂容一軌是陌容六尺也道容二軌是阡容丈二尺也許祇言陌之廣使徑畛道路之廣皆可意知从田叕聲陟劣切十五部畛井田

閒百也井田閒者謂十夫閒也兩十夫之閒猶井閒也徑畛涂道路皆可謂之陌阡故曰井田閒陌遂人曰十夫有溝溝上有畛周頌曰徂隰徂畛毛傳曰畛埸也按埸者疆埸也信南山疆埸有瓜是也古祇作易左傳曰封畛土略謂疆界从田㐱聲之忍切十二部

畤天地五帝所基止祭地也止依韵會正下基也以基止釋畤以疊韵爲訓也所基止祭地謂祭天地五帝者立基止於此而祭之之地也畤不見於經秦人因周制垗五帝於四郊依附爲之垗字音譌遂製畤字耳考封禪書秦襄公居西垂作西畤祠白帝其後文公都汧作鄜畤郊祭白帝其後德公居雍宣公作密畤於渭南祭青帝靈公作吳陽上畤祭黃帝作下畤祭炎帝獻公作畦畤櫟陽祀白帝漢高祖立黑帝祠命曰北畤按密上下三畤及鄜畤及北畤謂之雍五畤祭青黃赤白黑五帝之地也先言天地者秦時謂五帝即天地故曰唯雍四畤上帝爲尊秦之郊見即祭畤也从田寺聲周市切一部右扶風雝有五畤畤地理志右扶風雍下曰有五畤按雍祇有四畤密畤吳陽

上時下時北時也史記雍五時漢志右扶風有五時葢兼鄜縣之鄜時祀白帝而言鄜雖屬左馮翊而馮翊扶風故皆內史地故得統偁之史記於高祖未立北時前曰雍四時葢亦謂密上下鄜四時是以四時上親郊見而西時畦時上不親往別白言之也**好時鄜時皆黃帝時築**築各本作祭今依韵會訂封禪書曰自未作鄜時也而雍旁故有吳陽武時雍東有好時自古以雍州積高神明之隩故立時郊上帝葢黃帝時嘗用事雖晚周亦郊焉其語不經見縉紳者不道按史公作吳陽武時而許作鄜時與史漢不合傳聞之異也**或云秦文公立**秦文公立鄜時史漢皆云尒而舉爲疑辭且若好時亦文公立者皆傳聞之異也

略　經略土地也昭七年左傳芋尹無宇曰天子經略諸侯正封古之制也杜注經營天下略有四海故曰經略正封封疆有定分也禹貢曰嵎夷旣略凡經界曰略左傳曰吾將略地又曰略基阯引申之規取其地亦曰略地凡舉其要而用功少皆曰略略者對詳而言**从田各聲**离約切古音在五部

當　田相値也

值者持也田與田相持也引申之凡相持相抵皆曰當報下曰當辠人也是其一耑也流俗妄分平去二音所謂無事自擾**从田尚聲**都郎切十部

𤱶**農夫也**釋言曰畯農夫也孫云農夫田官也詩七月田畯至喜傳曰畯田大夫也周禮籥章以樂田畯注鄭司農云田畯古之先教田者按田畯教田之官亦謂之田月令命田舍東郊鄭曰田謂田畯主農之官也亦謂之農郊特牲大蜡饗農鄭曰農田畯也田畯教田之時則親而尊之詩三言田畯至喜是也死而爲神則祭之周禮之樂田畯大蜡饗農是也**从田夋聲**子峻切十三部

甿**田民也**甿爲田民農爲耕人其義一也民部曰氓民也此从田故曰田民也唐人諱民故氓之蚩蚩周禮以下劑致氓石經皆改爲甿古祇作萌故許引周禮以與耡利萌葢古本如是鄭云變民言萌異外內也萌猶懵懵無知皃**从田亡聲**武庚切古音在十部

𤳳**轢田也**轢車所踐也子虛賦掩兔轔鹿字从車上林賦車徒之所閵轢又叚閵爲之足部曰蹸轢也義相近**从田粦聲**良刃切十二部

畱

止也。稽下曰稽畱止也。从田丣聲。田所止也猶坐从土也力求切三部。畜田畜也。田畜謂力田之蓄積也貨殖列傳曰富人爭奢侈而任氏獨折節爲儉力田畜田畜人爭取賤賈任氏獨取貴善非田畜所出弗衣食艸部曰蓄積也畜與蓄義略同畜从田其源也蓄从艸其委也俗用畜爲六嘼字古叚爲好字如說苑尹逸對成王曰民善之則畜也不善則讎也晏子對景公曰畜君何尤畜君者好君也謂畜卽好之同音叚借也。淮南王曰元田爲畜。王大徐作子此如引楚莊王止戈爲武說會意也元田猶畇畇原隰也丑六切亦許六切三部。𤳡魯郊禮畜从田从茲茲益也。魯郊禮已見鳥部此許據魯郊禮文證古文从茲乃合於田畜之解也艸部曰茲艸木多益也从艸絲省聲古文本从茲小篆乃省其半而淮南王乃認爲元字矣此小篆省改之失也今本上从茲則與茲益之云不貫矣故正之如此。畽禽獸所踐處也。踐者履也獸足蹂地曰厹其所蹂之處曰畽本不專謂鹿詩則言鹿而已。詩曰町

疃鹿場 豳風東山文毛傳曰町疃鹿迹也謂鹿迹所在也楚辭九思鹿蹊兮躖躖與疃葢一字疃亦作畽郡國志廣陵郡東陽劉昭云縣多麋引博物志十百爲羣掘食艸根其處成泥名曰麋暖民人隨此暖種稻不耕而穫其收百倍今後漢書譌爲畯埤雅引此又譌暖然因埤雅可以校正也 **从田童聲** 土短切十四部此音之轉也古音葢在九部

畼不生也 今之暢葢卽此字之隸變詩文茵暢轂傳曰暢轂長轂也月令命之曰暢月注曰暢充也葢皆義之相反而相生者也 **从田昜聲** 丑亮切十部

文二十九　重三

畕比田也 比密也二人爲从反从爲从比比田者兩田密近也 **从二田** 會意 **凡畕之屬皆从畕闕** 闕大徐本無非也此謂其音讀闕也大徐居良切小徐玉篇同以畺之音皮傳之而已竊謂田與田相乘所謂陳陳相因也讀如附列之敶

畺界也 七月萬壽無疆傳曰疆竟也田部曰界竟

也然則畺界義同竟境正俗字信南山我疆我理傳曰疆畫經界也理分地理也緜曰乃疆乃理江漢曰于疆于理其義皆同經界出於人爲地理必因地阞二者必相因而至不知地阞則水不行**从畕三其介畫也**介各本作界今正介畫也畫介也二字義同居良切十部

疆　畺或从土彊聲今則疆行而畺廢矣惟周禮有畺

文二　重一

黃　地之色也元者幽遠也則爲天之色可知易曰夫元黃者天地之襍也天元而地黃**从田**土色黃故从田**炗聲**乎光切十部**炗古文光**見火部**凡黃之屬皆从黃**

古文黃

䵎　赤黃色也赤黃者赤色敝而黃也色字依類篇補**一曰輕傷人䵎姁也**傷各本作易今正侮者傷也傷者輕也此謂輕侮人者其狀䵎姁也後漢書曹大家女誡

視聽陜輸注云陜輸不定皃　从黃夾聲　許兼切八部

䵉　黑黃色也　黑黃各本作黃黑疑當作黑黃黑色之敝而黃也詩我馬玄黃傳曰玄馬病則黃正此意若黃黑則土克水之色謂之驪黃　从黃耑聲　他耑切十四部

䵊　青黃色也　青色敝而黃也　从黃有聲　呼辠切古音在一部

黇　白黃色也　白色之敝而黃也　从黃占聲　他兼切七部

黊　鱻朙黃色也　依篇韵補色字上文皆非正黃色惟此爲鮮明正黃耳艸部蘳以爲聲　从黃圭聲　戶圭切廣韵胡瓦切十六部

文六　重一

男　丈夫也　夫下曰周制八寸爲尺十尺爲丈人長一丈故曰丈夫白虎通曰男任也任功業也古男與任同音故公侯伯子男王莽男作任　从田力言男子力於田也　會意農力於田自王

公以下無非力於田者那含切古音在七部凡男之屬皆从男。

𤱪 母之兄弟爲舅。釋親曰母之晜弟爲舅毛傳同按周人謂兄爲晜也舅之言舊也猶姑之言故也父之昆弟偁父母之昆弟不得偁父故偁舅凡同姓可偁父凡異姓不可偁父故舅之也今俗人言舅父者非也母之父母曷爲曰外王父外王母與父之父母偁王父王母故母之父母得偁王父王母而外以別之也父之昆弟偁從父故母之姊妹偁從母也舍是則異姓無有偁父母者也異姓可偁舅故婦偁夫之父曰舅男子偁妻之父曰外舅母之從父昆弟曰從舅又偁父之舅曰大舅見後漢書大者今太字妻之父爲外舅。男子於妻父亦言舅對妻之舅吾父爲偁也母之昆弟不曰外舅者妻黨之別於母黨也从男臼聲。其九切三部

𤱪 謂我舅者吾謂之甥。釋親文此泛釋甥義也若母之昆弟爲吾舅則謂吾爲甥矣若妻之父爲吾外舅則亦謂吾爲甥矣釋親妻黨章曰姑之子爲甥舅之子爲甥妻之晜弟爲甥姊妹之夫爲甥注謂平等相甥非也姑之子吾

父母得甥之舅之子吾母姪之吾父得甥之妻之昆弟吾父母得甥之姊妹之夫吾父母壻之而甥之是四者皆舅吾父者也舅者耆舊之偁甥者後生之偁故異姓尊卑異等者以此相偁爾雅類列於此亦以見舅之子妻之昆弟偁吾父皆曰舅不似後世俗呼也其立文如此者從其便也自來不得其解則謂平等相甥吾姊妹之夫吾父既甥之矣吾又呼之爲甥此豈正名之義乎姑之子爲外兄弟舅之子爲內兄弟妻之昆弟爲婚兄弟姊妹之夫爲姻兄弟既正其名矣又安得淆之乎外孫亦偁彌甥姊妹之孫離孫也亦偁從孫甥皆見左傳釋名妻之昆弟曰外甥一條冣爲無理**从男生聲**所更切十一部

文三

力　筋也筋下曰肉之力也二篆爲轉注筋者其體力者其用也非有二物引申之凡精神所勝任皆曰力**象人筋之形**象其條理也人之理曰力故木之理曰朸地之理曰阞水之理曰泐林直切一部

治功曰力周禮司勳文能禦大災國語祭法文引以釋治功曰力也凡力之屬皆从力

能成王功也司勳曰王功曰勳鄭云輔成王業若周公从力熏聲許云切十三部

古文勳从員員聲也周禮故書勳作勛鄭司農云勛讀爲勳勳功也按此先鄭以今字釋古文也故書勛字學者不識故先鄭云此即小篆之勳

以勞定國也司勳曰國功曰功鄭曰保全國家若伊尹許則舉祭法文以釋之从力工聲古紅切九部

左也左今之佐字左下曰手相左助也二篆爲轉注右下曰手口相助也易傳曰右者助也按左右皆爲助左者以力助又右者以手助口疑此解當云左右也傳寫奪右字商頌曰實左右商王傳云左右助也从力且聲牀倨切五部

助也从力非力去其非也慮聲良倨切五部

勞也此當云勞勑也淺人刪一字耳此勞依今法讀去聲孟子放勳曰勞

勱　鍇本讀若萬　鍇本讀與厲同　疑當从鍇

之來之詩序曰萬民離散不安其居宣王能勞來還定安集之來皆勑之省俗作徠**从力來聲**洛代切一部俗誤用爲敕字

愼也愼者謹也廣韵曰用力也又固也勤也**从力吉聲**巨乙切十二部按篇韵皆恪八切巨乙非也**周書曰劼毖殷獻臣**酒誥文按此篆解小徐本譌舛不可讀

趣也趣者疾走也務者言其促疾於事也**从力敄聲**亡遇切古音在三部

迫也迫者近也按所謂實偪處此也勥與彊義別彊者有力勥者以力相迫也凡云勉勥者當用此字今則用強彊而勥廢矣**从力強聲**巨良切按此音非也當依廣韵玉篇其兩切十部

古文从彊按以虫部彊籀文強訂之古當作籀

勉力也勉者勥也亦作邁左傳引夏書皋陶邁種德邁勉也**从力萬聲**莫話切按古音當在十四部**周書曰用勱相我邦家**立政文今書邦作國**讀與厲同**厲亦萬聲也漢時如此讀

勥也勥舊作彊非其義也凡言勉者

皆相迫之意自勉者自迫也勉人者迫人也毛詩黽勉韓詩作密勿爾雅作蠠沒大雅毛傳曰亹亹勉也周易鄭注亹亹猶沒沒也**从力免聲**亡辨切古音當在十三部

劭勉也釋詁同漢成帝詔曰先帝劭農蘇林曰劭音翹精異之意也晉灼曰劭勸勉也按卪部卲高也卲與劭相似轉寫容有互譌者如應仲遠之名當是卲字此蘇林所說當亦是卲農爾雅方言皆曰釗勉也釗當是劭之叚借字**从力召聲讀若舜樂韶**爾雅釋文云或上遙反用許讀也今皆寔照切二部

勖勉也釋詁同邶風以勖寡人傳曰勖勉也方言釗薄勉也秦晉曰釗或曰薄南楚之外曰薄努自關而東周鄭之閒曰勔釗齊魯曰勖按勖古讀如茂與懋音義皆同故般庚懋建大命予其懋簡相爾今文尚書懋皆作勖見隸釋石經殘碑心部曰懋勉也**从力冒聲**許玉切三部按許玉非也古音同茂俗寫此字形尤譌蹐不通**周書曰勖哉夫子**坶誓

文

勸勉也廣韵曰獎勉也按勉之而悅從亦曰勸**从力雚聲**去願切十四部

勝

彊力也彊力各本作勥力非今依玉篇廣韵正俗語勥彊彊讀去聲从力厥聲瞿月切十五部

彊也春秋傳曰勍敵之人彊者弓有力也引申爲凡有力之偁春秋傳者僖二十二年左傳文杜亦曰勍彊也按勍與人部之倞字音義皆同而勍獨見左氏从力京聲渠京切古音讀如彊在十部

彊也廣韵勁健也从力巠聲吉正切十一部○按以上三篆移其舊次

任也任者保也保者當也凡能舉之能克之皆曰勝本無二義二音而俗強分平去从力朕聲識蒸切六部亦去聲

發也發者䠶發也引申爲凡發去之偁勶與徹義別徹者通也勶謂除去若禮之有司徹客徹重席詩之徹我牆屋其字皆當作勶不訓通也或作撤乃勶之俗也从力徹會意謂以力通之也徹亦聲丑列切十五部

勠力并力也勠力二字依後漢劉虞傳注引補文賦注引賈逵國語解詁曰勠力并力也許所本也并者相從也併者竝也并併古通用矣左傳國語或云勠力同心

或云勠力一心皆謂數人共致力爲尙書傳訓云陳力斯失之古書多有誤作戮者从力翏聲嵇康力幽反呂靜韵集讀同飂尙書音義引說文力周反按文賦匪亏力之所勠與流求爲韵此相傳古音也今音力竹切字林音遼

勨　繇緩也繇蓋今之傜字言傜役緩也與勠爲反對之詞从力象聲余兩切十部

動　作也作者起也从力重聲徒總切九部𨔝古文動从辵

⿰畾力　推也推依今音他回切⿰畾力者以物磊磊自高推下也古用兵下礧石李陵傳作壘石晁錯傳具藺石如淳注曰城上雷石周禮注亦作雷唐書李光弼傳擂石車又作擂其實用⿰畾力爲正字也故許書之字可用而不用者多矣子虛賦曰礧石相擊硠硠礚礚亦當作⿰畾力从力靁省聲舊作畾聲今依小徐正盧對切十五部

劣　弱也弱者橈也从力少會意力輟切十五部

勞　勮也勮各本从刀作劇今訂从力文選北征賦注引說文勮甚也恐是許書本作勮用力甚也後因以爲凡甚之詞又譌其字从刀耳以俟明

者定之

从力熒省𤇾火燒冖用力者勞 𤇾舊作熒今正此析熒字而釋之燒冖謂燒屋也斯時用力者㝡勞矣或改冖作門者誤魯刀切二部

𢥒 古文如此 如此大徐作从悉篆體作𢥒今依玉篇汗簡古文四聲韵所據正汗簡與玉篇中雖小異下皆从力竊謂古文乃从熒不省未可知也

勮 務也 務者趣也用力尤甚者 从力豦聲 其據切五部音轉爲渠力切字譌从刀作劇

勀 尤勮也 勮大徐作極小徐作勮今正勀又勮之尤者也剋者以力制勝之謂故其事爲尤勞許書勀與克義不同克者肩也肩者任也以春秋所書言之如辛巳雨不克葬戊午日下昃乃克葬如晉人納捷菑于邾弗克納此克之義也如鄭伯克段于鄢傳曰得儁曰克此勀之義也勀之字譌而从刀作剋猶勮之譌而从刀也經典有克無剋百家之書克剋不分而勀乃廢矣 从力克聲 苦得切一部

勩 勞也 毛詩傳同按凡物久用而勞敝曰勩明楊愼荅中官問謂牙牌摩損當用鉛字今按非也當用勩字今人謂物消磨曰勩是也

蘇州謂衣久箸曰勩箸**从力貰聲**余制切十五部**詩曰莫知我勩**小雅雨無正文

勦勞也从力巢聲子小切又楚交切二部**春秋傳曰安用勦民**昭九年左傳叔孫昭子曰詩云經始勿亟庶民子來焉用速成其以勦民也許檃栝其辭按刀部剿字亦作剿禮記毋剿說與此从力字絕不同俗多淆之

券勞也輈人終日馳騁左不楗書楗或作券鄭云券今倦字也據此則漢時已倦行券廢矣**从力𢍏聲**今皆作倦蓋由與契券从刀相似而避之也渠眷切十四部

勤勞也慰其勤亦曰勤**从力堇聲**巨巾切按巾當作斤十三部

加語相譄加也譄各本作增今正增者益也義不與此同譄下曰加也誣下曰加也此云語相譄加也知譄誣加三字同義矣誣人曰譄亦曰加故加从力論語曰我不欲人之加諸我也吾亦欲無加諸人馬融曰加陵也袁宏曰加不得理之謂也劉知幾史通曰承其誣妄重以加諸韓愈爭臣論曰吾聞君子不欲加諸人而惡訐以爲直者皆得加字

本義引申之凡據其上曰加故加巢卽架巢**从力口**謂有力之口也會意古牙切十七部**健**

也健者伉也此豪傑眞字自叚豪爲之而勢廢矣豪豕鬣如筆管者**从力敖聲讀若豪**五牢

切按當乎刀切二部**气也**气雲气也引申爲人充體之气之偁力者筋也勇者气也气之所至力亦

至焉心之所至气乃至焉故古文勇从心左傳曰其用之謂勇**从力甬聲**余隴切九部**勇**

或从戈用**古文勇从心**孟子曰志氣之帥也**排也**排者擠也今俗

語謂以力旋轉曰勃當用此字論語色孛如也許所引乃本字本義謂孛孛盛气也今論叚借勃字殊失其恉**从**

力孛聲蒲沒切十五部**劫也**以力脅止人而取其物也賈誼傳曰盜者自晝大都之中剽吏

而奪之金貨殖傳曰攻剽椎埋按此篆諸書多从刀而許刀部剽下曰一曰剽劫人也是在許時固从力从刀竝行

二形不必有是非矣**从力㶾聲**匹妙切二部**人欲去吕力脅止曰劫**

脅猶迫也俗作脋古無其字用脅而已以力止人之去曰劫不專謂盜而盜禦人於國門之外亦劫也太史公曰劫人作姦**或曰吕力去曰劫**用力而逃也**从力去**依韵會補此三字二義皆力去也此篆从力而俗作刧从刀蓋刀與力相濟之勴固多矣居怯切八部

致臤也臤者堅也致者送詣也致之於堅是之謂飭攷工記曰審曲面埶以飭五材謂五材皆必堅緻也又曰飭力以長地材謂整頓其人力也凡人物皆得云飭飭人而筋骸束矣飭物而器用精良矣其字形與飾相似故古書多有互譌者飾在外飭在內其義不同竊謂許書工下云巧飾也當作巧也飭也飭郎記所謂飭五材辨民器謂之百工不徒修飾其外而已凡經傳子史之譌皆可以意正之飭與敕義略相近敕誡也**从人力食聲讀若敕**恥力切一部

灋有辠也法者謂以法施之廣韵曰劾推窮罪人也**从力亥聲**按此字俗作刻从刃恐从刀則混於刀部之刻也胡槩切一部亦入海韵代韵

廣求之也依光武紀注增之字**从**

力茸聲莫故切五部

文四十　重六

劦同力也同力者龢也龢調也从三力會意胡頰切按此字本音戾力制切十五部淺人妄謂與協勰協同音而不知三字皆以劦會意非以形聲也惟不以劦爲聲故三字皆在八部而劦聲之荔珕則皆力制切在十五部山海經曰惟號之山其風若劦北山經曰毋逢之山北望雞號之山其風如飈郭傳飈急風皃也音戾或云飄風也按郭本與許所據不同郭江賦用飈字許意葢謂其風如并力而起也凡劦之屬皆从劦

恊同心之龢也同心一如同力故从劦心會意从劦心胡頰切八部

勰同思之龢也同思一如同力从劦思胡頰切八部

協同衆之龢也各本作衆之和同非是今正同衆之和一如同力从劦十十衆也胡

頰切八部

叶　古文協从口十字見周禮大史協事注曰故書協作叶杜子春云叶協也書亦或爲協或爲汁大行人協辭命注故書作汁辭命鄭司農云汁當爲叶書或爲叶按十口所同亦同衆之意

旪　叶或从日口曰一也

文四舊譌一　重二舊譌五

二十三部　文七百宋本六百九十九　重一百二十四宋本四作三

凡八千三百九十八字以上總弟十三篇部數文數說解字數之都數也

說文解字第十三篇下

受業黟縣胡積城校字

說文解字第十四篇上

金壇段玉裁注

金　五色金也凡有五色皆謂之金也下文白金青金赤金黑金合黃金爲五色黃爲之長故獨得金名久薶不生衣百鍊不輕此二句言黃金之德從革不韋舊作違今正韋背也從革見鴻範謂順人之意以變更成器雖屢改易而無傷也五金皆然西方之行以五行言之爲西方之行生於土从土ナ又注象金在土中形謂土旁二筆也今聲下形上聲居音切七部凡金之屬皆从金　金古文金象形而不諧聲

銀　白金也黃金既專金名其外四者皆各有名爾雅曰黃金謂之璗其美者謂之鏐然則黃金自有名而許以璗系諸玉部云金之美者與玉同色與釋器不合何也璗爲金而字从玉許書主釋字形故其說如此也

爾雅又曰白金謂之銀其美者謂之鐐此則許所本也**从金艮聲**語巾切十二部

鐐白金也爾雅別之曰其美者許不別也毛詩傳曰大夫鐐琫而鏐珌**从金尞聲**洛蕭切二部

鋈白金也从金𣳚省聲大徐𣳚省聲小徐沃聲考說文芺聲之字未有省艸者鋈字今三見於毛詩小戎毛傳曰沃白金也而車部軜下詩曰𣳚以觼軜引詩正作𣳚不作鋈知古本毛詩祇作𣳚𣳚卽鐐之叚借字古芺聲尞聲同部也金部本有鐐無鋈鋈乃依今毛詩補之烏酷切二部

鉛青金也从金㕣聲與專切十四部

錫銀鉛之閒也周禮廾人注曰鈏也職方氏曰鑞也鑞字說文無經典多叚錫爲賜字凡言錫予者卽賜之叚借也**从金易聲**先擊切十六部

鈏錫也見釋器**从金引聲**羊晉切十二部

銅赤金也銅色本赤今之白銅點化爲之耳食貨志曰金有三等黃金爲上白金爲中赤金爲下孟康曰赤金丹陽銅也按丹陽銅卽吳王濞傳章郡銅山貨殖傳章山之銅也

从金同聲徒紅切九部

鏈　銅屬應劭曰鏈似銅與許說合从金連聲力延切十四部

鐵　黑金也从金𢧜聲天結切十二部

銕　鐵或省

銕　古文鐵从夷按夷蓋弟之譌也

鍇　九江謂鐵曰鍇从金皆聲苦駭切十五部

鋚　鐵也一曰轡首銅也別一義小雅鞗革沖沖毛傳曰鞗轡也革轡首也按鞗轡也當作鞗轡首飾也轉寫奪去二字耳下文云沖沖垂飾皃正承轡首飾而言許釋鋚爲轡首銅鋚卽鞗字詩本作攸轉寫誤作鞗攸革皆古文叚借字也古金石文字作攸勒或作鋚勒轡首銅者以銅飾轡首也革部勒下云馬頭絡銜也卽毛傳所謂轡首也周頌載見箋云鶬謂金飾正與轡首銅之訓合大雅韓奕𩋆以爲鞃淺以爲幦鋚以飾勒金以飾軛四事文意一例鋚勒謂以銅飾轡之近馬頭處垂之沖沖然也从金攸聲以周切三部

鏤　剛鐵也可㠯刻鏤鏤本剛鐵之名剛鐵可受鐫刻故鐫刻亦曰鏤釋器曰金謂之鏤鏤

鋟也詩鉤膺鏤鍚箋皆訓刻金許以可以刻鏤釋鏤此卽已已也申申也之例也今則引申之義行而本義廢矣禹貢梁州貢鏤某氏傳亦云剛鐵**从金婁聲**盧候切四部**夏書曰梁州貢鏤一曰鏤釜也**方言鍑江淮陳楚之閒謂之錡或謂之鏤

鐼鐵屬从金賁聲讀若熏小徐本讀若訓火運切十三部

銑金之澤者澤者光潤也釋器曰絕澤謂之銑晉語玦之以金銑者寒之甚矣韋注銑猶洒也洒洒寒皃言於太子無溫潤也許言其光潤韋言寒皃皆謂金之精者耳似異而非異也**从金先聲**穌典切古音在十三部**一曰小鑿**鑿所以穿木也**一曰鐘下兩角謂之銑**考工記鳧氏曰兩欒謂之銑鄭注銑鐘口兩角按古鐘羨而不圜故有兩角

鋻剛也剛各本譌剛今正刀部曰剛刀劍刃也刃下曰刀鋻也故剛與鋻爲轉注王褒聖主得賢臣頌曰淸水淬其鋒李善引三倉解詁云淬作刀鋻也文選俗本譌爲鑒**从金臤聲**此形聲中有會意也堅者土之臤緊者絲

之歐堅者金之歐彼二字入歐部會意中有形聲也古甸切十二部

鑗　金屬也一曰剝也　剝者裂也剝訓裂知鑗與𠢕義同音別方言蠡分也注謂分割也此卽鑗之段借方言又曰劙解也亦卽此字　从金黎聲　里西切十五部

錄　金色也　錄與綠同音金色在青黃之閒也段借爲省錄字慮之段借也故錄囚卽慮囚云慮錄者猶無慮也言其觕猥　从金彔聲　力玉切三部

鑄　銷金也　从金壽聲　之戍切古音在三部亦讀如祝

銷　鑠金也　从金肖聲　相邀切二部

鑠　銷金也　从金樂聲　書藥切二部

鍊　治金也　治大徐本譌作冶今正湅治絲也練治繒也鍊治金也皆謂灡湅欲其精非弟冶之而已冶者銷也引申之凡治之使精曰鍊　从金柬聲　此亦形聲包會意郎甸切十四部

釘　鍊鉼黃金也　周禮職金旅於上帝則共其金版饗諸侯亦如之注曰鉼金謂之版此版所施未聞按今爾雅鉼金謂之鈑鈑系版之譌則鉼當是餅之譌也凡物匾之

曰餅鍊餅鍊而成之**从金丁聲**當經切十一部今人用此字則古鍇字之義也

錮　**鑄𡫳也**𡫳作塞誤今正凡銷鐵以窒穿穴謂之錮左傳曰子反請以重幣錮之漢書曰下錮三泉**从金固聲**此亦形聲包會意古慕切五部

鑲　**作型中腸也**型者鑄器之法也其中腸謂之鑲猶瓜中腸謂之瓤也鑲亦用爲句鑲兵器也別一義見釋名**从金襄聲**汝羊切十部

鎔　**冶器灋也**冶者銷也鑄也董仲舒傳曰猶泥之在鈞唯甄者之所爲猶金之在鎔唯冶者之所鑄師古曰鎔謂鑄器之模範也今人多失其義**从金容聲**余封切九部

鋏　**可以持冶器鑄鎔者也**冶器者鑄於鎔中則以此物夾而出之此物金爲之故从金**从金夾聲**古叶切八部**讀若漁人夾魚之夾**夾二徐作莢非今正周禮井夾取矢**一曰若挾持**一謂讀若挾持之挾

鍛　**小冶也**小冶謂小作鑪鞴以冶金如嵇康之鍛竈是也冶之則必椎之故曰鍛鐵殳部曰段椎物也鍛从段

金會意兼形聲考工記段氏爲鎛器段即鍛也詩之碫石則鍛質也从金段聲丁貫切十四部

鋌銅鐵樸也樸木素也因以爲凡素之偁小徐作朴非也石部曰磺銅鐵樸鋌與磺義同音別亦謂之鋇淮南書曰苗山之鋌从金廷聲徒鼎切十一部

⿰金曉鐵文也謂鐵之文理也从金曉聲呼鳥切二部

鏡景也景者光也金有光可照物謂之鏡此以疊韵爲訓也鏡亦曰鑒雙聲字也从金竟聲居慶切古音在十部

鉹曲鉹也从金多聲尺氏切古音在十七部一曰鬵鼎鬲部曰鬵鉹也與此爲轉注讀若摘一曰詩云侈兮哆兮宋本皆如此今本作哆兮侈兮一曰下當奪若字謂讀若哆也小徐作一曰若詩曰侈兮之侈同

鈃佀鍾而長頸鍾俗本作鐘今從宋本鍾者酒器見下此以相聯爲文矣用此知古酒鍾有腹有頸蓋大其下小其上也从金幵聲戶經切古音當在十二部

鍾酒器也古者此器蓋用以宁酒故大其下小

其頭自鍾傾之而入於尊自尊勺之而入於觶故量之大者亦曰鍾引申之義爲鍾聚**从金重聲**職容切九部

鑑　大盆也盆者盎也夌人春始治鑑注云鑑如甀大口以盛冰置食物於中以禦溫氣春而始治之按鄭云如甀醢人作醢云塗置甀中則鑑如今之甕許云大盆則與鄭說不符疑許說爲是且字从金必以金爲之也**从金監聲**革懺切八部**一曰鑑諸**逗**可㠯取朙水於月**鑑諸當作鑑方諸也轉寫奪字耳周禮司烜氏以夫遂取明火於日以鑒取明水於月注夫遂陽遂也鑒鏡屬取水者世謂之方諸淮南書方諸見月則津而爲水高注方諸謂陰燧大蛤也孰摩令熱月盛時以向月下則水生以銅盤受之下水數滴高說與許鄭異考工記以鑒燧之齊併言則鑑之爲鏡可知也鄭云鏡屬又注考工記云鑒亦鏡也詩云我心匪鑒毛傳曰鑒所以察形葢鏡主於照形鑑主於取明水本系二物而鏡亦可名鑒是以經典多用鑑字少用鏡者鑑亦叚監爲之是以毛詩宜鑒於殷大學作儀監鄭箋詩云以殷王賢愚爲鏡注大學云監視殷時之

事各依文爲說而已尚書監字多有同鑒者

鐈佀鼎而長足从金喬聲巨嬌切二部

鐆陽鐆也从金㒸聲按此字非其次疑後人因上說方諸而增之周禮秋官本作遂

鋞𥁕器也𥁕各本作温今正許書温系水名𥁕訓仁也𥁕訓仁故引申爲𥁕煗字煗下曰𥁕也𪔂下曰安𪔂𥁕也凡經史可借用温而許書不宜自相矛盾凡讀許書者知此則九千三百餘文之說解絕無不可通之虗矣葢非用其字之本義卽用其字之引申之義斷無有風馬牛不相及者也温訓水名此云温器也是爲風馬牛不相及矣𥁕器者謂可用煗物之器也圜而直上而字依廣韵補从金巠聲戶經切十一部

鑴瓽也瓦部曰瓽大盆也然則鑴與鑑同物周禮眡祲十煇三曰鑴鄭注鑴讀爲童子佩觿之觿謂日旁氣刺日也按今本周禮注觿譌金旁非是觿者佩角鋭耑可以解結故鄭讀鑴爲觿今本作讀如亦非也从金巂聲戶圭切十六部

鑊鑴也少牢饋食禮有羊鑊有豕鑊鑊所以煮也从金蒦聲

胡郭切五部鍑如釜而大口者如而二字依阮應補釜者鬴之或字鬲部曰鬴鍑屬是二篆爲轉注也方言曰釜自關而西或謂之鍑从金复聲方副切三部鍪鍑屬从金敄聲莫浮切三部錪朝鮮謂釜曰錪方言鍑北燕朝鮮洌水之閒或謂之錪或謂之鉼从金典聲他典切十二部銼銼鑹二字依全書通例補疊韵字鍑也从金坐聲昨禾切十七部鑹銼鑹也从金贏聲魯戈切十七部鉶器也此禮器也魯頌毛炰胾羹傳曰羹大羹鉶羹也按大羹煮肉汁不和貴其質也鉶羹肉汁之有菜和者也大羹盛之於登鉶羹盛之於鉶鉶羹菜和謂之芼其詳在禮經鉶經典亦作鈃此猶㓝罰字本从井作刑非正字也內饔職鉶作㓝亦段借字从金㓝聲戶經切十一部鎬温器也从金高聲乎老切二部武王所都在長安西上林苑中字亦如此此於例不當載而特詳之者說段借

之例也土部堋下引春秋傳矣而又曰虞書堋淫於家亦如是謂書朋淫之字亦如此作也武王都鎬本無正字偶用鎬字爲之耳一本有其字之叚借一本無其字之叚借也鎬京或書鄗乃淺人所爲不知漢常山有鄗縣

鏖 盌器也 盌各本作温今正下同廣韵曰鏖銅瓮也今江東尚有鏖敦之語與火部以微火温肉之褏義同或作爊或作鑢集韵曰盡死殺人曰鏖糟漢霍去病合短兵鏖皋蘭下是也 一曰金器 則非炊物器 从金麀聲 於刀切古音在三部 讀若奧 小徐有此三字

銚 盌器也 今煮物瓦器謂之銚子讀徒弔切是也 从金兆聲 以招切二部 一曰田器 周頌庤乃錢鎛傳曰錢銚也許下文錢下亦曰銚也古田器銚釋器方言皆作斛釋器曰斛謂之疀郭云郎古鍫臿字方言曰臿燕之東北朝鮮洌水之閒謂之斛趙魏之閒謂之喿銚斛喿三字同郎今鍫字也七遙反亦湯料反今人俗語正切七遙

[illegible] 酒器也 未聞或曰郎行葦之大斗非是毛傳大斗長三尺謂勺柄長三尺也 从金盟象

器形大口切西部豋鐙或省金斲字用爲聲鐎鐎斗也即刀斗也孟康曰以銅作鐎器受一斗晝炊飯食夜擊持行名曰刀斗苛悅曰刀斗小鈴如宮中傳夜鈴也蘇林曰形如鋗以銅作之無緣受一斗故云刀斗鐎即鈴也廣韵溫器三足而有柄从金焦聲即消切二部鋗小盆也廣韵曰銅銚从金肙聲火元切十四部鏏鼎也淮南說林訓水火相憎鏏在其閒五味以和洼曰鏏小鼎又曰鼎無耳爲鏏从金彗聲讀若彗于歲切十五部鍵鉉也謂鼎扃也以木橫關鼎耳而舉之非是則既炊之鼎不可舉也故謂之關鍵引申之爲門戶之鍵閉門部曰關以木橫持門戶也門之關猶鼎之鉉也从金此以木爲而字从金者系於鼎而言之也鄭易言金鉉則鍵有金飾之者矣建聲渠偃切十四部一曰車舝各本作轄今正轄雖亦訓鍵而非正字也舛部曰舝車軸耑鍵也謂鐵貫於軸耑卯鼎鉉之貫於鼎耳鉉所目舉鼎也所以二字今補汲古閣於

鐎謂之斗，必斗形，不得如荀悅所云，只若但如傳夜鈴，則當列鈴鉦諸字閒，何以在此？蓋形如斗以便量，有足以便炊，有柄以便執手，一物三用，見古人制器之精。

舉鼎下增具字今刪正手部曰扛橫關對舉也謂橫關於兩耳露其耑以兩手對舉之非是則鼏扛也 从金

元聲胡犬切十二部按易音義有 易謂之鉉禮謂之鼏 鼏音古冥古螢二反則讀同扃扃與鼏音蜜畫然二物二事易謂之鉉者周易鼎六五鼎黃耳金鉉上九鼎玉鉉是也古說皆云鉉貫於耳顏師古獨云鉉者鼎耳非鼎扃也其說甚誤易言黃耳金鉉則耳與鉉非一物明矣云禮謂之鼏者士冠禮設扃鼏鄭注今文扃爲鉉古文鼏爲密一部皆然攷工記匠人亦作扃許所見禮經扃作鼏即鼎部所云橫關鼎耳而舉之者也鼏與扃皆以郊冂之冂爲聲扃訓外閉之關音義皆同若鼏則訓鼎蓋古音如密今音如覓說詳鼎部許引易禮以博異名猶土部堋下云禮謂之封周官謂之窆也凡單言禮者皆謂禮經今之儀禮也據鄭則禮今文爲鉉矣許何以鉉專系易也許於禮經之字古文是者則從古文今文是者則從今文此從古文作鼏故曰禮謂之鼏也如士喪禮今文銘皆爲名從今文故不錄銘字聘禮士喪禮今文赴作訃從古文故言部不錄訃字士虞少牢特牲古文酯皆

作酹許从古文故酉部不錄酳字既夕禮今文窆爲封從今文則以窆專系周官也

鋊可㠯句鼎耳及鑪炭句讀如鉤鉤鼎耳舉之鉤鑪炭出之之器也从金谷聲讀若浴余足切三部一曰銅屑食貨志民盜摩錢以取鋊

鎣器也謂摩鋥之器也以金爲之爾雅注曰鸊鷉膏中鎣刀从金熒省聲讀若銑烏定切十一部

鑯鐵器也蓋鋭利之器郭注爾雅用爲今之尖字融上鐵頂者从金韱聲子廉切七部一曰鐫也鐫大徐誤作鑴鑴者穿木琢石也

錠鐙也廣韵曰豆有足曰錠無足曰鐙元應引聲類無豆字誤矣从金定聲丁定切十一部

鐙錠也祭統曰夫人薦豆執校執醴授之執鐙注曰校豆中央直者也鐙豆下跗也執醴者以豆授夫人執其下跗夫人受之執其中央直者按跗說文作柎闕足也鐙有柎則無足曰鐙之說未可信豆之遺制爲今俗用燈盞徐氏兄弟遂以膏鐙解說文誤矣生民傳曰木曰豆瓦曰登豆薦菹醢登薦大羹箋云祀天用瓦

豆陶器質也然則瓦登用於祭天廟中之鐙笵金爲之故其字从金从金登聲都滕切六部

鏶鍱也从金集聲秦入切七部

䥄鏶或从咠咠聲

鍱鏶也此謂金銅鐵椎薄成葉者齊謂之鍱从金枼聲與涉切七部

鏟鏶也从金產聲初限切十四部一曰平鐵謂以剛鐵削平柔鐵也廣韵曰鏟平木器也凡鏟削多用此字俗多用剗字

鑪方鑪也方對下圜言之凡爇炭之器曰鑪定公三年左傳邾莊公自投於牀廢於鑪炭爛遂卒从金盧聲洛乎切五部

鏇圜鑪也元應曰周成難字作檈謂以繩轉軸裁木爲器曰檈按圜鑪之義之引申也古文苑美人賦金帀熏香說者以爲圜鑪从金旋聲辭戀切十四部

[金虒]器也从金虒聲杜兮切十六部

鐪煎膠器也煎熬也膠作之以皮故熬之而後成从金虜聲郎古切五部

釦金飾器口謂以金涂器口許所謂錯金今俗所謂鍍金也

漢舊儀大官尚食用黃金釦器中官私官尚食用白銀釦器後漢和熹鄧皇后紀蜀漢釦器班固西都賦元墀釦切謂金涂門限也切者門限吳語三軍皆譁釦以振旅韋曰譁釦喧呼此釦乃叚借字**从金口**會意**口亦聲**苦厚切四部

錯　金涂也涂俗作塗又或作搽謂以金措其上也或借爲措字措者置也或借爲摩厝字厝者厲石也或借爲逪遺字東西曰逪邪行曰遺也**从金昔聲**倉各切五部

䥈　鉏䥈也鉏音牀吕切䥈音魚巨切疊韵字齒部齟齬齒不相値也鉏䥈蓋亦器之能相抵拒錯摩者故廣韵以不相當釋鉏鋙周禮玉人注云駔牙左傳人有名鉏吾者皆此二者之同音叚借**从金御聲**魚舉切五部

鋙　䥈或从吾吾古讀如魚

錡　鉏䥈也豳風既破我斧又缺我錡傳曰鑿屬曰錡此蓋所謂鉏䥈者與字或作奇**从金奇聲**魚綺切古音在十七部按豳風音義巨宜反**江淮之閒謂釜錡**大徐錡上有曰字召南維錡及釜傳曰錡釜屬有足曰錡方言曰鍑江淮陳楚之閒謂之錡郭

云或曰三腳釜也音技按詩左傳皆錡釜並言然則本以有足別於釜而江淮語同之耳

鍤　𩫏衣鍼也　𩫏各本作郭今正郭者齊之郭氏虛也𩫏者城𩫏民所度居也古無廓字祇用郭字其實當用𩫏如鼓下云郭皮甲而出此云郭衣皆謂拆廓張衣於版以鍼密鐵其過使伸直今之治裘者正如此是曰𩫏衣其鍼曰鍤鍤之言深入也以爲鍪臿字者失之遠矣　**从金臿聲**　楚洽切八部

鉥　綦鍼也　綦疑當作長管子一女必有一刀一錐一箴一鉥房注鉥時橘切長鍼也玉篇亦曰長鍼　**从金术聲**　食聿切十五部

鍼　所㠯縫也　縫者以鍼紩衣也竹部箴下曰綴衣箴也以竹爲之僅可聯綴衣以金爲之乃可縫衣　**从金咸聲**　職深切七部今俗作針

鈹　大鍼也　［元］應曰醫家用以破癰　**从金皮聲**　敷羈切古音在十七部　**一曰劒而刀裝者**　劒兩刃刀一刃而裝不同實劒而用刀削裏之是曰鈹左傳曰夾之以鈹

鎩　鈹有鐔也　鐔劒鼻也云鈹有鐔者則知鈹有不爲鼻者矣如刀

裝之鈹不爲鼻者也賈誼曰鉏櫌棘矜非銛於句戟長鎩張衡曰植鎩縣瞂用戒不虞曰長曰植則鎩有柄有柄故不爲鼻薛綜解一曰鋋似兩刃刀鋋謂其上出之鋒也淮南書飛鳥鎩羽許注曰鎩殘也左思賦亦曰鳥鎩翮此等鎩字乃引申之義鎩可殘羽故凡見殘者曰鎩公羊作攙宋萬臂攙仇牧碎其首何云側手擊曰攙**从金殺聲**所拜反十五部廣韵又所八切

鈕　印鼻也从金丑聲女久切三部 **珇　古文鈕从王**璽之籀文从玉古文印鈕字从玉蓋初作印時惟以玉爲之也

銎　斤斧穿也穿者通也詩釋文作斧空也三字謂斤斧之孔所以受柄者豳風毛傳曰方銎曰斨隋銎曰斧隋謂狹長**从金巩聲**曲恭切九部

鈭　鈭錍斧也斧之一種也疊韵字**从金此聲**即移切十六部

錍　鈭錍也从金卑聲府移切十六部

鏨　小鑿也从金斬斬亦聲藏濫切八部

鐫　破木鐫也謂破木之器曰鐫也因而破木謂之鐫矣**从金雋聲**

子全切十三部一曰琢石也此破木引申之義耳凡似此者皆淺人所增也讀若瀸瀸在閉口音非其類

鑿所目穿木也所以二字今補穿木之器曰鑿因之既穿之孔亦曰鑿矣考工記曰量其鑿深以爲輻廣九辨圜鑿而方枘音家讀曹報反从金糳省聲在各切古音在二部

銛臿屬臿大徐作鍤則是郭衣鍼矣臿者舂去麥皮也叚借爲鍫臿即上文田器之銚也其屬亦曰銛俗作杴廣韵曰古作橇或作欦皆郎銛字引申爲銛利字賈誼曰莫邪爲鈍鉛刀爲銛漢書音義曰銛利也又拔方言曰銛取也此引申叚借之義也孟子以言銛之以不言銛之今本誤作餂从金舌聲舌者口舌字非聲當作西舌皃也他念切在三篇谷部木部炊竈木之栖此臿屬之銛皆用爲聲篆體亦當改正此息廉切七部八部讀若棪桑欽讀若鎌

鈂臿屬也从金冘聲讀若沈直深切七部

⿰金危臿金也从金危聲過委切十六部一曰⿰金危鎣鐵也鎣當作鎣猶明也

讀若毀行毀大徐作跛

鐅河內謂臿頭金也郭注方言曰江東謂鍫刃爲鐅从金敝聲芳滅切十五部按當依郭氏普蔑反

錢銚也古者田器詩毛傳云亦見上文銚字下云古田器者古謂之錢今則但謂之銚謂之臿不謂之錢而錢以爲貨泉之名从金戔聲詩曰庤乃錢鎛周頌臣工文卽淺切十四部一曰貨也大徐無此四字按貝部下曰古者貨貝而寶龜周而有泉至秦廢貝行錢檀弓注曰古者謂錢曰泉布周禮泉府注鄭司農云故書泉或作錢外府注云其藏曰泉其行曰布取名於水泉其流行無不遍周語景王二十一年將鑄大錢韋曰古曰泉後轉曰錢玉裁謂秦漢乃叚借錢爲泉周禮國語早有錢字是其來已久錢行而泉廢矣昨先切或曰此不當有一曰貨也四字貝下當云至秦廢貝行泉王莽時錢文尙曰大泉五十曰貨泉

鑺大鉏也鉏之大者曰鑺从金瞿聲居縛切五部

鉏立薅斫也斫也各本作所用也今依廣韵正薅者披去田艸也斫者

斤也斤以斫木此則斫田艸者也云立薅者古薅艸坐爲之其器曰槈其柄短若立爲之則其器曰鉏其柄長槈之用淺鉏之用可深故曰斫釋名曰齊人謂其柄曰櫌櫌然正直也頭曰鶴似鶴頭也櫌見木部**從金且聲**士魚切五部俗作鋤按此篆原在下文鉏鑼之閒非其次也故今移此

鈐 **鈐鏞**逗**大犂也**犂者耕也鈐鏞雙聲**一曰類枱**各本作梠誤今正枱耒耑也耒者手耕曲木也耒枱與犂之別一以人一以牛也說文作枱他書作耜若枱者臿也則當云類臿而已**從金今聲**巨淹切七部

鏞 **鈐鏞也從金隋聲**徒果切十七部

鏺 **兩刃有木柄可㠯乂艸**兩刃如劒然兩邊有刃乂芟艸也字或作刈**從金發聲讀若撥**普活切十五部按癹字與此音同義近

鈶 **枱屬也**枱大徐作梠今正葢大徐耒下云耒枱而木部枱音弋之切此部之誤亦同**從金蟲省聲讀若同**徒冬切九部

鑼 **枱屬也**枱大徐作梠非**從金罷聲讀**

若嬀彼爲切古音在十七部廣韵作鑯

鎌鍥也从金兼聲力鹽切七部俗作鐮

鍥鎌也方言曰刈鉤江淮陳楚之閒謂之鉊或謂之鐹自關而西或謂之鉤或謂之鎌或謂之鍥鍥郭音結刀部曰㓡鎌也即方言之刈鉤也从金契聲苦結切十五部

鉊大鎌也見方言从金召聲止搖切二部方言鉊謂之鍣其字从苕取其象苕秀也亦音苕廣雅作此鉊誤矣鎌或謂之鉊張徹說

銍穫禾短鎌也周頌奄觀銍艾傳曰銍穫也按艾同乂穫也銍所以穫也淺人刪所以二字禹貢二百里納銍某氏曰銍艾謂禾穗亦謂所穫之穗爲銍从金至聲陟栗切十二部

鎮博壓也博當作簙局戲也壓當作厭管也謂局戲以此鎮壓如今賭錢者之有椿也未知許意然否引申之爲重也安也壓也从金眞聲陟刃切十二部

鉆鐵銸也周禮典同注飛鉆涅闇疏引鬼谷子飛鉗从金占聲敕淹切古音在七部[illegible]如砧劉氏渠金反一曰膏車

鐕 篇韵皆云無蓋釘也無蓋釘蓋釘之兩頭鋭者

錐 篇韵云鍼也

鐵鉆 謂脂其車轂者以器納輨濡膏而染轂中也其器曰鉆鐵爲之 鉗 鉆也 此與竹部箝義同音近 从金耴聲 陟葉切八部 鉗 㠯鐵有所劫束也 劫者以力脅止也束者縛也 从金甘聲 巨淹切七部 釱 鐵鉗也 鐵御覽作脛平準書釱左趾釱踏腳鉗也狀如跟衣箸足下重六斤以代刖 从金大聲 特計切十五部 鋸 槍唐也 槍唐蓋漢人語廣韵引古史考曰孟莊子作鋸 从金居聲 居御切五部 鐕 可㠯綴箸物者 喪大記君裏棺用朱綠用雜金鐕大夫裏棺用元綠用牛骨鐕注鐕所以琢箸裏按今謂釘者皆是非獨棺釘也 从金朁聲 則參切七部 錐 鋭也 此門聞也戶護也之例 从金隹聲 職追切十五部 鑱 鋭也 从金毚聲 士銜切八部 鋭 芒也 芒者艸耑也艸耑必鐵故引申爲芒角字今俗用鋒鋩字古衹用夆芒 从金兌聲 以芮切十五部 剡 籒文鋭从厂剡

从刳厂聲蘭劂字从此

鏝　鐵杇也　杇所以涂也秦謂之杇關東謂之槾从木是則木爲者曰杇金爲者曰鏝許以从木从金別之也戰國策豫讓刃其杅杅而有刃知古者通偁　从金曼聲　母官切十四部

槾　鏝或从木　巳見木部

鑽　所㠯穿也　本是器名因之謂穿亦曰鑽　从金贊聲　借官切十四部

鑢　厝銅鐵也　厝作錯誤厝者厲石也故以爲凡砥厲之字厲銅鐵謂之鑢故其字从金周禮注作鐧　从金慮聲　良據切五部

銓　稱也　稱各本作衡今正禾部稱銓也與此爲轉注乃全書之通例稱卽今秤字衡者牛觸横大木其角權衡字經典用之許不尒蓋古權衡二字皆叚借字權爲垂之叚借古十四部與十七部合音是以若干爲若柯桓表爲和表斟灌爲斟戈毛詩觀爲多之借單聲之鼉鄲入戈韵垂古音陀叚權爲之俗乃作錘若衡則叚借之横字權衡者一直一横之謂　从金　稱錘以金爲之故从金　全聲　此緣切十四部

銖　權十絫黍之重也　各本作權十分黍之重也

今正權五權也五權銖兩斤鈞秝也厽部曰絫十黍之重也此云銖權十絫黍之重也兩部曰兩二十四銖爲一兩斤本無其字以斫木之斤爲之十六兩也鈞三十斤也禾部曰秝百二十斤也按許說與漢律厤志合志曰一龠容千二百黍重十二銖兩之二十四銖爲兩十六兩爲斤三十斤爲鈞四鈞爲石此許所本言十絫黍者謂百黍也必言黍者蒙十黍之重爲絫而言又使兩斤鈞秝黍數可計也若禾部稱下云十二粟爲一分十二分爲一銖則用淮南天文訓與律厤志別爲一說粟者禾實也以今禾黍驗之粟輕於黍遠甚程氏瑤田說**从金朱聲**市朱切四部

鋝十一銖二十五分銖之十三也各本十一銖作十銖二十五分銖奪銖字今依尚書音義漢蕭望之傳注廣韵十七薛正十一銖計黍千一百云二十五分銖之十三者此用命分之法百黍以四除之凡二十五而除盡命爲二十五分二十五分之十三得五十二黍命爲二十五分銖之十三合十一銖共爲黍千一百五十二**从金寽聲**力輟切十五部**周禮曰重三鋝**考工記弓人文

北方吕二十兩爲三鋝三各本無戴仲達作一今依東原師補正師說曰無三字者誤也攷尚書僞孔傳及馬融王肅皆云鍰重六兩鄭康成云鍰重六兩大半兩鋝即鍰賈逵云俗儒以鋝重六兩此俗儒相傳譌失不能覈實脫去大半兩言之說文多宗賈侍中故曰北方二十兩爲三鋝正謂六兩大半兩爲一鋝也按三鋝爲黍四萬八千

鍰鋝也尚書釋文引六鋝也六誤衍鄭注攷工記曰許叔重說文解字云鋝鍰也今東萊謂大半兩爲鈞十鈞爲環環重六兩大半兩鍰鋝似同矣周禮職金正義曰夏侯歐陽說墨罰疑赦其罰百率古以六兩爲率古尚書說百鍰鍰者率也一率十一銖二十五分銖之十三也百鍰爲三斤鄭[元]以爲古之率多作鍰玉裁按古文尚書吕刑作鍰今文尚書作率亦作選或作饌史記周本紀作率尚書大傳一饌六兩作饌漢書蕭望之傳金選之法作選皆今文尚書也今文謂率六兩說古文者謂鍰六兩大半兩許用古文說者也百鍰爲三斤正與十一銖二十五分銖之十三數相合从金爰聲戶關切十四部書曰古本作書曰趙本作

虞書曰今按當作周書曰**罰百鍰**呂刑文東原師曰鍰鋝篆體易譌說者合爲一恐未然也鍰當爲十一銖二十五分銖之十三攷工記作垸其叚借字鋝當爲六兩大半兩史記作率漢書作選其假借字二十五鍰而成十二兩三鋝而成二十兩呂刑之鍰當爲鋝弓人膠三鋝當爲鍰一弓之膠三十四銖二十五分銖之十四不得多至二十兩也

錙六銖也爲黍六百鄭注禮記儒行曰八兩爲錙高注詮言訓曰六兩曰錙倍錙曰錘風俗通義曰銖六則錘錘暉也二錘則錙錙熾也二錙則兩也廣韵曰八銖爲錙其說皆乖異不與許合惟高注說山訓曰六銖曰錙八銖曰錘與許說合與詮言注乖異疑說山之注乃許注之僅存者也**从金甾聲**甾者或葘字也側持切一部

錘八銖也爲黍八百諸家說異見上後人謂稱之權爲錘漢志所謂以輕重爲宜圜而環之今之肉倍好者也古字祇當作垂謂有物垂之而使平**从金垂聲**直垂切古音在十七部

鈞三十斤也斤者十六兩也三十斤爲銖萬一千五百二十爲絫二十七萬六千四百八十

漢志曰鈞者均也陽施其氣陰化其物皆得其成就平均也按古多叚鈞爲均从金匀聲居匀切十二部

古文鈞从旬古旬匀多通用

兵車也从金巴聲伯加切古音在五部司馬灋曰晨夜内鈀車今司馬法無此文方言箭廣長而薄鐮謂之錍或謂之鈀一曰鐵也別一義此依韵會本

鉦也周禮鼓人以金鐲節鼓鄭注鐲鉦也形如小鐘軍行鳴之以爲鼓節大鄭云讀如濁其源之濁从金蜀聲直角切三部軍灋司馬執鐲周禮作公司馬執鐲杜子春云公司馬謂五人爲伍伍之司馬也

令丁也令平聲令丁疊韵字晉語十一注丁寧令丁謂鉦也吳語十九丁寧令丁謂鉦也今國語皆奪令丁字而存於舊音補音廣韵曰鈴似鐘而小然則鐲鈴一物也古謂之丁寧漢謂之令丁在旂上者亦曰鈴从金令聲郎丁切古音在十二部

鐃也侶鈴柄中句上下通鐲鈴鉦鐃四者相似而有不同鉦似鈴而異於鈴者鐲鈴似鐘

有柄爲之舌以有聲鉦則無舌柄中者柄半在上半在下稍稍寬其孔爲之抵拒執柄搖之使與體相擊爲聲鼓人以金鐃止鼓注曰鐃如鈴無舌有柄執而鳴之以止擊鼓按鐃卽鉦鄭說鐃形與許說鉦形合詩新田傳曰鉦以靜之與周禮止鼓相合**从金正聲**諸盈切十一部

鐃　小鉦也鉦鐃一物而鐃較小渾言不別析言則有辨也周禮言鐃不言鉦詩言鉦不言鐃不得以大小別之大司馬仲冬大閱乃鼓退鳴鐃且卻左傳陳子曰吾聞鼓不聞金亦謂聞鼓進聞鐃退也**从金堯聲**女交切二部**軍灋卒長執鐃**見大司馬職五人爲伍五伍爲兩五兩爲卒

鐸　大鈴也鼓人以金鐸通鼓注鐸大鈴也謂鈴之大者說者謂軍法所用金鈴金舌謂之金鐸施令時所用金鈴木舌則謂之木鐸按大司馬職曰振鐸又曰摝鐸鄭謂摝掩上振之鐸之制同鈴**从金睪聲**徒洛切五部**軍灋五人爲伍五伍爲兩兩司馬執鐸**見大司馬職

鑮　大鐘淳于之屬所㠯應鐘磬也大鐘

下當有也字鄭注周禮禮經皆云鎛似鐘而大國語韋注云鎛小鐘也葢誤鄭云似鐘則非鐘也故許既云大鐘而又云淳于之屬淳于國語周禮注作錞于周禮作錞乃矛戟之鐏也鼓人以金錞和鼓注曰錞錞于也圜如碓頭大上小下樂作鳴之與鼓相和疏謂出於漢之大予樂官韋注吳語曰唐尚書云錞于鐲非也錞于與鐲各異物今按古鐘制隋圜錞于如碓頭正圜許云淳于之屬葢鎛正圜大於編鐘爲後代鐘式正圜之始云所以應鐘磬者大射儀笙磬西面其南笙鐘其南鎛頌磬東面其南頌鐘其南鎛鐘磬編縣鎛特縣於此知鎛所以應鐘磬淳于以和鼓事正相類

堵㠯二金樂則鼓鎛應之應當作堵無鎛全樂則鼓鎛應之周禮曰凡縣鐘磬半爲堵全爲肆注曰鐘磬編縣之二八十六枚而在一虡謂之堵鐘一堵磬一堵謂之肆天子宮縣諸侯軒縣卿大夫判縣士特縣諸侯之卿大夫半天子之卿大夫西縣鐘東縣磬士亦半天子之士縣磬而已今按大射儀樂人所陳諸侯之軒縣全樂有鎛者也若諸侯之卿大夫則二堵而分東西諸侯之士且僅有一堵皆不成肆皆無鎛左傳晉

侯賜魏絳以二肆之半鐘一堵磬一堵及一鎛也此君之特賜故有鎛。从金薄聲。匹各切五部周禮國語字作鎛乃是叚鎛鱗字

鏞　大鐘謂之鏞。爾雅文大雅商頌毛傳皆同惟商頌字作庸古文叚借考工記曰大鐘十分其鼓閒以其一爲之厚　从金庸聲。余封切九部

鐘　樂鐘也。當作金樂也　秋分之音萬物種成故謂之鐘。萬故謂之鐘五字今補猶鼓者春分之音萬物郭皮甲而出故謂之鼓笙者正月之音物生故謂之笙管者十二月之音物開地牙故謂之管也鐘與穜疊韵　从金童聲。職茸切九部經傳多作鍾叚借酒器字　古者垂作鐘。蓋出世本作篇

銿　鐘或从甬。鐘柄曰甬故取以成字甬亦聲

鈁　方鐘也。廣韵曰鑊屬今義也　从金方聲。形聲包會意府良切十部

鎛　鎛鱗也。也衍　鐘上橫木上金華也。縣鐘者直曰虡橫曰筍攷工記云鱗屬以爲筍明堂位云夏后氏之龍簨虡注云飾簨以鱗屬又於龍上刻畫之爲重牙然則

橫木刻爲龍而以黃金涂之光華爛然是之謂鏄鏻鏄之言薄也迫也以金傅箸之也徐廣之言車亦曰金薄繆龍徐楚金以金博山釋之隨書音樂志云近代加金博山於簨上此非許所謂淮南說金尊云華藻鏄鮮鏄之意略同耳鏄訓迫故田器曰鏄周頌之鏄毛曰鎒也鄭注攷工記曰田器正謂鎒迫地披艸而有此偁釋名以爲鏄亦鉏類鏄迫也今本釋名作鑮非**从金尃聲**補各切五部**一曰田器詩曰庤乃錢鏄**周頌文

鍠　鐘聲也从金皇聲乎光切十部**詩曰鐘鼓鍠鍠**周頌文今詩作喤喤毛傳曰和也按皇大也故聲之大字多从皇詩曰其泣喤喤喤喤厥聲玉部曰瑝玉聲也執競以鼓統於鐘總言鍠鍠

鎗　鎗鏓二字各本無今依全書例補之雙聲字也**鐘聲也**引申爲他聲詩采芑八鸞鎗鎗毛曰聲也韓奕作將將烈祖作鶬鶬皆叚借字或作鏘鏘乃俗字漢書禮樂志鏗鎗藝文志作鏗鏘廣雅作鎗鎗**从金倉聲**楚庚切按古音七羊反在十部

鏓　鎗鏓也學記曰善待問者如撞鐘

叩之以小者則小鳴叩之以大者則大鳴待其松容然後盡其聲注曰松容謂重撞擊也鎗鏓善狀鐘聲今匙用此者

从金悤聲 倉紅切九部

一曰大鑿中木也 中木也各本作平木者玉篇廣韵竟作平木器今正鑿非平木之器馬融長笛賦鏓硐隤墜李注云說文曰鏓大鑿中木也然則以木通其中皆曰鏓也今按中讀去聲許正謂大鑿入木曰鏓與種植舂杵聲義皆略同詩曰鑿冰沖沖傳曰沖沖鑿冰之意今四川富順縣邛州鑿鹽井深數十丈口徑不及尺以鐵爲杵架高絙而鑿之俗儞中井中讀平聲其實當作此鏓字囱者多孔蔥者空中聰者耳順義皆相類凡字之義必得諸字之聲者如此釋名曰轞言輻轞入轂中也轞入正鏓入之譌

錚 金聲也 後漢書曰鐵中錚錚鐵堅則聲異也玉篇云錚同鎗非是

从金爭聲 側莖切十一部

鏜 鐘鼓之聲也 鼓部曰鼞鼓聲也引詩擊鼓其鼞爲其字之从鼓也此引詩擊鼓其鏜蓋有韓毛之異與邶風傳曰鏜擊鼓聲也許以其从金故先之以鐘曰鐘鼓之聲相如賦作闛鞈司馬法曰鼓聲不過

闓皆㫐借字

从金堂聲土郎切十部詩曰擊鼓其鏜

輕金金聲也从金輕聲苦定切十一部篇韵皆有去盈切讀若春秋傳𨊠而乘它車昭公廿六年左氏傳文今左傳作𨋸而乘他車則不可通矣𨊠蓋卽脛字亦或作踁林雍既斷足乃以脛築地而行故謂之脛

鐔劒鼻也攷工記曲禮少儀所謂劒首也通藝錄曰劒鼻謂之鐔鐔謂之珥又謂之環一謂之劒口有孔曰口視其旁如耳然曰珥面之曰鼻對末言之曰首玉裁按莊子說劒凡五事曰鋒鍔脊鐔夾鋒者其耑許書之鏠字左傳所謂劒末也鍔者其刃許之剽字脊者其身中隆處記因之有兩從臘廣之偁也鐔者其鼻玉部所謂設璏處也夾者其柄鐔在其耑記所謂莖許刀部所謂劍也印鼻劒鼻瓜鼻皆謂鼻者鼻猶初也始生子爲鼻子从金𦏧聲徐林切七部廣韵徒含切

鏌鏌釾逗大戟也大徐無大戟字小徐及臣瓚賈誼傳注李善羽獵賦注李賢杜篤傳注引許皆同淺人但知莫邪爲劒故刪之也應劭司馬貞顏師古皆主劒

說非許意史記趙良司馬相如皆云干將之雄戟張揖曰吳王劒師干將所造者也然則干將莫邪古說皆謂戟矣从金莫聲慕各切五部鋣鏌鋣也从金牙聲以遮切古音在五部疊韵字也漢郭究碑作鄒杜篤傳注引同鏢刀削末銅也削者刀鞞也私妙切俗作鞘刀室之末以銅飾之曰鏢鞞用革故其末飾銅耳而高誘注天文訓云標讀如刀末爲鏢通俗文曰刀鋒爲劆皆自刀言不自刀室言與許說異矣从金票聲撫招切二部鈒鋋也廣韵云戟也又云鈒鏤皆非古義从金及聲穌合切七部鋋小矛也矛者酋矛長二丈建於兵車者也其小者可用戰曰鋋坶誓立爾矛是也鄭風魯頌有二矛秦風有厹矛方言曰矛或謂之鋋師古注漢書曰鋋鐵把短矛也从金延聲市連切十四部鈗侍臣所執兵也从金允聲周書曰一人冕執鈗讀若允按顧命作執銳僞孔傳云銳矛屬也陸氏音義云銳以稅反不言說文作鈗讀若允與其

說文作鈖作鈛作彝作凭作冦詳引許書之例不合此可疑一也顧氏玉篇無鈗字有鋭字云徒會切矛也在鈒鋋之下鈋鏦鍨之上正與說文列字次弟同惟易鈗爲鋭耳此可疑二也漢書長揚賦兖鋋瘢耆張佖引說文同今本以釋兖謂兖當作鈗是說文今本至南唐張佖乃見之與小徐本同此可疑三也廣韵十七準無鈗字惟十四泰鋭杜外切矛也是可知陸法言切韵孫愐唐韵皆無鈗矣此可疑四也集韵十四太鋭徒外切矛屬毛氏禮部韵略黃氏韵會皆同以至毛居正六經正誤云鋭矛屬許氏說文音兌廣韵徒外切今音以稅切非也當從說文廣韵音岳珂九經三傳沿革例云顧命執鋭說文以爲兵器注中釋爲矛屬是則南宋時所據許書古本尚有釋鋭爲兵器讀若兌者非純用大小徐本也此可疑五也竊謂顧命本作鋭說文亦本有鋭無鈗鋭篆廁於鋋下鈋上訓曰矛屬从金兌聲周書曰一人冕執鋭一曰芒也次出厕篆訓云籒文鋭也今校說文當如是改移而徑刪鈗篆○又徒外切者執鋭舊音必許云讀若兌故相沿如此音也以稅切者訓芒之音尚書音義以稅反恐是李昉陳鄂所擅改而非

陸氏本書也

鉈　短矛也（方言曰矛吳揚江淮南楚五湖之閒謂之鍦或謂之鋋或謂之鏦按鍦即鉈字廣雅作䆛晉書丈八鉈矛左右盤）从金它聲（食遮切古音在十七部）

鏦　矛也从金從聲（七恭切九部今楚江切）

錄　鏦或从彖（彖非聲也未詳[元]應曰字詁云古文錄鑽二形今作穳同麤亂切字林云穳小矛也按錄與鏦當是各字而同義从金彖聲今說文轉寫有誤）

錟　長矛也（本義也史記錟戈在後又非錟於句戟長鎩爲銛利字也劉伯莊云四廉反而毛晃讀同剡）从金炎聲讀若老聃（徒甘切八部）

鏠　兵耑也（兵械也耑物初生之題引申爲凡物之顚與末凡金器之尖曰鏠俗作鋒古亦作夆山之顚曰夆古無峯字）从金逢聲（敷容切九部）

鐓　矛戟柲下銅鐏也（柲欑也欑積竹杖也矛戟之矜以積竹杖爲之其首非銅裹而固之恐易散故有銅鐏故字从金秦風毛傳曰錞鐏也）从金敦聲（徒對切古音在十三部方言鐏謂之釬注曰或名爲

鐓音頓元應書卷廿一引說文作鐓而謂梵經作錞乃樂器錞于字然則東晉唐初說文作鐓可知玉篇廣韵皆鐓爲正字錞注同上曲禮進矛戟者前其鐓釋文云又作錞而已舊本皆作𦎫聲篆作錞今更正**詩曰厹矛𣴑鐓**秦風文厹各本作叴今正𣴑今詩作鋈車部引詩𣴑以觼軜字亦作𣴑許書無鋈字之證也以白金固鐏謂涂銀於銅也

鐏　柲下銅也曲禮曰進戈者前其鐏後其刃進矛戟者前其鐓注云後刃敬也三兵鐏鐓雖在下猶爲首也鋭底曰鐏取其鐏地平底曰鐓取其鐓地按鐏地可入地鐓地箸地而已知古鐓讀如敦也鄭析言之許渾言不析者葢鋭鈍皆可爲非必戈鋭而矛戟鈍也曲禮或互文耳**从金尊聲**徂寸切十三部

鏐　弩眉也从金翏聲力幽切三部**一曰黃金之美者**見爾雅釋器鄭本尚書厥貢鏐鐵注同漢地理志亦作鏐韋昭云紫磨金

鍭　矢金族翦羽謂之鍭族各本作鏃今正㫃部曰族矢鏠也束之族族也是可以證矣大雅傳曰鍭矢參亭參亭者考工記所謂一在前二

在後也釋器曰金鏃翦羽謂之鍭 从金矦聲 乎鉤切四部按此篆鍇無鉉有攷儀禮記作翭矢羽部翭羽本也一曰羽初生皃翦羽生也一曰矢羽然則翭矢以翦羽得名不以金族爲義小徐本是大徐非也當從小徐刪正○按爾雅翦羽不翦羽依許說一有羽一無羽也孫炎訓翦爲斷非

鏑 矢鏠也 謂矢族之入物者古亦作鍉是聲啻聲同部也 从金啇聲 都歷切十六部

鎧 甲也 甲本十干之首从木戴孚甲之象因引申爲甲冑字古曰甲漢人曰鎧故漢人以鎧釋甲 从金豈聲 苦亥切古音在一部

釬 臂鎧也 管子戒曰弛弓脫釬房注釬所以扞弦按房非也禮射時著左臂者謂之遂亦謂之拾若戰陣所用臂鎧謂之釬兩臂皆著之又非無事時所著臂衣謂之韝也 从金干聲 矦旰切十四部

錏 錏鍜 逗疊韵字也 頸鎧也 漢刑法志三屬之甲蘇林曰三屬者兜鍪也盆領也髀褌也按盆疑當作盆盆領即錏鍜許兜部曰兜鍪首鎧也冃部曰冑兜鍪也此云錏鍜頸鎧也則與蘇說三屬同矣 从金亞聲

烏牙切古音在五部鍜鍜鍜也从金叚聲乎加切古音在五部鐗車軸鐵也此與䡈異義䡈者車軸耑鍵也謂以鐵鐕毌軸頭而制之也若車軸之在釭中者以鐵鍱裹之謂之鐗釋名曰輨間也間釭軸之間使不相摩也按釭中亦以鐵鍱裹之則鐵與鐵相摩而轂軸之木皆不傷乃名鐵之在軸者曰鐗在轂者曰釭从金閒聲古莧切十四部釭車轂中鐵也木部曰楇車轂中空也今攷工記作藪大鄭云藪讀爲蜂藪之藪謂轂空壺中也按壺中謂三十輻菑所趨非以鐵鍱裹之㦬其易傷也其裹之之鐵鍱曰釭因之壺中亦曰釭釋名曰釭空也其中空也方言曰自關而西謂之釭引申之凡空中可受者皆曰釭漢書曰昭陽宮壁帶爲黃金釭函藍田璧是也俗謂膏燈爲釭亦取凹處盛膏之意如方言釭亦曰鍋也釭有鐵則軸又易傷故又有鐗从金工聲古雙切九部本音工銴車樘結也木部曰樘衺柱也古音堂今音丑庚切考工記注曰堂讀如牚距之牚車牚之牚然則車樘漢人語也急就篇釋名作棠劉熙曰棠

蹤也在車网旁蹤轞使不得進卻也今按**从金斯聲讀若**其結曰銴其制未詳葢可以系車轞者**誓**時制切十五部**一曰銅生五色也**如古銅器朱翠之色

釳　乘輿馬頭上防釳乘輿天子之車防古多作方方釳者其名下言其制**插以翟尾鐵翮**句**象角**句**所以防网羅釳去之**司馬彪輿服志曰乘輿金根安車立車皆方釳插翟尾劉注引顏延之幼誥曰釳乘輿馬頭上防釳角所以防網羅釳以翟尾鐵翮象之也玉裁按得顏語而後象角之義明翮者羽莖也蔡邕獨斷曰方釳鐵也廣數寸在馬鬉後有三孔插翟尾其中薛解西京賦曰方釳謂轅旁以五寸鐵鏤錫此字有誤中央低兩頭高如山形而貫中以翟尾結箸之轅兩邊恐馬相突也蔡云在馬髦後薛云在轅兩邊馬髦之後正負轅處也與許云在馬頭上者不同依西京賦既言金鍐又言方釳蔡邕曰金鍐者馬冠也高廣各五寸上如玉華形在馬髦前則馬頭上有金鍐方釳不在馬頭也鍐取㚇字之義㚇者𡿺葢也然許云以防网羅罣礙則應在馬頭上許意

馬頭無金叀有方鋌**从金气聲**許訖切十五部**鑾人君乘車四馬鑣八鑾**鑣上當有四字每鑣二鑾四馬故四鑣四鑣故八鑾也鑣者馬銜也銜者馬勒口中也許云人君乘車四馬者人君兼天子諸侯言此破天子駕六之說也五經異義易孟京春秋公羊說天子駕六毛詩說天子至大夫同駕四士駕二詩云駟騵彭彭武王所乘龍旂承祀六轡耳耳魯僖所乘四牡騑騑周道倭遲大夫所乘謹按禮王度記曰天子駕六諸侯與卿大夫駕四大夫駕三士駕二庶人駕一與易春秋同鄭駁曰周禮校人掌王馬之政凡頒良馬而養乘之乘馬一師四圉四馬爲乘此一圉養一馬而一師監之也尙書顧命諸侯入應門皆布乘黃朱言獻四黃馬朱鬣也旣實周天子駕六校人則何不以馬與圉以六爲數顧命諸侯何以不獻六馬易經時乘六龍者謂陰陽六爻上下耳豈故爲禮制王度記云今天子駕六者自是漢法與古異大夫駕三者於經無以言之玉裁謂許造說文云人君駕四馬與異義異與鄭駁同此說文爲許晚年定論之一證也云四鑣八鑾者此破鑾在衡之說也秦風正義

曰鸞和所在經無正文經解注引韓詩內傳曰鸞在衡和在軾又大戴禮保傅篇文與韓詩說同故鄭依用之蓼蕭傳曰在軾曰和在鑣曰鸞箋不易之異義載禮戴氏詩毛氏二說謹案云經無明文且殷周或異故鄭亦不駮商頌烈祖箋云鸞在鑣以無明文且殷周或異故鄭爲兩解玉裁謂鄭箋駟鐵云置鸞於鑣異於乘車也烈祖箋大馭注則云鸞在衡許本無定說而造說文云四鑣八鑾宗毛氏此又說文爲許晚年定論之二證也八鑾三見詩字作鸞

鈴象鸞鳥之聲此釋名鑾之義鸞者赤神之精赤色五采雞形鳴中五音頌聲作則至爲鈴系於馬衡之兩邊聲中五音似鸞鳥故曰鑾小雅鑾刀傳曰鑾刀刀有鑾者言割中節也禮記曰聲和而後斷也今詩亦作鸞刀矣若崔豹古今注云五輅衡上金雀鸞也鸞口銜鈴故謂之鑾司馬氏輿服志云乘輿鸞雀立衡即韓詩戴禮在衡曰鑾之說而爲之鳥形恐非古矣**聲龢則敬也**聲字今補龢字今正玉藻曰君子在車則聞鸞和之聲行則鳴佩玉是以非辟之心無自入也**从金鸞省**此舉會意包形聲洛官切十四部

鉞

車鑾聲也从金戉聲詩曰鑾聲鉞鉞徐鉉等曰今俗作鐬以鉞作斧戉之戉非是呼會切十五部玉裁按詩采菽鸞聲嘒嘒泮水鸞聲噦噦傳曰言其聲也釋文不言有作鐬者鼎臣何以云今作鐬與攷玉篇廣韵皆有鐬字注呼會切鈴聲也而泮水噦噦呼會反鑾聲卽鈴聲然則古本毛詩非無作鐬鐬者故篇韵猶存其說鐬爲正字采菽嘒嘒呼惠反殆叚借字許訓噦爲气啎見於內則詩不得以狀鑾聲或叚借可也以戉聲之字狀鸞聲尤殊不類鐬从歲聲歲从戌聲戌聲歲聲則與鑾聲相似詩言和鑾雝雝宮聲也車緩行舒徐聲也八鑾鎗鎗鑾聲鉞鉞鳴玉鑾之秋秋商聲也車將止舌與鈴相摩聲也疑古毛詩泮水本作鉞鉞後乃變爲鐬字許所據作鉞戌聲辛律切變爲鐬呼會切當鼎臣兄弟時說文鉞篆譌鉞而鼎臣兄弟乃仍以呼會切之蓋昧其遷移原委矣鉞字之存於今者爲銛聲爲鐍鉞

鍚馬頭飾也韓奕傳曰鏤鍚有金鏤其鍚也箋云眉上曰鍚刻金飾之今當盧也按人眉目閒廣揚曰揚故馬眉上飾曰鍚盧卽顱字**从金陽聲**

與章切十部今經典作鍚詩曰鋚膺鏤鍚一曰鏶車輪鐵也鏶車輪謂以鐵鏶附車輪著地匌帀處也其鏶謂之鍚

馬勒口中也也當作者革部曰勒馬頭落銜也落謂絡其頭銜謂關其口統謂之勒也其在口中者謂之銜落以鞈爲之鞈生革也銜以鐵爲之故其字从金引申爲凡口含之用从金行會意戶監切蓋金亦聲在七部銜者所㠯行馬者也所以字今補凡馬提控其銜以制其行止此釋从行之意

馬銜也馬銜橫毌口中其兩耑外出者系以鑾鈴又巾部曰幩馬纏鑣扇汗也蓋扇汗亦繞於兩耑从金麃聲補嬌切二部

鑣或从角蓋古或以角之至堅者爲之

組帶鐵也按組上疑當有馬字从金劫省聲讀若劫居怯切八部

斫莝刀也各本作莝斫刀今按尹翁歸傳注作斫莝刀後漢馮魴傳注但云莝刀近是而尙奪字莝者斬芻也斬芻之刀今之鍘刀禮記屢言鈇鉞秋官掌戮注曰斬以鈇鉞若今要斬

殺以力刃若今棄市古多訓鈇爲椹質文選冊魏公九錫文引倉頡篇鈇椹質也鉞斧也公羊傳曰不忍加之鈇鑕鑕卽質何休云斬要之刑范雎曰匈當椹質要待斧鉞漢王訢傳暴勝之將斬訢訢已伏質而仰言因壯而貰之然則斬人皆胸伏椹質說倉頡者謂椹質爲鈇以古詩斬芻之質謂之槀砧隱語夫字言之說倉頡者是也然則許此解當云莝刀質也俗人不得其解因刪去質字耳若五經文字云鈇音斧又與斧同則甚繆誤後漢獻帝紀加鈇鉞虎賁注引倉頡篇鈇斧也此奪去椹質也鉞四字爲俗誤所本**从金**莝刀之質古蓋鐵爲之**夫聲**甫無切五部讀上聲者非

鉤鉤魚也鉤者曲金也以曲金取魚謂之鉤**从金句聲**多嘯切二部

錣羊箠也耑有鐵也字依廣韵補箠者所以擊馬也因之擊羊者謂之羊箠其耑有鐵故字从金淮南道應訓曰白公罷朝而立倒杖策錣上貫頤高注云策馬捶端有針以刺馬謂之錣倒杖策故錣貫頤也又氾論訓注曰錣揣頭箴按錣卽許之錣字捶同箠揣者箠也馬箠亦耑有鐵其用同也曲禮所謂策彗邱勿

从金埶聲。讀若至。脂利切。十五部。廣韵入至薛二韵。是入緝韵誤也。

鎖　鋃鐺逗疊韵字瑣也。瑣俗作鎖。非。瑣爲玉聲之小者。引申之。彫玉爲連環不絕謂之瑣。漢以後罪人不用纍紲。以鐵爲連環不絕係之。謂之鋃鐺。遂製鎖字。漢西域傳。陰末赴琅當德。謂以長鎖鎖趙德也。正文本無鎖字。今本乃作鎖琅當德。殊爲不辭。琅當叚借字也。若宮室青瑣。以青畫戶邊爲瑣文。故楚辭注曰。文如連瑣。从金良聲。魯當切。十部。

鐺　鋃鐺也。从金當聲。都郎切。十部。今俗用爲酒鎗字。楚庚切。

鋂　大環也。一環毌二者。環各本作瑣。毌原作貫。今正。盧令三章曰。盧重鋂。傳曰。鋂一環貫二也。上文重環傳云。子母環。謂以一環毌一環。此云一環毌二。以一毌二。則一環差大。故許知爲大環也。玉篇廣韵皆云大環。用許之舊。詩正義引說文。鋂環也。一環貫二。由其以大環貫小環。釋子母環。遂刪此大字而云環。固未誤也。非緫連者不得云瑣。犬飾以纓環。不以瑣。且犬既有紲矣。何爲施以大鋃鐺乎。○韵會一環貫二者五字在每聲之下。葢此五

字後人所增从金每聲莫桮切古音在一部詩曰盧重鋂齊風文

鍡鑸逗疊韵字不平也莊子有畏壘之山史記作畏累虛玉篇云鍡鑸亦作碨礧从金畏聲烏賄切十五部

鍡鑸也从金壘聲洛猥切十五部

怒戰也怒則有氣戰則用兵故其字从金氣氣者气之叚借字也从金愾省此會意而愾省亦聲也今本作氣聲乃上下不毌許旣切十五部哀公問音義曰愾許乞反又許氣反春秋傳曰諸侯敵王所愾愾各本作鎎今正春秋傳者文公四年左傳文杜曰敵猶當也愾恨怒也心部曰愾大息从心氣是則王所愾王所怒也敵王所怒故用金革此引以證會意之恉與引艸木麗乎地說麗引豐其屋說寷引莫可觀於木說相引在冋之野說駉同意許於愾下云从心氣氣亦聲是謂氣卽气字此作从金氣春秋傳敵王所愾亦無不合凡此校正私謂必符許意知我罪我所不計也

箸門抪首也抪各本作鋪依舞賦李注正手部曰抪捫持也捫持者古

者箸門爲贏形謂之椒圖是曰鋪首以金爲之則曰金鋪以青畫瑣文鏤中則曰青瑣見西京蜀都賦注按大雅鋪敦淮濆箋云陳屯其兵於淮水之上此謂叚鋪爲敷也今人用鋪字本此江漢淮夷來鋪傳曰鋪病也則謂叚鋪爲痡也**从金甫聲**普胡切五部

鐉　所㠯鉤門戶樞也門戶樞有不利轉者以此鉤轉之也**一曰治門戶器也**別一義**从金巽聲**此緣切十四部按玉篇釋爲六兩所劣切者此尚書大傳饌訓六兩誤字

釵　叉取也叉者手指相遣也手指突入其閒而取之是之謂鈔字从金者容以金鐵諸器刺取之矣曲禮曰毋勦說勦即鈔字之叚借也今謂竊取人文字曰鈔俗作抄**从金少聲**楚交切二部

錔　㠯金有所冃也冃各本作冐凡覆乎上者頭衣之義之引申耳輨下曰轂耑錔也錔取重沓之意故多借沓爲之漢外戚傳切皆銅沓黃金涂謂以銅冒門限以黃金涂銅也高注呂覽郈氏金距云以利鐵作假距沓其距上卽服注左傳以金錔距也手部揩下曰亦曰韜也**从金沓聲**

形聲包會意他荅切八部銽斷也未聞从金昏聲古活切十五部鉻鬄也鬄者鬀髮也亦謂之鉻俗作剃作鬀从金各聲盧各切五部⿰金亶伐擊也从金亶聲旨善切十四部鏃利也今用爲矢鏠之族與許不同疑後所增字从金族聲作木切三部鈌刺也从金叏聲於決切十五部鏉利也玉篇廣韻云鐵生鏉也亦曰鉎此今義非古義也古云鐵繡作采从金欶聲所右切三部鐂殺也般庚重我民無盡劉君奭咸劉厥敵左傳成十三年虔劉我邊垂釋詁劉殺也書孔傳左杜注同从金刀此會意从金殺義未著必从金刀而後著丣聲丣者古文酉也力求切三部此篆二徐皆作鐂別無劉篆鐂古書罕用古未有姓鐂者且與殺義不協其義訓殺則其文定當作劉楚金疑脫劉篆又疑鐂之丣下本作刀轉寫譌田後說是也竹部有⿱竹劉劉聲水部有瀏劉聲又劉劉杙又劉向劉歆以許訂許此必作劉若無劉字劉聲無本矣今輒更正篆文以截斷衆疑

至若此字丣聲非戼聲絕無可疑者二徐固皆不誤葢凡丣聲之字皆取疊韵而又雙聲丣戼皆在古音第三部而各有其雙聲故二聲不可淆混東漢一代持卯金刀之說謂東卯西金從東方王於西也此乃讖緯鄙言正馬頭人人持十屈中止句一例所謂不合孔氏古文謬於史籀之野言許之所以造說文者正爲此等矯而煣之隱而栝之使六書大明以視何休之恃此說經其相去何如也正劉爲劉許君之志也或疑其有忌諱而隱之夫改字以惑天下後世君子不出於此

錉　**業也賈人占錉从金昏聲**武巾切十二部按此字必後人所增必當刪者史漢賈人緡錢字从糸李匪曰緡絲也以貫錢也引詩維絲伊緡如淳引胡公云緡錢爲緡者詩云氓之蚩蚩抱布貿絲故謂之緡也不知何人因二千一算改爲錉字正如矢族改爲鏃耳以業訓之尤不可通

鉅　**大剛也**孫卿議兵篇曰宛鉅鐵釶慘如蠭蠆史記禮書本之曰宛之鉅鐵施鑽如蠭蠆徐廣云大剛曰鉅按引申爲鉅大字**从金巨聲**其呂切五部

鎕　**鎕銻**逗雙聲字**火齊也**玉部

曰玫瑰火齊也然則鎕銻卽玫瑰也廣韵火齊似雲母重沓而開色黃赤似金出日南齊讀去聲 从金唐聲 徒郎切十部

銻 鎕銻也从金弟聲 杜兮切十五部

鈋 吪圜也 吪動也謂本不圜變化而圜也廣韵曰鈋刓也去角也 从金化聲 五禾切十七部

鐓 下垂也 鐓之言隤也故爲下垂 一曰千斤椎 椎所以擊也周禮注槍雷椎椁千斤椎若今衆舉以築地者是也秦始皇造鐵鐓重不可勝刻作力士像以祭之鐓乃可移動若朱亥袖四十斤鐵椎張良爲鐵椎重百廿斤皆其細也 从金敦聲 都回切古音敦十三部按下烝千斤椎二義皆鐓之餘義矛矝柲下銅鐏下烝而垂引伸之爲此二義葢後人分別增一篆改鐓篆爲錞耳似刪之無不可者

鍒 鐵之耎也 耎猶偄也偄者弱也鍒正爲鉅之反 从金柔柔亦聲 耳由切三部

錭 鈍也 今俗謂挫抑人爲錭鈍讀如刀 从金周聲 徒刀切古音在三部

鈍 錭也 古亦叚頓爲之 从金屯聲 徒困切十

三部

⿰金朿　利也　周易喪其資斧子夏傳及衆家並作齊應劭云齊利也然則⿰金朿爲正字齊爲叚借字　从金朿聲讀若齊　祖奚切十五部

錗　側意　司部曰詈者意內而言外也側意猶側詈錗即今之歪字唐人曰夭邪　从金委聲　女恚切十六部

文百九十七　按鍇本百九十六無鍨字張次立補之　重十三

幵　平也　凡岐頭兩平曰幵幵字古書罕見禹貢道岍及岐許書無岍字葢古祇名幵山後人加之山旁必岐頭平起之山也用幵爲聲之字音讀多岐如汧麗鳽研姸雃在先韵音之近是者也如井刑形邢鈃入清青韵此轉移之遠者也如笄枅入齊韵此轉移更遠者也幵从二干古音仍讀如干何以證之籒文栞讀若刊小篆作栞然則干幵同音可知㓝罰字本从井刑到字从幵畫然異字異音今則絕不知有从井之字以刑代㓝音義兩失而凡刑聲幷聲之字盡失古音得吾說存之而後大略可證　象二干對冓　原作構今正　上平也

干卽笄之省古賢切古音在十四部凡幵之屬皆从幵

文一

勺枓也二字依元應書卷四補木部枓下云勺也此云勺枓也是爲轉注考老之例也考工記勺一升注曰勺尊斗也斗同枓謂挹以注於尊之枓也士冠禮注亦云尊斗所以斢酒也今皆譌尊升不可通矣詩酌以大斗毛云長三尺謂其柄所㠯挹取也所以二字依息夫躬傳顏注補顏之訓詁多取諸許也挹者抒也勺是器名挹取者其用也刪所以則體用溷矣象形中有實與包同意外象其哆口有柄之形中一象有所盛也與包同意謂包象人褢子勺象器盛酒漿其意一也李陽冰曰勺从勹褢之勹失之勺象張口豈同𠔁口哉此字當依考工記上灼反中庸市若反篇韵時灼市若切大徐之若切非也今俗語猶時灼切二部俗作杓凡勺之屬皆从勺

勺賜予也賜予也予推予畀人也一勺爲

与 下从勹一者推而予之余呂切五部 **此與予同意** 大徐作此与與同小徐作此卽與同惟小徐祛妄內作與予皆同近是今正以一推勹猶以丨推ㄓ也故曰同意與攩與也从舁義取共舉不同与也今俗以與代与與行而与廢矣

文二

几 **凥几也** 凥各本作踞今正凥几者謂人所凥之几也凥処也処止也古之凥今悉改爲居乃改云居几旣又改爲蹲踞俗字古人坐而凭几蹲則未有倚几者也几俗作机左傳設机而不倚周易渙奔其机皆俗字 **象形** 象其高而上平可倚下有足居履切十五部 **周禮五几玉几彫几彤几髤几綮几** 周禮司几筵職文髤几今周禮作漆几蓋許所據不同髤者桼也 **凡几之屬皆从几**

凭 **依几也** 依者倚也凭几亦作凴几叚借字臥則隱几 **从任几** 三字今正任几猶言

倚几也。會意。皮冰切。六部。周書曰：凭玉几。顧命文。今尚書作憑，衛包所改俗字也。古叚借祇作馮。凡馮依皆用之。讀若馮。馮从馬仌聲，故其讀同也。

凥，処也。各本作處，今正。凡尸得几謂之凥。尸即人也。引申之爲凡凥処之字。既又以蹲居之字代凥，別製踞爲蹲居字，乃致居行而凥廢矣。方言、廣雅凥処字皆不作居，而或妄改之。許書如家，凥也；宋，凥也；寁，凥之速也；婁，無禮凥也；宭，羣凥也之類，皆改爲居，而許書之脈絡不可知矣。从尸几。會意。九魚切。五部。尸得几而止也。釋會意之恉。較舊本增三字。孝經曰：仲尼凥。孝經首章首句也。今作居。許君受魯國三老所獻、衛宏所校古文孝經如是。釋文引鄭本亦作凥。顏氏家訓云：仲尼居三字之中，三倉尼旁益丘，說文尸下施几，如此之類，何由可從？甚爲紕繆。鄭所據者古文眞本，㞾字亦是孔子命名取字本義，何云不可從也。凥，逗。謂閒凥如此。此釋孝經之凥，即小戴之孔子閒居也。鄭目錄曰：退朝而處曰燕居，退燕避人曰閒居。閒居而與曾子論孝，猶閒居而與子夏說愷弟君

凥　案今人居每必有卓，古席地而坐之處亦必有几，故云得几而止。

子故孝經之尻謂閒凥閒凥卽尻義之引申但閒凥之時實凭几而坐故直曰仲尼尻尻也如此謂尸得几

止也人遇几而止引申之爲凡尻処之字俗分別其上去**从夂几**夂讀若黹從後致也人兩脛後有致之者至乎几而止故字从夂几昌與切五部**夂得几而止也**此釋會意之恉以上八字與舊本不同今更正如此又以上三篆皆會意而不入人部尸部夂部者重几也

處或从虍聲今或體獨行轉謂処俗字

文四　重一

且　所吕薦也所吕二字今補薦當作荐今不改者存其舊以示人推究也薦訓獸所食艸荐訓薦席薦席謂艸席也艸席可爲藉謂之荐故凡言藉當曰荐而經傳薦荐不分凡藉義皆多用薦實非許意且古音組所以承藉進物者引申之凡有藉之詞皆曰且凡語助云且者必其義有二有藉而加之也云嫜且苟且者謂僅有

藉而無所加粗略之詞也凡經注言且字者十有一鄉飲酒禮注同姓則以伯仲別之又同則以且字別之言同姓之中有伯仲同者則呼某甫也少牢饋食禮注伯某之某且字也士喪禮父某甫注云某甫且字也若言山甫孔甫士虞禮適爾皇祖某甫注云某甫且字也若言尼甫又曲禮有天王某甫注云某甫且字也檀弓烏呼哀哉尼甫注云因且字以爲之謚𥟖記陽童某甫注云某甫且字也坊記魯春秋猶去夫人之姓曰吳其死曰孟子卒注云孟子之子蓋其且字又公羊傳宣十五年王札子殺召伯毛伯注云札者冠且字也桓四年天王使宰渠伯糾來聘注云宰渠伯糾天子下大夫繫官氏且字定四年劉卷卒注云劉卷氏采不名且字古言表德之字謂之且字往往可證者如是蓋古二十而冠祇云某甫五十而後以伯仲某甫者所以藉伯仲也故鄭注禮之某甫如是何注春秋之札卷糾皆爲且字與鄭無不合作正義者多不能憭致轉寫多譌而其不譌者閒可攷而知也經注之且字非許書則不憭矣若周頌傳曰萋且敬慎皃且此也則毛公傳於故訓者也

从几句**足有二橫**句一

逗其下地也横音光卽桄字今俗語讀光去聲是也合鄭閟宮箋明堂位注言之有虞氏斷木爲四足而已夏后氏中足爲横距之象周人足閒有横横下有跗似乎堂後有房故云大房按跗許作柎闌足也闌足者週圍之足空其底之下也造字之時象其直者四横者二置於地故以一象地子余切又千也切古音嫥在五部凡且之屬皆从且

且古文以爲且又以爲几字上以爲二字衍文也古文且字無二横者鄭注明堂位曰有虞氏以梡斷木爲四足而已夏后氏始中足爲横距是也又以爲几字者古文叚借之法几亦箸於地故几且同字古文字少此字大徐本挩去从小徐本補入

俎禮俎也謂禮經之俎也从半肉在且上仌爲半肉字如𠔌谷有半水字會意字也魯頌傳曰大房半體之俎也按半體之俎者少牢禮上利升羊載右胖下利升豕右胖載於俎是也故曰禮俎半部曰胖半體肉也側呂切五部

且往也且往言姑且往也匆遽之意从且此不用且之本義如盌登不用豆之本義豦

斤　鍇本作斫木也象形葢象反刀似刀非刀
段依鍇作斫木斧　玉篇斤
廣韵
引說文皆無斧字

聲昨誤切五部篇韵字體皆不同

文三　重一

斤　斫木斧也此依小徐本凡用斫物者皆曰斧斫木之斧則謂之斤　象形橫者象斧頭直者象柄其下象所斫木舉欣切十三部　凡斤之屬皆从斤按此篆象形之下當有一曰十六兩也六字乃與金部銖鈞兩部兩禾部柘合成五權十黍爲絫附見於絫下斗二升曰𣁬附見於鬲下說文之例正如此班固說五權曰斤明也卽爾雅毛傳之斤斤察也

斧　所㠯斫也所㠯二字今補斧之爲用廣矣斤則不見於他用也葢其制有異矣白與黑相次文曰黼葢如畫斧然故亦曰斧藻　从斤父聲方矩切五部

斨　方銎斧也銎者斤斧空也毛詩傳曰隋銎曰斧方銎曰斨隋讀如妥謂不正方而長也　从斤爿聲七羊切十部　詩曰又缺我斨豳風破斧文按許不偁七月偁此者明斧斨之

用不專伐木也

斫　擊也擊者攴也凡斫木斫地斫人皆曰斫矣从斤石聲之若切古音在五部

斪　斪斸逗所㠯斫也各本無斪斸所㠯四字今補爾雅斪斸謂之定斪斸合二字成文斪之言鉤也斸之言斫也考工記車人注作句欘斤斧所以斫木斪斸所以斫地从斤句聲其俱切四部

斸　斪斸也原作斫也今依全書通例正木部有欘字所以斫也齊謂之茲其蓋實一字从斤屬聲職玉切三部

斲　斫也从斤𠁁聲小徐有聲鍇曰非聲鉉曰𠁁器也斤以斲之皆不知古音者也古音三部四部同入今音析入三覺竹角切

𣃔　斲或从丮畫聲大徐作从畫从丮篆體作𣃔今依玉篇正畫聲猶𠁁聲也

釿　劑斷也劑者齊也小徐無斷字釋名曰釿者謹也板廣不可得制削又有節則用此釿之所以詳謹令平滅斧迹也六書故曰釿魚斤切似鍚而小按此篆葢从斤金聲讀若呻吟之吟其義謂以斤斧之屬制斷金鐵物也今俗閒謂戾斷堅爲釿斷當卽此字劉成國以謹也釋

之葢巳夫其義誤其音非許入斤部之恉矣　从斤金聲　聲字今補古音在七部大徐宜引切

所　伐木聲也　伐木聲乃此字本義用爲處所者叚借爲処字也若王所行在所之類是也用爲分別之䛐者又从処所之義引申之若予所否者所不與舅氏同心者之類是也皆於本義無涉是眞叚借矣　从斤戶聲　疏舉切五部　詩曰伐木所所　小雅伐木文首章伐木丁丁傳曰丁丁伐木聲次章伐木許許傳曰許許柹皃此許許作所所者聲相似不用柹皃之說用伐木聲之說者葢許以毛爲君亦參用三家也今按丁丁者斧斤聲所所則鋸聲也

斯　析也　以疊韵爲訓陳風曰墓門有棘斧以斯之傳曰斯析也叚借訓爲此亦疊韵也殷其靁傳曰斯此也　从斤其聲　其聲未聞斯字自三百篇及唐韵在支部無誤而其聲在之部斷非聲也息移切十六部　詩曰斧㠯斯之

斮　斬也　斬者截也截者斷也斫用衺斮用截用正　从斤㫺聲　側略切古音在五部

斷　截也　戈部截下曰斷也今人斷物讀上聲物巳

𢇍讀去聲引申之義爲决斷讀丁貫切从斤𢇍會意徒玩切十四部廣韵徒管切𢇍古文絕見糸部

古文斷从𠁧𠁧古文叀字見叀下周書曰㫁㫁猗無它技秦誓文許所據壁中古文也

亦古文斷

柯擊也柯廣韵作相从斤良聲來可切按此音恐譌古音當讀如珢十部

取木也取木者新之本義引申之爲凡始基之偁采芑傳曰田一歲曰菑二歲曰新田其一耑也从斤亲聲當作从斤木辛聲非從亲聲也息鄰切十二部

二斤也闕二斤也言形而義在其中爾雅毛傳曰斤斤明也葢其義與闕者言其義其音未之聞也大徐語斤切質字从此

文十五　重三

十升也賈昌朝作升十之也此篆叚借爲斗陗之斗因斗形方直也俗乃製陡字象形有

斗　衆星名北斗蓋取因物以名星非以物象星也斗有柄古今異制段以今斗無柄故從而爲之辭

柄上象斗形下象其柄也斗有柄者葢象北斗當口切四部許說俗字人持十爲斗魏晉以後作升似升非升似斤非斤所謂人持十也**凡斗之屬皆从斗**

斛十斗也律厤志曰量者躍於龠合於合登於升聚於斗角於斛考工記豆實三而成觳受斗二升鬲部亦曰斗二升曰觳然則謂觳卽斛者謬也**从斗角聲**胡谷切三部

斝玉爵也夏曰醆小徐如此大徐作琖皆許所無周禮量人音義曰琖側産反劉昌宗本作湔音同按古當用戔字後人以意加旁**殷曰斝周曰爵**見明堂位及毛詩傳魯祀周公爵用玉琖仍雕周禮祭統皆云玉爵然則三代皆飾玉可知故許統云玉爵也禮運醆斝及尸君非禮也鄭云先王之爵惟魯與王者之後得用之其餘諸侯用時王之器而已大雅洗爵奠斝箋云用殷爵者尊兄弟也明堂位注曰斝畫禾稼也**从斗門象形**二徐本皆譌今正之如此从斗而上象其彡也**與爵同意**爵从鬯从又而戸象形斝从斗而門象形故云同意也此三爵者其狀各異今惟爵有存者耳古雅

切古音在五部**或說斝受六升**考工記爵受一升而已醆斝未聞也或說斝容六升故字从斗

料量也量者稱輕重也稱其輕重曰量稱其多少曰料其義一也知其多少斯知其輕重矣如稻重一秮爲粟二十斗是也引申之凡所量度豫備之物曰料讀去聲**从米在斗中**米在斗中非盈斗也視其淺深而可料其多少此會意**讀若遼**洛蕭切二部廣韵又去聲

斞量也此量讀五量之量**从斗臾聲**以主切古音在四部**周禮曰泰三斞**泰各本譌求今正攷工記弓人文鄭注斞輕重未聞許亦但云量也一弓之膠甚少與論語攷工記之庾絕異

斡蠡柄也此蠡非蟲齧木中乃本無其字依聲叚借之字見瓢字下又見蠡字下方言則从瓜作瓥矣楊雄曰瓢也郭云瓠勺也判瓠爲瓢以爲勺必執其柄而後可以挹物執其柄則運旋在我故謂之斡引申之凡執柄樞轉運皆謂之斡賈誼鵩鳥賦云斡流而遷張華勵志詩云大儀斡運皆是也或叚借筦字楚詞云筦維焉繫天極焉加或作幹字程氏瑤田云考工記旋蟲

謂之斡蓋斡之譌也**从斗**瓢亦料之類故从斗**斡聲**烏括切古音在十四部匡謬正俗云斡音筦不音烏活反引陸士衡愍思賦爲證按其字斡聲則顏說是也然俗音轉爲烏括切又作捾作斢亦於六書音義無甚害也

楊雄杜林說皆目爲軺車輪斡也漢志楊雄倉頡訓纂一篇杜林倉頡訓纂倉頡故各一篇軺車者小車也小車之輪曰斡斡亦取善轉運之意亦本義之引申也

魁羹斗也斗當作枓古斗枓通用然許例以義爲別枓勺也抒羹之勺也史記趙襄子使廚人操銅枓以食代王及從者行斟陰令宰人以枓擊殺代王斟者羹汁也魁頭大而柄長毛詩傳曰大斗長三尺是也引申之凡物大皆曰魁如檀弓不爲魁游俠傳曰閭里之俠原涉爲魁翟方進傳芓魁百官志里有里魁皆是北斗七星魁方杓曲魁象首杓象柄也若國語注小皋曰魁即說文白字之叚借亦未嘗不取枓首之意**从斗鬼聲**苦回切十五部

斠平斗斛量也月令角斗甬正權槩鄭注角正皆謂平之也角者斠之叚借字今俗謂之校音如教因有書校讎字

作此者音義雖近亦大好奇矣从斗冓聲古岳切古在三部四部之入聲斟勺也勺玉篇廣韵作酌按許以盛酒行觴爲酌則水漿不曰酌料曰勺用料挹注亦曰勺詩洞酌彼行潦挹彼注茲則勺酌古通也勺之謂之斟引申之盛於勺者亦謂之斟方言斟汁也北燕朝鮮洌水之閒曰斟左傳羊斟不與趙世家張儀列傳廚人進斟是也又引申之凡增益謂之斟方言曰斟益也南楚凡相益而又少謂之不斟凡病少愈而加劇亦謂之不斟或謂之何斟言雖少損無所益也勺之斟之多少在己故凡處分曰斟勺今多用斟酌○左傳華元殺羊食士其御羊斟不與此羊斟謂羊汁也宋世家說此事云華元殺羊以食士其御羊羹不及可以證左傳之解矣傳當本作其御羊羊斟不與上羊其名也故字叔牂君子謂羊斟非人也其羊斟之謂乎二斟字衍文淮南子作羊羹不斟謂不益也呂覽察微篇羊斟爲人名亦是淺人增斟也从斗甚聲職深切七部斜抒也抒各本从木今正手部曰抒者挹也挹者抒也水部浚抒也革部鞔所以抒井也臼部舀抒臼也凡以斗挹出之謂

案即以宋世家證左傳知羊字亦不重二文皆當以其御羊三字爲句相屬斟不與羹不及自爲句古人語簡亦無可疑若君子謂羊斟非人也是羊斟實之謂乎則不知者妄增衍斟字

斜从余聲邪从牙聲古音本同北風其虛其邪可證借斜爲邪音不移而義移此同音相借之理

之斜故字从斗音轉義移乃用爲衺俗人乃以人之衺正作邪物之衺正作斜其可欶有如此者从斗余聲讀若荼荼當作余今似嗟切古音在五部

斞挹也挹亦抒也詩箋禮注皆用斞皆謂挹酒於尊中也如鄭說則賔筵之仇乃此字之叚借从斗臾聲舉朱切古音葢在三部故鄭得以易仇字

⿰半斗量物分半也量之而分其半故字从斗半漢書士卒食半菽孟康曰半五斗器名也王劭曰言半量器名容半升也今按半即⿰半斗也廣韵⿰半斗注五升然則孟康語升譌斗王劭語斗譌升當改正集韵云一曰升五十謂之⿰半斗當有譌人日食五升菽略同周官之人月二鬴也字从半斗即以五升釋之許意不尒从斗半半亦聲博幔切十四部

⿰旁斗量溢也大徐無旁非旁者溥也形聲包會意从斗旁聲普郎切十部

⿱䜌斗抒扇也扇各本作滿譌元應作漏爲是依許義當作扇謂抒而扇之有所注也元和注元亮曰今賣酒家汲酒於甕中之器名曰酒端傾入於扁篼而注於酒鉼是其物也通俗文曰汲取曰⿱䜌斗

十四篇

从斗䜌聲。俱願切。十四部。

𣂪　相易物俱等爲𣂪。从斗蜀聲。昌六切。三部。今南俗有此語。而篇韵皆丁豆切。按小徐本無此篆。

𣄪　斛旁有庣也。庣各本作斛。今正。斛旁有庣謂斛中有寬於方尺之處。若作有斛。是斛外有物名斛矣。漢律厤志曰。量者龠合升斗斛也。其法用銅。方尺而圜其外。旁有庣焉。鄭氏曰。庣、過也。算方一尺。所受一斛。過九釐五豪然後成斛。劉徽注九章算術曰。晉武庫中所作銅斛。其篆書字題斛旁云。律嘉量斛。方一尺而圜其外。庣旁九釐五豪。冪一百六十二寸。深一尺。積一千六百二十寸。容十斗。及斛底。律嘉量斗。方尺而圜其外。庣旁九釐五豪。冪一百六十二寸。深一寸。積一百六十二寸。容一斗。升居斛旁。合龠在斛耳上。與律厤志同。按庣旁者、謂方一尺而又寬九釐五豪也。不寬九釐五豪則不容十斗。故製字从斗庣會意。从斗庣聲。形聲中包會意也。土雕切。二部。庣字不見於許書。今按卽窕之異體。穴部曰。窕、深肆極也。釋言曰。窕、肆也。又曰。窕、閒也。毛傳曰。窈窕、幽閒也。此以幽釋窈。以閒釋窕。窕訓肆則爲過乎方尺。訓閒則爲方尺又寬九釐五豪从广與从穴同也今篆體去其首筆則非是爾雅釋文玉篇廣韵皆作斛 一曰突也 此卽鄭氏過也之意也 一曰斛利也 此又一義 爾雅曰斛謂之鍤古田器也 斛者金部銚之叚借字銚者田器此云古田器者所以明六書之叚借也詳銚下

升十合也 十合各本作十龠誤今正律厤志曰合龠爲合十合爲升十升爲斗十斗爲斛而五量嘉矣作十龠則不可通古經傳登多作升古文叚借也禮經注曰布八十縷爲升升字當爲登今之禮皆爲升俗誤已行久矣按今俗所用又作陞經有言升不言登者如周易是也有言登不言升者左傳是也 从斗象形 斛左耳爲升右耳爲合〃以象耳形也各本作亦象形非識蒸切六部

合龠爲合龠容千二百黍 十字各本無今補不補則五量惟升斗斛見於本書且失其相絫之數矣絫下云增也一曰十黍之重正爲銖字張本鬲下云鼎屬實五觳又云斗二升曰觳正爲角部觳下無此義故補之亼部合下無一曰十龠爲合之文龠部下無一曰龠

容千二百黍之文此處之當補正同鬲下非沾足也合龠爲合見律厤志而尚書正義引作十龠月令正義引作合通典引作十六典說唐制作合是漢書古本不同要以下文云合者合龠之量躍於龠合於合廣雅二龠曰合斷之知十龠之非矣古者一分一合謂之判合叚是十龠則此量不得名合不得云合於合合二龠爲合猶之十二銖兩之爲兩也

文十七 小徐十六

矛 酋矛也建於兵車長二丈 見考工記記有酋矛夷矛酋矛常有四尺夷矛三尋鄭注酋夷長短酋之言遒也酋近夷長矣按許不言夷矛者兵車所不建不常用也魯頌箋云兵車之法左人持弓右人持矛中人御 象形 考工記謂之刺兵其刃當直而字形曲其首未聞直者象其柲左右葢象其英鄭風傳云重英矛有英飾也魯頌傳云朱英矛飾也按矛飾葢縣毛羽據鄭箋則毛傳云重喬累荷也者所以縣毛羽也

莫浮切三部　凡矛之屬皆从矛　𢦘　古文矛从戈　⿰矛良　矛屬　廣韵曰短矛　从矛良聲　力當切十部　⿰矛害　矛屬从矛害聲　苦蓋切十五部　矠　矛屬　魯語矠魚鼈以爲夏槁韋云矠擉也擉刺魚鼈以爲槁儲也按此矠字引申之義也周禮作簎魚鼈注云謂杈刺泥中搏取之莊子擉鼈於江東京賦毒冒不蔟皆音近義同者也　从矛昔聲讀若笮　士革切古音在五部按當依周禮槍昔反國語七亦反　矜　矛柄也　方言曰矛其柄謂之矜釋名曰矛冒也刃下冒矜也下頭曰鐏鐏入地也按曲禮戈曰鐏矛戟曰鐓金部渾言之不別也矜本謂矛柄故字从矛引申爲戈戟柄故過秦論棘矜即戟柄字从令聲令聲古音在眞部故古叚矜爲憐毛詩鴻鴈傳曰矜憐也言叚借也釋言曰矜苦也其義一也若矜夸矜持矜式無羊傳矜矜以言堅彊苑柳傳矜危也皆自矛柄之義引申之蓋矛柄㝡長直立於地坶誓曰偁爾戈立爾矛此謂戈柄短矛柄長也故諸義皆由是引申　从矛令聲　各本篆作矜解

矠　矠錯又白側白二切廣韵楚革切　然則士革當爲七革之誤小徐測索切入鐸部

云今聲今依漢石經論語溧水校官碑魏受禪表皆作矜正之毛詩與天臻民旬塡等字韵讀如鄰古音也漢韋元成戒子孫詩始韵心晉張華女史箴潘岳哀永逝文始入蒸韵由是巨巾一反僅見方言注過秦論李注廣韵十七眞而他義則皆入蒸韵今音之大變於古也矛柄之字改而爲穫云古作矜他義字亦皆作矜从今聲又古今字形之大變也徐鉉曰居陵切又巨巾切此不達其原委之言也

䂇　刺也从矛丑聲女久切三部篇韵女六切

文六　重一

車　輿輪之總名也車之事多矣獨言輿輪者以轂輻牙皆統於輪軾較軫軹轛皆統於輿輈與軸則所以行此輿輪者也故倉頡之制字但象其一輿兩輪一軸許君之說字謂之輿輪之總名言輪而軸見矣渾言之則輿輪之總名析言之則惟輿偁車以人所居也故攷工記曰輿人爲車　夏后時奚仲所

造左傳曰薛之皇祖奚仲居薛以爲夏車正杜云奚仲爲夏禹掌車服大夫然則非奚仲始造車也明堂位曰鉤車夏后氏之路也毛詩元戎傳曰元大也夏后氏曰鉤車先正也殷曰寅車先疾也周曰元戎先良也箋云鉤者鉤股曲直有正也俗本譌甚今依釋名及音義改正葢奚仲時車制始備合乎句股曲直之法古史攷云少昊時加牛禹時奚仲加馬強爲之說耳**象形**謂象兩輪一軸一輿之形此篆橫視之乃得古音居在五部今尺遮切釋名曰古者曰車聲如居言行所以居人也今曰車車舍也行者所處若屋舍也韋昭辯釋名曰古惟尺遮切自漢以來始有居音按三國時尚有歌無麻遮字祗在魚歌韵內非如今音也古音讀如祛以言車之運行不讀如居但言人所居止老子當其無有車之用音義去於反此車古音也然考工記輿人爲車是自古有居音韋說未愜也**凡車之屬皆从車**

輚籒文車从戈者車所建之兵莫先於戈也从重車者象兵車聯綴也重車則重戈矣

軒曲輈藩車也謂曲輈而有藩蔽之車也曲輈者戴先生曰小車謂之輈

大車謂之轅人所乘欲其安故小車暢轂梁輈大車任載而已故短轂直轅艸部曰藩者屏也服虔注左傳薛綜解東京賦劉昭注輿服志皆云車有藩曰軒皆同許說許於藩車上必云曲輈者以輈穹曲而上而後得言軒凡軒舉之義引申於此曲輈所謂軒轅也杜注左傳於軒皆曰大夫車定九年曰犀軒卿車**从車干聲**虛言切十四部藩俗作轓

輜軿逗**衣車也**五字依定九年左傳正義所引衣車謂有衣蔽之車非釋名所云所以載衣服之車也倉頡篇曰軿衣車也霍光傳曰昌邑王略女子載衣車李善二京賦注引張揖云輜重有衣車也左傳陽虎載蔥靈杜曰蔥靈輜車名賈逵曰蔥靈衣車也有蔥有靈**軿車歬衣也車後爲輜**九字依文選任彥昇策秀才文劉孝標廣絕交論二注所引前有衣爲軿車後有衣爲輜車上文渾言之此析言之也軿之言屏也輜之言載也二篆互文見義輜亦有蔽軿亦可載故每渾言不別列女傳齊孟姬曰立車無軿非敢受命此軿爲蔽前之證也釋名曰軿車四面屏蔽婦人所乘云四面未諦又曰有邸曰輜無邸曰軿邸如

四圭有邸之邸讀如底宋書禮志引字林軿車有衣蔽無後轅其有後轅者謂之輜劉昭注輿服志引同而奪四字有後轅無後轅卽有邸無邸之說此於前衣後衣之外別爲一說**从車甾聲**側持切一部

軿　輜軿也各本上解作軿車前衣車後也此解作輜車也皆誤今依全書通例正之輜軿俗多聯舉故備析言渾言之解周禮苹車之萃鄭曰苹猶屛也所用對敵自隱蔽之車也杜子春云苹車當爲軿車據此則兵車亦有軿車矣**从車并聲**薄丁切廣韵又部田切按古音當在十四部

轀　臥車也史記始皇崩於沙丘不發喪棺載轀涼車中百官奏事宦者輒從轀涼車中可其奏漢霍光傳載光屍柩以轀輬車孟康曰如衣車有窻牖閉之則溫開之則涼故名之轀輬車也師古曰轀輬本安車可以臥息後因載喪飾以柳翣故遂爲喪車耳轀者密閉輬者旁開窻牖各別一乘隨事爲名後人既專以載喪又去其一總爲藩飾而合二名呼之耳按顏說是也本是二車可偃息者故許分解曰臥車始皇本紀上渾言曰轀輬車下言上轀車臭以屍實在轀車不在輬車也

古二車隨行惟意所適从車盈聲烏魂切十三部輬臥車也史記作涼从車京
聲呂張切十部軺小車也漢平帝紀立軺併馬服虔曰立軺立乘小車也从車召聲
以招切二部輕輕車也三字句周禮輕車之萃鄭曰輕車所用馳敵致師之車也漢之發材官輕
車亦謂兵車輕本車名故字从車引申爲凡輕重之輕作音者乃以經之輕車讀遣政反古無是分別矣从車
巠聲去盈切十一部輶輕車也輶車即輕車也本是車名引申爲凡輕之偁大雅德輶如毛箋
云輶輕也此引申之義也从車酋聲以周切三部詩曰輶車鑾鑣秦風四驖文傳曰輶
輕也此本義也輣樓車也樓各本作兵今正光武紀衝輣撞城李賢引許慎云輣樓車也李注文選
亦曰樓車前書敘傳注鄧展作兵車乃或用以改許書耳从車朋聲薄庚切古音在六部軘兵
車也軘車見左傳宣十二年襄十一年服虔曰屯守之車杜預曰兵車名从車屯聲徒魂切十三部

輯　篇韵皆云和也解中輯字疑衍和或亦車上事如呂覽棺之前和見注云棺題曰和是也

䡴陷敶車也敶者列也見攴部於此可見古戰陣字用此矣用陳者叚借字也作陣者俗字也大雅與爾臨衝傳曰臨臨車也衝衝車也釋文曰說文作䡴陷陣車也定八年左傳主人焚衝釋文亦云爾前後漢書衝輣衝皆卽䡴字李善曰衝字略作䡴从車童聲尺容切九部

轈兵車高如巢㠯望敵也左傳正義引兵高車加巢以望敵與釋文及今本不同今本爲長篇韵皆云若巢亦今本也今左傳作巢車杜曰巢車車上爲櫓此正言櫓假巢不得言加巢宣十五年傳晉使解揚如宋楚子登諸樓車服虔曰樓車所以窺望敵軍兵法所謂雲梯者杜曰樓車車上望櫓从車巢聲此形聲包會意鉏交切二部春秋傳曰楚子穼轈車成十六年左傳文乘今本作登依九經字樣所引爲古本

輯車輿也各本作車和輯也大誤今正自轈篆以上皆車名自輿篆至軜篆皆車上事件其閒不得有車和之訓許書列字次弟有倫可攷而知也叚令訓爲車和則此篆當與軼轃摯輊軔輟軫轚諸篆爲類列子湯問篇唐殷

敬順釋文引說文輯車輿也殷氏所見未誤大阮齎上九祟祟高山下有川波其人有輯航可與過測曰高山大川不輯航不克也此輯謂輿山必輿川必航而後可過是古義見於子雲之書非無可徵也輿之中無所不居無所不載因引申爲斂義喪大記檀弓之輯杖輯屨是也又爲和義爾雅輯和也版詩毛傳同公劉傳曰和睦也引申義行本義遂廢淺人少可多怪改易許書此字从車之恉遂不可得而聞矣**从車咠聲**秦入切七部

輿　車輿也車輿謂車之輿也攷工記輿人爲車注曰車輿也按不言爲輿而言爲車者輿爲人所居可獨得車名也軾較軫軹轛皆輿事也**从車舁聲**以諸切五部

𨍭　衣車蓋也衣車上文之輜軿是也四圍爲衣上爲蓋皆以蔽輿也故廁於輿下集韵云一曰戰車以遮矢也**从車曼聲**𨍭之言幔也莫半切十四部

軓　車軾前也杜子春注大馭職鄭司農注輈人後鄭注少儀皆曰軓謂車軾前也秦風陰靷鋈續傳曰陰揜軓也戴先生云車旁曰輢式前曰軓皆揜輿版也軓以揜式前故漢人亦

呼曰揜軓詩謂之陰攷工記輈人軓前十尺書或作軋大馭祭軋杜子春云軋當爲軓禮記少儀祭范鄭曰大馭作祭軓軓與范聲同按其字葢古文作軋今字作軓叚借作范范又譌范此岐出之由也鄭於少儀注謂軾前於輈人注云軋是軋法也謂輿下三面材輢軾之所尌持車正也其說亦互異攷工注取範圍之意謂軾前及兩輢所尌皆爲軋析言之則曰軾前**从車凡聲**大徐但云音範廣韵防錽切古音在七部**周禮曰立當前軓**周禮大行人上公立當車軹侯伯立當前侯諸子立當車衡前侯自唐石經已下皆譌作前疾而詩小雅疏論語疏皆作前侯不誤此偁前軓從來謂前侯之異文今按非也葢周禮車軹本作前軓前軓者前乎軓也自車軓以至車衡八尺幾半而前侯介其中前侯者前乎下垂拄地者也其相去尺寸之差也若作車軹謂軎頭則自軹至前侯凡七尺五寸有餘而自前胡距衡四尺有餘而已恐非也軹軓軌三字互譌甚多戴先生集中曾作文辨之今又知許引周禮軓字爲是軹乃字形之誤若侯誤爲軓聲形皆無當也○又按周禮注車軹軹也最不可通依輈

人大馭注正之則必經文作軓注云車軓軌也以今字注古字也舊述漢讀攷說未了今於此正之

軾　車歬也　此當作車輿前也不言輿者輿人爲車車卽輿也輿之在前者曰軾在旁者曰輢皆輿之體非與輿二物也戴先生曰軾與較皆車闌上之木周於輿外非橫在輿中較有兩在兩旁軾有三面故說文槩言之曰車前軾卑於較者以便車前射御執兵亦因之伏以式敬玉裁謂輿四圍旁謂之輢前謂之軾軾卑於較二尺二寸說詳先生考工記圖　**从車式聲**　賞職切一部經傳多作式者古文叚借也

輅　車軨歬橫木也　婁敬傳脫輓輅蘇林曰輅音凍洛之洛一木橫遮車前二人挽之三人推之劉昭注輿服志曰韵集云輓前橫木曰輅按輓前當依許作軨前輓輅之車用人不用牛馬疑有轅無輓也禮經旣夕篇賓奉幣由馬西當前輅注曰輅轅縛所以屬引疏曰謂以木縛車轅上以屬引於上而挽之是喪車亦有轅無輓輅之見於經者此而已矣若左傳梁由靡虢射輅秦伯狂狡輅鄭人皆謂車前相接可以禽之此輅引申之義也故杜曰輅迎也應劭注漢云輅謂以木

當𦝫以挽車廣韵用之改其字作轓形與義皆非以木當𦝫乃今之縴板與輅各物解嘲云婁敬委輅脫輓謂委車前横木脫縴板輅非𦝫前木也**从車各聲**洛故切五部按當依蘇林孟康廣韵音胡格反乃合若近代用輅爲路車字其淺俗不足道也

較　車輢上曲鉤也各本作車騎上曲銅也今依李善西京賦七啓二注正攷工記車人以其廣之半爲之式崇以其隧之半爲之較崇較高五尺五寸高於軾者二尺二寸也戴先生曰左右兩較故衛風曰猗重較兮毛傳重較卿士之車因詩辭傅會耳非禮制也玉裁按較之制葢漢與周異周時較高於軾高處正方有隅故謂之較較之言角也至漢乃圖之如半月然故許云車上曲鉤曲鉤言句中鉤也圖之則亦謂之車耳其飾則崔豹云文官青耳武官赤耳西京賦云戴翠帽倚金較荀卿及史記禮書云彌龍以養威彌許書作⿸麻車解云乘輿金耳也皆謂較爲龍形而飾以金司馬氏輿服志乘輿金薄繆龍爲輿倚較是其義也下文公列侯安車倚鹿然則較辨尊卑自周已然故劉熙曰較在箱上爲辜較也重較其較重卿所乘也毛公謂重較

卿士之車必有所受之矣惟較可䡊推尊卑故其引申爲計較之較亦作校俗作挍凡言校讎可用較字史籍計較字亦用覺 **从車爻聲** 古岳切古音讀如交在二部今字作較周禮故書校作推

軓 車耳反出也 車耳卽較也其反出者謂之輒反出謂圜角有邪倚向外者也漢景帝詔吏六百石以上皆長吏也或不更服出入閭里與民無異令長吏二千石車朱兩轓千石至六百石朱左轓應劭曰車耳反出所以爲之藩屏翳塵泥也二千石雙朱其次乃偏朱其左輒以簟爲之或用革按此說師古非之是也轓與輒兩物兩字轓蔽也許軒下云曲輈藩車字作藩詩之茀周禮之蔽左傳以藩載欒盈輿服志畫轓黑轓朱轓是也較之反出者曰輒景帝紀自謂車蔽不得以車耳釋之也 **从車反反亦聲** 府遠切十四部

轛 車橫軨也 謂車闌也木部橫下曰闌木也攷工記曰參分軹圍去一以爲轛圍注兵車之轛圍二寸八十一分寸之十四轛式之植者橫者也鄭司農云謂車輿軨立者也按許云橫軨也橫訓闌則直者衡者皆在內矣漢人從衡字衹作衡不作橫

横者枕也後鄭又云轛者以其鄉人爲名按字所以从對與**从車對聲**追萃切十五部廣韵作轛都隊切**周禮曰參分軹圍去一以爲轛圍**輿人職文按鄭云輢之植者衡者也與轂末同名許君軹下云車輪小穿不言別義而此引參分軹圍之文令學者疑葢其疏也

輒　車兩輢也兩各本作兩今正車兩輢謂之輒按車必有兩輢如人必有兩耳故从耴耴耳垂也此篆在輢篆之先故輢篆下但云車旁而不言兩凡許全書之例皆以難曉之篆先於易知之篆如輯下云車輿也而後出輿篆輒下云車兩輢也而後出輢篆是也廣韵作車相倚也乃字之誤不可從凡專輒用此字者此引申之義凡人有所倚恃而妄爲之如人在輿之倚於輢也**从車耴聲**陟葉切八部

輢　車旁也謂車兩旁式之後較之下也注家謂之輢按輢者言人所倚也前者對之故曰轛旁者倚之故曰輢兵車戈殳戟矛皆插於車輢輢之上曰較**从車奇聲**於綺切古音在十七部

𨊴　車約𨊴也巾車職云孤乘夏篆卿乘夏縵大鄭

曰夏赤也篆讀爲圭豫之豫夏豫轂有約也元謂夏豫五采畫轂約也夏縵亦五采畫無豫耳玉裁謂鄭說夏豫卽詩之約軝毛公所謂長轂之軝朱而約之也但許君篆作⿰車川以約⿰車川系之與下文以約軝系之轂與二鄭迥異依許意葢謂轛輢軨等皆有物纏束之謂之約⿰車川以赤畫之謂之夏⿰車川卿雖赤畫而無約謂之夏縵⿰車川之言巡也巡繞之書此許之周禮說也**从車川聲**敕倫切古音在十三部**周禮曰孤乘夏⿰車川**故書作緣或爲篆此字形之異也許所據篆作⿰車川此聲相近而異也**一曰下棺車曰⿰車川**禮經有輴車玉篇廣韵皆謂⿰車川輴同字也士喪禮遷於祖用軸注曰軸輁軸也軸狀如轉轔刻兩頭爲軹輁狀如長牀穿桯前後著金而關軸焉天子諸侯以上有四周謂之輴天子畫之以龍按惟天子諸侯殯葬朝廟皆用輴許云下棺車謂天子諸侯窆用⿰車川也

轖　**車箱交革也**各本革作錯李善七發注顏師古急就篇注作交革今從之車箱各本作車籍七發注同急就注廣韵作車藉皆不可通今以意正之曰車箱箱與籍字形之誤也毛大東傳曰服牝服

也箱大車之箱也鄭曰大車平地任載之車竹部曰箱大車牝服也按箱本謂大車之輿引申之而凡車之輿皆得名箱此箱不謂大車也交革者交猶遮也謂以去毛獸皮鞔其外攷工記棧車欲弇注曰爲其無革鞔不堅易坼壞也飾車欲侈注曰飾車革鞔輿也大夫以上革鞔輿巾車職士乘棧車注曰棧車不革鞔而漆之玉之玉路金路象路皆以革鞔而有玉金象之飾因有玉金象之名革路鞔之以革而漆之無他飾故偁革路木路不鞔以革漆之而已故偁木路凡革鞔謂之鞹故急就篇曰革轖髤漆油黑蒼髤漆油黑蒼又在革轖之外巾車言孤卿夏大夫墨是也許所云約軹者葢在未鞔革之前約以固之鞔之則格空遮蔽故曰轖轖之言嗇也引申之爲結塞之偁故枚乘七發曰邪氣襲逆中若結轖也　从車嗇聲　所力切一部

軨　車轖閒橫木　車轖閒蒙上文言之猶言車輿閒也木部曰橫闌木也車轖閒橫木謂車輢之直者衡者也軾與車輢皆以木一橫一直爲方格成之如今之大方格然楚辭倚結軨兮長大息涕潺湲兮下霑軾戴先生曰軨者軾較下縱橫木總名卽攷工記

之軹轛也結軨謂軨之横從交結倚軨而涕霑軾則是倚於輢内之軨故其涕得下霑軾也玉裁按惟此軨乃許所謂若曲禮僕展軨效駕軨卽輪亦作轔士喪禮注所云轉轔展軨謂使馬稍動車輪也東京賦疏轂飛軨薛解曰飛軨以緹紬油一作廣八尺擋作長拄地左青龍右白虎繫軸頭取兩邊飾二千石亦然但無畫耳此葢漢制師古取以注急就篇之軨殊誤急就軹軾軫並言正謂横直結軨耳**从車令聲**郎丁切古音在十二部

𨏖

軨司馬相如說軨从霝葢亦凡將篇字也按古令或作霝或作靈零或作霝苓或作蘦皆令霝通用之證左傳陽虎載葱靈寢於其中而逃葱葢本作囪初江切靈卽𨏖也文選四十八注引尚書大傳曰未命爲士不得有飛軨鄭注如今窗車也李尤小車銘曰軨之嗛虛疏達開通葢古者飾車鞔革更有不鞔革者露其窗櫺與木部櫺楯閒子

輑

軺車前横木也軺車小車也木部曰横闌木也軺車前横木謂小車軾輢之直者衡者也方言曰輑謂之軸按軸字恐有誤**从車君聲讀若羣**羣大徐作帬牛尹切

十三部方言牛忿反一曰讀若褌

軫車後橫木也木部橫關木也輿人注曰軫輿後橫者也方言曰軫謂之枕秦風小戎俴收傳曰收軫也近戴先生曰輿下之材合而成方通名軫故曰軫之方也以象地也鄭注專以輿後橫木爲軫以輢式之所尌三面材爲軓又以軓爲任正者如其說宜記於輿人今輈人爲之殆非也輿人爲式較軹轛軫輢軓輈人爲輈衡軸伏兔記不言輢軓衡伏兔之度輢軓輿揜版耳衡圜準乎軸伏兔取節於輈當兔省文互見桐城姚氏鼐曰記曰軫之方以象地蓋軫方六尺六寸記曰參分車廣以其一爲隧蓋以二尺二寸爲輿後其前廣如軫而深四尺四寸以設立木焉是爲收毛公曰收軫也謂輿深四尺四寸收於軫矣非謂軫名收也玉裁按似姚氏之說爲完合輿下三面之材與後橫木而正方故謂之軫亦謂之收軫从㐱密緻之言也中庸振河海而不泄注曰振猶收也以振與軫同音而得其義故曰猶鄭未嘗不謂合四面爲軫矣六分車廣以一爲軫圍輢軾所尌之圍亦在其中矣渾言之四面曰軫析言之輢軾所尌曰軓輢後曰軫又析言之軾前曰軓

許言車後橫木可知車後非無植者衡者以接於輢或其制庳於軾耳不獨有合於三面材者也从車㐱聲之忍切十三部

轐　車伏兔也戴先生曰伏兔謂之轐易小畜九三輿脫輻大畜九二輿脫輹大壯九四壯於大輿之輹說文轐車伏兔也輹車軸縛也釋名屐似人屐也又曰伏兔在軸上似之也又曰輹輹伏也伏於軸上也按轐輹實一字其下有革以縛於軸令易小畜作輻系傳寫者誤輻在轂與牙之閒非可脫者玉裁謂劉成國合輹於伏兔非也依許則伏兔名轐車軸之縛名輹迥然二物轐之言僕也毛傳曰僕附也爲伏兔之形附於軸上以輅固之輢蕃於兩伏兔閒者名曰當兔从車菐聲博木切三部周禮曰加軫與轐焉考工記文鄭司農云轐讀如旃僕之僕謂伏兔也

䡅　車伏兔下革也謂以輅固之於軸上也輅者生革可以爲縷束也从車𤔔聲𤔔古文婚字各本作古昏字今正女部婚篆下曰𤔔籀文婚若依女部則此當作籀文婚字全書惟此篆及巾部⿰巾𤔔篆用爲聲而今本⿰巾𤔔篆又譌从䙴

十四篇上

矣**讀若閔**眉殞切十三部按此音謂縛之緜密也與毛詩之緜緜韓詩之民民同義廣韵旣有轣云車軝免下革又有轓云車軝免下軝明是一而二之軝字必誤

軸　所吕持輪者也所以者三字今補軸所以持輪引伸爲凡機樞之偁若織機之持經者亦謂之軸是也小雅杼軸其空今本作柚乃俗誤耳若方言土作謂之杼木作謂之軸亦是引申之義杼作杼軸作柚皆非也方言杼軸與大東無涉**从車由聲**直六切三部

輹　車軸縛也謂以革若絲之類纏束於軸以固軸也縛者束也古者束輈曰楘曰歷錄束軸曰輹亦曰鞪約轂曰約軝衣衡曰⿱敄巾皆所以爲固皆見於許書輈束箸於外故詩箸其數軸束隱於輿下故不知其數釋名曰輻複也重複非一之言也輻當爲輹轉寫誤耳或曰輻當爲輻之誤若屐下云又曰輹輹當爲轐**从車复聲**芳六切三部**易曰輿說輹**說各本作脫許書必當用說今依周易正周易小畜九三大畜九二文也馬云車下縛也與許合其非轐明矣或作腹者叚借字或作輻者譌字

轐　車网

也今本作車軔篇韵皆作車輞輞譌爲軔見爾雅釋文輞从車旁菍俗古祇作网耳或曰許本有輞篆解曰車輞也在輮篆之上今軔篆卽輞之譌然許有軔篆諸家引之疑未能明也車网者輪邊圍繞如网然攷工記謂之牙牙也者以爲固抱也又謂之輮行澤者反輮行山者仄輮大鄭曰牙世閒或謂之罔釋名曰輞罔也罔羅周輪之外也關西曰輮言曲揉也按牙亦作枒木部枒下曰一曰車网會也所以名牙者合衆曲而爲之如襍佩之牙亦曲體也亦謂之渠俗作轅尚書大傳大貝如車渠是也車网木必擇材攷工記注曰今世牙以檍爾雅注曰杻檍材中車輞又亦棶中爲車輞从車柔聲人九切三部按輮之言肉也凡物邊爲肉中爲好

車輮規也規者圜之匡郭也考工記曰規之以眡其圜萬之以眡其匡注曰輪中規則圜矣等爲萬蔞以運輪上輪中萬蔞則不匡剌也按此謂作輮之笵一曰一輪車今江東多用一輪車篇韵皆奪一从車熒省聲讀若煢渠營切十一部

輪有輻曰輪云有輻者對無輻而言也輪之言倫

也从侖侖理也三十輻兩兩相當而不迆故曰輪 **無輻曰輇** 鄭注周禮蜃車云禮記或作槫或作輇注士喪禮曰載柩車周禮謂之蜃車禮記謂之團或作輇或作槫聲讀皆相同耳未聞其正注禮記大夫載以輲車云輲讀爲輇或作槫注喪大記士葬用國車云輇字或作團是以又誤爲國輇車柩車也又士喪禮注云其車之轝狀如牀中央有轅前後出設前後輅轝上有四周下則前後有軸以輇爲輪按鄭於禮經禮記兩引許叔重說文解字曰有輻曰輪無輻曰輇而以輲蜃團槫皆卽輇字但許不言喪車無輻也戴先生曰輇者輪之名輲者車之名不宜溷而一之注喪大記改輶爲輇亦誤詳見繹車 **从車侖聲** 力屯切十三部

轂 車輻所湊也 湊者水上人所會也引申爲凡會之偁老子曰三十輻共一轂轂中空曰樔見木部 **从車𣪊聲** 古祿切三部

輥 轂齊等皃也 等者齊簡也因爲凡齊之偁齊者等也輥者轂匀整之皃也戴先生曰齊等者不橈減也榦木圜甚 **从車昆聲** 昆者同也此舉形聲包會意也古本切十三部 **周禮曰望**

其轂欲其輥考工記輪人文鄭本作眼注曰眼出大皃也今按鄭本當是作晛晛者目出皃也轂之圜似之與許說略同

軝　長轂之軝也㠯朱約之小雅斯干傳曰軝長轂之軝也朱而約之長轂者小戎所謂暢轂也傳曰暢轂長轂也大車轂長尺五寸兵車田車乘車轂長三尺二寸五分三尺二寸之長一爲賢得六寸四分三爲軹得尺九寸二分虛其一者畱以置輻也參分三尺二寸之長二在外一在內以置其輻二在外而三爲軹者在是一在內而一爲賢者在是考工記此軹字卽毛詩之軝字軹者同音叚借字也取此尺九寸二分者以革約之而朱其革詩所謂約軝也考工記詳之曰容轂必直陳篆必正施膠必厚施筋必數幬必負幹既摩革色青白謂之轂之善說者曰容者治轂爲之形容也篆轂約也幬負幹者革轂相應無贏不足也既摩革色青白者謂丸桼之乾而以石摩平之革色青白善之徵也玉裁按容如製甲必先爲容之容先爲容轂之笵盛轂於中以治之飾之陳篆者刻畫其文而以革縷若絲嵌約之而後施膠施筋而後幬之以渾革而丸桼之而摩之

革色青白而後朱畫之容轂以下渾轂所同也幬而朱之軝所獨也本是幬而朱之毛云朱而約之許云以朱約之者旣朱則似先朱其革其意一也詩曰約軝錯衡皆謂文也錯衡文衡也文衡者巾部曰⿱敄巾車衡上衣也葢爲衣而畫之○軹卽軝說本歙程氏瑤田通藝錄其說冣確於从古音冣合而古無有言之者孰謂今人不勝古人也

車氏聲渠支切十六部詩曰約軝錯衡小雅采芑商頌烈祖文箋云約軝轂飾也

⿰革氏軝或从革以革鞔故从革

⿰車只車輪小穿也輪當作轂輪人職曰五分其轂之長去一以爲賢去三以爲軹鄭司農云賢大穿也軹小穿也後鄭又改記文作去二爲賢程氏辨其非是詳見通藝錄許同先鄭从車只聲諸氏切十六部輪人爲輿參分較圍去一以爲軹圍注曰軹輢之植者衡者也與轂末同名轂末卽謂車輪小穿也按輢軨謂之軹軹之言積也枝也積椒多小意而止也以狀軹圍之小可說其意而轂末小穿取此名其意不可說

軎車軸耑也耑者物初生之題也因以爲凡領之偁車軸之末見於轂

外者曰軎軎之言遂也出也如鄭說轂末小穿曰軹而軎出於此穿外然古說軹軎多不分如大馭右祭兩軹故書軹爲軒杜子春云軒當作軹軹謂兩轊也是非合轂末軸末爲一乎今按少儀曰祭左右軌大馭曰祭兩軹於事實同少儀曰祭范大馭曰祭軓范軓於聲同本無不合祭兩轊所以祭輪也祭軓所以祭輿也言輪輿而全車在是矣轂末曰軹乃大鄭抈說子春未嘗謂轂末曰軹此注當是本作故書軒爲軹杜子春云軹當作軒軒謂兩轊也或讀軒爲簪笄之笄葢兩軎左右出轂外如笄之出髮然有鐵笄以鍵之又似笄之毌髮也故其字从幵取上平岐頭之意若轂末之穿不可冒此名況當杜時軹訓兩輢而不訓轂末小穿兩輢非所當祭故易爲軒漢時故有軒字也漢時亦有訓軹爲軎者如劉熙曰軹指也如指而見於轂頭也非訓軹爲軎乎杜以軒改軹聖人正名之義也然則作說文者當云軒軎也从車幵聲讀若笄軎車軸耑也从車象形乃合而乃舍軒存軎軹不爲輢之直者衡者而訓爲車轂小穿軓不作軋衹作軓皆使古形古訓散佚無徵豈所謂涉獵廣博或有抵牾者與抑從今書則不錄故書如儀

禮之從今文則不錄古文與从車象形謂以口象轂耑之孔而以車之中直象軸之出於外于歲切十五部○五經文字作軎繫擊之類從之又曰䜌轡同上說文下隸變是則張所見說文作軎也杜林說蓋倉頡訓纂一篇倉頡故一篇說如此轊軎或从彗从車彗聲輻輪轑也以上六篆言轂而及軸末之出於轂者故遂以湊於轂者終之也輻凡三十从車畐聲方六切三部軑車輨也離騷曰齊玉軑而竝馳王逸釋爲車轄非也玉篇廣韵皆云車轄轄皆輨之誤也从車大聲特計切十五部輨轂耑錔也錔者以金有所冒也轂孔之裏以金裏之曰釭轂孔之外以金表之曰輨輨之言管也方言曰關之東西曰輨南楚曰軑趙魏之閒曰鍊鏅軑音大鍊音柬从車官聲古滿切十四部轅輈也攷工記輈人爲輈車人爲大車之轅是輈與轅別也許渾言之者通偁則一也轅之言如攀援而上也从車袁聲雨元切十四部輈轅也从車舟聲張流切三

部

𨏤 籀文輈从籀文車也

輂 直轅車轒也 按依車部轒當系曲轅車且此齓列字次弟應論車轅不應論衡縛韵會作直轅車也無轒字爲是當從之直轅車大車也 从車具聲 具古音如舊居玉切三部

軏 車轅耑持衡者 衡者橫木長六尺六寸以施軶駕馬頸者也持衡者曰軏則衡與轅耑相接之關鍵也戴先生曰大車鬲以駕牛小車衡以駕馬轅耑持鬲其關鍵名輗輈耑持衡其關鍵名軏輈轅所以引車必施輗軏然後行信之在人亦交接相持之關鍵故孔子以輗軏喻信 从車元聲 魚厥切元之入聲也古音在十四十五部

軶 轅歬也 曰轅前者謂衡也自其橫言之謂之衡自其扼制馬言之謂之軶隸省作軛毛詩韓奕作厄士喪禮今文作厄叚借字也車人爲大車作鬲亦叚借字西京賦作槅木部曰槅大車枙也枙當作軶 从車戹聲 於革切十六部

𨋩 軶軥也 軶軥之異名曰𨋩也𨋩之言圍也下圍馬頸也廣韵曰還也車相避也與古義異 从車軍聲 乎昆切十三部

軥

軶下曲者　軶木上平而下爲兩坳加於兩服馬之頸是曰軥韓奕毛傳曰厄烏蠋也小爾雅曰衡扼也扼下者謂之烏啄釋名曰槅扼也所以扼牛頭也馬曰烏啄下向叉馬頸似烏開口向下啄物時也蠋啄同字軶與軥同體左傳射兩軥而還服注車軛兩邊叉馬頸者　从車句聲　古侯切四部亦平聲

轙　車衡載轡者　釋器曰載轡謂之轙郭云車軛上環轡所貫也四馬八轡除驂馬內轡納於軾前之觼在手者惟六轡驂馬外轡復有游環以與服馬四轡同入軛上大環以便總持大環謂之轙東京賦龍輈華轙此本義也郊祀歌靈禩禩象輿轙如淳曰轙者僕人嚴駕待發之意此引申之義也整船亦曰艤同轙意　从車義聲　魚綺切古音在十七部漢書廣韵叉音儀

钀　轙或从金獻　从金者環以金爲之獻聲與義聲古合音冣近即義尊獻尊同音之理今爾雅鑣謂之钀與轙異事

軜　驂馬內轡系軾歬者　系各本作繫繫見系部非其義也今正驂馬兩內轡爲環系諸軾前故御者衹六轡在手秦風毛傳曰軜驂內轡也是則

軜之言內。謂內轡也。其所入軾前之環曰觼。角部曰觼，環之有舌者是也。詩言觼軜者，言施觼於軜也。大戴禮六官以爲轡，司會均入以爲軜。此引申叚借之義也。**从車，內聲。**奴荅切。八部。按內聲當在十五部，而十五部字之入八部者，自古然矣。**詩曰：漢㠯觼軜。**今小戎漢作鋈。小徐本先輔後軜，今易之。

輔　春秋傳曰：輔車相依。凡許書有不言其義，徑舉經傳者，如尌下云詞之尌矣，鶴下云鶴鳴九皋聲聞于天，艴下云色艴如也，絢下云詩云素以爲絢兮之類是也。此引春秋傳僖公五年文，不言輔義者，義已具於傳文矣。小雅正月曰：其車既載，乃棄爾輔。傳曰：大車既載，又棄其輔也。無棄爾輔，員于爾輻。傳曰：員，益也。正義云：大車牛車也，爲車不言作輔，此云棄輔，則輔是可解脫之物，蓋如今人縛杖於輻以防輔車也。今按呂覽權勳篇曰：宮之奇諫虞公曰：虞之與虢也，若車之有輔也，車依輔，輔亦依車，虞虢之勢是也。此卽詩無棄爾輔之說也。合詩與左傳，則車之有輔信矣。引申之義爲凡相助之偁。今則借義行而本義廢，尠有知輔爲車之一物者矣。人部曰：俌，輔也。以引申之義釋本義也今則本字廢而借字行矣面部曰䩉頰車也面䩉自有本字周易作輔亦字之叚借也今亦本字廢而借字行矣春秋傳輔車相依許廁之於此者所以說輔之本義也所以說左氏也謂輔與車必相依倚也他家說左者以頰與牙車釋之乃因下文之脣齒而傳會耳固不若許說之善也**从車甫聲**扶雨切五部

人頰車也小徐本箸此四字於甫聲下與上文意不相應又無一曰二字以別爲一義知淺人妄謂引傳未詮而增之也面部既有䩉頰也之文則必不用借義爲本義矣若大徐本移輔篆於部末解曰人頰車也从車甫聲而無春秋傳曰輔車相依八字輔非眞車上物廁末似合許例然無解於面部業有䩉篆也校許宜刪去四字

轑　車蓋弓也輪人爲蓋蓋弓二十有八以象恒星也鄭注曰弓者蓋橑也蓋弓曰轑亦曰橑橑者椽也形略相似也重桴亦傳重轑張衡傳殿屋重轑是也釋名曰轑蓋叉也叉者今爪字非叉字玉部瑵下曰車蓋玉瑵以玉爲爪也詳彼注**从車尞聲**盧晧切二部**一曰輻也**輻三十湊轂亦如椽然故亦得

轃名其物皆系於車者也故皆从車 𨌲 **車搖也** 未聞以篆之次第詳之此篆當亦謂車上一物而今失傳車搖當是譌字 **从車行一曰行省聲** 小徐無行一曰三字古絢切十四部 𨍰 **輅車後登也** 廣韵十六蒸四十二拯皆曰輂輅車後登出字林今按不言出說文恐是呂氏後增之字非許舊也古車無不後登者 **从車丞聲讀若易拯馬之拯** 拯馬見周易明夷六二爻辭署陵切六部 載 **乘也** 乘者覆也上覆之則下載之故其義相成引申之謂所載之物曰載如詩載輸爾載下載音才再反是也引申爲凡載物之偁如詩汎汎楊舟載沈載浮中庸天地之無不持載是也又叚借之爲始才之叚借也才者艸木之初也夏曰載亦謂四時終始也又叚借爲事詩上天之載毛傳曰載事也是也又叚爲語詞詩載馳載驅毛傳載辭也春日載陽箋云載之言則也 **从車𢦏聲** 作代切一部韵會此下有易曰大車以載 軍 **圜圍也** 於字形得圜義於字音得圍義凡渾韗煇等軍聲之字皆兼取其義 **四千六字**

人爲軍王氏鳴盛說此句必譌按唐釋元應引字林四千人爲軍是呂忱之誤也許書當作萬有二千五百人爲軍見周禮大司馬職旅篆下云軍之五百人爲旅師篆下云二千五百人爲師旣皆偁之則此必偁無可疑者百人爲卒廿有五人爲兩不偁者以其制於字義相遠耳若万二千五百人以爲圍圍乃此篆之所由製**从包省从車**包省當作勹勹裹也勹車會意也舉云切十三部**車**逗**兵車也**上車各本誤軍今正此釋从車之意惟車是兵車故勹車爲軍也

軷　出將有事於道必先告其神立壇四通尌茅㠯依神爲軷此言軷之義**旣祭犯軷**句**轢牲而行爲範軷**此言範軷之義周禮大馭犯軷注曰行山曰軷犯之者封土爲山象以菩芻棘柏爲神主旣祭之以車轢之而去喻無險難也春秋傳曰跋涉山川故書軷作罰杜子春云罰當爲軷軷讀爲別異之別謂祖道轢軷磔犬也詩云載謀載惟取蕭祭脂取羝以軷詩家說曰將出祖道犯軷之祭也聘禮曰乃舍軷飲酒於其側禮家

說亦謂道祭玉裁按尌立也各本作樹今正犯軷轢牲而行大徐作軷轢於牲而行非也山行之神主曰軷因之山行曰軷鄘風毛傳曰草行曰跋水行曰涉郎此山行曰軷也凡言跋涉者皆字之同音叚借鄭所引春秋傳本作軷涉山川今人輒改之**从車犮聲**薄撥切十五部**詩曰取羝吕軷**大雅生民文毛傳曰軷道祭也

範　範軷也三字句其義已見上故衹云範軷也**从車笵省聲**大徐音犯廣韵防鋄切七部**讀與犯同**不曰讀若犯而曰與同者其音義皆取犯讀若則但言其音而已按車軓字本作軓从車巳聲鄭說曰軓法也與下三面材輢式之所尌持車正也然則周易範圍字當作軓或作笵而範其叚借字也釋文曰鄭曰範法也馬王肅張作犯違此亦範犯同音通用之證也

𨏥　載高皃𨏥𨏥車載高皃衞風庶姜孽孽毛云孽孽盛飾韓詩作𨏥𨏥長皃吕覽宋王作爲蘖臺高誘曰蘖當作𨏥詩曰庶姜𨏥𨏥高長皃然則韓爲本字毛爲叚借字爾雅蓁蓁孽孽戴也亦載高之意也西京賦飛檐𨏥𨏥**从車獻聲**俗改作巘省聲

不知古音者所爲也五葛切十五部

轄 車聲也 轂與軸相切聲也史記大人賦輵轄漢書轄作螛張揖曰輵螛搖目吐舌皃則史記爲譌字矣 **从車害聲** 胡八切十五部廣韵又苦蓋切 **一曰轄** 逗 **鍵也** 鍵下曰鉉也一曰車轄此鍵轄二篆爲轉注也舝下曰車軸耑鍵也然則舝轄二篆異字而同義同音

轉 還也 還大徐作運非還者復也復者往來也運訓迻徙非其義也還即今環字 **从車專聲** 知戀切十四部亦陟兖切淺人分別上去異義無事自擾

輸 委輸也 委者委隨也委輸者委隨輸寫也以車遷賄曰委輸亦單言曰輸引申之凡傾寫皆曰輸輸於彼則彼贏而此不足故勝負曰贏輸不足則如墮壞然故春秋鄭人來輸平公羊穀梁皆曰輸者墮也左傳作渝渝變也 **从車俞聲** 式朱切古音在四部廣韵又傷遇切

輖 重也 謂車重也小雅戎車既安如輊如軒毛曰輊摯也考工記大車之轅摯鄭曰摯輖也土喪禮軒輖中鄭曰輖蟄也摯蟄輊同字輖雙聲許書有輖摯而已摯者依聲託事字也軒言車輕輖言車重引申

春秋鄭人来渝平　公羊穀梁作輸　乃假借字

爲凡物之輕重故禮經以之言矢周南叚輖爲輊字故毛傳曰輖輊也而說詩者或以本義釋之 从車周聲職流切三部 輩若軍發車百兩爲輩兩各本作兩今正車之偁兩者謂一車兩輪無取二十四銖之兩此許之字例也若軍發車百兩爲輩葢用司馬灋故言故以若發聲今司馬灋存者尟矣引申之爲什伍同等之偁如鄭注宮正云使之輩作輩學相勸帥也 从車非聲非者兩發形聲中有會意俗从北非聲也補妹切十五部 軋⿰車㞋也⿰車㞋大徐作輾非也匈奴傳曰有罪小者軋大者死顏曰謂輾轉轢其骨節按本謂車之⿰車㞋於路引申之爲勢相傾 从車乙聲此从甲乙爲聲非从燕乙也惟今韵則入十四黠耳烏轄切古音當在十二部 ⿰車㞋轢也碾其俗字也 从車㞋聲軋从乙者言其難乙乙也⿰車㞋从㞋者言其易也㞋者柔皮也尼展切十四部 轢車所踐也踐者履也軷下曰轢牲而行是也 从車樂聲歷各切宋本如此郎擊切今本如此古音在二部 軌車徹也攴部

曰徹者通也車徹者謂輿之下兩輪之閒空中可通故曰車徹是謂之車軌軌之名謂輿之下隋方空處老子所謂當其無有車之用也高誘注呂氏春秋曰兩輪之閒曰軌毛公匏有苦葉傳曰由輈以下曰軌合此二語知軌所在矣上歫輿下歫地兩旁歫輪此之謂軌毛云由輈以下則輿下之輈軌也輈下之軸軌也虛空之處未至於地皆軌也濡軌者水濡輪閒空虛之處而至於軸而至於輈則必入輿矣故濟盈斷無有濟濡軌之水者禮義之大防也毛何以不言兩輪之閒而言由輈以下乎曰兩輪之閒自廣陿言之凡言度涂以軌者必以之由輈以下自高庳言之詩言濡軌晏子言其深滅軌以之中庸車同軌兼廣陿高庳言之徹廣六尺軹崇三尺三寸天下同之同於天子所制之度也轂梁傳車軌塵卽曲禮之驅塵不出軌謂其塵之高廣一如軌之高廣而不過也車人徹廣六尺自其裏言之匠人注徹廣八尺自其表言之曰由輈以下曰軌曰兩輪之閒曰軌自其裏言之少儀祭左右軌史記車不得方軌自其表言之自軌徹之說不明訓之以地上之迹迹非不名軌徹也而迹豈軌徹也邶詩不能通乃以軌字易

軌字而毛傳由輈以下復改作由輈以上郢書燕說沆錮千年矣許云車徹固已了然如後人之憒憒則許當云軌車𨋙也𨋙車迹也已矣故大史公言好學深思不若卜子言近思**从車九聲**軌从九者九之言鳩也聚也空中可容也形聲中有會意古音居酉反在三部今音居洧反

𨋙　**車迹也**兩輪之迹也迹者步處也因引申爲凡迹之偁兩輪之迹亦謂之軌徹而非軌徹之體也莊子曰夫迹屨之所出而迹豈屨也𨋙之言從也有所從來也又可從是以求其質也𨋙古字祇作從羔羊傳曰委蛇委蛇行可從迹也君子偕老傳曰委委行可委曲從迹也俗變爲蹤再變爲踪固不若用許書𨋙字矣**从車從省**大徐有聲字非也此以會意包形聲郎容切九部

軼　**車相出也**車之後者突出於前也楚辭軼迅風於清源禹貢沇水入于河泆爲熒漢志作軼鄭注司刑曰過失若舉刃欲所伐而軼中人者皆本義之引申叚借也**从車失聲**形聲中有會意夷質切十二部

䡵　**車䡵宏聲也**宏大徐作鈏非小徐作鈏集韵作輷亦誤今正谹谷中響

也弦屋響也宏弓聲也車聲⿰車眞宏借弓聲之字耳⿰車眞宏大聲 从車眞聲 廣韵口莖切按廣雅作⿰車眞玉篇作輤皆卽此字也古音眞聲之字在十二部 讀若論語鏗尔舍琴而作 琴各本作瑟今正陸元朗所據論語作琴小徐手部亦作舍琴 一曰讀若掔 按臤聲堅聲與眞聲同在十二部

⿱埶車 抵也 抵者擠也擠者排也車抵於是而不過是曰⿱埶車如馬之不前曰樊鷙詳丮部⿱埶車與車重之摯⿱埶至輊⿰車疐本各義與輖又殊音而集韵總合爲一字誤矣小徐引潘岳賦如⿱埶車如軒今按潘作⿰車疐不作⿱埶車也 从車埶聲 陟利切十五部

軭 車戾也 戾者曲也考工記曰萬之以眂其匡也注云等爲萬蔞以運輪上輪中萬蔞則不匡刺也軭不專謂輪凡偏戾皆是 从車匡聲 巨王切十部

軔 所㠯礙車也 所㠯二字今補元應時已失之離騷朝發軔於蒼梧王逸曰軔支輪木也 从車刃聲 而振切十三部字林如戰反按此篆大徐在輮篆之前者輮下輞譌作軔遂先之以軔也

軵 車小缺復合

者也此與辵部之連成反對之義連者負車也聯者連也連本訓輂而爲聯合之偁其相屬也小缺而復合則謂之輟引申爲凡作輟之偁凡言輟者取小缺之意也論語耰不輟从車叕聲形聲中有會意陟劣切十五部按网部輟爲罬之重文

⿰車多礙也礙者止也从車多聲康禮切古音在十七部

轚車轄相擊也轄者鍵也鍵在軎頭謂車軎相擊也諸書亦言車轂相擊从車毄會意殳部曰毄者相擊中也毄亦聲古歷切十六部周禮曰舟輿擊互者秋官野廬氏凡道路之舟車擊互者敘而行之注曰謂於迫隘處也穀梁傳曰御擊者不得入

⿱算車治車軸也治篇韵皆作篹四字句鏇轉規圜之意从車算聲所眷切十四部

軻椄軸車也椄各本作接今正椄者續木也軸所以持輪而网木相椄則危矣故引申之多迍曰轗軻趙邠卿曰孟子名軻字則未聞也而廣韵曰孟子居貧轗軻故名軻字子居从車可聲康我切十七部

⿱殸車車堅也堅者剛也

从車㱿聲㱿籒文磬。此形聲中有會意也。口莖切。十部。

軵　反推車令有所付也。反推車者，謂不順也。付，與也。本可不與而故欲與之，至於逆推車以與之而不顧。此說其字之會意也。故其字从車付。从車付。會意。讀若茸。茸，宋本小徐本作胥，非也。淮南氾論訓曰：相戲以刃者，大祖軵其肘。高云：軵，擠也。讀近茸，急察言之。可知此茸之不誤矣。廣韵曰：軵，推車也。而隴切。或作搑。按手部搑，推擣也。漢司馬遷傳：而僕又茸之蠶室。師古曰：茸，人勇反。推也。謂推致蠶室之中也。是搑、茸、軵三字通用。集韵云：軵或作⿰車茸，或作軵。皆必有據。若淮南說林訓：倚者易軵也。注云：軵讀軵擠之軵。有覽冥訓：厮徒馬圉軵車奉饟。注云：軵，推也。讀楫拊之拊。譌字不可讀。然大約以付爲形聲，是高時固有兩讀也。大徐而隴切。九部。

輇　蕃車下庳輪也。蕃當作藩。藩車見軒字下。庳者，屋卑也。因以爲凡卑之偁。藩車而下爲卑輪，蓋所謂安車。輪卑則車安矣。未知是否。从車全聲。讀若饌。市緣切。十四部。一曰無輻也。見輪下。

輗　大車轅

耑持衡者也。轅與衡相接之關鍵也。墨子曰：吾不知爲車輗者巧也。用咫尺之木，不費一朝之事，而引三十石之任。此與小車之軏同用而異名。許不與軏篆爲伍者，大車別於小車也。自輗至輂五篆皆言大車，前文輂篆當亦廁此處。从車兒聲。五雞切。十六部。

䡍　輗或从宜。宜聲在十七部，與十六部合韵最近。

棿　輗又从木。

軝　大車後也。大車以載任器，牝負長八尺，謂較也。其後必崇其闑，與三面等，非若小車之後也。故曰軝。軝之言底也。从車氐聲。丁禮切。十五部。

轃　大車簀也。此以雙聲爲訓。簀者，牀棧也。大車之藉似之。小車謂之茵，車重席也。以虎皮者謂之文茵。大車謂之轃，竹木爲之。从車秦聲。讀若臻。側詵切。十二部。

轒　淮陽名車穹隆轒。淮陽，漢國，有縣九。今開封府陳州以南是其地。車穹隆卽車蓋弓也。方言曰：車枸簍，宋魏陳楚之閒謂之篨，或謂之䉬籠。秦晉之閒自關而西謂之枸簍，西隴謂之㯳，南楚之外謂之篷，或謂之隆屈。郭云卽車弓也。按許之穹隆卽䉬籠也。

許之轒蓋卽轓字與抑淮陽謂之轒爲方言所不載也釋名曰隆彊或曰車弓長楊賦碎轒轀別一義也**从車賁聲**符分切十三部按此篆當與上轑蓋弓也爲伍轑言其分轒言其合也廁此者後人亂之

輐　大車後壓也壓當依玉篇作厭厭笮也所以鎮大車後者**从車宛聲**於云切古音當在十三部篇韵云轒輐兵車漢書文選作轒轀

輂　大車駕馬者也者字今補小司徒正治輂輦注曰輂駕馬所以載任器與許說同云大車駕馬者言者以別於駕牛也古大車多駕牛其駕馬者則謂之輂按左氏傳陳畚梮梮者土轝漢五行志作輂是梮乃輂之或字也史河渠書山行卽橋一作檋夏本紀正作檋漢溝洫志作山行則梮韋昭曰梮木器如今轝牀人轝以行也然則周禮輂之制四方如車之輿故曰轝或作轝或駕馬或人轝皆宜用之從土則謂之土轝卽公羊之筍史記之筍輿也用之舁人則謂之橋橋卽漢書輿轎而越嶺之轎字也左氏正義謂梮字从手其說非是禮經輁軸輁卽輂字之異者注云輁狀如長牀是也夏禹四載乘輂葢亦馬引之不然何

以云桀始乘人車攷古者所當辯也。从車共聲。居玉切。按共聲古音在九部。士喪禮輁九勇反是也。淺人不知爲同字。

䡅　連車也。謂車牽聯而行有等差也。左傳差車官名。一曰卻車抵堂爲䡅。東京賦皇輿宿駕䡅於東階。薛解曰䡅之言卻也。謂卻於東階下天子未乘之時也。从車差省聲。讀若遲。士皆切。按李善音柴是也。古音在十七部。

輦　輓車也。謂人輓以行之車也。小司徒輂輦注曰輦人輓行所以載任器也。司馬法云夏后氏謂輦曰余車。殷曰胡奴車。周曰輜輦。夏后氏二十人而輦。殷十八人而輦。周十五人而輦。故書輦作連。鄭司農云連讀爲輦。按夫部扶竝行也。輦字从此。輦設輅於車前用索輓之。故从車扶會意。扶在前。車在後。故連字下曰負車。連輦古今字。周禮管子皆作連。此車名輦。輓此車之人名輦者。爾雅曰徒御不驚。徒輦者也。毛傳同。又詩我任我輦。毛傳曰任者輦者。釋名曰輦人所輦也。从車扶。扶在車前引之也。會意。力展切。十四部。

輓　引車也。引車曰輓。引申之凡引皆曰輓。左傳

曰或輓之或推之欲無入得乎史記借爲晚字从車免聲無遠切十四部俗作挽軖紡車
也紡者紡絲也凡絲必紡之而後可織紡車曰軖通俗文曰繅車曰軠尼心切別是一物繅與紡二事也木部曰
欐者絡絲柎竹部曰篗所以收絲者糸部曰維箸絲於筟車也又在繅之後紡之前俟再攷此非車也其偁車者何
其用同乎車也其物有車名故其字亦从車从車㞷聲讀若狂巨王切十部一曰一
輪車別一義轘車裂人也周禮條狼氏誓僕右曰殺誓馭曰車轘注曰車轘謂車裂也
从車瞏聲胡慣切十四部按大徐云瞏渠營切非聲當从環省此惑於毛詩青青睘睘睘睘爲韵而不知詩之
睘睘乃煢煢之雙聲段借也春秋傳曰轘諸栗門宣公十一年左傳文斬截也
截者斷也首部𩠐截也周禮掌戮注曰斬以鈇鉞若今要斬也殺以刀刃若今棄市也本謂斬人引申爲凡絕之偁
从車斤會意側減切八部斬法車裂也此說从車之意葢古用車裂後人乃法車裂之意而

用鈇鉞故字亦从車斤者鈇鉞之類也

轜　喪車也从車重而而亦聲各本篆作輀解作从車而聲今更正文選注玉篇廣韵龍龕手鑑皆作轜从重而者蕭喪車多飾如喪大記所載致爲緐縟而者須也多飾如須之下垂故从重而亦以而爲聲也如之切一部

轟　轟轟二字依文選注補羣車聲也从三車呼宏切古音在十二部李善曰倉頡篇云軥軥衆車聲也呼萌切今爲輷字音田元應曰轟今作輷字書作軥同呼萌切按古字作軥今字作輷玉篇作輷皆當在眞臻部也

文九十九　重八

𠂤　小𠂤也小𠂤𠂤之小者也廣雅本之曰𠂤細阜也今譌舛不可讀矣小𠂤曰𠂤國語叚借魁字爲之周語夫高山而蕩以爲魁陵糞土賈逵韋昭皆曰小阜曰魁卽許之𠂤也賈逵注見海賦其字俗作堆堆行而𠂤廢矣氏下云山岸脅之堆旁箸欲落墮者曰氏小徐作堆大徐則刪之士冠禮注追猶堆也是追卽𠂤之叚借字李

善注七發曰追古堆字詩追琢其章追亦同𠂤葢古治金玉突起者爲𠂤穿穴者爲琢𠂤語之轉爲敦如爾雅之敦丘俗作墩詩敦彼獨宿傳以敦敦然釋之皆是也　**象形**　象小於𠂤故𠂤三成𠂤二成都回切十五部　**凡𠂤之屬皆从𠂤**

𡴎　危高也从𠂤屮聲讀若臬　魚列切十五部

官　吏事君也从宀𠂤　會意古丸切十四部　**𠂤猶眾也**　𠂤不訓眾而可聯之訓眾以宀覆之則治眾之意也　**此與師同意**　人眾而帀口之與事衆而宀覆之其意同也

文三

說文解字第十四篇上

受業黟縣胡積城校字